知识产权与科技创新系列丛书

战略性新兴产业专利竞争研究

◎陈虹　王景　王韩怡　著◎

节能环保

化工

光电子

新材料

冶金矿山

高端装备制造

新能源

生物

知识产权出版社

全国百佳图书出版单位

图书在版编目（CIP）数据

战略性新兴产业专利竞争研究/陈虹，王景，王鞞怡著. —北京：知识产权出版社，2016.10

ISBN 978 - 7 - 5130 - 4349 - 6

Ⅰ.①战… Ⅱ.①陈… ②王… ③王… Ⅲ.①新兴产业—专利—竞争—研究—中国 Ⅳ.①F279.244.4

中国版本图书馆 CIP 数据核字（2016）第 186910 号

责任编辑：石陇辉　　　　　　　　　　　责任校对：韩秀天

封面设计：刘　伟　　　　　　　　　　　责任出版：刘译文

知识产权与科技创新系列丛书

战略性新兴产业专利竞争研究

陈虹　　王景　　王鞞怡　著

出版发行：**知识产权出版社**有限责任公司	网　　址：http://www.ipph.cn
社　　址：北京市海淀区西外太平庄55号	邮　　编：100081
责编电话：010－82000860 转 8175	责编邮箱：shilonghui@cnipr.com
发行电话：010－82000860 转 8101/8102	发行传真：010－82000893/82005070/82000270
印　　刷：三河市国英印务有限公司	经　　销：各大网上书店、新华书店及相关专业书店
开　　本：787mm×1092mm　1/16	印　　张：17
版　　次：2016 年 10 月第 1 版	印　　次：2016 年 10 月第 1 次印刷
字　　数：425 千字	定　　价：58.00 元

ISBN 978-7-5130-4349-6

前　言

产业是经济社会的物质生产部门，是国民经济的命脉和基础。战略性新兴产业是建立在重大前沿科技的基础上，代表未来科技和产业发展新方向，体现当代经济发展潮流，处于成长阶段、有巨大发展潜力，对经济社会具有全局带动和重大引领作用的产业，是国民经济发展的重点。战略性新兴产业以新技术为前提和支撑，在全球新一轮科技革命、产业变革加速演进的新形势下，专利技术自主知识产权的拥有状况对于其发展和竞争力提升具有重大影响。

本书从国家和区域的层面出发，以我国专利信息为基础，对我国生物、光电子、高端装备制造、新材料、新能源、节能环保、冶金矿山、化工等战略性新兴产业领域的专利竞争态势进行分析研究，反映国家和区域战略性新兴产业的专利创造、拥有、主要竞争者，以及产业技术创新热点领域、发展趋势和区域分布等内容，为有关部门和人员了解我国战略性产业专利技术创新现状、把握产业技术发展方向、支持政府产业宏观决策和规划研究等提供参考。

本书的内容基础源自云南省知识产权局委托课题研究，课题研究与本书的撰写，得到了云南省知识产权研究会和昆明雅文科技有限公司知识产权中心等单位的大力支持和协助。研究会许惠然研究员、周黎研究员，昆明雅文科技有限公司许大丹教授、陈明教授、彭超英副教授、张力高级工程师等专家学者，以及昆明理工大学知识产权与科技创新专业硕士研究生王跃华、芮正、伊明明、唐继超和王淳佳同学参加了课题研究与编撰工作。

鉴于检索条件、分析工具和时间等的限制，本书尚有诸多不足，研究成果仅供参考和交流探讨，敬请读者批评指正。

作　者

2016 年 6 月

目　录

第一章　战略性新兴产业 ……………………………………………………………… 1
　　第一节　战略性新兴产业的范畴 ……………………………………………… 1
　　第二节　战略性新兴产业概述 ………………………………………………… 2
　　第三节　云南战略性新兴产业与优势特色产业发展状况 ………………… 10
　　第四节　战略性新兴产业专利竞争研究简述 ……………………………… 14
第二章　生物产业专利竞争 ……………………………………………………… 15
　　第一节　现代生物产业技术领域 …………………………………………… 15
　　第二节　生物产业专利技术分类与检索关键词 …………………………… 16
　　第三节　生物产业领域整体专利状况 ……………………………………… 19
　　第四节　生物产业领域专利技术分布 ……………………………………… 25
　　第五节　生物产业领域专利竞争者 ………………………………………… 30
　　第六节　云南生物产业专利竞争状况 ……………………………………… 41
第三章　光电子产业专利竞争分析 ……………………………………………… 45
　　第一节　光电子产业技术领域 ……………………………………………… 45
　　第二节　光电子产业专利技术分类与检索关键词 ………………………… 46
　　第三节　光电子产业领域整体专利状况 …………………………………… 47
　　第四节　光电子产业领域中国专利技术分布 ……………………………… 53
　　第五节　光电子产业领域专利竞争者 ……………………………………… 60
　　第六节　云南光电子产业专利竞争状况 …………………………………… 76
第四章　高端装备制造业专利竞争分析 ………………………………………… 79
　　第一节　高端装备制造产业技术领域 ……………………………………… 79
　　第二节　高端装备制造产业专利技术分类与检索关键词 ………………… 81
　　第三节　高端装备制造产业领域整体专利状况 …………………………… 83
　　第四节　高端装备制造产业领域中国专利技术分布 ……………………… 89
　　第五节　高端装备制造产业领域专利竞争者 ……………………………… 96
　　第六节　云南高端装备制造产业专利竞争状况 …………………………… 108
第五章　新材料产业专利竞争分析 ……………………………………………… 111
　　第一节　新材料产业技术领域 ……………………………………………… 111
　　第二节　新材料产业专利技术分类与检索关键词 ………………………… 112
　　第三节　新材料产业领域专利整体状况 …………………………………… 114
　　第四节　新材料产业领域中国专利技术分布 ……………………………… 120
　　第五节　新材料产业领域专利竞争者 ……………………………………… 127

第六节　云南新材料产业专利竞争状况 ……………………………………………… 140

第六章　新能源产业专利竞争分析 ……………………………………………… 143
　　第一节　新能源产业技术领域 …………………………………………………… 143
　　第二节　新能源产业专利技术分类与专利检索关键词 ………………………… 144
　　第三节　新能源产业领域中国专利整体状况 …………………………………… 145
　　第四节　新能源产业领域中国专利技术分布 …………………………………… 151
　　第五节　新能源产业领域专利竞争者 …………………………………………… 157
　　第六节　云南新能源产业专利竞争状况 ………………………………………… 168

第七章　节能环保产业专利竞争分析 …………………………………………… 171
　　第一节　节能环保产业技术领域 ………………………………………………… 171
　　第二节　节能环保产业专利技术分类与专利检索关键词 ……………………… 172
　　第三节　节能环保产业领域中国专利整体状况 ………………………………… 173
　　第四节　节能环保产业领域中国专利技术分布 ………………………………… 179
　　第五节　节能环保产业领域专利竞争者 ………………………………………… 186
　　第六节　云南节能环保产业专利竞争状况 ……………………………………… 195

第八章　冶金矿山产业专利竞争分析 …………………………………………… 198
　　第一节　冶金矿山产业技术领域 ………………………………………………… 198
　　第二节　冶金矿山产业专利技术分类与检索式 ………………………………… 198
　　第三节　冶金矿山产业领域中国专利整体状况 ………………………………… 200
　　第四节　冶金矿山产业领域中国专利技术分布 ………………………………… 206
　　第五节　冶金矿山产业领域专利竞争者 ………………………………………… 212
　　第六节　云南冶金矿山产业专利竞争状况 ……………………………………… 223

第九章　化工产业专利竞争分析 ………………………………………………… 226
　　第一节　化工产业技术领域 ……………………………………………………… 226
　　第二节　化工产业专利技术分类与检索式 ……………………………………… 227
　　第三节　化工产业领域中国专利整体状况 ……………………………………… 229
　　第四节　化工产业领域中国专利技术分布 ……………………………………… 235
　　第五节　化工产业领域专利竞争者 ……………………………………………… 243
　　第六节　云南化工产业专利竞争状况 …………………………………………… 260

第十章　产业间专利竞争态势 …………………………………………………… 263

第一章 战略性新兴产业

第一节 战略性新兴产业的范畴

一、国家战略性新兴产业的范畴

战略性新兴产业是指以重大技术突破和重大发展需求为基础，对经济社会全局和长远发展具有重大引领带动作用，知识技术密集、物质资源消耗少、成长潜力大、综合效益好的产业。

面对全球新一轮科技革命与产业变革的重大机遇和挑战，为把握发展契机，抢占经济科技发展的制高点，在国际产业分工中掌握主动权，2010 年，国家把加快培育和发展战略性新兴产业作为"调结构、转方式"、引领我国未来经济社会可持续发展、决定我国未来国际地位的重大战略举措，制定出台了《国务院关于加快培育和发展战略性新兴产业的决定》，从国家层面提出重点培育和发展节能环保、新一代信息技术、生物、高端装备制造、新能源、新材料和新能源汽车等战略性新兴产业，计划到 2015 年，战略性新兴产业形成健康发展、协调推进的基本格局，对产业结构升级推动作用显著增强，产业增加值占国内生产总值的比重达到 8%。

二、云南省战略性新兴产业的范畴

"十二五"是云南省走新型工业化道路、推进产业转型升级的关键时期，培育和发展区域战略性新兴产业，对于云南省破解产业结构不合理、产业层次低、核心竞争力不强、资源消耗大、环境压力大等深层次矛盾，支撑和引领经济发展走上创新驱动、内生增长的轨道，实现产业的结构升级和经济可持续发展具有重要意义。

为认真贯彻落实国家加快培育和发展战略性新兴产业的重大战略，与国家战略充分衔接，2012 年，云南省政府根据《国务院关于加快培育和发展战略性新兴产业的决定》和战略性新兴产业的特征，结合云南省现有资源、技术和产业发展基础，发布了《云南省战略性新兴产业发展"十二五"规划》，将现代生物产业、光电子产业、高端装备制造业、节能环保产业、新材料产业、新能源产业六大产业作为云南省战略性新兴产业的发展重点，并围绕战略性新兴产业发展组织实施"产业链打造工程""重大应用示范工程""创新能力提升工程""重点企业培育工程""特色产业基地建设工程"五大工程。

《云南省战略性新兴产业发展"十二五"规划》提出：到 2020 年，战略性新兴产业局部领域达到国际领先水平，增加值占云南省生产总值的比重力争达到 15%，六大战略性新兴产业成为支柱或先导产业，建成在东南亚、南亚有影响力和辐射作用的战略性新兴产业基地。

三、云南优势特色产业的范畴

2011 年，云南省发布《云南省国民经济和社会发展第十二个五年规划纲要》（以下简称《规划纲要》），提出要抓住"桥头堡"建设上升为国家战略、新一轮西部大开发实施等重要机遇，优化产业结构，推进产业发展从粗放式扩张向精深加工转变，从发展传统产业向发展特色产业、战略性新兴产业转变，促进产业新型化和转型升级，走出一条具有云南省特色的优势产业发展道路，促进云南省优势产业上一个新台阶。这是解决云南发展问题的关键。

《规划纲要》提出，"十二五"期间，云南以发挥区域比较优势为出发点，以区域资源、资本、技术等综合生产要素的禀赋为基础，以优化特色优势农业、烟草及其配套、能源、冶金、生物、化工、装备制造、旅游文化、商贸物流和战略性新兴产业等布局为重点，通过5~10年的努力，让优势产业成为云南经济发展的主导力量，综合竞争力显著增强，实现"一产优、二产强、三产快"的调整目标，建成我国可再生清洁能源和新型能源基地、全国生物产业发展的重要基地、全国电矿一体化资源精深加工的新型清洁载能产业基地、石油炼化基地、我国有效承接东部产业转移和向西南开放的出口商品加工基地。

第二节　战略性新兴产业概述

一、生物产业

20世纪以来，现代生物技术的快速发展带来了新一轮产业革命，世界各国纷纷将生物产业作为重点发展的战略性产业加以培育和发展。目前，生物医药产业已成为全球发展最快的技术产业之一，欧美发达国家在全球生物医药市场中处于产业主导地位，尤其是美国作为全球生物技术产业大国，在产品开发和市场占有方面均遥遥领先于其他国家。

我国生物产业发展已有三十多年，"十一五"以来，国务院发布了《促进生物产业加快发展的若干政策》《生物产业发展"十一五"规划》《生物产业发展"十二五"规划》《医疗器械科技产业"十二五"专项规划》和《医学科技发展"十二五"规划》等规划和政策，大力推进生物技术研发和创新成果产业化，一批生物科技重大基础设施相继建成，治疗性疫苗与抗体、细胞治疗、转基因作物育种、生物能源作物培育等一批关键技术取得突破，在生物技术研发、产业培育和市场应用等方面已具备一定基础和规模。

二、光电子产业

光电子产业是指由光子技术和电子技术结合而成的新技术产业，是激光在电子信息技术领域应用而形成的产业。光电子技术可称为信息光电子技术，涉及光电子学、光学、电子学、计算机技术等学科，是多学科相互渗透、相互交叉而形成的高新技术，是未来信息产业的核心技术。光电子产业围绕光信号的产生、传输、处理和接收，涵盖了新材料（新型发光感光材料、非线性光学材料、衬底材料、传输材料和人工材料的微结构等）、微加工和微机电、器件和系统集成等广泛领域，是现代信息产业的支柱与基础。

21世纪是信息时代，信息革命引发了社会生产和生活方式的变革，给工业和社会带来了巨大的冲击，许多国家把大量资金投入光子学和光子技术的研究和开发，使得信息产业成为世界许多国家的支柱产业之一。2014年，全球包括信息光电子、能量光电子、消费光电子、军事光电子、软件与网络等在内的光电产业总产值达到5766亿美元，❶ 全美有近半数劳动力资源被信息产业所雇用。光电子技术是现代信息技术的基石，在信息技术领域中起着"支撑"和"革命"的作用。光电子技术不仅全面继承兼容电子技术，而且具有微电子无法比拟的优越性能，具有更广阔的应用范围。如果说微电子技术推动了以计算机、因特网、光纤通信等为

---

❶ 2014年全球光电产业总产值5766亿美元［EB/OL］. 中研网，http：//www.chinairn.com，2015.01.16.

代表的信息技术的高速发展，改变了人们的生活方式，那么随着信息产业的发展，未来人类生产与生活将离不开光电子技术。

相对于其他的半导体、电子等领域，我国在光电子技术领域与国际先进水平的差距相对较小，一些较为典型的光电子器件，如探测器、光收发模块等，已经具有较高的技术水平，不仅在国内占有较大的市场份额，还能与国外产品进行竞争。目前国内光电子技术发展较为领先的地区主要有京津地区、长三角地区、珠三角地区和华中地区，云南省在光伏产业、红外和微光夜视产业方面的发展研究处于全国领先地位（见表1－1）。

表1－1 我国光电子产业区域分布

地区	主导产业	建设目标	代表企业
武汉	光纤光缆、光电器件、通信系统、激光设备、通信电源、软件等	全国第一个"国家光电子产业基地"，是全国光电子产品生产最密集的地区	长飞、烽火、NEC日电、华工激光、楚天激光等
长春	光电子材料、器件和整机	形成国内规模最大的信息显示产业基地	华禹光谷、北方彩晶、长春联信、北方液晶
广州、深圳、东莞、佛山	以光通信、激光设备为核心的光电子产业群	形成以广州、深圳为核心，东莞、惠州、珠海、中山、佛山等珠江三角洲为腹地的光电子产业带	
北京	光电子器件；数码摄像机、数码投影机		京东方、清华紫光、联想、北大方正
上海	光显示、光通信、光存储、光学整机和系统、关键的光电子元器件	建成国内一流、国际领先的具有相当规模和核心竞争力的光电子产业基地	上广电、晶谷微电子、杜邦光掩膜、朗讯光通信
富阳、宁波、杭州、萧山、温州等	光信息传输材料、光电子器件、消费类光电整机产品、光电能产品、光电材料、光照明、光显示器件、新型照明灯具	把浙江建成全国仪器仪表的制造中心	
昆明、曲靖	红外；微光夜视；光伏	打造世界级的红外光电子产业基地	北方红外、天达光伏、北方光电
西安	光通信元器件、光电器件、光电子材料、光学精密仪器制造和医疗光电设备等	建立光电子材料及元器件的生产基地	西部光电、光电子孵化器
重庆	光通信技术及网络产品、图像产品、光机电一体化产品、光电材料与元器件、光存储等	建成国内技术领先、国际上有较大影响的光电子产业生产制造中心、产品集散地、研究开发和人才培养基地	
成都的双流		形成成都—乐山光电子产业带	
南京、无锡、常州、苏州、镇江、昆山和南通	光纤、光缆、光子器件和平板显示器件、光电器件、光通信、光驱动、光显示、光存储及信息家电	在光放大、DWDM等光子器件、光显示、光存储等产品方面成为全国重要的生产基地	熊猫集团、普天集团、奥雷光电、沪昆光电、龙腾光电、希华科技

续表

地区	主导产业	建设目标	代表企业
大连	光通信、半导体照明	国内外具有影响力的"光产业"基地和高科技"光产品"流通基地	大连路明科技集团
天津	新型光电子、半导体材料及器件；新型光子集成和光电子集成芯片		
曲阜、济南	激光偏光器件产品		华光、鲁星
福州	光学原材料—光纤通信元器件—光纤通信部件的产业链		福州光际通讯公司、中美合资康顺光通讯公司
厦门	半导体照明	国家半导体照明产业四大基地之一	三安电子、显能光电
石家庄	半导体照明		汇能公司和立德公司
南昌	LED上游产业外延材料、LED芯片制造和下游产业器件封装等	国内唯一具有LED全工序生产技术和实现LED外延片规模化生产能力的公司	联创光电科技股份有限公司
海口	光电子元器件		

三、高端装备制造产业

高端装备制造业是为国民经济和国防建设提供各种技术装备的制造业的总称，是生产制造高技术、高附加值的先进工业设施设备的行业。高端装备制造业是以高新技术为引领、处于价值链高端和产业链核心环节、决定着整个产业链综合竞争力的战略性新兴产业，是现代产业体系的脊梁和推动工业转型升级的引擎。高端装备主要包括传统产业转型升级和战略性新兴产业发展所需的高技术高附加值装备。

随着制造业的数字化、网络化和智能化的加速推进，互联网技术和制造领域的深度融合引发了新一轮产业技术革命，以3D打印为标志的新工业革命正在加速推动全球生产方式发生深刻变革，高端装备制造业正在成为世界各国重点发展的方向。作为装备制造业的高端环节，高端装备制造业具有技术密集、附加值高、成长空间大、带动作用强、在产业链占据核心部位等突出特点，是衡量一个国家制造业发展水平和整体经济综合竞争实力的重要标志。高端装备制造业主要包括航空装备、卫星及应用、轨道交通装备、海洋工程装备、智能制造装备等。

欧美发达国家在高端装备制造业处于全面领先地位。美国是当今全球头号装备制造业大国，其航空产业、卫星及应用装备、轨道交通装备、海洋工程和智能装备制造业目前在全球都处于顶端地位，产业基地主要分布在美国东部各州以及西部的加利福尼亚州。美国政府强调发展先进制造技术，将装备制造业的科技创新作为国家关键技术创新的前六大领域之一，并由政府出面组织、协调和支持产业技术的发展，成立了国家制造业科学中心和制造信息资源中心，并相继出台了促进制造技术发展的"先进制造技术计划"和推动制造业推广应用的"制造技术中心计划"。美国把"再工业化"作为一种国家战略，推动国家制造业的脱胎换骨，并实施低碳经济、下一代新能源、智慧地球等发展路线，意在锁定高端制造领域，谋求塑造新的竞争优势。

欧洲的高端装备制造业主要分布在英国、法国、德国、意大利、瑞士、荷兰、瑞典、挪威等发达国家。2012年，欧盟委员会正式提出"新工业革命"，认为由绿色能源和数字制造等先进制造技术引领的新一轮工业革命已经到来，并将最终改变世界工业版图。欧盟各国积极推进"再工业化"，推动一批新兴产业的诞生与发展，加强对已有产业高附加值环节的再造，核心在于抓住"新工业革命"机遇，重构工业产业链。德国是全球制造业中最具竞争力的国家之一，它拥有强大的机械和装备制造业，占据全球信息技术能力的显著地位，在嵌入式系统和自动化工程领域具有很高的技术水平。为进一步增强国际竞争力，德国提出了实施"工业4.0"战略，旨在保持德国在装备制造业关键技术上的国际领先地位。

在亚洲，日本、新加坡、韩国等国家高端装备制造业发展较为迅速。日本是仅次于美国的制造业大国，日本的轨道交通装备制造能力较强，著名的轨道交通装备企业川崎重工在综合性重型工程装备制造方面处于领先水平。此外，日本的智能制造装备，如精密数控机床、工业机器人、智能仪表等，都保持着国际领先地位。韩国、新加坡等国家在20世纪80年代把握海洋工程产业链全球转移的机遇，继承了海洋钻井平台、钻井船、浮式生产储油船等成套大型设备的生产制造，具备海洋工程总包的能力，占据着大部分市场份额。

我国是制造业大国，但不是强国。近年来，国家非常重视高端装备制造业的发展。"十一五"时期，国家先后颁布了《国务院关于加快振兴装备制造业的若干意见》和《装备制造业调整和振兴规划》《国务院关于加快培育和发展战略性新兴产业的决定》等政策，将高端装备制造产业确定为我国现阶段重点培育和发展的战略性新兴产业，以加快装备制造业的振兴，使其成为国民经济重要的支柱产业。在有关部门的大力推动下，我国高端装备制造产业已形成以环渤海、长三角地区为核心，东北和珠三角为两翼，以四川和陕西为代表的西部地区为支撑，中部地区快速发展的产业空间格局，制造业核心竞争力得到大幅度提升。

"十二五"期间我国重点选择航空航天装备、卫星及空间应用、海洋装备作为切入点和突破口，集中力量加快推进高端装备制造业发展。在航空航天装备方面，大力发展系列支线飞机，重点突破发动机关键技术和装备，加强航天运输系统、应用卫星系统、卫星地面系统等方面的建设。在轨道交通方面，围绕高速、重点、快捷三个方向，重点发展大型工程、列车运行控制系统，掌握系统集成和关键核心技术，提升关键零部件制度化水平。在海洋工程装备方面，大力发展海洋矿产资源装备制造业，围绕勘探、开发、生产、加工、储运和海上作业辅助、服务等环节的需要，重点发展大型水下系统和作业装备。同时，加快实现智能制造技术和装备在重点行业中的广泛应用，全面提升石化、纺织、冶金、航空、船舶、煤炭开采等重点领域生产过程自动化、智能化水平。

四、新材料产业

材料是可以用来直接制造有用物件、构件或器件的物质。新材料是指新出现的或正在发展中的，具有传统材料所不具备的优异性能和特殊功能的材料，或采用新技术使传统材料性能有明显提高或产生新功能的材料。新材料主要包括电子信息、光电、超导材料，生物功能材料，能源材料和生态环境材料，高性能陶瓷材料及新型工程塑料，粉体、纳米、微孔材料和高纯金属及高纯材料，表面技术与涂层和薄膜材料，复合材料，智能材料，新结构功能助剂材料、优异性能的新型结构材料等。[1]新材料产业则是指开发和生产新材料及其相关产品与装备的产业。

新材料产业涉及化工新材料、轻金属材料、陶瓷材料、复合材料、石墨材料、建筑材料、纳米材料等领域，已广泛渗透到国民经济、国防建设和社会生活的各个领域，支撑着一大批高新技术产业的发展。新材料产业具有技术高度密集、更新换代快、研究与开发投入高、保密性强、产品附加值高、生产与市场的国际性强，以及应用范围广、发展前景好等特点，因而在产业体系中占有重要地位，对国民经济的发展具有举足轻重的作用，已成为世界各国抢占未来经济发展制高点的重要领域，其研发水平及产业化规模已成为衡量一个

---

❶ 新材料产业［EB/OL］．百度百科，http：//baike. baidu. com.

国家经济、社会发展，科技进步和国防实力的重要标志。

新材料已成为发展战略性新兴产业的基石，世界主要发达国家都十分重视新材料产业的投入和发展。美国政府在 1991~1995 年的《国家关键技术报告》中就将材料科学与技术列为重要的研究领域，并将 2000 年制定的国家纳米技术计划列为第一优先科技发展计划；目前，美国在超导材料、碳纳米管、石墨烯等领域已取得重大突破。早在 1994 年，德国就启动了跨世纪国家级新材料研究计划，在新材料制造装备、加工和应用方面确保国际领先地位；进入 21 世纪后，德国将新材料列为其九大重点发展领域的首位，将纳米技术列为科技创新的战略重点，研制出了新型镍钛铜记忆合金，找到生产白色发光二极管的方法。日本非常重视材料技术的发展，把开发新材料列为国家高新技术的第二大目标，开发出新的低成本金属合成方法，合成了世界最强的分子磁石。英国在石墨烯研究方面技术领先，用石墨烯墨水打印出了射频天线，并找到能大量生产石墨烯薄膜的新方法。法国在量子计算机、新型电池新材料应用等领域保持领先。加拿大在新一代光电材料钙钛矿领域取得突破，研制出超韧聚合物纤维，并首次完成石墨烯超导性实验。

我国新材料的研发起步于 20 世纪 50 年代中期，重点是国防与航空航天等领域。进入 80 年代后，新材料开始面向市场进入大发展时期。"九五"时期，国家通过"火炬"计划积极支持新材料及应用项目，为之后新材料的产业化打下了坚实的基础。1999 年，国家颁布实施《当前国家优先发展的高技术产业化重点领域指南》，对发展新材料产业给予重点扶持。"十五"期间，原国家计委发布《关于组织实施新材料高技术产业化专项的公告》，配合国家"863 计划"开展新材料领域的科技攻关，在电子信息材料、先进金属材料、电池材料、磁性材料、新型高分子材料、高性能陶瓷材料和复合材料等方面形成了一批高技术新材料核心产业。"十一五"以来，国家进一步加大对新材料产业发展的支持力度，工业和信息化部印发了《新材料产业"十二五"发展规划》，大力推进新材料产业发展。到 2014 年，我国新材料产业规模已超过 1.6 万亿元，形成了长三角、珠三角、环渤海三个新材料产业集群区，全国新材料企业超过 1.2 万家。❶

五、新能源产业

新能源产业是指在新技术基础上开发和利用太阳能、地热能、风能、海洋能、生物质能和核聚变能等新型能源和可再生能源的新兴产业。能源是人类活动的物质基础，人类社会的发展离不开优质能源的出现和先进能源技术的使用。人类开发利用能源矿产历史悠久，煤炭、石油、天然气是人类利用的传统化石能源，但随着工业化和现代化进程的推进，传统能源被大量消耗，全球能源供给紧张，能源危机已成为世界各国面临的难题。

新能源产业是新一轮国际竞争的战略制高点，也是衡量一个国家和地区高新技术发展水平的重要依据，面对能源危机，发达国家都把发展新能源作为顺应科技潮流、推进产业结构调整的重要举措。随着 2005 年 2 月《京都议定书》的生效，各国纷纷加大发展新能源和可再生能源产业的力度。欧洲是全球新能源市场集中地，也是新能源技术开发中心。德国、西班牙等欧洲国家纷纷修改新能源和可再生能源政策法规，积极支持新能源产业发展，成为全球重要的新能源市场。德国拥有世界上最大的光伏、风能和生物柴油市场。丹麦的风力发电和生物质能热电联产应用在欧盟成员国中处于领先地位。英国和美国政府也非常重视新能源产业的发展，通过政策手段刺激国内新能源市场发展。日本是世界上最大的使用新能源的国家，其安装使用太阳能发电量占世界市场的 44%。目前，全世界已有 30 多个发达国家和 100 多个发展中国家制定了全国可行性的能源战略发展计划。

---

❶ 我国新材料产业规模平均年增长 10% ［EB/OL］. 中国投资咨询网，http：//www. ocn. com. cn/chanjing，2015 - 05 - 26.

作为能源的生产消费大国，我国也非常重视新能源的发展。我国新能源产业发展迅速，"十一五"期间，我国明确了新能源的战略定位，颁布和修订了《中华人民共和国可再生能源法》《中华人民共和国节约能源法》等系列促进新能源产业发展的法规政策，各种可再生资源开发利用规模明显增长，新能源年利用量总计3亿吨标准煤，占当年能源消费总量的9.6%。"十二五"时期，我国进一步加大了新能源产业发展力度，在太阳能多元化利用、大型光伏电站建设、光伏发电系统应用、生物能资源、风能等领域形成了较为完整的新能源产业系统，发挥了调整能源结构、减排温室气体、推进战略性新兴产业发展的重要作用。

目前，我国以环渤海、长三角、西南、西北等为核心的新能源产业集聚格局已基本形成。环渤海区域是新能源产业重要的研发和装备制造基地，集聚了我国30%左右的风电装备制造企业；长三角区域是新能源产业发展的高地，聚集了全国约1/3的新能源产能，集中了我国60%的光伏企业、20%以上的风电装备制造企业、53.5%的建成核电站装机和近40%的生物质发电装机；西南地区是重要的硅材料基地和核电装备制造基地，集中了全国多晶硅产能的30%和产值的20%，占据了国内核电核心设备市场的50%；西北地区风能和太阳能资源丰富，集聚了我国90%以上的风电项目和太阳能光伏发电项目。

六、节能环保产业

节能环保产业是指为节约能源资源、发展循环经济、保护环境提供技术基础和装备保障的产业，主要包括节能产业、环保产业和循环利用产业，涉及节能技术和装备、高效节能产品、节能服务产业、先进环保技术和装备、环保产品与环保服务六大领域。节能环保产业属于典型的政策主导型、法规驱动型产业，产业规模取决于政府节能环保目标的要求，同时需要高技术的强有力支撑。为促进节能环保产业发展，世界发达国家纷纷制定政策法规，通过财税和投融资等多种渠道，引导和推动产业发展。

人类需要清新的空气、清洁的水、无污染的食品，人们需要良好的生存环境，发展节能环保产业符合世界性潮流。节能环保产业是适应人们消费结构转变的一种融合新型技术的新兴产业，市场巨大。世界主要发达国家高度重视发展节能环保产业，并占据了节能环保产业中的主要份额。美国是当之无愧的节能环保产业发展的主要受益者之一，尤其是在废水处理领域，美国节能环保产业为人们提供了大量就业机会。德国的节能环保技术在世界上也占有重要地位，其环保产业渗透到经济社会发展的方方面面，涉及与改善民生密切相关的无公害食品行业、环保生产技术的专业性开发、大气污染和水污染治理、废弃物再循环等。

节能环保产业是我国战略性新兴产业之一。"十一五"期间，我国节能环保产业累计产值超过7万亿元，增加值约2万亿元，接近全社会环保投入。2013年国务院发布的《关于加快发展节能环保产业的意见》提出，节能环保产业产值年均增速在15%以上，到2015年，总产值达到4.5万亿元，成为国民经济新的支柱产业。"十二五"期间，我国节能环保产业以15%～20%的速度增长，可再生能源领域的投资已达677亿美元，居全球之首。❶"十三五"期间，我国节能环保产业增速有望创新高，将成为我经济增长的新支柱。

七、冶金矿山（金属矿采选及冶炼加工）产业

冶金矿山（金属矿采选及冶炼加工）产业是指对金属矿物的勘探、开采、精选、冶炼及轧制成材的产业，包括黑色冶金工业（即钢铁工业）和有色冶金工业两大类，涉及金属矿采选、从矿石中提取金属或金属化合物，以及将金属制成具有一定性能的金属材料等。冶金技术主要包括火法冶金、湿法冶金、电冶金，金属矿采选主要涉及对金属矿物的采掘和将有用矿物与脉石矿物相互分离。

---

❶ 梁文艳. 节能环保产业"十三五"期间增速有望创新高［EB/OL］. 中国产经新闻，http：//www.cien.com.cn，2016－01－11.

冶金的发展历史一直伴随着人类社会的发展，从新石器时代后期人类开始使用金属，经历了铜—青铜、铜合金—铁、再到近代钢铁冶炼几个时代。新石器时期的制陶技术引发了冶金技术的产生和发展。冶金技术的发展提供了用青铜、铁等金属及各种合金材料制造的生活用具、生产工具和武器，提高了社会生产力，推动了社会进步。冶金技术源于中国、印度、北非和西亚等地区，16世纪后期生铁冶炼技术向西欧各地传播，导致了以用煤冶铁为基础的冶金技术的发展，后又和物理、化学、力学的成就相结合，促进了近代冶金产业的发展。

我国冶金历史悠久，经历了早期铜时代、青铜时代、早期铁器时代、大规模铁器时代、晚期铁器时代。早在公元前1500年左右，我国就开始进入青铜时代，公元前500年左右开始进入铁器时代。新中国成立以来，我国钢铁工业、有色金属冶炼及加工业迅速发展，建设了一批大型钢铁和铁合金、有色金属生产基地，耐火材料等辅助原料企业。改革开放以来，我国钢铁制造业和有色冶金工业取得了长足的进步。

截至2014年，我国钢铁产量已经达到10亿吨以上，跻身世界钢铁产业大国。2015年，全国10种有色金属产量合计5090万吨，同比增长5.8%。其中，精炼铜产量796万吨，原铝3141万吨，铅386万吨，锌615万吨。7种精矿产量分别为铜精矿167万吨、铅精矿234万吨、锌精矿475万吨、锡精矿10.9万吨、锑精矿11.2万吨、钨精矿（折三氧化钨65%）14万吨、钼精矿（折纯钼45%）30万吨。氧化铝产量5898万吨，铜材1914万吨，铝材5236万吨。❶

八、化工产业

化工产业是指利用化学反应来改变物质的结构、成分、形态，从而生产化学产品的工业部门，一般指生产过程中化学方法占主要地位的产业，即通过化学反应过程将化学原料转化为化学产品的生产部门。随着科学技术的发展，化工产业由最初生产纯碱、硫酸等少数无机产品和从植物中提取茜素制成染料有机产品，逐步发展为一个多行业、多品种的生产部门，包括基本化学工业和塑料、合成纤维、石油、橡胶、医药、农药、感光材料、染料、油漆、涂料、化肥工业等。

化学加工可以追溯到远古时期，早期的人类就会运用酿造、染色、冶炼等简单的化学加工方法制作一些生活必需品。而真正意义上的化学工业始于18世纪中叶，世界上第一个典型的化工厂是18世纪40年代在英国建立的铅室法硫酸厂，到19世纪70年代，化学工业在欧洲逐步发展起来，制碱、硫酸、化肥、煤化工等无机化工已形成相当规模。随着产业革命的发展，纺织、玻璃、肥皂工业带动了酸、碱和染料工业的发展；而钢铁、炼焦工业的副产品煤焦油被分离为苯、甲苯、二甲苯、萘、蒽、菲等芳烃，推动了合成茜素等合成染料工业的形成，制药、香料工业也相继合成与天然产物相同的化品。1839年橡胶被应用于轮胎等制品，1867年炸药被发明并大量用于采掘和军工，1869年赛璐珞塑料出现，1891年第一个硝酸纤维素人造丝厂建成，1909年酚醛树脂被广泛用于电器绝缘材料。20世纪后，世界化学工业进入了快速发展时期，合成氨、石油化工、高分子化工、精细化工等化工产业逐步形成并迅速发展起来。目前，化学产业已成为国民经济中的一个重要组成部分。

新中国成立之前，我国的化学工业基础还很薄弱，在上海、南京、天津、青岛、大连等城市，有少量的化工厂和一些手工作坊，只能生产为数不多的硫酸、纯碱、化肥、橡胶制品和医药制剂，基本没有有机化学工业。1949年以后，我国化学工业快速发展，已逐步形成化学矿、化学肥料、酸、碱、无机盐、合成橡胶、合成纤维、合成树脂和塑料、有机原料、农药、染料、涂料、感光材料、橡胶制品、溶剂、助剂和化学试剂、

---

❶ 2015年1~12月中国有色金属工业生产情况简析［EB/OL］. 中商情报网，http：//www.askci.com，2016-01-22.

催化剂等门类比较齐全的行业。2014 年，我国化工行业规模以上企业 24125 家，主营业务收入达到 8.8 万亿元，占全国工业的 6.8%。全年生产硫酸 8846.3 万吨，烧碱 3180.1 万吨，纯碱 2514.7 万吨，电石 2547.9 万吨，乙烯 1704.4 万吨，苯 735.5 万吨，甲醇 3740.7 万吨，合成材料 1.15 亿吨，轮胎 11.1 亿条，涂料 1648.2 万吨，农药 374.4 万吨，磷肥 1669.9 万吨，钾肥 610.5 万吨，氮肥 4651.7 万吨。❶

九、农特产品加工产业（特色优势农业）

农业、林业是国民经济中的重要产业部门，是通过培育植物、动物从而生产食品及工业原料的产业，包括种植业、林业、畜牧业、渔业、副业等种植、养殖业。农特产品加工业是指以农、林、畜牧、渔产品为原料而进行产品加工的工业生产活动，如以稻子、小麦、玉米、高粱、花生、鱼、牛、羊、家禽等动植物产品为原料进行的产品加工。人类的生存和发展离不开食物和生活必需品，大自然为世界各地的人们提供了丰富的动植物原料，满足人们的生产和生活需要，农产品的加工一直伴随着人类的发展而发展，并在人们改造和适应自然的过程中得到丰富和完善，是人类社会历史最为悠久、内涵最为丰富、联系最为密切的产业。

农特产品加工产业在世界各国国民经济中占有重要地位，是近年来各国发展最快的产业之一。法国的农产品加工产值占工业产值的 20.3%，占国民生产总值的 7%，从业人数占工业从业人数的 20%，是其工业中增长最快、盈利最多的行业。美国是玉米生产、加工和消费大国，产量占世界总产量的 40% 左右，年产值达 110 亿美元；美国大豆的主要加工产品为大豆粉和豆油，并用大豆粉加工成食品、饲料及其他医用、化工等产品。法国、美国、英国、荷兰等国家马铃薯加工率分别达到 59%、48%、40% 和 40%，欧洲冷冻食品中有近 20% 是马铃薯冷冻食品，美国马铃薯薯条在其国内年销售收入达 20 亿美元。

我国是一个农业大国，目前已具备生产 5 亿吨粮食、4 亿吨蔬菜、5000 多万吨水果、5000 多万吨肉类、3500 万吨水产品和 2000 多万吨油料的能力，粮食人均占有量已超世界平均水平，小麦、水稻、水果、蔬菜、肉和蛋等主要农产品产量居世界第一。同时，我国地域广阔、民族众多，在源远流长的历史长河中，造就了丰富多彩的传统美食文化，各地农特产品丰富多样，形成了历史悠久的传统特色产业。改革开放以后，随着农业的快速发展和城乡居民收入水平的逐步提高，我国农特产品加工业得到了长足发展，已成为国民经济的支柱产业。截至 2014 年，全国农产品加工企业数量达到 45.5 万家，其中规模以上企业达到 7.6 万家，实现主营业务收入 18.48 万亿元，利润总额达到 1.22 万亿元，农产品加工业与农业产值比值达到 2.1:1。❷

十、商贸物流产业

商贸物流产业是指商业贸易和物资流通产业，是集商品交易、现代物流、电子商务、网络信息、金融服务等为一体的现代服务业。商业贸易是指专门从事商品收购、调运、储存和销售等经济活动的部门，是联系工业和农业、生产和消费、地区与地区之间的桥梁。物流是指通过运输、保管、配送等方式，实现原材料、半成品、成品及相关信息由产地到消费地所进行的过程。物流是商业贸易中的重要环节，涉及采购、运输、仓储、配送（包括分拣、加工、包装、分割、组配等）、信息服务等环节。

商业贸易是人类在长期生产、生活过程中产生的一种社会活动形式，其起源可以追溯到人类社会发展的最初阶段——原始社会。第一次社会大分工后，形成了最初的商业，交易方式是物物之间的交换。第二次社会大分工导致生产专业化程度日益提高，出现了以交换为目的的商品生产和商人，标志着早期商业贸易活动

---

❶ 2014 年化工行业运行情况［EB/OL］. 工业和信息化部网，http：//www. miit. gov. cn，2015 - 02 - 27.
❷ 我国农产品加工业产值将突破 20 万亿元［EB/OL］. 新华网，http：//news. xinhuanet. com，2015 - 12 - 03.

的社会化。随着社会分工的日益细化，产品的交换也愈加复杂化。商业贸易在交换规模、数量、次数以及手段等方面都有了长足进展。地理大发现开创了西欧国家的对外扩张事业，促进了工场手工业的发展，奠定了资本主义经济繁荣的基石，推动了商业贸易的大发展和重商主义的形成。18世纪中期到19世纪60年代，英、法、德、美等主要资本主义国家相继开始和完成了工业革命，资本主义得到充分发展，大机器生产的广泛采用，交通、通信的巨大变革为世界商业贸易的发展提供了物质基础和重要推动力，使得世界市场空前扩大。19世纪末的技术革命和随后科学技术的快速进步，为商业贸易的进一步发展提供了有力的技术支持，使得战后世界贸易和商业物流日益繁荣。

我国商业贸易历史悠久，早在汉代就通过"丝绸之路"和"海上丝绸之路"发展对外贸易。唐代经济繁荣、交通发达，从陆路、水路向东可达朝鲜和日本，往西经"丝绸之路"可达今天的印度、伊朗、阿拉伯以至许多欧洲国家，经"海上丝绸之路"可达波斯湾。唐代政府鼓励外贸，广州和长安分别为唐代南北国际大都会，在广州，唐政府设立市舶使，管理外商外贸往来。宋元对外贸易频繁，设立市舶司管理对外贸易、征收商税，朝鲜、日本、越南、阿拉伯等是其重要外贸伙伴。明代郑和出使西洋促进了中国与东南亚各国的民间经济文化交流。清朝前期，中国市场不断开放，外国商品和资本如潮水般涌入中国。新中国成立后，积极发展与苏联、东欧国家的贸易往来，发展国民经济。

改革开放以来，我国全方位对外开放，加入 APEC、WTO 等国际经济组织，积极参与世界经济竞争，推动国内、国际贸易发展。2009 年，国务院发布《物流业调整和振兴规划》，从战略层面支持发展商贸物流业。为进一步促进我国商贸物流发展，提高商贸物流服务质量和水平，增强商贸服务业竞争力，适应流通业发展和转变经济发展方式的需要，2011 年，商务部、国家发展改革委员会、中华全国供销合作总社联合发布《商贸物流发展专项规划》。经过各方的努力，我国商贸物流也得到了快速发展，形成了以天虹商场股份有限公司、银川新华百货商业集团股份有限公司、合肥百货大楼集团股份有限公司、湖南友谊阿波罗商业股份有限公司、苏宁云商集团股份有限公司、中百控股集团股份有限公司、人人乐连锁商业集团股份有限公司、北京华联综合超市股份有限公司、招商局物流集团有限公司、中国诚通控股集团有限公司、广东物资集团公司、华南城控股有限公司等龙头企业为代表的商贸物流体系。2014 年，我国进出口总值达到 26.43 万亿元人民币，比 2013 年增长 2.3%，欧盟成为我国最大的贸易伙伴。❶ 2015 年，实现国内社会消费品零售总额 30.1 万亿元，同比增长 10.7%。❷

第三节　云南战略性新兴产业与优势特色产业发展状况

一、生物产业

多样性的气候和环境，造就了云南多样性的生物资源。云南生物种类多、分布广，拥有全国 60% 的药用动植物、63% 的高等植物、70% 的中药材和 59% 的脊椎动物等物种资源，天然药物品种及储量居全国第一，高等动物、植物和花卉的种类均占我国的一半左右，号称"植物王国""动物王国""花卉之乡""药材之乡"和"生物资源基因库"，有发展生物产业的先天优势。生物产业是云南省的支柱产业之一。经过多年的培育和发展，云南生物产业在国内外已享有一定的知名度和影响力，产业规模和市场占有率日益提升，呈现出增长

❶ 吴琼静. 数据解读 2014 年中国对外贸易的"新常态"［EB/OL］. 中国网，http：//news. china. com. cn，2015 - 01 - 13.

❷ 商务部召开例行新闻发布会. 商务部，http：//www. mofcom. gov. cn，2016 - 01 - 20.

速度快、发展势头好的良好局面。

2002~2012年的十年间，云南生物医药产业保持了年均25%以上的高速增长态势，出现了一大批在国内外有较高知名度的医药企业和品牌。2014年，云南省政府颁布《云南省大生物产业行动计划（2014—2025）》，突出生物农业等十大重点内容，着力建设大园区，推动云南"从生物资源王国转变为生物医药产业王国"，促进生物产业向高端化、规模化、国际化发展，建设具有国际影响力的生物种质资源创新、生物技术研发、生物产品出口的重要基地。目前全省生物医药产业经济总量已达1013亿元。

二、光电子产业

"十一五"以来，云南积极发展光电高技术产业，形成了以大学、研究院所、企业等为主体的光电技术研究和产品研发、生产等比较完整的产业链，以及以光机电一体化设备、半导体照明、OLED等产业为补充的光电子产业发展格局。"省部共建"的昆明光电子产业基地和昆明国家光电子材料及产品科技兴贸创新基地集聚了昆明物理研究所、昆明北方红外技术股份有限公司、北方夜视技术集团股份有限公司、云南省北方奥雷德光电科技股份有限公司等一批极具实力的企业。目前，云南省相关科研院所及企业所生产的光电探测器、光学望远镜、红外热成像系统、微光夜视仪、特殊光学材料等光电子产品，已经占到全国同行业市场份额的80%~90%，技术水平居国内领先地位。2010年，云南省光电子产业实现销售收入120亿元，实现工业增加值30亿元。

三、高端装备制造产业

云南装备制造业以汽车制造、铁路运输设备修理、烟草机械、电工电器和机床行业为主，以云内动力股份有限公司、云南机床股份有限公司、云南烟草机械有限公司、昆明船舶集团设备有限公司、昆明云内动力股份有限公司、昆明力神重工有限公司、昆明中铁大型养路机械集团有限公司、沈机集团昆明机床股份有限公司、一汽红塔云南汽车制造有限公司等企业为龙头，在数控机床、电线电缆、铁道牵引变压器、烟草机械设计与制造、大型铁路养护机械、轻型卡车、农用车、柴油发动机等技术领域有较好的产业基础。

"十二五"以来，云南省把高端装备制造列为优先发展的战略性新兴产业，立足现有的产业优势领域，依托石油炼化基地、城市轨道交通、机场建设等重大工程，重点发展大型重型精密复合数控机床、轨道交通建设和养护装备、空港自动化物流成套设备、矿冶成套设备、电力设备、新能源汽车等，积极发展以数字化、柔性化及系统集成技术为核心的智能制造装备，延伸产业链，建设重点产业基地，壮大产业集群。通过政策引导、项目支持和产业辐射，充分发挥高端装备制造业在全省产业转型升级中的示范带动作用，在增强研发实力、壮大制造新军、提升经济效益等方面取得了新成效。2015年上半年，全省规模以上装备制造业实现增加值57.83亿元，同比增长9.3%，比全部规模以上工业高3.2个百分点，在全省工业转型升级方面发挥了示范带动作用。

四、新材料产业

依托丰富的矿产资源，云南省拥有发展新材料产业的良好基础。20世纪90年代以来，通过提升技术创新能力、建设重大项目、培育核心骨干企业、打造新材料产业链，已形成覆盖金属新材料、光电子新材料、化工新材料等相关产品的新材料产业体系。昆明高新技术开发区有色金属和稀贵金属新材料产业集中了云铜股份、贵研铂业股份有限公司、云铜锌合金、昆明贵研催化剂有限公司等12家规模以上骨干企业，引入了国家贵金属材料工程技术研究中心、稀贵金属综合利用新技术国家重点实验室、云南冶金集团技术中心等6个国家级、5 个省级企业技术中心和科研机构，形成了集采、选、冶、精深加工和研发为一体的完整产业价值链。昆明高新技术开发区集中发展新材料及装备制造产业，相关产值占园区的 50% 以上；东川区则形成了以稀贵金属产业为主导产业的优势集群，主要生产精铋、电铅、白银、钴盐、黄金、电子材料等稀贵金属。

五、新能源产业

云南省具备较好的发展太阳能、风能和生物质能的资源基础。云南地处低纬度高海拔，年平均日照时数约为 2200 小时，全省每年接受的太阳辐射相当于 731 亿吨标准煤所产生的能量，可以开发的太阳能储量达到 75.75%，相当于 555.88 亿吨标准煤燃烧释放的能量，太阳能发电装机可达到 1.5 亿千瓦以上，超过水电可装机容量的 50%，高效太阳能光伏材料锗原料储量占全国的三分之一。云南拥有木本油料植物 200 种左右，可利用木本油料植物种类占全国可利用木本油料植物种类的 60% 以上，生物质能原料种质资源居全国之首。此外，全省农村户用沼气保有量达 216 万户，位居全国第四，风能总储量 1.22 亿千瓦。

云南省是国内重要的太阳能产业基地，在太阳能热利用系统集成技术和太阳能光热利用建筑一体化局部领域居世界领先水平。2009 年全省太阳能热水器保有量 800 多万平方米，已建设 56 个村级集中供电光伏电站建设，总装机容量超过 350 万千瓦，昆明石林总装机容量为 166 兆瓦的太阳能光伏并网电站科普区 66 兆瓦并网光伏电站实验示范项目第一单元（1 兆瓦）已成功并网发电。全省已建成小桐子种植基地约 80 万亩，三座共年产 15 万吨小桐子原料油加工厂正在建设。我国首个高海拔地区风电场——大理磨山风电场并网投产，装机容量 4.8 万千瓦；禄丰县老青山风电场建设项目也已竣工投入使用，装机容量 4.65 万千瓦，总投资 4.15 亿元。

六、节能环保产业

经过多年的发展，云南省节能环保产业已初具规模，在矿冶、重化工、生物等传统产业及高原湖泊治理技术方面具有比较优势。部分企业节能环保技术开发、技术改造和技术推广的力度不断加大，涌现出不少环保新技术、新工艺、新产品，技术和产品基本覆盖了环境污染治理、节约能源、资源综合利用和生态环境保护的各个领域。至 2014 年，云南省节能环保高新技术企业达 79 户，近三年销售收入总计达 1033.3 亿元，节能环保领域上市培育高新技术企业 14 户。云南亚太环境工程设计研究有限公司、云南银发绿色环保产业股份有限公司等一批节能环保骨干企业正在发展壮大。❶

2015 年 12 月，云南省人民政府发布《关于加快发展节能环保产业的意见》，提出要加快发展全省节能环保产业，培育绿色经济增长点，到 2020 年全省节能环保产业总产值达到 1000 亿元；建设 1～3 个技术先进、配套健全、发展规范的节能环保产业示范基地，打造一批拥有知识产权和竞争力的装备和产品，形成以骨干企业为龙头、广大中小企业为配套，研发、生产、推广、运营、服务等上下游协同推进、配套健全的产业发展格局，使节能环保产业成为全省新的经济增长点。

七、冶金矿山（金属矿采选及冶炼加工）产业

云南省是我国矿产种类最为齐全的省份之一。依托丰富的金属矿产资源，云南冶金（金属矿采选及冶炼加工）产业形成了较强的比较优势和发展潜力，在全国矿产冶金产业中占有重要地位。改革开放以来，云南

---

❶ 云南省科技厅关于节能环保产业和强化企业技术创新主体的实施成效公告 [EB/OL]. 云南省科学技术厅，http://www.ynstc.gov.cn，2014－11－17.

省大力推进钢铁工业技术装备和产品升级，重点延伸培育锡、铜、铝、铅、锌等有色金属产品加工产业链，积极培育以有色、稀贵金属为重点的新材料产业群，形成了以铜业（集团）有限公司、云南铝业股份有限公司、云南驰宏锌锗股份有限公司、云南锡业集团有限责任公司、昆明钢铁集团有限责任公司、兰坪金鼎锌业有限公司、云南罗平锌电股份有限公司、易门矿务局等大中型矿山、冶金企业为核心的冶金矿山产业集群，产品系列囊括了从矿产品、冶炼产品、加工产品到应用产品等齐全品种，并开始向有色金属深加工、高技术、高附加值产品领域延伸，业已成为国家级有色金属冶炼及深加工基地、世界级锡工业及深加工基地、面向周边国家和地区的钢铁工业基地。

八、化工产业

云南化工产业以磷化工和煤化工为主导，辅之以盐化工、精细化工和化肥，依托云天化股份、云南三环化工、云南沾化、云南解化集团、云南红磷化工、景谷县林业股份、云南云维集团、云南云峰化工、国营云南燃料一厂、云南曲靖化工等大中型企业，主要生产肥料、基础化学原料和专用化学产品。肥料制造主要为氮肥和磷肥，基础化学原料制造主要为磷化学原料和无机盐，专用化学产品制造主要为林产化学产品和炸药及火工产品，还有香料、香精等日用化学品制造；原料结构以磷及相关化工产品为主，煤化工、盐化工、有机化工也有较大比重。云南的磷酸、磷肥及高浓度磷复肥、黄磷产量居全国第一，并力求建成全国最大的磷化工基地和辐射西南、面向东南亚的煤化工和盐化工基地。

2014年，云南全省规模以上化工行业（含焦化）实现工业增加值207.4亿元，占全省规模以上全部工业增加值5.8%。全年生产标准磷矿石2667万吨，标准硫铁矿56万吨，原盐125万吨，硫酸1371万吨，烧碱24万吨，纯碱13.1万吨，黄磷53.9万吨，电石79.5万吨，聚氯乙烯25万吨，焦炭1508万吨，甲醇50.1万吨，二甲醚15万吨，合成氨230万吨，磷肥（折纯）217万吨，氮肥97.6万吨，化学农药47.64吨。❶

九、云南农特产品加工产业（特色优势农业）发展状况

云南是一个农业省份，农业品种资源和气候资源异常丰富，发展优势农产品的条件得天独厚。近年来，云南依托独特的地方资源优势，以云南德宏英茂糖业有限公司、云南省盈江县平原糖业有限公司、孟连昌裕糖业有限责任公司、云南茶苑集团、凤庆滇红集团、翠云普洱茶集团、耿马蒸酶茶集团、下关沱茶公司、清凉山茶叶公司、云南红酒业集团有限公司、云南澜沧江啤酒企业集团公司等大中型企业为龙头，致力于提高食品工业技术装备水平，健全标准体系，加强品牌建设，培育打造茶、酒、糖、油、核桃、咖啡、果蔬、食用菌8类过百亿元特色食品加工业，传统优势农产品实现了规模化生产，新兴优势特色农产品迅速崛起，优势特色农业开发已具备较好的基础，形成了优势明显、特色突出，规模化、功能化、绿色化、多样化的农特产品加工产业。

十、商贸物流产业发展状况

近年来，云南商贸流通产业保持快速发展势头，对促进全省消费快速增长发挥了重要支撑作用。2012年，全省商贸流通业仅批发、零售、住宿、餐饮四行业即实现增加值1393.9亿元，占全省国民生产总值的13.5%，❷占全省第三产业增加值的三分之一。各类市场保供能力不断提升，城乡市场体系建设也逐步完善。

---

❶ 2014年云南省化工行业发展概况年报［EB/OL］. 中商情报网，http：//www. askci. com，2015－04－17.
❷ 钱霓."产业建设年"云南商贸物流业迎来发展空间［EB/OL］. 和讯网，http：//news. hexun. com，2013－07－04.

2013 年，云南省共有物流企业 4000 多家，云南物流业已经进入一个高速发展的阶段。

到 2020 年，云南将建立起统一开放、竞争有序、安全高效、城乡统筹的现代流通体系，打造成为辐射东南亚、南亚的重要区域性商贸物流中心和消费中心：一是建设以大型商贸流通企业为主导的现代商贸流通体系，继续扶持、引导、培育 20 户主业突出、管理先进、竞争力强的大型商贸流通企业；二是建设以连锁经营和高原特色农产品流通为主导的城市消费品流通网络体系，建设和升级改造 10 家大型专业批发市场；三是建设以"万村千乡市场工程"为主导的农村消费品流通网络体系，重点加大州（市）、县级配送中心、乡镇商贸中心建设，继续建设和改造 100 个乡镇农贸市场；四是建设电子商务体系，重点培育一批有一定知名度的电子商务网站；五是大力打造"滇菜"品牌，积极实施滇菜"进京、入沪、下南洋"工程。

第四节　战略性新兴产业专利竞争研究简述

一、分析研究范围

本研究以生物、节能环保、光电子（新一代信息技术）、高端装备制造、新能源、新材料、冶金、化工等产业为代表，通过中国专利数据库的专利信息分析，从国家和区域的角度，从宏观与中观层面，反映我国战略性新兴的专利竞争现状。

除特别说明外，本研究所依赖的专利数据均限于中国专利的范畴，但研究内容涉及在中国申请专利的外国申请人。

二、专利信息数据库

考虑到专利信息数据的可获取性，本研究的基础立足于已公开的中国专利信息和数据。分析研究中选择中国专利信息数据为对象，主要选择佰腾专利检索系统作为专利信息数据库和检索工具，并辅之以国家知识产权局专利信息检索及分析系统，进行分析研究。

三、专利检索与数据提取

在产业技术分析的基础上，采用关键词和分类号结合的方式编制专利检索式，在确保检全率的基础上提高检准率，避免只用关键词的不全面或只用分类号的除噪工作量大等问题。关键词的选择，主要使用了具体产业领域的相关技术术语和同义词、近义词，兼顾上位、下位概念，并结合分类号的使用，科学使用"and""or""not"逻辑符号连接，力求提高信息数据的准确性。

四、研究期间

考虑到科学研究的基本规律和技术生命周期、专利信息审查和公开等因素，本研究选择近十年作为考察期间（即 2006～2015 年），以客观地反映国家或区域战略性新兴产业的专利竞争态势。除特别说明外，本研究涉及的所有专利信息均为该期间的数据。

第二章　生物产业专利竞争

第一节　现代生物产业技术领域

现代生物技术是以分子生物学、细胞生物学、微生物学、免疫学、遗传学、生理学、系统生物学等学科为支撑，结合化学、化工、计算机、微电子等学科，形成的一门多学科互相渗透的综合性学科，主要包括基因工程、染色体工程、细胞工程、酶工程、发酵工程、蛋白质工程、组织培养和器官培养、数量遗传工程、生物反应器工程等，其应用领域广泛涉及医学生物技术（生物医药）、生物能源技术、生物材料技术（纳米生物、合成生物）、农业生物技术、食品生物技术、环境生物技术、生物信息技术等。

生物医药技术是运用化学、生物学、医药学、微生物学等学科原理和方法，从生物体的各个器官机能、细胞运动、基因排列等方面，制备医学诊断和治疗产品的技术，包括基因工程技术、酶及细胞固定化技术、细胞工程及单克隆抗体技术等。生物医药的重点技术主要包括色谱技术、质谱技术、晶体衍射技术、核磁共振（NMR）技术、差异显示技术、RNAi 技术、基因芯片技术、生物信息技术、代谢物组技术、蛋白质组技术、系统生物学技术、高通量筛选技术、干细胞技术、基因工程技术、发酵工程、细胞工程、蛋白质工程、植物生物反应器技术、动物生物反应器技术、荧光原位杂交技术、DNA 序列分析技术、极端微生物技术、基因工程药物技术、生物工程疫苗技术、中药现代化技术等。

生物能源与环境生物治理技术包括燃料乙醇、生物柴油、沼气、生物质气化、环境生物技术等。主要应用技术有新一代生物催化转化技术、菌种改良技术、工业生物过程工程技术、生物基化学品下游产业链绿色化工过程技术、环境生物治理技术。

生物材料技术是运用现代生物技术和材料技术，制备用于取代、修复活组织的天然或人造材料的技术，包括微生物基因组/功能基因组、极端微生物、微生物蛋白质组、生物信息/系统生物、微生物代谢网络与代谢工程、生物反应器、生物分离工程技术等，主要应用技术有生物基大宗化学品、生物基材料、生物精细化学品、医药中间体技术等。

生物农业技术是运用基因工程、发酵工程、细胞工程、酶工程以及分子育种等生物技术，改良动植物及微生物品种生产性状、培育动植物及微生物新品种、生产生物农药、兽药与疫苗的新技术。生物农业技术包括动物和植物生物技术和生物农药、兽药与疫苗技术等。

食品生物技术是生物技术在食品原料生产、加工和制造中的应用技术，包括了食品发酵和酿造技术、食品原料改良技术、生物食品添加剂技术、酶工程、蛋白质工程和酶分子的进化工程技术等。

生物信息技术是分子生物技术和计算机信息技术相结合而形成的新兴技术，是关于生物信息的采集、处理、存储、传播、分析和解释等的技术，它通过综合利用生物学、计算机科学和信息技术而揭示复杂生物数据所赋有的生物学奥秘。

第二节　生物产业专利技术分类与检索关键词

一、生物产业专利技术分类

生物产业技术包括生物医药、基因技术、食品生物、生物材料、生物质能技术等，相关的专利 IPC 分类主要涉及 A61K48、A01H1/0、A01N、A23、A61F、A61K、A61L、B01J、C07D、C07H、C07K、C08G、C08H、C09H、C10G、C10J、C10L、C11B、C11C、C12、C13K、C14C、F23B、F24B 等（见表 2 - 1）。

表 2 - 1　生物产业技术领域 IPC 专利分类

技术分类		国际分类号	小类号
生物医药技术	基因治疗	A61 医学或兽医学；卫生学	A61K48 含有插入到活体细胞中的遗传物质以治疗遗传病的医药配制品；基因治疗
		A01 农业；林业；畜牧业；狩猎；诱捕；捕鱼	A01H1/00 改良基因型的方法
	酶工程	A23 其他类不包含的食品或食物；及其处理	A23K 食品中的肽
	发酵工程	C07 有机化学	C07D 杂环化合物
			C07H 糖类；及其衍生物；核苷；核苷酸；核酸
			C07K 肽
		C12 生物化学；啤酒；烈性酒；果汁酒；醋；微生物学；酶学；突变或遗传工程	C12 生物化学；啤酒；烈性酒；果汁酒；醋；微生物学；酶学；突变或遗传工程
	蛋白质工程	C08 有机高分子化合物；其制备或化学加工；以其为基料的组合物	C08G 用碳 - 碳不饱和键以外的反应得到的高分子化合物
			C08H 天然高分子化合物的衍生物
	医药医药中间体	A61 医学或兽医学；卫生学	A61F 可植入血管内的滤器；假体；为人体管状结构提供开口或防止其塌陷的装置，如支架；整形外科、护理或避孕装置；热敷；眼或耳的治疗或保护；绷带、敷料或吸收垫；急救箱 A61L 材料或物体消毒的一般方法或装置；空气的灭菌、消毒或除臭；绷带、敷料、吸收垫或外科用品的化学方面；绷带、敷料、吸收垫或外科用品的材料。
	兽药与疫苗	A61 医学或兽医学；卫生学 C12 生物化学	A61K 医用、牙科用或梳妆用的配制品 C12N 微生物或酶；其组合物；繁殖、保藏或维持微生物；变异或遗传工程；培养基
	生物农药	A01N 人体、动植物体或其局部的保存；杀生剂，例如作为农药、除草剂；植物生长调节剂	A01N65/00 含有藻类、地衣、苔藓、多细胞真菌或植物材料，或其提取物的杀生剂、害虫驱避剂或引诱剂或植物生长调节剂

续表

技术分类		国际分类号	小类号
食品生物技术	生物食品添加剂	C12 生物化学；啤酒；烈性酒；果汁酒；醋；微生物学；酶学	C12M 酶学或微生物学装置
			C12N 微生物或酶；其组合物；繁殖、保藏或维持微生物；变异或遗传工程；培养基
	食品原料改良		C12P 发酵或使用酶的方法合成目标化合物或组合物或从外消旋混合物中分离旋光异构体
			C12Q 包含酶或微生物的测定或检验方法
	生物油脂、香料	C11 动物或植物油、脂、脂肪物质或蜡；由此制取的脂肪酸；蜡烛	C11B 生产，例如通过压榨原材料或从废料中萃取，精制或保藏脂、脂肪物质例如羊毛脂、脂油或蜡；香精油；香料
			C11C 从脂肪、油或蜡中获得的脂肪酸；蜡烛；脂肪、油或由其得到的脂肪酸经化学改性而获得的脂、油或脂
	糖	C07 有机化学	C07H 糖类；及其衍生物；核苷；核苷酸；核酸
		C13 糖工业	C13K 葡萄糖；转化糖；乳糖；麦芽糖；用双糖或多糖水解法合成糖
基因技术	基因工程	C12 生物化学；微生物学；酶学；突变或遗传工程	C12N1/00 微生物本身，如原生动物；及其组合物
	分子育种		C12Q1/68 包含酶或微生物的测定或检验方法；其组合物及其制备方法（包括核酸）
			C12M 酶学或微生物学装置
	细胞工程		C12N 微生物或酶；其组合物；繁殖、保藏或维持微生物；变异或遗传工程；培养基
			C12Q 包含酶或微生物的测定或检验方法
	单克隆抗体技术	C07 有机化学	C07K16 免疫球蛋白，如单克隆或多克隆抗体
生物材料技术	生物基材料、化学品皮革、天然树脂和胶生物信息技术	A01 农业；林业；畜牧业；狩猎；诱捕；捕鱼	A01H 新植物或获得新植物的方法；通过组织培养技术的植物再生
			A01N 人体、动植物体或其局部的保存；杀生剂，例如作为农药、除草剂；植物生长调节剂
		B01 一般的物理或化学方法或装置	B01J 化学或物理方法，例如，催化作用、胶体化学；其有关设备
		C07 有机化学	C07K 肽
		C08 有机高分子化合物；其制备或化学加工；以其为基料的组合物	C08B 多糖类；其衍生物 C08L
			C08K 使用无机物或非高分子有机物作为配料
		C12 生物化学；啤酒；烈性酒；果汁酒；醋；微生物学；酶学；突变或遗传工程	C12M 酶学或微生物学装置
			C12N 微生物或酶；其组合物；繁殖、保藏或维持微生物；变异或遗传工程；培养基
		C09 染料；涂料；抛光剂；天然树脂；黏合剂；其他类目不包含的组合物	C09H 动物胶或明胶的制备
		C14 小原皮；大原皮；毛皮；皮革	C14C 大原皮，小原皮或皮革的化学处理，如鞣制、浸渍、整饰；所用的设备；鞣制组合物
		G01 物理测量；测试	G01N 借助于测定材料的化学或物理性质来测试或分析材料

续表

技术分类		国际分类号	小类号
生物能源技术	生物质能作物种植	A01 农业；林业；畜牧业；狩猎；诱捕；捕鱼	A01C 种植；播种；施肥
			A01G 园艺；蔬菜、花卉、稻、果树、葡萄、啤酒花或海菜的栽培；林业；浇水
			A01H 新植物或获得新植物的方法；通过组织培养技术的植物再生
	沼气与污物生物处理	C02 水、废水、污水或污泥的处理	C02F 水、废水、污水或污泥的处理
		C12 生物化学；啤酒；烈性酒；果汁酒；醋；微生物学；酶学；突变或遗传工程	C12M 酶学或微生物学装置
			C12N 微生物或酶；其组合物；繁殖、保藏或维持微生物；变异或遗传工程；培养基
			C12P 发酵或使用酶的方法合成目标化合物或组合物或从外消旋混合物中分离旋光异构体
	生物质气化	C10 石油、煤气及炼焦工业；含一氧化碳的工业气体；燃料；泥煤	C10B 含碳物料的干馏生产煤气、焦炭、焦油或类似物；C10J 由固态含碳物料发生炉煤气、水煤气、合成气或生产含这些气体的混合物；空气或其他气体的增碳
		F23 燃烧设备；燃烧方法	F23B 只用固体燃料的燃烧方法或设备
		F24 供热；炉灶；通风	F24B 固体燃料的家用炉或灶；与炉或灶连带使用的工具
	生物质液体燃料（燃料乙醇、生物柴油）	C10 石油、煤气及炼焦工业；含一氧化碳的工业气体；燃料；泥煤	C10G 烃油裂化；液态烃混合物的制备，如用破坏性加氢反应、低聚反应、聚合反应；从油页岩、油矿或油气中回收烃油；含烃类为主的混合物的精制；石脑油的重整；地蜡；C10L 不包含在其他类目中的燃料
		C12 生物化学；啤酒；烈性酒；果汁酒；醋；微生物学；酶学	C12P 发酵或使用酶的方法合成目标化合物或组合物或从外消旋混合物中分离旋光异构体
	生物质燃烧发电	F02 燃烧发动机；H02 发电、变电或配电	F02B 活塞式内燃机；一般燃烧发动机；H02M 用于交流和交流之间、交流和直流之间、或直流和直流之间的转换以及用于与电源或类似的供电系统一起使用的设备；直流或交流输入功率至浪涌输出功率的转换；以及它们的控制或调节
	生物质固体燃料与利用	C10 石油、煤气及炼焦工业；含一氧化碳的工业气体；燃料；泥煤	C10B 含碳物料的干馏生产煤气、焦炭、焦油或类似物；C10L 不包含在其他类目中的燃料
		F23 燃烧设备；燃烧方法	F23B 只用固体燃料的燃烧方法或设备
		F24 供热；炉灶；通风	F24B 固体燃料的家用炉或灶；与炉或灶连带使用的工具

二、中国专利信息检索关键词

考虑到产业技术涉及的范围，生物产业专利技术检索关键词主要包括：生物、植物、动物、天然；基因、酶、发酵、细胞、蛋白、肽、克隆、组织、人工培养、疫苗、菌、分子；医、药、抗体、防病、治病、诊断、芯片、剂、片；花、草、树、木、作物、林、发酵、细胞、克隆、分子、组织、疫苗、药；肥、育种、除草、除害、杀虫、种植、繁育、培养、栽培、养殖、配种、材料、中间体；医用、化学品、骨、芯片、信息、计算机、采集、处理、存储、传播、分析；药代动力学、病理、毒理；民族药、饮片、天然药、中药、植物药、石斛、三七、紫杉醇、重楼、玛卡、灯台叶、灯盏花、天麻、黄芪、黄精、美登木、参、药材；植物、花、茶、中药有效成分；中药质量监控、有效性评价、安全性评价、品种保护；生添加剂、饲料；物、动物、植物、作物、草、小桐子、种植、繁育；油料、燃料、气化、乙醇、甲醇、柴油、汽油、发电、沼气；植物（草、花、茶、木、籽、松）提取物和香料、香精、香水等。

第三节　生物产业领域整体专利状况

一、生物技术产业领域专利申请、授权与有效状况

1. 专利申请与授权状况

2006～2015 年，现代生物产业领域的共有发明与实用新型专利申请 1077220 件。其中，发明 814375 件（占 75.60%），实用新型 262845 件（占 24.40%）。从专利申请数据来看，我国生物产业领域的技术创新活动较为活跃，发明专利申请数量大，技术创新层次较高（见表 2－2）。

表 2－2　生物产业领域中国专利申请与授权状况（2006～2015 年）

类型	专利类型	数量/件	占比（%）	授权率（%）
申请量	发明与实用新型合计	1077220		
	发明	814375	75.60	
	实用新型	262845	24.40	
授权量	发明与实用新型合计	523624		48.61
	发明	260779	49.80	32.02
	实用新型	262845	50.20	

上述专利申请中，国内申请人 954295 件（占 88.59%），外国申请人 122925 件（占 11.41%）；授权专利中，国内申请人 490683 件（占 93.71%），外国申请人 32941 件（占 6.29%）。数据显示，外国申请人较为重视在中国布局生物领域的专利，对国内相关产品市场有一定影响（见表 2－3）。

表 2－3　生物产业领域中国专利国内外申请人申请与授权状况（2006～2015 年）

	项目	国内/件	国外/件	国外结构（%）	国外授权率（%）	国外申请人占比（%）
申请	申请小计	954295	122925			11.41
	发明申请	691671	122704	99.82		15.07
	实用新型申请	262624	221	0.18		0.08
授权	授权小计	490683	32941		26.80	6.29
	发明授权	228059	32720	99.33	26.67	12.55
	实用新型授权	262624	221	0.67		0.08

2006～2015 年，生物产业领域已授权发明与实用新型专利 523624 件，其中发明 260779 件（占 49.80%），实用新型 262845 件（占 50.20%）；专利申请整体授权率 48.61%，发明申请授权率 32.02%。发明专利申请的授权率较低，表明产业领域的专利申请质量不高，相关技术的创造性（技术水平）有待进一步提高（见图 2－1）。

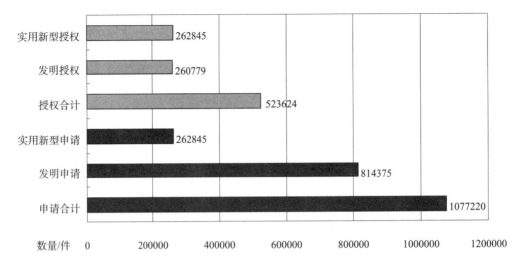

图 2-1 2006~2015 年生物产业技术领域中国专利申请与授权状况（截至 2016 年 5 月已公开数据）

2. 专利申请与授权年度变化状况

2006~2015 年，生物产业领域的发明与实用新型专利申请数量总体呈现增长态势，年均增幅 18.31%；2011 年后，该领域中国专利申请量增长迅速，以发明专利申请增长表现最为突出。数据显示，近年来，生物产业领域技术创新的活力和产业对专利技术的支撑需求在不断增长，专利技术在产业发展中的地位不断提升（见图 2-2）。

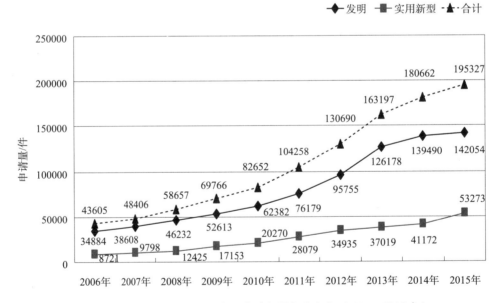

图 2-2 生物产业领域中国专利申请数量年度变化（2006~2015 年）

从专利授权情况来看，发明专利的授权数量持续增长，但增长表现较为平缓，与申请量的增幅差距较大，发明申请的总体授权率较低。即使排除 2013 年后的审查滞后与公开滞后的影响，发明专利申请授权率仍然偏低，产业专利申请的创造性和技术深度有待进一步提升（见图 2-3）。

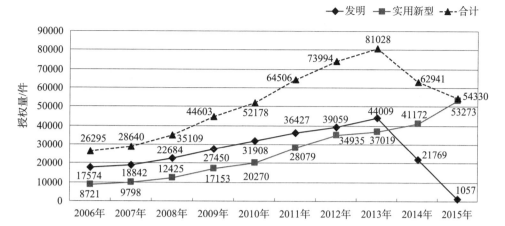

图 2-3 生物产业领域中国专利授权数量年度变化（2006～2015 年）

3. 专利有效状况

2006～2015 年，生物产业领域的有效发明与实用新型专利共有 388973 件。其中，发明 223762 件（占全部有效专利的 57.53%），发明专利有效率 85.81%，实用新型专利有效率 62.85%（见表 2-4）。

表 2-4 生物产业领域中国专利有效状况（2006～2015 年）

专利类型	数量/件	占比（%）	有效率（%）
发明与实用新型合计	388973		74.28
发明	223762	57.53	85.81
实用新型	165211	42.47	62.85

上述有效专利中，5 年以上的发明专利维持率约为 85%，10 年以上的发明专利维持率约为 64%（见表 2-5）。数据显示，生物产业领域发明专利的整体维持率较高，但 10 年以上的发明专利维持率下降明显，反映出基础、核心专利占比不高，发明专利在长期、持续支撑产业发展方面的作用一般。

表 2-5 生物产业领域年度授权中国专利有效状况（截至 2016 年 6 月已公开数据）

年度	发明与实用新型有效专利/件	有效发明专利/件	发明专利有效率（%）	有效实用新型专利/件
2006 年	19922	18805	63.67	1117
2007 年	24156	21864	68.58	2292
2008 年	31766	28044	74.12	3722
2009 年	41910	35744	79.94	6166
2010 年	53795	44325	85.17	9470
2011 年	69069	53971	91.31	15098
2012 年	83846	59857	95.32	23989
2013 年	97388	67213	99.37	30175
2014 年	74907	30648	99.98	44259
2015 年	57858	1185	100.00	56673
合计	361656	192961	86.65	554617

二、生物产业领域中国专利区域分布

1. 专利申请省份分布

从国内区域分布来看，2006~2015 年，生物产业领域国内申请人已公开的专利申请主要分布在江苏、山东、北京、广东、安徽、上海，这 6 个省区市的中国专利申请量均在 5 万件以上，浙江、辽宁、天津、四川、河南、湖北、广西、福建、湖南、陕西、黑龙江、重庆 12 个省区市的申请量则在 2 万件以上，这些省区市也是专利授权和有效维持的主要地区。数据表明，上述区域是国内生物产业技术创新最为活跃的地区，专利技术和产业竞争也最为激烈（见表 2-6）。

表 2-6　生物产业领域已公开中国专利申请省份分布（2006~2015 年）

单位：件

排位	省区市	申请			授权			有效专利		
		合计	发明	实用新型	合计	发明	实用新型	合计	发明	实用新型
1	江苏	132347	104227	28120	53180	25060	28120	39870	21683	18187
2	山东	111123	79452	31671	51481	19810	31671	31430	15869	15561
3	北京	86234	69409	16825	48397	31572	16825	40666	28032	12634
4	广东	75537	53218	22319	41693	19374	22319	32579	17005	15574
5	安徽	61528	52200	9328	18415	9087	9328	14138	8274	5864
6	上海	54042	42755	11287	27359	16072	11287	21304	13572	7732
7	浙江	36229	5864	30365	47269	16904	30365	32403	13886	18517
8	辽宁	32151	24392	7759	14496	6737	7759	9754	5404	4350
9	天津	31888	23762	8126	14188	6062	8126	10311	4868	5443
10	四川	31820	22045	9775	17283	7508	9775	12825	6505	6320
11	河南	30440	20739	9701	15978	6277	9701	11015	4983	6032
12	湖北	27612	19475	8137	15848	7711	8137	11447	6206	5241
13	广西	26927	24389	2538	6491	3953	2538	5345	3671	1674
14	福建	24336	14554	9782	15303	5521	9782	11661	4849	6812
15	湖南	22033	15404	6629	12526	5897	6629	9095	4915	4180
16	陕西	21795	16818	4977	11463	6486	4977	8259	5193	3066
17	黑龙江	21120	14452	6668	10940	4272	6668	6469	3317	3152
18	重庆	20529	13223	7306	11054	3748	7306	7760	2897	4863
19	河北	16948	9979	6969	10692	3723	6969	7586	3076	4510
20	云南	13770	10305	3465	7368	3903	3465	5614	3154	2460
21	江西	12295	8199	4096	6698	2602	4096	5001	2180	2821
22	山西	12294	9066	3228	6410	3182	3228	4451	2534	1917
23	吉林	11764	8924	2840	6330	3490	2840	4146	2744	1402
24	贵州	9713	7321	2392	4213	1821	2392	3243	1654	1589
25	甘肃	8579	6435	2144	4012	1868	2144	2853	1511	1342
26	新疆	7068	4431	2637	4252	1615	2637	2971	1414	1557
27	内蒙古	5593	3696	1897	3394	1497	1897	2448	1321	1127

续表

排位	省区市	申请			授权			有效专利		
		合计	发明	实用新型	合计	发明	实用新型	合计	发明	实用新型
28	海南	3879	3161	718	2143	1425	718	1739	1245	494
29	宁夏	2703	2174	529	1193	664	529	897	560	337
30	青海	1498	1167	331	361	30	331	526	281	245
31	西藏	500	435	65	253	188	65	202	166	36
合计		954295	691671	262624	490683	228059	262624	358008	192969	165039

2. 专利申请地区分布

在国内地区分布方面，2006～2015年，生物产业技术领域国内申请人已公开的954295件中国专利申请主要集中在东部地区，共572563件，占到国内申请总量的60.00%，体现了东部地区在国内生物产业领域技术创新的引领地位。

中部和西部地区也有较大专利申请数量的分布。中部地区共有166202件专利申请，占到国内申请总量的17.42%；西部地区共有160087件专利申请，占到国内申请总量的16.78%，反映出中部和西部地区在生物产业领域具备一定的技术创新实力。但西部地区各省区的专利申请数量差异较大，区域内省份专利技术创造能力极不均衡。

东北部地区生物产业领域的专利申请和授权总量不高，但各省份仍然具有一定数量的专利申请，整体技术创新实力和专利竞争能力一般（见表2-7）。

表2-7　生物产业领域已公开中国专利申请地区分布（2006～2015年）

单位：件

大区	排位	省区市	申请			授权			有效专利		
			合计	发明	实用新型	合计	发明	实用新型	合计	发明	实用新型
东部地区	1	江苏	132347	104227	28120	53180	25060	28120	39870	21683	18187
	2	山东	111123	79452	31671	51481	19810	31671	31430	15869	15561
	3	北京	86234	69409	16825	48397	31572	16825	40666	28032	12634
	4	广东	75537	53218	22319	41693	19374	22319	32579	17005	15574
	5	上海	54042	42755	11287	27359	16072	11287	21304	13572	7732
	6	浙江	36229	5864	30365	47269	16904	30365	32403	13886	18517
	7	天津	31888	23762	8126	14188	6062	8126	10311	4868	5443
	8	福建	24336	14554	9782	15303	5521	9782	11661	4849	6812
	9	河北	16948	9979	6969	10692	3723	6969	7586	3076	4510
	10	海南	3879	3161	718	2143	1425	718	1739	1245	494
	合计		572563	406381	166182	311705	145523	166182	229549	124085	105464
东北部地区	1	辽宁	32151	24392	7759	14496	6737	7759	9754	5404	4350
	2	黑龙江	21120	14452	6668	10940	4272	6668	6469	3317	3152
	3	吉林	11764	8924	2840	6330	3490	2840	4146	2744	1402
	合计		34074	65035	47768	17267	31766	14499	17267	20369	11465

大区	排位	省区市	申请			授权			有效专利		
			合计	发明	实用新型	合计	发明	实用新型	合计	发明	实用新型
中部地区	1	安徽	61528	52200	9328	18415	9087	9328	14138	8274	5864
	2	河南	30440	20739	9701	15978	6277	9701	11015	4983	6032
	3	湖北	27612	19475	8137	15848	7711	8137	11447	6206	5241
	4	湖南	22033	15404	6629	12526	5897	6629	9095	4915	4180
	5	江西	12295	8199	4096	6698	2602	4096	5001	2180	2821
	6	山西	12294	9066	3228	6410	3182	3228	4451	2534	1917
	合计		109610	166202	125083	41119	75875	34756	41119	55147	29092
西部地区	1	四川	31820	22045	9775	17283	7508	9775	12825	6505	6320
	2	广西	26927	24389	2538	6491	3953	2538	5345	3671	1674
	3	陕西	21795	16818	4977	11463	6486	4977	8259	5193	3066
	4	重庆	20529	13223	7306	11054	3748	7306	7760	2897	4863
	5	云南	13770	10305	3465	7368	3903	3465	5614	3154	2460
	6	江西	12295	8199	4096	6698	2602	4096	5001	2180	2821
	7	贵州	9713	7321	2392	4213	1821	2392	3243	1654	1589
	8	甘肃	8579	6435	2144	4012	1868	2144	2853	1511	1342
	9	新疆	7068	4431	2637	4252	1615	2637	2971	1414	1557
	10	内蒙古	5593	3696	1897	3394	1497	1897	2448	1321	1127
	11	青海	1498	1167	331	361	30	331	526	281	245
	12	西藏	500	435	65	253	188	65	202	166	36
	合计		91472	160087	118464	41623	76842	35219	41623	57047	29947

三、专利申请技术路径演进

专利技术分类统计数据表明，在 2006～2015 年的 10 年间，生物产业技术领域中国专利申请的技术发展路径表现出 4 个方面的特点：一是 C12N1/20、C12Q1/68、A23K1/18、A01G1/00、A61K8/97、C05G3/00 分类领域的专利技术创新持续处于活跃状态，专利申请量持续稳定增长；二是 A01G9/02、A23L1/29、23F3/34 分类领域成为近年来新的专利技术创新热点；三是 A23F3/06、A23L1/10、A23L2/02 分类领域的专利申请量快速增长；四是 C09D133/02、A61K9/00 等分类领域的专利申请量逐步萎缩。

上述情况表明，C12N1/20、C12Q1/68、A23K1/18、A01G1/00、A61K8/97、C05G3/00 和 A01G9/02、A23L1/29、23F3/34 分类领域是目前国内生物产业技术发展的热点领域，A01G9/00、A23L1/00、23F3/00、A23L2/02 分类领域成为新的发展方向（见表 2－8）。

表 2 - 8 2006~2015 年生物产业领域中国专利申请技术路径演进

单位：件

年份	2006	2007	2008	2009	2010
分类（申请量）	C12Q1/68（494）	C12Q1/68（547）	C12Q1/68（874）	C12Q1/68（1065）	C12Q1/68（1185）
	C09D133/02（270）	A23L1/29（437）	A23L1/29（807）	A23K1/18（615）	A23K1/18（792）
	C12N1/20（229）	C12N1/20（327）	A23K1/18（451）	C12N1/20（487）	C12N1/20（573）
	A61K9/00（202）	A23K1/18（263）	G01N21/31（379）	A01G1/00（436）	A01G1/00（561）
	C12M1/107（201）	C09D133/02（221）	A01G1/00（354）	A23L1/29（429）	C05G3/00（528）
	C12N15/09（196）	A61K36/899（211）	C12N1/20（324）	F03D9/00（358）	C02F9/14（408）
	A61K8/97（183）	A01G1/00（209）	C12M1/107（283）	C02F9/14（337）	F03D9/00（393）
	C05G1/00（181）	G01N21/31（195）	C05G3/00（276）	C12M1/107（329）	A01G9/02（384）
	A23K1/16（166）	C12M1/107（193）	A61K8/97（264）	C05G3/00（314）	A23L1/29（365）
	C10G3/00（156）	A61K8/97（174）	A23K1/16（245）	A01G9/02（282）	C12N15/113（325）

年份	2011	2012	2013	2014	2015
分类（申请量）	C12Q1/68（1307）	A23K1/18（1546）	A23K1/18（2329）	A23K1/18（4042）	C05G3/00（3775）
	A23K1/18（1092）	C12Q1/68（1531）	C05G3/00（2197）	C05G3/00（2865）	A23K1/18（2740）
	C12N1/20（715）	A01G1/00（1130）	A01G1/00（1777）	A01G1/00（2377）	A01G1/00（2468）
	A01G1/00（709）	C05G3/00（982）	C12Q1/68（1740）	C12Q1/68（1971）	C12Q1/68（2227）
	C05G3/00（709）	C12N1/20（962）	A61K8/97（1322）	A61K8/97（1554）	A61K8/97（1727）
	A23L1/29（586）	A61K8/97（828）	C12N1/20（1222）	C12N1/20（1264）	A23F3/06（1539）
	C12M1/00（482）	A23L1/29（718）	A23L1/29（1119）	A23L1/29（1225）	C12N1/20（1317）
	A61K8/97（478）	A23F3/34（558）	A23L2/02（842）	A23L1/10（1076）	C02F9/14（1132）
	C02F9/14（464）	A01G9/02（553）	A23F3/34（812）	A23F3/34（1072）	A01G9/02（1122）
	A01H4/00（408）	C02F9/14（546）	A01G9/02（778）	A23F3/06（963）	A21D13/08（1101）

第四节 生物产业领域专利技术分布

一、整体专利申请 IPC 分布

2006~2015 年，生物产业领域已公开的中国专利申请主要分布在 A01、A23、A61、C02、C05、C12 分类领域。其中，A23 类（食品、饲料、微生物、添加剂）、A61 类（生物医药）、C12 类（基因工程、细胞工程）、A01 类（基因工程、育种培育、种植养殖、生物农药、生物提取物、生物制品）、C05 最为集中。

在大组分布中，生物产业领域已公开的中国专利申请主要集中于 A23L1/00、A23K1/00、C12Q1/00、A61K8/00、C05G3/00、A01G1/00、C12N1/00 分类领域（见表 2-9）。

表 2-9　生物产业领域已公开中国专利申请 IPC 分布

单位：件

大组分类	类型（数量）	分类（申请量）	大组分类	类型（数量）	分类（申请量）
A61K8/00	发明申请（14743） 实用新型申请（133） 发明授权专利（3034）	A61K8/97（7054）	A01G1/00	发明申请（13138） 实用新型申请（946） 发明授权专利（3259）	A01G1/00（10168）
		A61K8/98（2685）			A01G1/04（3163）
		A61K8/99（1026）			A01G1/06（703）
		A61K8/92（815）			A01G1/12（52）
		A61K8/73（383）			A01G1/02（17）
		A61K8/02（236）			A01G1/08（4）
		A61K8/49（232）	C02F9/00	发明申请（5028） 实用新型申请（3403） 发明授权专利（2051）	C02F9/14（4898）
		A61K8/64（213）			C02F9/04（1407）
		A61K8/86（164）			C02F9/02（687）
		A61K8/81（162）			C02F9/08（531）
A23K1/00	发明申请（21186） 实用新型申请（88） 发明授权专利（5337）	A23K1/18（13999）			C02F9/10（334）
		A23K1/16（2682）			C02F9/12（285）
		A23K1/14（2546）			C02F9/06（263）
		A23K1/00（919）			C02F9/00（27）
		A23K1/10（415）	C05G3/00	发明申请（14636） 实用新型申请（228） 发明授权专利（3290）	C05G3/00（11798）
		A23K1/165（203）			C05G3/04（1793）
		A23K1/175（177）			C05G3/02（845）
		A23K1/06（127）			C05G3/08（393）
		A23K1/17（105）			C05G3/06（38）
		A23K1/04（41）			C05G3/10（1）
A01G9/00	发明申请（2567） 实用新型申请（5552） 发明授权专利（500）	A01G9/02（4721）	C12Q1/00	发明申请（17072） 实用新型申请（164） 发明授权专利（6541）	C12Q1/68（12941）
		A01G9/14（1122）			C12Q1/70（2060）
		A01G9/10（858）			C12Q1/04（600）
		A01G9/24（428）			C12Q1/02（422）
		A01G9/20（292）			C12Q1/06（179）
		A01G9/12（258）			C12Q1/18（156）
		A01G9/00（156）			C12Q1/48（110）
		A01G9/16（106）			C12Q1/34（101）
		A01G9/26（97）			C12Q1/00（100）
		A01G9/22（79）			C12Q1/37（80）
A23L1/00	发明申请（43967） 实用新型申请（920） 发明授权专利（10390）	A23L1/29（6713）	C12N1/00	发明申请（13790） 实用新型申请（12） 发明授权专利（6276）	C12N1/20（7420）
		A23L1/10（3004）			C12N1/14（2215）
		A23L1/212（2559）			C12N1/21（1243）
		A23L1/24（1962）			C12N1/12（643）
		A23L1/30（1622）			C12N1/00（602）
		A23L1/09（1521）			C12N1/16（557）
		A23L1/218（1382）			C12N1/19（442）
		A23L1/20（1308）			C12N1/18（218）
		A23L1/164（1270）			C12N1/04（162）
		A23L1/315（1206）			C12N1/15（112）

二、区域专利申请 IPC 分布

2006～2015 年，依其技术创新基础、资源条件和产业地位不同，各地区生物产业领域专利申请的技术方向各有侧重，IPC 分布的集中度有所不同。

1. 东部地区

江苏的专利申请主要集中于 A23K1/18、C05G3/00、C05G3/00、C12Q1/68 分类领域，山东集中于 A23K1/18、C05G3/00、A61K36/899 分类领域，北京集中于 C12Q1/68、C12N1/20 分类领域，广东集中于 C12Q1/68、A61K8/97 分类领域，上海集中于 C12Q1/68 分类领域，浙江集中于 A23F3/06、C12Q1/68 分类领域，福建集中于 A23F3/06 分类领域（见表 2－10）。

表 2－10　东部地区生物产业领域中国专利申请 IPC 核心分布（2006～2015 年）

单位：件

省区市	北京	天津	河北	上海	江苏
分类 （申请量）	C12Q1/68（1804）	A23K1/18（482）	F24B1/183（284）	C12Q1/68（1752）	A23K1/18（2439）
	C12N1/20（1012）	C12Q1/68（333）	C05G3/00（182）	A61K8/97（378）	C05G3/00（1894）
	G06F17/30（805）	A01G1/00（281）	C12N1/20（149）	C12N1/20（357）	C05G3/00（1418）
	C02F9/14（724）	C12N1/20（259）	A01G1/00（110）	C02F9/14（331）	C12Q1/68（1283）
	C07K14/415（565）	C05G3/00（240）	F03D9/00（109）	G01N33/68（284）	A61K8/97（1064）
	C12N15/11（457）	A23L1/29（239）	A23K1/18（99）	A23K1/18（237）	C12N1/20（1031）
	A23L1/29（453）	C02F9/14（219）	C12M1/107（98）	C12M1/00（237）	A23L1/29（765）
	A01G1/00（420）	C05G1/00（176）	C12M1/00（93）	C12N15/113（205）	C02F9/14（751）
	C05G3/00（407）	A61K8/97（166）	A23L1/29（90）	A61K48/00（198）	A01H4/00（701）
	G01N33/577（396）	A23K1/16（156）	C12Q1/68（85）	A01G1/00（197）	G01N21/31（668）

省区市	浙江	广东	海南	福建	山东
分类 （申请量）	A23F3/06（870）	C12Q1/68（1323）	A61K9/127（82）	A23F3/06（915）	A23K1/18（2165）
	C12Q1/68（768）	A61K8/97（1040）	C12N1/20（70）	C12Q1/68（342）	C05G3/00（1946）
	F24C15/20（628）	A23K1/18（614）	A01H4/00（69）	A23K1/18（271）	A61K36/899（1310）
	A01G9/02（583）	C09D133/02（542）	A01N43/16（62）	C12N1/20（241）	A61K8/97（1242）
	A23K1/18（538）	C12N1/20（523）	C05G3/00（46）	A01G9/02（222）	A61K36/9066（917）
	A23L1/29（467）	A01G9/02（488）	A01G1/00（44）	A47J27/08（220）	A61K36/9068（908）
	C12N1/20（428）	A23L1/29（484）	A01K61/00（42）	C02F9/14（200）	A23L1/29（859）
	C05G3/00（412）	C05G3/00（407）	C12Q1/68（36）	A01G1/04（185）	A01G1/00（794）
	C02F9/14（405）	F24C15/20（381）	A61K9/19（33）	A01G1/00（159）	C12Q1/68（673）
	A01G1/00（379）	A01G1/00（370）	C12G3/02（32）	A01H4/00（153）	C12N1/20（657）

2. 东北部地区

辽宁的技术创新热点主要集中于 A23K1/18、A61K8/97、C05G3/00 分类领域，黑龙江的技术创新热点主要集中于 C12N1/20、C09B61/00、A23L1/29 分类领域，吉林的技术创新热点主要集中于 A23L1/29、C12Q1/68 和 A01G1/00 分类领域（见表 2－11）。

表 2 – 11   东北部地区生物产业领域中国专利申请 IPC 核心分布（2006～2015 年）

单位：件

省区市	辽宁		黑龙江			吉林
分类 （申请量）	A23K1/18（535）	A23L2/02（220）	C12N1/20（305）	C05G3/00（189）	A23L1/29（192）	A61K36/258（79）
	A61K8/97（387）	C12N1/20（218）	C09B61/00（252）	C12Q1/68（177）	C12Q1/68（111）	C05G3/00（70）
	C05G3/00（318）	A61K8/98（217）	A23L1/29（251）	A23F3/14（173）	A01G1/00（101）	A23L2/38（64）
	A23L1/29（312）	C12Q1/68（209）	A23K1/18（215）	A23L2/02（154）	C12M1/107（84）	C12N1/20（64）
	A01K61/00（238）	A01G1/00（200）	C12G3/04（210）	A01G1/00（147）	A23K1/18（83）	A01H4/00（60）

3. 中部地区

安徽主要集中于 A23K1/18、C05G3/00、A01G1/00、A23L1/10 分类领域，湖北主要集中在 C12Q1/68、C12N1/20 分类领域，河南主要集中于 A23K1/18、C05G3/00 分类领域，湖南主要集中在 A01G1/00、C12Q1/68、A23K1/18 分类领域（见表 2 – 12）。

表 2 – 12   中部地区生物产业领域中国专利申请 IPC 核心分布（2006～2015 年）

单位：件

省区市	安徽	湖北	湖南	河南	山西	江西
分类 （申请量）	A23K1/18（2718）	C12Q1/68（465）	A01G1/00（346）	A23K1/18（408）	A01G1/00（346）	A23K1/18（186）
	C05G3/00（2367）	C12N1/20（329）	C12Q1/68（289）	C05G3/00（325）	C12Q1/68（289）	C12N1/20（104）
	A01G1/00（1211）	C05G3/00（273）	A23K1/18（262）	A23F3/14（289）	A23K1/18（262）	A01G1/00（101）
	A23L1/10（1047）	A01G1/00（254）	A23F3/06（257）	A23L2/02（247）	A23F3/06（257）	A23F3/06（98）
	A21D13/08（898）	A23F3/06（216）	C05G3/00（228）	A61K8/97（245）	C05G3/00（228）	A23F3/34（96）
	A23F3/34（811）	A23K1/18（170）	C12N1/20（199）	C05G1/00（243）	C12N1/20（199）	A23L1/29（87）
	A23F3/06（780）	C02F9/14（165）	C02F9/14（128）	A23L1/29（229）	C02F9/14（128）	A23L1/10（76）
	A23G3/48（774）	C12G3/02（165）	F24C15/20（127）	C12Q1/68（215）	F24C15/20（127）	C12Q1/68（75）
	A23F3/14（636）	A23L1/29（150）	A01H4/00（121）	A23F3/34（206）	A01H4/00（121）	C05G3/00（69）
	A23L2/02（567）	C12N15/29（150）	C12M1/107（121）	A01G1/00（197）	C12M1/107（121）	A61K8/97（61）

4. 西部地区

四川主要集中于 A23K1/18、A01G1/00 分类领域，广西主要集中于 A01G1/00、A23K1/18、C05G3/00 分类领域，重庆主要集中于 A61C8/00、A01G1/00 分类领域，云南主要集中在 A01G1/00、A23F3/06 分类领域，贵州主要集中于 A01G1/00、A23F3/06、A23K1/18 分类领域（见表 2 – 13）。

表 2-13 西部地区生物技术产业领域中国专利申请 IPC 核心分布（2006~2015 年）

单位：件

省区市	四川	重庆	陕西	广西	云南	贵州
分类（申请量）	A23K1/18 (440)	A61C8/00 (378)	C12Q1/68 (190)	A01G1/00 (927)	A01G1/00 (548)	A01G1/00 (397)
	A01G1/00 (370)	A01G1/00 (369)	A01N43/653 (188)	A23K1/18 (907)	A23F3/06 (244)	A23F3/06 (309)
	C05G3/00 (349)	A23K1/18 (160)	G06T7/00 (180)	C05G3/00 (897)	A01H4/00 (242)	A23K1/18 (162)
	A23F3/06 (277)	C05G3/00 (160)	A01G1/00 (137)	A01H4/00 (479)	A23L1/29 (157)	C12G3/02 (136)
	C12G3/02 (255)	C12Q1/68 (151)	C05G3/00 (131)	A23F3/34 (464)	A01G13/00 (152)	C05G3/00 (127)
	C12M1/107 (253)	C12M1/107 (148)	C12N1/20 (120)	C12G3/02 (445)	C12Q1/68 (143)	F24B1/18 (114)
	A01G9/02 (250)	A01G9/02 (140)	C12G3/02 (117)	A61K8/97 (434)	C05G3/00 (125)	A23F3/14 (105)
	C12Q1/68 (216)	A23F3/06 (107)	A01N43/90 (111)	A23L2/02 (333)	A61K8/97 (118)	A23F3/34 (101)
	C12N1/20 (198)	C12M3/00 (103)	A01N47/34 (109)	A01G1/04 (331)	C12N1/20 (114)	A01H4/00 (96)
	C02F9/14 (187)	A23L1/218 (98)	C10B53/04 (98)	C05G1/00 (290)	A23F3/14 (107)	C05G1/00 (87)
分类（申请量）	A01G1/00 (362)	A01G1/00 (181)	A23C9/152 (165)	A23K1/18 (43)	A23F3/34 (70)	A23L1/29 (17)
	C05G3/00 (177)	C05G3/00 (109)	A23C9/13 (132)	C05G3/00 (40)	A23L1/29 (56)	A01G1/00 (13)
	C12Q1/68 (132)	C12Q1/68 (97)	C12N1/20 (114)	C12G3/02 (33)	A61K36/815 (31)	A23F3/14 (10)
	A23K1/18 (103)	C12N1/20 (82)	A23K1/18 (75)	A23L2/02 (29)	A23K1/18 (21)	A21D13/08 (9)
	A01H4/00 (79)	F24B1/183 (76)	A01G1/00 (70)	A01G1/00 (28)	A23L2/02 (20)	F24C15/20 (9)
	C05G1/00 (74)	A01H1/02 (52)	F24B1/183 (62)	A23L1/29 (27)	A61K36/068 (20)	A23L2/38 (8)
	A23F3/34 (68)	C05G1/00 (52)	C12Q1/68 (55)	C07H17/08 (27)	A23L2/38 (19)	A61K36/88 (8)
	C12N1/20 (66)	A23L1/29 (47)	C05G3/00 (47)	C05G1/00 (25)	A01G1/00 (18)	A23L1/10 (7)
	A23K1/14 (59)	A01D46/00 (43)	A23G9/42 (46)	A61K8/97 (22)	A01B49/06 (17)	A61K36/708 (7)
	A23L1/29 (55)	A23L1/212 (43)	C12M1/107 (38)	C08L27/06 (22)	A61K8/97 (16)	A61K36/9066 (7)

上述情况表明，国内各地区在生物产业领域的技术创新方向上各具特点。C05G3/00 类一种或多种肥料与无特殊肥效组分的混合物（生物肥、营养液）技术和 A23K1/18 类去除饲料中种籽毒性或苦味技术主要集中在东、中部地区的江苏、山东和安徽；C12Q1/6 类包含酶或微生物的测定或检验技术主要集中在东部地区的北京、上海和广东；A01G1/00 分类蔬菜、花卉、稻、果树、葡萄等的栽培和林业技术在中部地区的安徽和西部地区的广西集中度最高；A23K1/18、C12Q1/68、C05G3/00、A01G1/00、C12N1/20 分类领域的专利技术创新活动在多数省区都较活跃。

三、产业内专利分布

生物产业可细分为生物医药、生物农业、生物食品、生物材料与检测、生物质能等产业。2006~2015 年，生物产业领域的中国专利申请主要分布在生物医药和生物农业领域，两个领域的发明专利申请量均在 40 万件以上；生物材料与检测领域也有较大申请量，发明专利申请量在 20 万件以上；生物质能领域的专利申请量最少，发明专利申请量只有 4 万多件，其专利技术创新能力相对较弱（见表 2-14）。

表 2－14　生物产业领域中国专利申请产业内分布状况（2006～2015 年）

单位：件

技术领域	类型（数量）	分类（申请量）	技术领域	类型（数量）	分类（申请量）
生物医药	发明申请（448220）实用新型申请（71397）发明授权专利（155527）	C12Q1/68 （10901）	生物食品	发明申请（90496）实用新型申请（24453）发明授权专利（21505）	A47G19/22 （1840）
		C12N1/20 （7422）			A23L1/10 （1819）
		A23K1/18 （6026）			A23L2/02 （1740）
		C05G3/00 （5396）			A23F3/34 （1739）
		A61K8/97 （5035）			A23L1/212 （1553）
		C12M1/00 （3784）	生物质能	发明申请（43896）实用新型申请（28411）发明授权专利（13921）	A01H4/00 （3134）
		C12M1/107 （3336）			C12M1/107 （1720）
		A23L1/29 （2928）			A01H1/02 （1629）
		C12N15/11 （2442）			F03D9/00 （1549）
		C12N1/14 （2215）			F24B1/183 （1108）
生物农业	发明申请（413424）实用新型申请（84695）发明授权专利（135802）	A23K1/18 （12772）			C10L3/10 （1041）
		C05G3/00 （11312）			C10J3/20 （855）
		A01G1/00 （9672）			C10B53/02 （726）
		C12Q1/68 （6699）			C10L5/44 （677）
		C12N1/20 （5439）			F03B13/00 （668）
		A01H4/00 （4472）	生物材料与检测	发明申请（207447）实用新型申请（22800）发明授权专利（74119）	C12Q1/68 （5732）
		A01G9/02 （4419）			A23K1/18 （3630）
		A61K8/97 （4389）			C05G3/00 （3370）
		C12G3/02 （3683）			A23L1/29 （1500）
		C05G1/00 （3569）			A01H4/00 （1480）
生物食品	发明申请（90496）实用新型申请（24453）发明授权专利（21505）	A23F3/06 （4757）			A23K1/16 （1291）
		A23L1/29 （4099）			C12N1/20 （1135）
		A23K1/18 （2799）			A61K8/97 （1117）
		A21D13/08 （2785）			G01N33/68 （1069）
		A23F3/14 （1974）			C12N15/11 （1063）

第五节　生物产业领域专利竞争者

一、专利竞争者整体状况

产业专利技术竞争者可划分为企业、高等院校、研究院所、其他单位组织和个人。

2006～2015 年，生物产业领域的主要专利竞争者中，企业占据主导地位，其发明专利申请量达到 387819 件，占该领域发明专利申请总量的 42.62%；高等院校也具有较强的竞争实力，其发明专利申请量达到 169681 件，占 20.84%；而研究院所竞争力相对最弱，其发明专利申请量仅为企业的约 1/7（见表 2－15）。

表 2 – 15　生物产业领域中国专利分类竞争者结构状况（2006～2015 年）

类别	高校		研究院所		企业	
	申请量/件	占比（%）	申请量/件	占比（%）	申请量/件	占比（%）
申请量合计	191207	17.75	62897	5.84	528878	49.10
发明申请量	169681	20.84	56397	6.93	387819	47.62
实用新型申请量	21526	8.19	6500	2.47	141059	53.67
发明授权量	74609	28.61	25223	9.67	114010	43.72

生物产业领域的专利竞争者主要有中国石油天然气股份有限公司、中国石油化工股份有限公司、巴斯夫欧洲公司、苏州艾杰生物科技有限公司、中国石油天然气集团公司、中国海洋石油总公司、中国科学院大连化学物理研究所、江苏省农业科学院、浙江大学、江南大学、华南理工大学、上海交通大学、中国农业大学、清华大学、复旦大学等（见表 2 – 16）。

表 2 – 16　生物产业领域主要专利竞争者情况（2006～2015 年）

单位：件

类别	高校（申请量）	研究院所（申请量）	企业（申请量）
主要 竞争者	浙江大学（6294）	中国科学院大连化学物理研究所（1358）	中国石油化工股份有限公司（8612）
	江南大学（4540）	江苏省农业科学院（1180）	中国石油天然气股份有限公司（4062）
	华南理工大学（3041）	中国科学院化学研究所（784）	中石化股份有限公司石油化工科学研究院（2619）
	上海交通大学（2980）	中国科学院过程工程研究所（782）	中石化股份有限公司抚顺石油化工研究院（2026）
	中国农业大学（2356）	中国科学院长春应用化学研究所（772）	巴斯夫欧洲公司（1318）
	清华大学（2235）	中国科学院上海生命科学研究院（628）	苏州艾杰生物科技有限公司（1209）
	复旦大学（2075）	浙江省农业科学院（598）	中石化股份有限公司北京化工研究院（1107）
	天津大学（2034）	中国科学院海洋研究所（570）	中石化股份有限公司上海石油化工研究院（1033）
	四川大学（1866）	北京市农林科学院（527）	中国石油天然气集团公司（900）
	吉林大学（1881）	中国农业科学院作物科学研究所（513）	中国海洋石油总公司（871）
IPC 分类	C12Q1/68（4282）	C12Q1/68（2345）	A23K1/18（7314）
	C12N1/20（3373）	A01G1/00（1553）	C05G3/00（6317）
	A01H4/00（1414）	C12N1/20（1320）	C12Q1/68（4233）
	A01G1/00（1196）	A01H4/00（1110）	A61K8/97（3694）
	C02F9/14（1065）	A01H1/02（836）	A01G1/00（3359）
	A23K1/18（1012）	C05G3/00（698）	A23L1/29（3049）
	C12N1/14（1012）	C12N15/11（658）	A23F3/06（2926）
	C12N15/11（900）	A23K1/18（636）	C02F9/14（2853）
	C05G3/00（863）	C12Q1/70（562）	C12N1/20（2204）
	C12N15/113（847）	C07K14/415（555）	A23F3/34（1998）

二、产业内专利竞争者

1. 主要专利竞争者产业内分布

2006～2015 年，生物产业领域的主要专利竞争者有中国石油化工股份有限公司、浙江大学、江南大学、内蒙古伊利实业集团股份有限公司、内蒙古蒙牛乳业（集团）股份有限公司等，在生物医药、生物农业、生物食品、生物材料与检测、生物质能产业领域均有分布（见表2-17）。

表2-17 2011～2015年生物产业领域主要专利竞争者产业内分布状况

单位：件

技术领域	主要竞争者（专利申请量）	
生物医药	中国石油化工股份有限公司（4195）	复旦大学（1780）
	浙江大学（4133）	中国农业大学（1557）
	江南大学（3505）	东华大学（1443）
	上海交通大学（2171）	四川大学（1415）
	华南理工大学（2035）	清华大学（1404）
生物农业	浙江大学（3666）	中国石油化工股份有限公司（1540）
	江南大学（2761）	复旦大学（1473）
	上海交通大学（1953）	南京农业大学（1296）
	中国农业大学（1672）	清华大学（1240）
	华南理工大学（1622）	天津大学（1120）
生物食品	江南大学（1018）	中国农业大学（277）
	内蒙古伊利实业集团股份有限公司（472）	苏州艾杰生物科技有限公司（248）
	浙江大学（406）	广西大学（229）
	内蒙古蒙牛乳业（集团）股份有限公司（319）	光明乳业股份有限公司（215）
	华南理工大学（278）	福建农林大学（203）
生物材料与检测	浙江大学（2121）	华南理工大学（1074）
	中国石油化工股份有限公司（2038）	四川大学（898）
	江南大学（1652）	苏州艾杰生物科技有限公司（881）
	上海交通大学（1228）	清华大学（808）
	复旦大学（1126）	北京化工大学（790）
生物质能	中国石油化工股份有限公司（2682）	中石化炼化工程（集团）股份有限公司（305）
	中石化股份有限公司石油化工科学研究院（1176）	通用电气公司（291）
	中石化股份有限公司抚顺石油化工研究院（913）	神华集团有限责任公司（265）
	中国石油天然气股份有限公司（562）	中国农业科学院作物科学研究所（241）
	浙江大学（379）	中国海洋石油总公司（231）

2. 生物医药领域主要竞争者与 IPC 分类

2006～2015 年，生物医药领域的专利竞争者集中于企业和高等院校，主要专利竞争者有中国石油化工股份有限公司、苏州艾杰生物科技有限公司、巴斯夫欧洲公司、浙江大学、江南大学、上海交通大学、复旦大学等，相关专利申请集中于 C12Q1/68、C12N1/20、A23K1/18、C05G3/00、A61K8/97 等 IPC 分类领域（见表2-18）。

表2-18 生物医药领域中国专利申请IPC分类与主要竞争者状况（2006～2015）

单位：件

类别	类型（数量）	专利申请人/专利权人（申请量）	IPC分布（申请量）
高校	发明申请（112789）实用新型申请（8186）发明授权专利（50303）	浙江大学（4096）	C12Q1/68（3446）
		江南大学（3501）	C12N1/20（3373）
		上海交通大学（2163）	C12N1/14（1012）
		华南理工大学（2023）	C12N15/11（900）
		复旦大学（1727）	C12N15/113（847）
		中国农业大学（1543）	C12N15/29（829）
		东华大学（1438）	C12M1/00（809）
		四川大学（1404）	A61K48/00（652）
		清华大学（1378）	C12N1/21（649）
		山东大学（1350）	C12N15/12（608）
研究院所	发明申请（36475）实用新型申请（2201）发明授权专利（16729）	中国科学院大连化学物理研究所（1030）	C12Q1/68（1911）
		江苏省农业科学院（738）	C12N1/20（1320）
		中国科学院化学研究所（601）	C12N15/11（658）
		中国科学院长春应用化学研究所（585）	C07K14/415（555）
		中国科学院上海生命科学研究院（565）	C12Q1/70（511）
		中国科学院过程工程研究所（565）	C12N15/113（471）
		中国科学院海洋研究所（458）	C12N1/14（470）
		中国科学院微生物研究所（453）	C12N15/29（401）
		中国农业科学院作物科学研究所（442）	A01H4/00（387）
		中国科学院上海药物研究所（402）	C05G3/00（300）
企业	发明申请（206850）实用新型申请（32150）发明授权专利（64076）	中国石油化工股份有限公司（4195）	C12Q1/68（3682）
		苏州艾杰生物科技有限公司（1209）	A23K1/18（3294）
		中国石油化工股份有限公司石油化工科学研究院（1013）	C05G3/00（2981）
		中国石油天然气股份有限公司（848）	A61K8/97（2663）
		巴斯夫欧洲公司（838）	C12N1/20（2206）
		中国石油化工股份有限公司抚顺石油化工研究院（818）	C12M1/00（1956）
		中国石油化工股份有限公司上海石油化工研究院（780）	A23L1/29（1416）
		中国石油化工股份有限公司北京化工研究院（762）	G01N33/68（1198）
		霍夫曼-拉罗奇有限公司（663）	C02F9/14（1172）
		重庆润泽医药有限公司（532）	A23K1/16（1082）

3. 生物农业领域主要竞争者与IPC分类

2006～2015年，生物农业领域的专利竞争者集中于企业和高等院校，主要竞争者有浙江大学、江南大学、上海交通大学、中国农业大学、中国石油化工股份有限公司、江苏省农业科学院、巴斯夫欧洲公司、广东中迅农科股份有限公司等，相关专利申请聚焦于A23K1/18、C05G3/00、A01G1/00、A61K8/97、C12Q1/68、C12N1/20、A01G9/02、C12G3/02等IPC分类（见表2-19）。

表 2-19　生物农业领域中国专利申请 IPC 分类与主要专利竞争者状况（2006~2015 年）

单位：件

类别	类型（数量）	专利申请人/专利权人（申请量）	IPC 分布（申请量）
高校	发明申请（98174） 实用新型申请（8804） 发明授权专利（43497）	浙江大学（3629）	C12N1/20（2468）
		江南大学（2757）	C12Q1/68（2462）
		上海交通大学（1945）	A01H4/00（1414）
		中国农业大学（1654）	A01G1/00（1111）
		华南理工大学（1609）	A23K1/18（874）
		复旦大学（1425）	C12N1/14（810）
		南京农业大学（1286）	C12N15/29（804）
		清华大学（1229）	C05G3/00（799）
		天津大学（1119）	G06T7/00（666）
		华中农业大学（1083）	C02F9/14（648）
研究院所	发明申请（36044） 实用新型申请（3399） 发明授权专利（16324）	江苏省农业科学院（953）	C12Q1/68（1491）
		中国科学院大连化学物理研究所（527）	A01G1/00（1454）
		中国农业科学院作物科学研究所（492）	A01H4/00（1110）
		浙江省农业科学院（450）	C12N1/20（999）
		中国科学院过程工程研究所（442）	A01H1/02（836）
		中国农业科学院植物保护研究所（414）	C05G3/00（651）
		北京市农林科学院（412）	A23K1/18（572）
		中国科学院长春应用化学研究所（409）	C07K14/415（543）
		中国科学院遗传与发育生物学研究所（394）	A01K61/00（466）
		中国科学院化学研究所（388）	C12N15/11（403）
企业	发明申请（181980） 实用新型申请（44273） 发明授权专利（52876）	中国石油化工股份有限公司（1540）	A23K1/18（6826）
		巴斯夫欧洲公司（783）	C05G3/00（6119）
		广东中迅农科股份有限公司（782）	A01G1/00（3196）
		南京华洲药业有限公司（598）	A61K8/97（2424）
		陕西美邦农药有限公司（598）	C12Q1/68（1867）
		中国石油天然气股份有限公司（577）	A01G9/02（1633）
		南京泽朗医药科技有限公司（511）	C12G3/02（1625）
		重庆润泽医药有限公司（509）	C12N1/20（1620）
		国家电网公司（496）	C05G1/00（1601）
		先正达参股股份有限公司（469）	C02F9/14（1514）

4. 生物食品领域主要竞争者与 IPC 分类

2006~2015 年，生物食品领域的专利竞争者集中于企业和高等院校，主要竞争者有江南大学、浙江大学、中国农业大学、内蒙古伊利实业集团股份有限公司、内蒙古蒙牛乳业（集团）股份有限公司、苏州艾杰生物科技有限公司等，相关专利申请集中于 A21D13/08、A23F3/06、A23K1/18、A23L1/29、A23L2/02、A21D13/08、C12N1/20 等分类领域（见表 2-20）。

表 2-20 生物食品领域中国专利申请 IPC 分类与主要专利竞争者状况（2006~2015 年）

单位：件

类别	类型（数量）	专利申请人/专利权人（申请量）	IPC 分布（申请量）
高校	发明申请（11501） 实用新型申请（1496） 发明授权专利（4857）	江南大学（1018）	C12N1/20（322）
		浙江大学（406）	A23L1/29（309）
		中国农业大学（277）	A23F3/06（216）
		华南理工大学（275）	A21D13/08（202）
		广西大学（228）	A23L1/212（178）
		福建农林大学（203）	A23K1/18（170）
		天津科技大学（199）	A23L2/02（165）
		南京农业大学（195）	C12Q1/68（162）
		东北农业大学（178）	A23L2/38（140）
		南昌大学（177）	C12G3/02（134）
研究院所	发明申请（3445） 实用新型申请（352） 发明授权专利（1476）	中国农业科学院农产品加工研究所（130）	A23F3/06（178）
		中国农业科学院茶叶研究所（113）	A23K1/18（125）
		江苏省农业科学院（107）	A23L1/29（115）
		山东省农业科学院农产品研究所（94）	C12Q1/68（67）
		浙江省农业科学院（63）	A21D13/08（61）
		中国农业科学院饲料研究所（49）	A23L2/38（61）
		广东省农业科学院蚕业与农产品加工研究所（48）	C12N1/20（58）
		中国农业科学院北京畜牧兽医研究所（45）	A23L1/212（52）
		中国食品发酵工业研究院（45）	A23F3/34（41）
		中国科学院西北高原生物研究所（38）	A23L2/02（41）
企业	发明申请（40599） 实用新型申请（10585） 发明授权专利（9280）	内蒙古伊利实业集团股份有限公司（472）	A23F3/06（2781）
		内蒙古蒙牛乳业（集团）股份有限公司（319）	A23L1/29（1707）
		苏州艾杰生物科技有限公司（248）	A23K1/18（1410）
		光明乳业股份有限公司（215）	A21D13/08（1137）
		浙江省新昌县澄潭茶厂（192）	A23L1/10（883）
		雀巢产品技术援助有限公司（191）	A23F3/14（801）
		青岛金佳慧食品有限公司（186）	A23F3/34（754）
		劲膳美生物科技股份有限公司（167）	A23L2/02（675）
		北京绿源求证科技发展有限责任公司（157）	A23C9/152（646）
		天津市中英保健食品有限公司（149）	A23L1/24（613）

5. 生物材料与检测领域主要竞争者与 IPC 分类

2006~2015 年，生物材料与检测领域的专利竞争者集中于企业和高等院校，主要竞争者有浙江大学、江南大学、中国石油化工股份有限公司、中科院大连化学物理研究所等，相关专利申请集中于 A23K1/18、C05G3/00、C12Q1/68、A23L1/29 等 IPC 分类领域（见表 2-21）。

表 2 - 21　生物材料与检测领域中国专利申请 IPC 分类与主要专利竞争者状况（2006~2015 年）

单位：件

类别	类型（数量）	专利申请人/专利权人（申请量）	IPC 分布（申请量）
高校	发明申请（59985）实用新型申请（3083）发明授权专利（27073）	浙江大学（2094）	C12Q1/68（2182）
		江南大学（1648）	A01H4/00（536）
		上海交通大学（1224）	C12N1/20（482）
		复旦大学（1087）	C09K11/06（467）
		华南理工大学（1063）	C12N15/11（456）
		四川大学（894）	G01N21/64（342）
		清华大学（799）	A23K1/18（327）
		北京化工大学（786）	G01N33/577（293）
		吉林大学（774）	G01N33/68（280）
		华东理工大学（729）	C05G3/00（253））
研究院所	发明申请（17157）实用新型申请（989）发明授权专利（7955）	中国科学院大连化学物理研究所（714）	C12Q1/68（1127）
		中国科学院化学研究所（488）	C12N15/11（375）
		中国科学院长春应用化学研究所（375）	A01H4/00（356）
		江苏省农业科学院（310）	A23K1/18（195）
		中国科学院上海药物研究所（294）	C12N1/20（179）
		中国科学院海洋研究所（258）	C05G3/00（167）
		中国科学院过程工程研究所（235）	A01H1/02（157）
		中国科学院理化技术研究所（227）	C12N15/10（126）
		中国科学院宁波材料技术与工程研究所（217）	A01G1/00（124）
		中国科学院上海有机化学研究所（176）	C12Q1/70（122）
企业	发明申请（90755）实用新型申请（11512）发明授权专利（28086）	中国石油化工股份有限公司（2038）	A23K1/18（2009）
		苏州艾杰生物科技有限公司（881）	C05G3/00（1855）
		深圳市海川实业股份有限公司（549）	C12Q1/68（1758）
		巴斯夫欧洲公司（545）	A23L1/29（776）
		深圳海川色彩科技有限公司（523）	A23K1/16（683）
		中国石油化工股份有限公司上海石油化工研究院（482）	G01N21/31（655）
		中国石油化工股份有限公司石油化工科学研究院（410）	A61K8/97（598）
		中国石油化工股份有限公司抚顺石油化工研究院（402）	C07D471/04（543）
		中国石油化工股份有限公司北京化工研究院（385）	C09D133/02（542）
		海洋王照明科技股份有限公司（355）	C07D487/04（540）

6. 生物质能领域主要竞争者与 IPC 分类

2006~2015 年，生物质能领域的专利竞争者集中于企业和高等院校，主要竞争者有中国石油化工股份有限公司、中国石油天然气股份有限公司、浙江大学、清华大学、神华集团有限责任公司、中国农业科学院作物科学研究所等，相关专利申请集中于 A01H4/00、A01H1/02、C10L3/10、C12M1/107 等 IPC 分类（见表 2 - 22）。

表 2 - 22　生物质能领域中国专利申请 IPC 分类与主要专利竞争者状况（2006～2015 年）

单位：件

类别	类型（数量）	专利申请人/专利权人（申请量）	IPC 分布（申请量）
高校	发明申请（9285） 实用新型申请（2505） 发明授权专利（3786）	浙江大学（372）	A01H4/00（1013）
		清华大学（230）	C12N15/29（395）
		昆明理工大学（215）	A01H1/02（296）
		天津大学（209）	C12N15/82（223）
		中国石油大学（华东）（208）	F03D9/00（211）
		中国农业大学（205）	C07K14/415（195）
		南京农业大学（196）	C12N15/113（178）
		大连理工大学（178）	C10G1/00（174）
		华中农业大学（173）	C12N15/84（174）
		上海交通大学（171）	C10B53/02（153）
研究院所	发明申请（4219） 实用新型申请（656） 发明授权专利（1703）	中国农业科学院作物科学研究所（241）	A01H4/00（719）
		中国科学院遗传与发育生物学研究所（161）	A01H1/02（599）
		江苏省农业科学院（127）	C07K14/415（310）
		中国科学院广州能源研究所（123）	C12N15/113（182）
		中国科学院过程工程研究所（95）	C12N15/29（171）
		中国科学院植物研究所（90）	C12N15/82（129）
		中国科学院大连化学物理研究所（86）	C12M1/107（101）
		中国科学院上海生命科学研究院（85）	C12N15/84（100）
		安徽省农业科学院水稻研究所（82）	A01H1/04（63）
		农业部沼气科学研究所（78）	A01G1/00（58）
企业	发明申请（22040） 实用新型申请（16985） 发明授权专利（6793）	中国石油化工股份有限公司（2682）	A01H4/00（913）
		中国石油化工股份有限公司石油化工科学研究院（1176）	C10L3/10（744）
		中国石油化工股份有限公司抚顺石油化工研究院（913）	C12M1/107（630）
		中国石油天然气股份有限公司（562）	F03D9/00（545）
		中石化炼化工程（集团）股份有限公司（305）	C10J3/20（531）
		通用电气公司（291）	A01H1/02（461）
		神华集团有限责任公司（265）	C10L5/44（423）
		中国海洋石油总公司（231）	F03D11/00（397）
		中石化洛阳工程有限公司（198）	C10J3/48（396）
		北京神雾环境能源科技集团股份有限公司（180）	F24B1/183（371）

三、区域专利竞争者

1. 东部地区主要专利竞争者

2006～2015 年，东部地区生物产业领域的专利竞争者主要集中在北京、浙江、江苏、广东、上海，主要专利竞争者有中国石油化工股份有限公司、中国石油天然气股份有限公司、中国农业大学、清华大学、天津大学、中国科学院上海生命科学研究院等。各省区市主要专利竞争者见表 2 - 23。

表 2-23　东部地区生物产业领域主要专利竞争者状况（2006~2015 年）

单位：件

省区市	北京	天津	河北
主要专利 竞争者 （申请量）	中国石油化工股份有限公司（8612）	天津大学（2034）	河北农业大学（430）
	中国石油天然气股份有限公司（4062）	南开大学（1314）	新奥科技发展有限公司（352）
	中石化股份公司石油化工研究院（2619）	天津科技大学（971）	河北科技大学（348）
	中国农业大学（2356）	天津工业大学（579）	燕山大学（213）
	清华大学（2235）	天津生机集团股份有限公司（405）	保定天威集团有限公司（203）
	中石化股份公司抚顺石油化工院（2026）	天津师范大学（401）	河北工业大学（176）
	北京化工大学（1548）	天津理工大学（319）	河北大学（162）
	北京大学（1136）	天津药物研究院（255）	华北电力大学（保定）（138）
	中石化股份公司北京化工研究院（1107）	天津农学院（201）	长城汽车股份有限公司（138）
	北京工业大学（1040）	天津市中英保健食品有限公司（184）	河北科技师范学院（108）

省区市	上海	江苏	浙江
主要专利 竞争者 （申请量）	上海交通大学（2980）	江南大学（4540）	浙江大学（6294）
	复旦大学（2075）	江苏大学（1667）	浙江工业大学（1666）
	东华大学（1824）	东南大学（1634）	浙江海洋学院（1016）
	华东理工大学（1793）	南京农业大学（1577）	浙江理工大学（975）
	同济大学（1361）	苏州大学（1376）	宁波大学（848）
	中国人民解放军第二军医大学（1265）	南京大学（1371）	浙江省农业科学院（598）
	上海大学（1170）	南京工业大学（1313）	浙江农林大学（492）
	华东师范大学（720）	苏州艾杰生物科技有限公司（1209）	中国计量学院（459）
	中国科学院上海生命科学研究院（628）	江苏省农业科学院（1180）	杭州师范大学（348）
	上海海洋大学（585）	中国药科大学（1130）	杭州电子科技大学（345）

省区市	广东	海南	福建
主要专利 竞争者 （申请量）	华南理工大学（3041）	中国热带农业科学院（771）	厦门大学（1157）
	中山大学（1606）	海南大学（309）	福建农林大学（1130）
	华南农业大学（1346）	海南正业中农高科股份有限公司（171）	福州大学（781）
	广东中迅农科股份有限公司（784）	海南灵康制药有限公司（60）	福建师范大学（381）
	暨南大学（726）	福田雷沃国际重工股份有限公司（52）	集美大学（269）
	深圳市海川实业股份有限公司（604）	海南医学院（44）	华侨大学（254）
	深圳海川色彩科技有限公司（524）	中国医学科学院药用植物研究所海南分所（37）	国家海洋局第三海洋研究所（197）
	深圳诺普信农化股份有限公司（445）	海南美兰史克制药有限公司（37）	中国科学院福建物质结构研究所（196）
	广东工业大学（418）	海南师范大学（36）	三棵树涂料股份有限公司（158）
	海洋王照明科技股份有限公司（400）	海南京润珍珠生物技术股份有限公司（35）	中国科学院城市环境研究所（126）

省区市	山东		
主要专利 竞争者 （申请量）	山东大学（1832）	山东农业大学（773）	山东理工大学（466）
	中国海洋大学（989）	济南大学（756）	青岛大学（415）
	中国石油大学（华东）（929）	青岛科技大学（632）	
	青岛农业大学（828）	中国科学院海洋研究所（570）	

2. 东北部地区主要专利竞争者

2006～2015 年，东北部地区生物产业领域的专利竞争者主要集中在辽宁和黑龙江，主要专利竞争者有吉林大学、大连理工大学、哈尔滨工业大学、东北农业大学、中国科学院大连化学物理研究所。各省区市主要专利竞争者见表 2 – 24。

表 2 – 24　东北部地区生物产业领域主要专利竞争者状况（2006～2015 年）

单位：件

省区市	辽宁	黑龙江	吉林
主要专利竞争者（申请量）	大连理工大学（1482）	哈尔滨工业大学（1481）	吉林大学（1881）
	中国科学院大连化学物理研究所（1358）	东北农业大学（1226）	中国科学院长春应用化学研究所（772）
	沈阳药科大学（623）	东北林业大学（775）	吉林农业大学（557）
	大连创达技术交易市场有限公司（445）	哈尔滨工程大学（493）	东北师范大学（230）
	中国科学院沈阳应用生态研究所（401）	黑龙江大学（401）	吉林省农业科学院（201）
	中冶焦耐工程技术有限公司（348）	黑龙江八一农垦大学（337）	长春理工大学（189）
	大连工业大学（298）	中国农业科学院哈尔滨兽医研究所（291）	长春工业大学（156）
	鞍钢股份有限公司（297）	中国科学院东北地理与农业生态研究所（266）	北华大学（151）
	东北大学（275）	哈尔滨市工艺美术有限责任公司（255）	中国农业科学院特产研究所（119）
	沈阳农业大学（256）	东北石油大学（231）	中科院长春光学精密机械与物理所（114）

3. 中部地区主要专利竞争者

2006～2015 年，中部地区生物产业领域的专利竞争者主要集中在湖北、湖南，主要专利竞争者有华中农业大学、武汉大学、中南大学、湖南农业大学、华中科技大学等。各省区市主要专利竞争者见表 2 – 25。

表 2 – 25　中部地区生物产业领域主要专利竞争者状况（2006～2015 年）

单位：件

省区市	安徽	湖北	湖南
主要专利竞争者（申请量）	安徽农业大学（728）	华中农业大学（1578）	中南大学（970）
	合肥工业大学（600）	武汉大学（1266）	湖南农业大学（901）
	中国科学技术大学（545）	华中科技大学（878）	湖南大学（563）
	安徽科技学院（335）	武汉理工大学（553）	中南林业科技大学（415）
	奇瑞汽车股份有限公司（250）	湖北中烟工业有限责任公司（553）	吉首大学（309）
	中国科学院合肥物质科学研究院（245）	武汉钢铁（集团）公司（371）	长沙理工大学（269）
	安徽理工大学（228）	湖北工业大学（346）	湘潭大学（234）
	合肥康龄养生科技有限公司（227）	武汉工程大学（333）	湖南科技大学（232）
	安徽杰事杰新材料股份有限公司（227）	三峡大学（279）	解放军国防科学技术大学（191）
	安徽师范大学（222）	长江大学（267）	湖南中医药大学（148）

省区市	河南	山西	江西
主要专利竞争者（申请量）	河南科技大学（862）	太原理工大学（498）	南昌大学（970）
	郑州大学（677）	山西大学（452）	南昌航空大学（194）
	河南农业大学（604）	中国科学院山西煤炭化学研究所（254）	江西农业大学（174）
	中国烟草总公司郑州烟草研究院（380）	中北大学（243）	江西师范大学（159）
	河南工业大学（373）	山西鑫立能源科技有限公司（177）	江西科技学院（105）
	河南科技学院（253）	山西农业大学（136）	泰豪科技股份有限公司（94）
	河南师范大学（241）	山西太钢不锈钢股份有限公司（122）	江西科技师范大学（89）
	河南大学（234）	山西医科大学（119）	江西省三荣银杏开发有限责任公司（82）
	河南中医学院（230）	太原重工股份有限公司（117）	江西理工大学（63）
	郑州后羿制药有限公司（218）	赛鼎工程有限公司（117）	江西铜业股份有限公司（62）

4. 西部地区主要专利竞争者

2006~2015年，西部地区生物产业领域的专利竞争者主要集中在四川、陕西、广西、云南，主要专利竞争者有四川大学、广西大学、西北农林科技大学、昆明理工大学、四川农业大学、陕西科技大学、重庆润泽医药有限公司、陕西美邦农药有限公司、中国科学院昆明植物研究所等。各省区市主要专利竞争者见表2-26。

表2-26 西部地区生物产业领域主要专利竞争者状况（2006~2015年）

单位：件

省区市	四川	重庆	陕西
主要专利竞争者（申请量）	四川大学（1866）	重庆大学（1084）	西北农林科技大学（1465）
	四川农业大学（1223）	西南大学（914）	陕西科技大学（1207）
	西南石油大学（480）	重庆润泽医药有限公司（555）	中国人民解放军第四军医大学（987）
	电子科技大学（476）	解放军第三军医大学第一附属医院（453）	西安交通大学（923）
	西南科技大学（268）	解放军第三军医大学（411）	陕西美邦农药有限公司（598）
	西南交通大学（266）	重庆市黔江区黔双科技有限公司（219）	西安电子科技大学（595）
	中国科学院成都生物研究所（261）	解放军第三军医大学第二附属医院（202）	西北工业大学（498）
	西华大学（236）	解放军第三军医大学第三附属医院（168）	陕西师范大学（459）
	成都中医药大学（207）	重庆医科大学（165）	西北大学（340）
	四川大学华西医院（203）	重庆文理学院（165）	陕西韦尔奇作物保护有限公司（321）

省区市	广西	云南	贵州
主要专利竞争者（申请量）	广西大学（1546）	昆明理工大学（1487）	贵州大学（842）
	桂林理工大学（472）	云南农业大学（531）	遵义医学院（113）
	柳州市天姿园艺有限公司（279）	云南大学（366）	贵州开磷集团股份有限公司（107）
	广西田园生化股份有限公司（272）	中国科学院昆明植物研究所（308）	贵州师范大学（94）
	广西科技大学（265）	云南中烟工业有限责任公司（222）	瓮福（集团）有限责任公司（91）
	广西壮族自治区林业科学研究院（211）	红云红河烟草（集团）有限责任公司（207）	贵州益佰制药股份有限公司（84）
	广西玉柴机器股份有限公司（206）	中国科学院昆明动物研究所（152）	贵州省烟草科学研究院（75）
	广西师范大学（199）	云南省烟草农业科学研究院（147）	北京高氏投资有限公司（74）
	广西中医药大学（185）	云南烟草科学研究院（146）	中国科学院地球化学研究所（66）
	广西壮族自治区药用植物园（168）	云南师范大学（122）	贵州中烟工业有限责任公司（66）

续表

省区市	新疆	甘肃	内蒙古
主要专利竞争者（申请量）	石河子大学（311）	兰州大学（461）	内蒙古伊利实业集团股份有限公司（642）
	中国科学院新疆理化技术研究所（278）	中国农业科学院兰州畜牧与兽药研究所（387）	内蒙古蒙牛乳业（集团）份有限公司（395）
	新疆大学（222）	甘肃农业大学（360）	内蒙古农业大学（166）
	新疆农业大学（191）	西北师范大学（315）	内蒙古科技大学（152）
	新疆农垦科学院（171）	中国农业科学院兰州兽医研究所（312）	内蒙古大学（125）
	中国科学院新疆生态与地理研究所（149）	中国科学院兰州化学物理研究所（247）	内蒙古民族大学（89）
	塔里木大学（140）	兰州理工大学（167）	内蒙古工业大学（60）
	新疆医科大学（88）	西北民族大学（76）	内蒙古包钢钢联股份有限公司（53）
	中国石油集团西部钻探工程有限公司（74）	金川集团股份有限公司（60）	内蒙古自治区农牧业科学院（44）
	新疆农业科学院微生物应用研究所（70）	中国科学院寒区旱区环境与工程研究所（57）	中国农业科学院草原研究所（43）

省区市	宁夏	青海	西藏
主要专利竞争者（申请量）	宁夏大学（156）	中国科学院西北高原生物研究所（247）	西藏月王生物技术有限公司（39）
	宁夏农林科学院（93）	青海林丰农牧机械制造有限公司（41）	西藏天麦力健康品有限公司（19）
	宁夏医科大学（68）	中国科学院青海盐湖研究所（39）	西藏奇正藏药股份有限公司（19）
	宁夏泰瑞制药股份有限公司（64）	青海省通天河藏药制药有限责任公司（35）	西藏自治区农牧科学院（17）
	宁夏宝塔石化科技实业发展有限公司（50）	西宁意格知识产权咨询服务有限公司（33）	西藏金稞集团有限责任公司（15）
	宁夏伊品生物科技股份有限公司（45）	青海省农林科学院（33）	西藏金哈达药业有限公司（14）
	宁夏启元药业有限公司（45）	西宁志培知识产权咨询有限公司（26）	西藏大学农牧学院（13）
	北方民族大学（31）	青海大学（24）	西藏宇妥藏药研究有限公司（12）
	宁夏天瑞产业集团现代农业有限公司（31）	青海省畜牧兽医科学院（22）	西藏天虹科技股份有限责任公司（10）
	宁夏大北农科技实业有限公司（29）	青海清华博众生物技术有限公司（20）	西藏自治区高原生物研究所（10）

第六节 云南生物产业专利竞争状况

一、专利申请、授权与有效状况

2006~2015 年，在生物产业领域，云南共申请中国专利 13824 件（占全国的 1.28%），其中发明专利 10324 件（占发明与实用新型申请总量的 74.68%）；共获得专利授权 7450 件（占全部中国专利的 1.42%），其中发明专利 3950 件（占发明与实用新型授权总量的 53.02%）。发明专利授权率 38.26%，高于全国整体水平（见表 2 - 27）。

表 2-27　云南生物产业领域中国专利申请、授权与有效状况（2006~2015 年）

类别	数量/件	结构（%）	授权率（%）	占比（%）	有效专利/件	有效率（%）	占比（%）
专利申请总量	13824			1.28			
发明申请	10324	74.68		1.27			
实用新型申请	3500	25.32		1.33			
专利授权总量	7450		53.89	1.42	5662	76.00	1.46
发明授权	3950	53.02	38.26	1.51	3185	80.63	1.42
实用新型授权	3500	46.98		1.33	2477	70.77	1.50

　　截至 2016 年 6 月，在生物产业领域，云南 2006~2015 年申请并获得授权的专利中，有 5662 件处于有效状态，其中发明专利 3185 件，占有效专利的 56.25%，发明专利有效率达到 80.63%，两项指标均低于全国整体水平（见表 2-28）。

表 2-28　云南生物产业领域中国专利年度状况（2006~2015 年）

单位：件

年度	申请量			授权量			有效专利		
	发明	实用新型	小计	发明	实用新型	小计	发明	实用新型	小计
2006 年	426	103	529	231	103	334	103	7	110
2007 年	430	103	533	235	103	338	137	14	151
2008 年	594	159	753	283	159	442	151	27	178
2009 年	656	179	835	359	179	538	222	51	273
2010 年	902	198	1100	490	198	688	369	79	448
2011 年	942	280	1222	530	280	810	447	136	583
2012 年	1236	355	1591	612	355	967	559	232	791
2013 年	1340	444	1784	729	444	1173	716	307	1023
2014 年	1631	633	2264	467	633	1100	467	581	1048
2015 年	2167	1046	3213	14	1046	1060	14	1043	1057
合计	10324	3500	13824	3950	3500	7450	3185	2477	5662

　　2006~2015 年，在生物产业领域，云南的专利申请量处于稳步增长状态，年均增长率为 22.99%，增长幅度高于全国整体水平，产业技术创新能力得到明显提升。

二、主要竞争者与 IPC 分类

　　2006~2015 年，云南生物产业领域的主要竞争者中，企业占据主导地位，其发明专利申请量达到 4158 件（占该领域发明专利申请总量的 40.35%），授权发明专利约 1502 件；高等院校也具有较强的竞争实力，其发明专利申请量达到 2427 件（占 23.55%）；研究院所竞争力相对较弱，其发明专利申请量为 1606 件（占 12.91%）（见表 2-29）。

表 2 - 29　云南生物产业领域中国专利分类竞争者结构状况（2006～2015 年）

类别	高校/件	高校占比（%）	研究院所/件	研究院所占比（%）	企业/件	企业占比（%）
申请量小计	2996	21. 76	1778	12. 91	5979	43. 42
发明申请	2427	23. 55	1606	15. 58	4158	40. 35
实用新型申请	569	16. 42	172	4. 96	1821	52. 55
发明授权	955	24. 47	752	19. 27	1502	38. 48

　　2006～2015 年，云南生物产业领域的专利竞争者主要有昆明理工大学、云南农业大学、云南大学、中国科学院昆明植物研究所、中国科学院昆明动物研究所、云南中烟工业有限责任公司、昆明制药集团股份有限公司、云南白药天颐茶品有限公司、云南天士力帝泊洱生物茶集团有限公司等，相关专利申请集中于 A01G1/00、A23F3/06、A01G13/00、C05G3/00、A23L1/29 等 IPC 分类领域（见表 2 - 30）。

表 2 - 30　云南生物产业领域中国专利申请 IPC 分类与主要专利竞争者状况（2006～2015 年）

单位：件

类别	类型（数量）	专利申请人/专利权人（申请量）	IPC 分布（申请量）
高校	发明申请（2427）实用新型申请（569）发明授权专利（955）	昆明理工大学（1480）	A01G1/00（78）
		云南农业大学（523）	A01H4/00（67）
		云南大学（353）	C12N1/20（63）
		云南师范大学（121）	C12Q1/68（58）
		大理学院（112）	C12N1/14（42）
		云南民族大学（91）	C12M1/107（28）
		西南林业大学（84）	A61K35/64（25）
		昆明学院（54）	A61K31/357（24）
		云南中医学院（41）	C12N15/82（24）
		昆明医科大学（34）	A23K1/18（22）
研究院所	发明申请（1606）实用新型申请（172）发明授权专利（752）	中国科学院昆明植物研究所（282）	A01G1/00（138）
		中国科学院昆明动物研究所（148）	A01H4/00（87）
		云南烟草科学研究院（138）	A01H1/02（50）
		云南省烟草农业科学研究院（115）	C12Q1/68（43）
		中国医学科学院医学生物学研究所（90）	C12N1/14（33）
		云南省农业科学院农业环境资源研究所（73）	A01G31/00（26）
		云南省农业科学院花卉研究所（73）	A01K67/033（25）
		中国科学院西双版纳热带植物园（69）	A61K39/39（22）
		中国林业科学研究院资源昆虫研究所（60）	A01G1/04（21）
		云南省农业科学院甘蔗研究所（59）	C12N1/20（19）

续表

类别	类型（数量）	专利申请人/专利权人（申请量）	IPC 分布（申请量）
企业	发明申请（4158） 实用新型申请（1821） 发明授权专利（1502）	云南中烟工业有限责任公司（222）	A01G1/00（241）
		红云红河烟草（集团）有限责任公司（207）	A23F3/06（160）
		云南瑞升烟草技术（集团）有限公司（105）	A01G13/00（88）
		红塔烟草（集团）有限责任公司（87）	C05G3/00（76）
		昆明制药集团股份有限公司（83）	A23L1/29（75）
		云南天质网络科技有限公司（81）	A01H4/00（74）
		曲靖众一精细化工股份有限公司（48）	A61K8/97（74）
		云南白药天颐茶品有限公司（45）	C11B9/00（63）
		云南天士力帝泊洱生物茶集团有限公司（43）	A23K1/18（58）
		云南滇红集团股份有限公司（40）	C12G3/02（46）

第三章　光电子产业专利竞争分析

第一节　光电子产业技术领域

光电子技术是电子技术、信息技术和光子技术相结合而形成的新技术。光电子技术融合了电子学、光学、计算机等技术，广泛应用于信息、能源、汽车、环境和军事等各个领域，如光子信息传输和存储、光伏发电、激光切割、污染物光传感、激光制导武器、图像传感技术等。

光电子技术涉及面非常广，它围绕着光信号的产生、传输、处理和接收，涵盖了激光、信息传输与存储、显示、检测、探测、传感、辐射、材料（新型发光感光材料、非线性光学材料、衬底材料、光传输材料等）、微加工和微机电、光电子器件、系统集成、计算机技术等各个领域（见图3–1）。

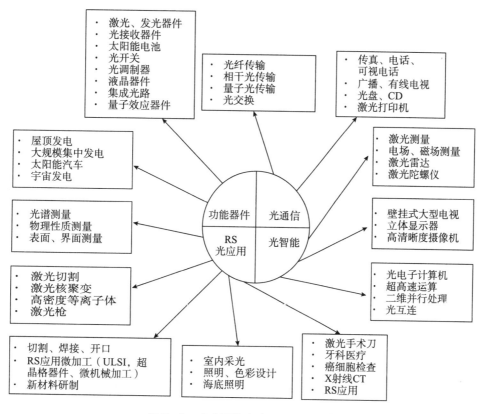

图3–1　光电子技术主要应用领域❶

---

❶ 光电子技术简介［EB/OL］. 电子市场网，http：//www.dzsc.com，2008–12–02.

第二节　光电子产业专利技术分类与检索关键词

一、光电子产业专利技术分类

光电子产业技术包括光伏发电、红外及微光夜视、光机电一体化、平板显示、半导体照明产业、精密光学产品、光信息（电记录、全息术、光通信）技术等，相关技术的专利 IPC 分类主要涉及 C03、C08、C09、C30、D01、F21、G02、G03G、G09、H01、H02、H04、H05 等，如 H04N5/33 红外辐射的转换、G02B13/16 与图像变换器或增强器联合使用的、H04N 图像通信、G03G13/00 应用电荷图形的电记录工艺、G03G15/00 应用电荷图形的电记录工艺的设备、G02F3/00 光学逻辑元件和光学双稳态装置、H01L 半导体器件、H03K3/42 应用光电子器件、H03K17/78 应用光电子器件、H03K17/968 应用光电子器件的（见表 3 - 1）。

表 3 - 1　光电子产业技术领域 IPC 专利分类

技术分类	国际分类号	小类号
光伏发电	H02 发电、变电或配电	H02S40 部件或附件，特别是光伏专用组件
红外及微光夜视产业	H04 电通信技术 G02 光学	H04N5/33 红外辐射的转换 G02B13/16 与图像变换器或增强器联合使用的
光机电一体化	G09 教育；密码术；显示；广告；印鉴	G09B 教育或演示用具；用于教学或与盲人、聋人或哑人通信的用具；模型；天象仪；地球仪；地图；图表
平板显示	H04 电通信技术 G09 教育；密码术；显示；广告；印鉴	H04N 图像通信 H04N1/00 文件或类似物的扫描、传输或重现
半导体照明产业	H05 其他类目不包含的电技术 F21 照明	H05B 电热；其他类目不包含的电照明 F21S 非便携式照明装置或其系统
精密光学产品	G02 光学	H04N 图像通信
光信息（电记录、全息术、光通信）	G03G 电记录术；电照相；磁记录	G03G5/00 采用辐照（例如，在光、热或电子作用下）用于原稿记录的记录构件；记录构件的制造；所用材料的选择 G03G13/00 应用电荷图形的电记录工艺 G03G15/00 应用电荷图形的电记录工艺的设备
光电子器件	G02 光学 H01 基本电气元件 H03 基本电子电路	G02F3/00 光学逻辑元件；光学双稳态装置 H01L 半导体器件；其他类目未包含的电固体器件 F21V9/00 滤光器；荧光屏发光材料的选择 F21V1/00 带色遮光装置 H01J1/72 荧光屏；外壳上发光涂层材料的选择；带有不连续分布的发光材料的，如以点或线的形式 H01J3/00 通用于两种或两种以上基本类型的放电管或灯的电子光学或离子光学装置的零部件或离子阱的零部件 H01J49/08 放电管或放电；粒子分光仪或粒子分离管电子源，如用于产生光电子、二次电子或俄歇电子的

续表

技术分类		国际分类号	小类号
光电子器件		G02 光学 H01 基本电气元件 H03 基本电子电路	H01L31/00 对红外辐射、光、较短波长的电磁辐射，或微粒辐射敏感的，并且专门适用于把这样的辐射能转换为电能的，或专门适用于通过这样的辐射进行电能控制的半导体器件；专门适用于制造或处理这些半导体器件或其部件的方法或设备；其零部件
			H03K3/42 应用光电子器件，即电耦合或光耦合的光发射和光电器件，作为有源元件的
			H03K17/78 应用光电子器件，即电耦合或光耦合的光发射和光电器件作为有源元件的
			H03K17/968 应用光电子器件的
光电子材料	光伏材料	C30 晶体生长	C30B 单晶生长；共晶材料的定向凝固或共析材料的定向分层；材料的区熔精炼；具有一定结构的均匀多晶材料的制备；其所用的装置
	发光感光材料	C03 玻璃；矿棉或渣棉 C09K 不包含在其他类目中的应用材料；不包含在其他类目中的材料的应用 G02 光学 H01 基本电气元件	C03B37/00 由软化的玻璃、矿物或渣制的絮片、纤维或细丝的制造或处理；玻璃纤维或细丝的制造
			C09K11/00 发光材料，例如电致发光材料、化学发光材料
			G02B6/00 光导；包含光导和其他光学元件
			H01J1/72 荧光屏；外壳上发光涂层材料的选择；带有不连续分布的发光材料的
	光传输材料	C08 有机高分子化合物；其制备或化学加工；以其为基料的组合物 C09 料；涂料；抛光剂；天然树脂；黏合剂；其他类目不包含的组合物；其他类目不包含的材料的应用 D01 天然或人造的线或纤维；纺纱或纺丝 G02 光学	C08L 高分子化合物的组合物
			C09D 涂料组合物；填充浆料；化学涂料或油墨的去除剂；油墨；改正液；木材着色剂；用于着色或印刷的浆料或固体；原料为此的应用
			D01D 制作人造长丝、线、纤维、鬃或带子的机械方法或设备
			D01F 制作人造长丝、线、纤维、鬃或带子的化学特征；专用于生产碳纤维的设备
			G02B6/02 带有包层的光导纤维

二、光电子产业领域专利检索关键词

基于产业技术涉及的技术内容，光电子产业专利技术检索关键词主要包括：太阳能电池、半导体、单晶硅、多晶硅、非晶硅、薄膜电池、光伏、光生伏特；红外、热像、微光、月光、星光、光电效应、夜视、成像、图像增强；光、电子、机械、光机电、一体化、PDP、LCD、FED、OLED、投影显示；平板、平面、二维、显示、成像；电子、固态、半导体、二极管、LED、照明、发光、感光；精密光学、光电了、硅微电子、硅基高效发光、宽带隙半导体、光电子材料、光电子原料；全息、光信息、光通讯、光通信、图像通信、光传输、光纤、光缆、光图像、数字图像、光学逻辑、光耦合、光记录、电子光学。

第三节 光电子产业领域整体专利状况

一、光电子产业领域专利申请、授权与有效状况

1. 专利申请与授权状况

2006～2015 年，光电子产业领域共有发明与实用新型专利申请 653425 件。其中，发明 358225 件（占

54.82%），实用新型 295200 件（占 45.18%）。数据显示，光电子产业领域有一定的专利申请规模，发明专利申请量占有较高比例，具备一定的产业技术创新能力（见表 3 -2）。

表 3 -2 光电子产业领域中国专利申请与授权状况（2006~2015 年）

类型	专利类型	数量/件	占比（%）	授权率（%）
申请量	发明与实用新型合计	653425		
	发明	358225	54.82	
	实用新型	295200	45.18	
授权量	发明与实用新型合计	406920		62.27
	发明	111720	27.46	31.19
	实用新型	295200	72.54	

上述专利申请中，国内申请人 398134 件（占 60.93%），外国申请人 255291 件（占 39.07%）；授权专利中，国内申请人 244667 件（占 60.13%），外国申请人 162253 件（占 69.82%）。数据显示，外国申请人非常重视在中国布局光电子产业领域的专利，专利申请数量占比很高，特别是发明专利申请占比达到约 49%，对国内相关产业和产品市场有很大影响（见表 3 -3）。

表 3 -3 光电子产业领域中国专利国内外申请人申请与授权状况（2006~2015 年）

项目		国内/件	国外/件	国外结构（%）	国外获权率	国外申请人占比（%）
申请量	申请小计	398134	255291			39.07
	发明申请	182101	176124	68.99		49.17
	实用新型申请	216033	79167	31.01		26.82
授权量	授权小计	244667	162253		63.56	39.87
	发明授权	33714	78006	48.08	44.29	69.82
	实用新型授权	216033	79167	48.79		26.82

2006~2015 年，光电子产业领域已授权中国发明与实用新型专利数量为 406920 件，其中发明 111720 件（占比 27.46%），实用新型 295200 件（占比 72.54%），整体专利申请授权率 62.27%，发明申请授权率 31.19%（其中，国外申请人发明申请授权率 44.29%）。国内发明专利申请的授权率较低，技术创新水平有待提高（见图 3 -2）。

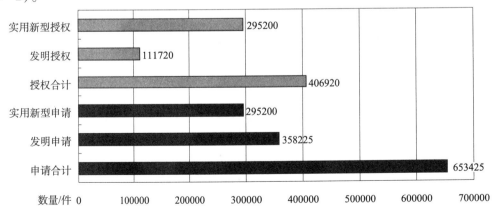

图 3 -2 2006~2015 年光电子产业领域中国专利申请与授权状况（截至 2016 年 5 月已公开数据）

2. 专利申请与授权年度变化状况

2006～2015 年，光电子产业领域的中国发明与实用新型专利申请数量总体呈现增长态势，年均增幅16.12%；2009～2012 年，是该领域中国专利申请量增长的高峰时期（未考虑专利公开滞后和审查周期对2013 年后公开数据的影响）。数据表明，2006 年以来，国内光电子产业领域技术创新的活力和产业对新技术的需求在迅速提高（见图 3 – 3）。

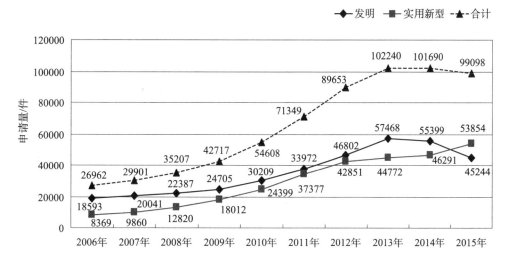

图 3 – 3　光电子产业领域中国专利申请数量年度变化（2006～2015 年）

从专利申请授权的情况来看，实用新型申请量持续快速增长，而发明专利授权量小幅增长后出现下降趋势（暂不考虑专利公开滞后和审查因素对 2013 年后数据的影响），发明申请的总体授权率明显偏低，产业整体技术创新水平一般（见图 3 – 4）。

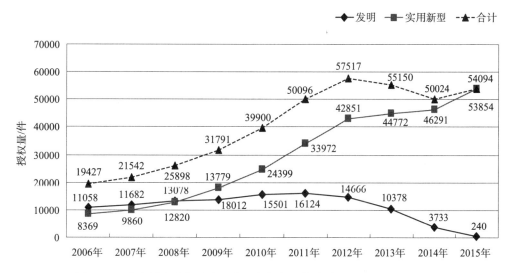

图 3 – 4　光电子产业领域中国专利授权数量年度变化（2006～2015 年）

3. 专利有效状况

2006～2015 年，光电子产业领域共有 291009 件有效中国发明与实用新型专利。其中，发明专利 97241 件（占全部有效专利的 33.42%），发明专利有效率 87.04%，实用新型专利有效率 65.64%（见表 3 – 4）。

表3-4 光电子产业领域中国专利有效状况表（2006～2015年）

专利类型	数量/件	占比（%）	有效率（%）
发明与实用新型合计	291009		71.52
发明	97241	33.42	87.04
实用新型	193768	66.58	65.64

上述有效专利中，5年以上的发明专利维持率约为90%，10年以上的发明专利维持率约为72%，表明该领域中国发明专利的整体维持率较高，基础和核心专利占比较高，发明专利在长期、持续支撑产业发展方面的作用较为明显（见表3-5）。

表3-5 光电子产业领域年度授权中国专利有效状况（截至2016年6月）

年度	有效发明与实用新型专利/件	有效发明专利/件	有效实用新型专利/件	发明专利有效率（%）
2006年	9153	7977	1176	72.14
2007年	11243	8809	2434	75.41
2008年	14254	10351	3903	79.15
2009年	18234	11810	6424	85.71
2010年	23798	14084	9714	90.86
2011年	31244	15423	15821	95.65
2012年	39439	14453	24986	98.55
2013年	41643	10362	31281	99.85
2014年	47935	3732	44203	99.97
2015年	54066	240	53826	100.00
合计	291009	97241	193768	87.04

二、光电子产业领域中国专利区域分布

1. 专利申请省份分布

从国内地区分布来看，2006～2015年，光电子产业领域国内申请人已公开的专利申请主要分布在广东、江苏、浙江、北京、上海、山东，这6个省区市的中国专利申请量均在2万件以上；四川、安徽、陕西、福建、湖北5个省区市的申请量也在1万件以上。从专利授权量和有效维持情况来看，广东、江苏、浙江、北京、上海、山东、四川是主要的集中地区，专利授权量均在1万件以上。数据表明，上述区域是国内光电子产业专利申请和拥有量最为集中的地区，也是产业技术创新最为活跃的地区，专利技术和产业竞争也最为激烈（见表3-6）。

表3-6 光电子产业领域已公开中国专利申请省份分布（2006～2015年）

单位：件

排位	省区市	申请			授权			有效专利		
		合计	发明	实用新型	合计	发明	实用新型	合计	发明	实用新型
1	广东	80537	30960	49577	55489	5912	49577	47119	5825	41294
2	江苏	56277	29494	26783	31378	4595	26783	24630	4515	20115

续表

排位	省区市	申请			授权			有效专利		
		合计	发明	实用新型	合计	发明	实用新型	合计	发明	实用新型
3	浙江	38670	11059	27611	30354	2743	27611	22342	2649	19693
4	北京	37553	25664	11889	11889	5080	11889	15403	4941	10462
5	上海	28134	17702	10432	13872	3440	10432	11991	3407	8584
6	山东	20674	7927	12747	14102	1355	12747	9509	1314	8195
7	四川	17253	7907	9346	10686	1340	9346	8056	1278	6778
8	安徽	14043	6403	7640	8519	879	7640	6258	846	5412
9	陕西	12760	7491	5269	6335	1066	5269	4309	1024	3285
10	福建	12627	3528	9099	9951	852	9099	7942	842	7100
11	湖北	10273	4695	5578	6587	1009	5578	5337	966	4371
12	天津	8805	4031	4774	5318	544	4774	4161	519	3642
13	河南	7580	2631	4949	5392	443	4949	4138	417	3721
14	重庆	7431	2542	4889	5355	466	4889	3681	438	3243
15	辽宁	7087	3755	3332	3968	636	3332	2871	608	2263
16	湖南	6457	2540	3917	4522	605	3917	3515	578	2937
17	江西	5154	1572	3582	3868	286	3582	3123	273	2850
18	河北	5104	1825	3279	3676	397	3279	3033	380	2653
19	黑龙江	4881	2111	2770	3243	473	2770	2155	447	1708
20	广西	3677	2316	1361	1623	262	1361	1327	260	1067
21	吉林	2886	1607	1279	1688	409	1279	1288	364	924
22	山西	2487	1108	1379	1659	280	1379	1355	272	1083
23	云南	2057	818	1239	1405	166	1239	1061	162	899
24	贵州	1993	899	1094	1282	188	1094	1089	187	902
25	甘肃	1044	458	586	696	110	586	537	104	433
26	内蒙古	771	248	523	576	53	523	439	53	386
27	新疆	713	232	481	522	41	481	450	39	411
28	宁夏	568	324	244	287	43	244	251	42	209
29	海南	366	145	221	248	27	221	190	27	163
30	青海	228	91	137	147	10	137	110	9	101
31	西藏	44	18	26	30	4	26	26	4	22
合计		398134	182101	216033	244667	33714	216033	197696	32790	164906

2. 专利申请地区分布

从国内地区分布来看，2006～2015年，光电子产业技术领域国内申请人已公开的398134件中国专利申请主要集中在东部地区，共有288747件，占到全国总量的72.53%，体现了东部地区在光电子产业技术领域中的主导地位。

中部和西部地区在光电子产业技术领域也有一定的专利申请数量分布。中部6省区市共有45994件专利申请（占全国总量的11.55%），西部12省区市共有48539件专利申请（占全国总量的12.19%）；但西部地区市各省区市的专利申请量分布不均，专利技术创造能力有较大差距。东北部地区光电子产业领域的专利申请和授权量较低，但各省区市仍然具有一定数量的专利申请（见表3-7）。

表3-7 光电子产业领域已公开中国专利申请地区分布（2006～2015年）

单位：位

大区	排位	省区市	申请			授权			有效		
			合计	发明	实用新型	合计	发明	实用新型	合计	发明	实用新型
东部地区	1	广东	80537	30960	49577	55489	5912	49577	47119	5825	41294
	2	江苏	56277	29494	26783	31378	4595	26783	24630	4515	20115
	3	浙江	38670	11059	27611	30354	2743	27611	22342	2649	19693
	4	北京	37553	25664	11889	11889	5080	11889	15403	4941	10462
	5	上海	28134	17702	10432	13872	3440	10432	11991	3407	8584
	6	山东	20674	7927	12747	14102	1355	12747	9509	1314	8195
	7	福建	12627	3528	9099	9951	852	9099	7942	842	7100
	8	天津	8805	4031	4774	5318	544	4774	4161	519	3642
	9	河北	5104	1825	3279	3676	397	3279	3033	380	2653
	10	海南	366	145	221	248	27	221	190	27	163
	合计		288747	132335	156412	176277	24945	156412	146320	24419	121901
东北部地区	1	辽宁	7087	3755	3332	3968	636	3332	2871	608	2263
	2	黑龙江	4881	2111	2770	3243	473	2770	2155	447	1708
	3	吉林	2886	1607	1279	1688	409	1279	1288	364	924
	合计		14854	7473	7381	8899	1518	7381	6314	1419	4895
中部地区	1	安徽	14043	6403	7640	8519	879	7640	6258	846	3968
	2	湖北	10273	4695	5578	6587	1009	5578	5337	966	3595
	3	河南	7580	2631	4949	5392	443	4949	4138	417	3992
	4	湖南	6457	2540	3917	4522	605	3917	3515	578	2562
	5	江西	5154	1572	3582	3868	286	3582	3123	273	1867
	6	山西	2487	1108	1379	1659	280	1379	1355	272	1350
	合计		45994	18949	27045	30547	3502	27045	23726	3352	20374
西部地区	1	四川	17253	7907	9346	10686	1340	9346	8056	1278	6778
	2	陕西	12760	7491	5269	6335	1066	5269	4309	1024	3285
	3	重庆	7431	2542	4889	5355	466	4889	2130	438	1692
	4	广西	3677	2316	1361	1623	262	1361	1327	260	1067
	5	云南	2057	818	1239	1405	166	1239	1061	162	899
	6	贵州	1993	899	1094	1282	188	1094	1089	187	902
	7	甘肃	1044	458	586	696	110	586	537	104	433
	8	内蒙古	771	248	523	576	53	523	439	53	386
	9	新疆	713	232	481	522	41	481	450	39	411
	10	宁夏	568	324	244	287	43	244	251	42	209
	11	青海	228	91	137	147	10	137	110	9	101
	12	西藏	44	18	26	30	4	26	26	4	22
	合计		48539	23344	25195	28944	3749	25195	19785	3600	16185

三、专利申请技术路径演进

在 2006～2015 年的 10 年间，光电子技术产业领域的中国专利申请的技术发展路径主要以 H05B37/02、F21S2/00 分类领域为主线；2008 年后 F21S8/00、G02B6/44 分类领域，2009 年后 G09F9/33 分类领域，2012 年后 F21S9/03 分类领域，逐步发展成为新的热点领域；2011 年后 H04N1/00 分类领域、2013 年后 F21V29/00 分类领域的专利申请趋于萎缩。数据显示，H05B37/02、F21S2/00、F21S8/00、G02B6/44、H02J7/00、G09F9/33、F21S9/03、H01L33/48 分类领域是目前国内光电子产业专利技术创新的热点领域，F21S8/10 分类领域则是新的发展方向（见表 3－8）。

表 3－8　2006～2015 年光电子产业领域中国专利申请技术路径演进

单位：件

年份	2006	2007	2008	2009	2010
分类（申请量）	H01L33/00（1069）	H01L33/00（1195）	H01L33/00（974）	F21S2/00（2039）	F21S2/00（3072）
	H05K7/20（360）	H05K7/20（424）	F21S2/00（631）	F21S8/00（836）	F21S8/00（1469）
	H01L29/78（316）	F21V29/00（420）	F21V29/00（449）	H01L33/00（687）	H05B37/02（1289）
	H01L21/336（266）	H04N1/00（380）	H05B37/02（411）	H05B37/02（623）	H01L33/48（708）
	F21S4/00（236）	G02B6/00（313）	H04N1/00（369）	G02B6/44（452）	G02B6/44（576）
	G02F1/13357（220）	H01L29/78（288）	F21S8/00（328）	F21V29/00（404）	F21V29/00（435）
	H04N1/04（219）	H05B37/02（248）	H05K5/00（316）	G09F9/33（402）	G02B6/38（427）
	H01L29/786（205）	H01L21/00（237）	G02B6/44（296）	H04N1/00（356）	H04N1/00（415）
	H04N1/00（202）	F21S2/00（235）	F21S4/00（270）	G02B6/38（279）	G09F9/33（402）
	H01L21/00（198）	H01L21/336（233）	H05K7/20（266）	H05K7/20（266）	H05K5/00（294）

年份	2011	2012	2013	2014	2015
分类（申请量）	F21S2/00（3799）	F21S2/00（5033）	F21S2/00（4203）	F21S2/00（3687）	H05B37/02（3022）
	F21S8/00（2048）	H05B37/02（2719）	H05B37/02（2778）	H05B37/02（2643）	F21S2/00（2721）
	H05B37/02（1939）	F21S8/00（2261）	F21S8/00（2114）	F21S8/00（2014）	F21S8/00（2352）
	G02B6/44（811）	G02B6/44（1076）	H02J7/00（1142）	G02B6/44（1109）	G02B6/44（1333）
	H01L33/48（739）	F21V29/00（743）	G02B6/44（1022）	H02J7/00（1075）	H02J7/00（1103）
	F21V29/00（634）	G09F9/33（729）	F21V29/00（919）	A24F47/00（1003）	G09F9/33（879）
	G09F9/33（545）	H01L33/48（695）	H01L33/48（908）	G09F9/33（728）	F21S9/03（845）
	H04N1/00（505）	H02J7/00（667）	C09F9/33（783）	H01L33/48（700）	A24F47/00（792）
	G02B6/38（488）	G06F1/16（551）	G06F1/16（751）	F21S9/03（616）	F21S8/10（677）
	H01L33/00（476）	F21S9/03（543）	F21S9/03（589）	F21S8/10（592）	H01L33/48（532）

第四节　光电子产业领域中国专利技术分布

一、整体专利申请 IPC 分布

2006～2015 年，光电子产业技术领域已公开的中国专利申请主要分布于 F、G、H 部的 F21S2/00、F21S8/00、

F21V29/00、G02B6/44、G09F9/33、G06F1/16、G02B6/38、H05B37/02、H01L33/00、H02J7/00、H01L33/48、H04N1/00、H05K7/20、H01L29/78 分类领域中（见表 3－9）。

表 3－9　光电子产业领域已公开中国专利申请 IPC 分布总体情况（2006～2015 年）

单位：件

部类	B	C	F	G	H
发明申请	21139	40720	31358	101575	146688
实用新型申请	25825	2819	77563	74336	81012
发明授权	6923	12600	7663	29088	52518
IPC 分类 （申请量）	B60R16/02（512）	C09K11/06（873）	F21S2/00（25572）	G02B6/44（7022）	H05B37/02（15838）
	B43K29/10（397）	C08G61/12（803）	F21S8/00（13846）	G09F9/33（4915）	H01L33/00（5742）
	B60R11/02（358）	C09J7/02（492）	F21V29/00（4593）	G06F1/16（3764）	H02J7/00（5371）
	B81C1/00（331）	C08L69/00（468）	F21S9/03（3681）	G02B6/38（3427）	H01L33/48（4444）
	B43K29/00（297）	C07D471/04（459）	F21S8/10（2941）	G02B6/00（2743）	H04N1/00（3813）
	B60K26/02（247）	C08L63/00（440）	F21S4/00（2922）	G02B6/42（2682）	H05K7/20（3604）
	B60L11/18（230）	C07F15/00（384）	F21L4/00（2435）	G09G3/32（2678）	H01L29/78（3091）
	B09B3/00（225）	C07D487/04（378）	F21S9/02（2218）	G06F17/30（2579）	H01L21/336（2756）
	B62D5/04（214）	C08F10/00（251）	F21S8/04（2166）	G06F3/041（2076）	H01L27/146（2050）
	B43M99/00（205）	C07D401/14（244）	F21S6/00（2138）	G07C9/00（1734）	H05K5/00（2031）

上述分类领域中，F21S2/00（光照明系统）、F21S8/00（非便携式光照明系统固定安装装置）、H05B37/02（电光源控制）最为集中，这 3 个大组分类中的发明与实用新型专利申请量均在万件以上（见表 3－10）。

表 3－10　光电子产业领域已公开中国专利申请 IPC 分布具体情况（2006～2015 年）

单位：件

大组分类	类型（申请量）	分类（申请量）	大组分类	类型（申请量）	分类（申请量）
C08L	发明专利（3817） 实用新型（9） 发明授权（1254）	C08L69/00（464）	G09F	发明专利（2468） 实用新型（6840） 发明授权（577）	G09F9/33（4895）
		C08L63/00（438）			G09F13/04（649）
		C08L67/02（236）			G09F9/00（496）
		C08L83/07（220）			G09F13/22（473）
		C08L83/04（185）			G09F9/30（378）
		C08L23/12（157）			G09F27/00（332）
		C08L77/06（144）			G09F13/00（251）
		C08L77/02（134）			G09F9/35（242）
		C08L23/06（126）			G09F3/02（184）
		C08L55/02（96）			G09F19/00（155）

续表

大组分类	类型（申请量）	分类（申请量）	大组分类	类型（申请量）	分类（申请量）
F21S	发明专利（14715） 实用新型（45771） 发明授权（3055）	F21S2/00（25536）	H01L	发明专利（62184） 实用新型（12365） 发明授权（24519）	H01L33/00（5738）
		F21S8/00（13773）			H01L33/48（4428）
		F21S9/03（3647）			H01L29/78（3068）
		F21S8/10（2918）			H01L21/336（2739）
		F21S4/00（2914）			H01L27/146（2040）
		F21S9/02（2203）			H01L21/768（1702）
		F21S8/04（2152）			H01L25/075（1659）
		F21S6/00（2120）			H01L27/32（1467）
		F21S8/08（1424）			H01L51/50（1442）
		F21S8/06（799）			H01L29/786（1373）
F21V	发明专利（5936） 实用新型（13876） 发明授权（1528）	F21V29/00（4593）	H02J	发明专利（4403） 实用新型（5803） 发明授权（1074）	H02J7/00（5330）
		F21V19/00（1773）			H02J9/06（543）
		F21V5/04（1690）			H02J7/02（541）
		F21V23/00（1134）			H02J13/00（476）
		F21V8/00（770）			H02J3/38（431）
		F21V21/00（687）			H02J17/00（407）
		F21V17/10（616）			H02J3/18（375）
		F21V23/06（531）			H02J7/35（239）
		F21V33/00（523）			H02J7/32（195）
		F21V3/02（462）			H02J3/01（168）
G02B	发明专利（13825） 实用新型（12253） 发明授权（5092）	G02B6/44（6958）	H04M	发明专利（2607） 实用新型（1788） 发明授权（602）	H04M1/02（1748）
		G02B6/38（3415）			H04M1/725（1157）
		G02B6/00（2729）			H04M1/21（293）
		G02B6/42（2664）			H04M11/00（172）
		G02B6/36（867）			H04M1/23（138）
		G02B6/02（784）			H04M1/22（97）
		G02B6/26（740）			H04M1/247（79）
		G02B6/255（722）			H04M3/42（72）
		G02B6/122（548）			H04M1/03（67）
		G02B6/32（392）			H04M1/00（65）
G06F	发明专利（24065） 实用新型（7052） 发明授权（4634）	G06F1/16（3732）	H05B	发明专利（9243） 实用新型（12198） 发明授权（2962）	H05B37/02（15779）
		G06F17/30（2549）			H05B33/08（1259）
		G06F3/041（2040）			H05B37/00（1116）
		G06F3/01（1453）			H05B41/36（331）
		G06F1/20（1044）			H05B41/282（294）
		G06F3/048（1009）			H05B41/14（286）
		G06F19/00（1006）			H05B41/295（243）
		G06F1/18（917）			H05B41/288（170）
		G06F3/0488（914）			H05B37/03（161）
		G06F17/50（913）			H05B41/285（156）

二、区域专利申请 IPC 分布

2006～2015 年，依其技术创新基础、资源条件和产业地位不同，各地区光电子产业领域专利申请的技术方向各有侧重，IPC 分布的集中度有所不同。

1. 东部地区

江苏的专利申请主要集中于 F21S2/00、G02B6/44、F21S8/00、H05B37/02、H02J7/00 分类领域，北京集中于 G06F17/30、G06F1/16、G02B6/44 分类领域，广东集中于 G06F17/30、G06F1/16、G02B6/44 分类领域，上海集中于 F21S2/00、H05B37/02、H01L21/336 分类领域，浙江集中于 F21S2/00、H05B37/02、F21S8/00、G02B6/44 分类领域，福建集中于 F21S2/00 分类领域（见表 3－11）。

表 3－11　东部地区光电子产业领域中国专利申请 IPC 核心分布（2006～2015 年）

单位：件

省区市	北京	天津	河北	上海	江苏
分类（申请量）	G06F17/30（675）	H05B37/02（220）	F21S2/00（158）	F21S2/00（973）	F21S2/00（2285）
	G06F1/16（575）	F21S2/00（164）	G02B6/44（129）	H05B37/02（807）	G02B6/44（1548）
	G02B6/44（538）	F21S8/00（161）	H05B37/02（125）	H01L21/336（707）	F21S8/00（1495）
	G06F3/01（504）	H02J7/00（97）	F21S8/00（111）	H01L21/768（571）	H05B37/02（1462）
	G06F3/0488（355）	F21S9/03（86）	H02J7/00（63）	F21S8/00（449）	H02J7/00（615）
	G06F3/0481（348）	G02B6/44（83）	F21S9/03（47）	G02B6/44（351）	F21S9/03（579）
	H04M1/725（340）	H04N7/18（55）	H05K7/20（45）	H01L21/28（324）	F21V29/00（383）
	F21S8/00（335）	H04N5/225（49）	G09F9/33（42）	H01L21/762（239）	H01L33/48（370）
	H05B37/02（326）	G05B19/042（48）	C09K19/44（41）	H01L27/146（233）	F21S8/10（352）
	G06F3/0484（316）	G06F1/16（42）	G02B6/38（39）	H01L21/8238（232）	G02B6/38（332）

省区市	广东	海南	福建	山东	浙江
分类（申请量）	G06F17/30（675）	F21S8/00（13）	F21S2/00（1183）	H05B37/02（402）	F21S2/00（2888）
	G06F1/16（575）	F21S2/00（11）	F21S8/00（499）	F21S8/00（379）	H05B37/02（1629）
	G02B6/44（538）	H05B37/02（10）	H05B37/02（439）	F21S2/00（375）	F21S8/00（1464）
	G06F3/01（504）	C09D133/00（8）	G09F9/33（232）	H02J7/00（197）	G02B6/44（617）
	G06F3/0488（355）	F21S9/03（7）	H01L33/48（175）	F21S9/03（169）	F21S9/03（456）
	G06F3/0481（348）	A24F47/00（4）	F21S9/03（171）	G02B6/44（137）	F21L4/00（425）
	H04M1/725（340）	F21V29/00（4）	F21V29/00（156）	G09F9/33（128）	F21S9/02（372）
	F21S8/00（335）	G03B21/20（4）	H02J7/00（148）	C08L69/00（118）	F21V29/00（330）
	H05B37/02（326）	G05B19/04（4）	F21S8/04（113）	F21S6/00（103）	H02J7/00（306）
	G06F3/0484（316）	C06K17/00（4）	G02B13/18（103）	A61G12/00（92）	F21S6/00（305）

2. 东北部地区

辽宁的技术创新热点主要集中于 F21S2/00、H05B37/02、F21S8/00 分类领域，黑龙江的技术创新热点主要集中于 G09B5/06、H05B37/02 分类领域，吉林的技术创新热点主要集中于 H05B37/02、F21S2/00 分类领域（见表 3 – 12）。

表 3 – 12　东北部地区光电子产业领域中国专利申请 IPC 核心分布（2006～2015 年）

单位：件

省区市	辽宁		黑龙江		吉林	
分类（申请量）	F21S2/00（204）	G09F9/33（62）	G09B5/06（73）	F21S8/00（33）	H05B37/02（37）	F21S8/00（25）
	H05B37/02（165）	H02J7/00（58）	H05B37/02（69）	G06F1/16（32）	F21S2/00（35）	H01L51/50（18）
	F21S8/00（143）	H01L21/67（46）	F21S2/00（60）	G09B23/18（30）	F21S8/10（35）	H02J7/00（18）
	F21S9/03（109）	H01L29/872（34）	G09F9/33（41）	G03F7/20（28）	C09K11/06（31）	H01L51/52（17）
	G02B6/44（73）	F21S6/00（33）	G09B5/02（34）	H02J7/00（28）	G09F9/33（27）	H01L23/488（16）

3. 中部地区

中部地区多数省份的技术创新热点均集中于 F21S2/00、H05B37/02、F21S8/00 分类领域。除上述分类领域外，江西在 G06F3/041 分类领域的技术创新活动也较为活跃，有较多的专利申请（见表 3 – 13）。

表 3 – 13　中部地区光电子产业领域中国专利申请 IPC 核心分布（2006～2015 年）

单位：件

省区市	安徽	湖北	湖南	河南	山西	江西
分类（申请量）	F21S2/00（518）	F21S2/00（257）	H05B37/02（232）	F21S2/00（189）	H05B37/02（101）	F21S2/00（266）
	H05B37/02（444）	H05B37/02（232）	F21S2/00（227）	F21S8/00（167）	F21S2/00（72）	G06F3/041（174）
	F21S8/00（388）	G02B6/44（206）	F21S8/00（145）	H05B37/02（154）	F21S8/00（66）	F21S8/00（146）
	H04N1/04（285）	G02B6/42（169）	A24F47/00（127）	G02B6/38（144）	H01L33/48（21）	H05B37/02（133）
	F21S9/03（150）	F21S8/00（152）	G09F9/33（107）	G02B6/44（116）	H02J7/00（18）	G06K9/00（94）
	F21S8/10（147）	H02J7/00（89）	H02J7/00（73）	G09F9/33（86）	G09F9/33（16）	F21S9/03（93）
	G09F9/33（140）	G02B6/38（78）	F21S9/03（57）	H02J7/00（82）	G01R31/02（14）	G09F9/33（63）
	G02B6/44（132）	F21S8/10（72）	H01L33/00（48）	F21S9/03（57）	G07B15/06（14）	H02J7/00（55）
	H02J7/00（124）	H01L33/00（60）	F21V29/00（45）	F21V29/00（56）	F21S9/02（13）	H01L33/48（47）
	F21V29/00（100）	G02B6/036（53）	G02B6/44（45）	F21S8/10（46）	G02B6/44（12）	F21S8/04（40）

4. 西部地区

西部地区四川、重庆、陕西、广西的技术创新热点均集中于 F21S2/00、H05B37/02、F21S8/00 分类领域，其他省份的技术创新热点各有不同，但多数省区市在前述 3 个分类领域都有一定数量的专利申请（见表 3 – 14）。

表 3 – 14　西部地区光电子产业领域中国专利申请 IPC 核心分布（2006～2015 年）

单位：件

省区市	四川	重庆	陕西	广西	云南	贵州
分类（申请量）	H05B37/02（823）	F21S2/00（226）	H05B37/02（369）	H05B37/02（225）	A24F47/00（79）	F21S2/00（110）
	F21S2/00（585）	F21S8/00（209）	F21S2/00（302）	F21S2/00（101）	H05B37/02（39）	F21S8/00（81）
	G02B6/44（493）	H05B37/02（209）	F21S8/00（191）	F21S8/00（76）	G02B6/44（28）	H05B37/02（70）
	F21S8/00（304）	F21S8/10（203）	H02J7/00（176）	C01B25/45（46）	H02J7/00（28）	E05B45/08（34）
	H02J7/00（173）	E05B45/08（174）	G09G3/32（159）	F21S8/10（44）	F21S9/03（26）	F21S9/03（32）
	H01L29/78（124）	H02J7/00（115）	F21V23/00（115）	G09B23/18（31）	G01K11/32（21）	F21V29/00（25）
	G06K19/077（109）	G09F9/33（76）	G06F1/16（114）	H02J7/00（29）	F21S2/00（20）	G02B6/44（24）
	G02B6/42（102）	G08B13/10（68）	F21S9/03（106）	A24F47/00（27）	G09F9/33（19）	H04N21/41（23）
	G07C9/00（101）	G08B13/08（65）	F21S8/08（93）	F21S9/03（24）	G09G3/32（19）	A24B15/16（17）
	E05B45/08（97）	H04M11/00（60）	H02M1/088（87）	G02B6/35（22）	F21S8/00（18）	A24F47/00（15）

省区市	甘肃	新疆	内蒙古	宁夏	青海	西藏
分类（申请量）	F21S2/00（20）	H04R1/10（16）	F21S2/00（23）	H05B37/02（15）	H02S40/34（12）	F21S2/00（4）
	F21S8/00（14）	F21S9/03（15）	G09F9/33（11）	G06Q10/06（11）	H05B37/02（12）	A61N5/06（2）
	F21S9/03（13）	H05B37/02（13）	C12N1/20（8）	G01B9/02（10）	F21S9/03（8）	B01D53/78（2）
	G01R31/00（13）	H02S40/10（10）	G02B6/44（7）	G02B6/44（10）	F21S2/00（7）	B60R16/033（2）
	G02B6/44（13）	F21S2/00（9）	H05B37/02（7）	F21S2/00（8）	H05K3/34（5）	F21S8/10（2）
	H05B37/02（13）	G02B6/44（9）	H01L33/48（6）	H02J7/00（8）	A23F3/34（4）	G01R31/36（2）
	H02N11/00（10）	C06C7/02（8）	A61M1/00（5）	G06K7/00（7）	G02B6/44（4）	G07B15/04（2）
	G01R29/24（9）	F42C19/12（5）	B08B1/00（5）	F21S8/00（6）	H02S40/10（4）	G09F9/33（2）
	G05B19/042（9）	G06F17/28（5）	F21S8/00（5）	G08B17/00（6）	A01M1/04（3）	H02B13/00（2）
	G07C9/00（8）	C07D519/00（4）	F21S9/03（5）	F21S9/03（5）	A61D19/02（3）	H02K16/00（2）

　　上述情况表明，国内各地光电子产业领域的技术创新方向主要都集中于 F21S2/00、H05B37/02、F21S8/00，但各地在这些分类领域的集中度有所不同，并有各自的特点，北京和广东在 G06F17/30 分类领域的专利技术创新活动较为活跃。

三、产业内专利分布

　　光电子产业可细分为光伏、红外夜视、光机电、光显示、半导体照明、光信息、精密光学、光电子器件、光电子材料等。2006～2015 年，光电子产业领域的中国专利申请主要分布在光显示、光电子材料、精密光学和光信息领域；光显示技术领域的专利申请量最多，专利技术创新能力最强；红外夜视技术领域的专利申请量最少，其专利技术创新能力相对较弱（见表 3 – 15）。

表3－15 2006～2015年光电子产业领域中国专利申请产业内分布状况

单位：件

技术领域	类型（申请量）	分类（申请量）	技术领域	类型（申请量）	分类（申请量）
光伏	发明专利（19430）实用新型（20817）发明授权专利（4928）	H01L31/048（1667）	半导体照明	发明专利（51265）实用新型（67325）发明授权专利（14972）	F21S9/03（2094）
		H02N6/00（1481）			F21V29/00（1846）
		H02J3/38（1465）			F21S8/10（1695）
		H01L31/18（1396）			F21S4/00（1645）
		H01L31/042（1294）			F21L4/00（1463）
		H02J7/00（1025）	光信息	发明专利（126664）实用新型（69716）发明授权专利（46716）	G02B6/44（5307）
		F21S9/03（968）			H05B37/02（3809）
		H02S40/34（682）			H04N5/225（1673）
		H01L31/052（573）			G06K9/00（1553）
		H02J7/35（451）			G05B19/418（1411）
红外夜视	发明专利（3563）实用新型（2243）发明授权专利（1197）	H04N5/225（383）			H04N7/18（1384）
		H04N7/18（302）			G09G3/32（1376）
		G01J5/00（238）			G02B6/42（1372）
		H04N5/33（214）			H01L27/146（1362）
		G01J5/10（156）			H04N5/232（1345）
		A61B5/00（151）	精密光学	发明专利（147643）实用新型（78844）发明授权专利（61068）	G02B6/44（6958）
		G06K9/00（104）			G02F1/13（5265）
		H04N5/232（93）			G02F1/13357（5179）
		G02B27/00（76）			G02F1/1335（5087）
		G01J5/02（73）			G02F1/133（4778）
光机电	发明专利（52273）实用新型（101407）发明授权专利（14605）	F21S2/00（25360）			G02F1/1333（4690）
		F21S8/00（16673）			G02B6/38（3415）
		F21S8/10（4571）			G02F1/1362（3375）
		F21S9/03（4245）			G02B5/30（2949）
		F21L4/00（3124）			F21S8/00（2779）
		F21V29/00（3013）	光电子器件	发明专利（62722）实用新型（17548）发明授权专利（23922）	H01L33/00（6426）
		F21S6/00（2604）			H01L33/48（3720）
		F21S4/00（2551）			H01L31/18（2789）
		F21V5/04（2284）			H01L27/146（2550）
		F21S8/04（2276）			H01L27/32（2425）
光显示	发明专利（728622）实用新型（559968）发明授权专利（239939）	F21S2/00（25423）			H01L31/048（2212）
		F21S8/00（16777）			H01L51/50（2160）
		H05B37/02（15714）			H01L31/042（1978）
		G06F17/30（7484）			F21S2/00（1930）
		G02B6/44（6572）			H01L51/52（1825）
		H01L33/00（6443）	光电子材料	发明专利（174494）实用新型（100242）发明授权专利（64114）	G02B6/44（5153）
		G06F1/16（6266）			F21S2/00（3470）
		G06F3/041（6186）			H01L33/00（3352）
		G09G3/36（6065）			G02B6/38（2973）
		G09F9/33（5086）			C09K11/06（2537）
半导体照明	发明专利（51265）实用新型（67325）发明授权专利（14972）	F21S2/00（14499）			G06F3/041（2395）
		H05B37/02（7311）			H01L31/18（2174）
		F21S8/00（7042）			F21S8/00（2149）
		H01L33/00（4009）			G09F9/33（2029）
		H01L33/48（2282）			G06F3/044（1887）

第五节 光电子产业领域专利竞争者

一、专利竞争者整体状况

2006~2015 年，光电子产业领域的主要专利竞争者中，企业占据主导地位，其发明专利申请量达到 223941 件，占该领域发明专利申请总量的 62.51%；而研究院所竞争力相对最弱，其发明专利申请量为 19549 件，仅占该领域发明专利申请总量的 5.46%（见表 3-16）。

表 3-16 光电子产业领域中国专利分类竞争者结构状况（2006~2015 年）

类别	高校		研究院所		企业	
	申请量/件	占比（%）	申请量/件	占比（%）	申请量/件	占比（%）
发明与实用新型小计	67298	10.30	25274	3.87	414416	63.42
发明申请	45059	12.58	19549	5.46	223941	62.51
实用新型申请	22239	7.53	5725	1.94	190475	64.52
发明授权	17579	15.73	7714	6.90	63719	57.03

光电子领域的专利竞争者主要有联想（北京）有限公司、鸿海精密工业股份有限公司、鸿富锦精密工业（深圳）有限公司、中芯国际集成电路制造（上海）有限公司、中国科学院微电子研究所、株式会社半导体能源研究所、浙江大学、清华大学、电子科技大学等（见表 3-17）。

表 3-17 光电子产业领域主要专利竞争者情况（2006~2015 年）

单位：件

类别	高校（申请量）	研究院所（申请量）	企业（申请量）
主要竞争者	浙江大学（1879）	中国科学院微电子研究所（1589）	联想（北京）有限公司（7761）
	清华大学（1724）	株式会社半导体能源研究所（1320）	鸿海精密工业股份有限公司（5463）
	电子科技大学（1688）	中国科学院半导体研究所（934）	鸿富锦精密工业（深圳）有限公司（4758）
	华南理工大学（1404）	财团法人工业技术研究院（489）	中芯国际集成电路制造（上海）有限公司（4160）
	东南大学（1154）	中科院长春光学精密机械与物理研究所（439）	海洋王照明科技股份有限公司、深圳市海洋王照明工程（技术）有限公司（3311）
	复旦大学（996）	中国科学院上海光学精密机械研究所（437）	国家电网公司（3045）
	上海交通大学（856）	中科院上海微系统与信息技术研究所（387）	索尼公司（2190）
	哈尔滨工业大学（940）	中国科学院化学研究所（334）	台湾积体电路制造股份有限公司（2108）
	上海大学（856）	中科院苏州纳米技术与纳米仿生研究所（288）	京东方科技集团股份有限公司（1887）
	华中科技大学（829）	中国科学院长春应用化学研究所（283）	华为技术有限公司（1180）

类别	高校（申请量）	研究院所（申请量）	企业（申请量）
IPC 分布	H05B37/02（1399）	H01L21/336（344）	F21S2/00（17613）
	F21S2/00（488）	H01L29/786（272）	H05B37/02（10878）
	H01L33/00（417）	H01L29/78（206）	F21S8/00（10322）
	G09B23/18（412）	H01L33/00（184）	G02B6/44（6093）
	H02J7/00（387）	F21S2/00（112）	H01L33/00（4048）
	H01L29/78（380）	H01L51/50（111）	G09F9/33（3518）
	F21S8/00（345）	H01L21/28（103）	H02J7/00（3470）
	G02B6/02（317）	H05B37/02（101）	H01L33/48（3392）
	G06F17/50（293）	F21S8/00（97）	G06F1/16（3126）
	G06F19/00（246）	H01L27/12（95）	F21V29/00（3065）

二、产业内专利竞争者

1. 主要专利竞争者产业内分布

2006～2015 年，光电子产业领域的专利竞争者包括鸿海精密工业股份有限公司、鸿富锦精密工业（深圳）有限公司、海洋王照明科技股份有限公司、国家电网公司、圳市华星光电技术有限公司、中芯国际集成电路制造（上海）有限公司、北京京东方光电科技有限公司、夏普株式会社、三星电子株式会社等，主要分布在光显示、半导体照明、光信息、精密光学、光电子器件、光电子材料领域（见表 3-18）。

表 3-18 2006～2015 年光电子产业主要专利竞争者产业内分布状况

单位：件

技术领域	主要竞争者（专利申请量）	
光伏	国家电网公司（973）	阿特斯（中国）投资有限公司（181）
	无锡同春新能源科技有限公司（399）	中国电力科学研究院（175）
	常州天合光能有限公司（345）	常熟阿特斯阳光电力科技有限公司（166）
	成都聚合科技有限公司（277）	东南大学（162）
	英利能源（中国）有限公司（246）	华南理工大学（151）
红外夜视	中国科学院上海技术物理研究所（100）	华中科技大学（65）
	国家电网公司（96）	中国科学院长春光学精密机械与物理研究所（57）
	北京理工大学（95）	山东神戎电子股份有限公司（57）
	杭州美盛红外光电技术有限公司（89）	中国航空工业集团公司洛阳电光设备研究所（54）
	广州宝胆医疗器械科技有限公司（82）	哈尔滨工业大学（48）
光机电	海洋王照明科技股份有限公司（1545）	友达光电股份有限公司（642）
	深圳市海洋王照明工程有限公司（1026）	鸿海精密工业股份有限公司（591）
	京东方科技集团股份有限公司（828）	鸿富锦精密工业（深圳）有限公司（559）
	深圳市华星光电技术有限公司（806）	深圳市海洋王照明技术有限公司（506）
	夏普株式会社（663）	东芝照明技术株式会社（489）

技术领域	主要竞争者（专利申请量）	
光显示	京东方科技集团股份有限公司（11237）	海洋王照明科技股份有限公司（5232）
	国家电网公司（10578）	浙江大学（5151）
	三星电子株式会社（7737）	佳能株式会社（4962）
	鸿海精密工业股份有限公司（6270）	夏普株式会社（4886）
	鸿富锦精密工业（深圳）有限公司（5568）	索尼公司（4780）
半导体照明	海洋王照明科技股份有限公司（2222）	展晶科技（深圳）有限公司（555）
	深圳市海洋王照明技术有限公司（1824）	鸿富锦精密工业（深圳）有限公司（549）
	深圳市海洋王照明工程有限公司（1790）	LG伊诺特有限公司（542）
	京东方科技集团股份有限公司（791）	荣创能源科技股份有限公司（541）
	鸿海精密工业股份有限公司（556）	夏普株式会社（533）
光信息	国家电网公司（3088）	索尼公司（1264）
	佳能株式会社（1854）	深圳市海洋王照明技术有限公司（1244）
	浙江大学（1584）	三星电子株式会社（1238）
	海洋王照明科技股份有限公司（1346）	深圳市海洋王照明工程有限公司（1076）
	华为技术有限公司（1282）	中兴通讯股份有限公司（1074）
精密光学	京东方科技集团股份有限公司（5564）	鸿富锦精密工业（深圳）有限公司（2170）
	友达光电股份有限公司（3014）	北京京东方光电科技有限公司（2051）
	深圳市华星光电技术有限公司（2979）	三星电子株式会社（2020）
	夏普株式会社（2583）	富士胶片株式会社（1664）
	鸿海精密工业股份有限公司（2340）	精工爱普生株式会社（1413）
光电子器件	海洋王照明科技股份有限公司（2580）	索尼公司（764）
	深圳市海洋王照明技术有限公司（2513）	LG伊诺特有限公司（760）
	深圳市海洋王照明工程有限公司（1993）	松下电器产业株式会社（678）
	京东方科技集团股份有限公司（1372）	上海华力微电子有限公司（676）
	中芯国际集成电路制造（上海）有限公司（1183）	友达光电股份有限公司（672）
光电子材料	国家电网公司（2956）	深圳市海洋王照明工程有限公司（2050）
	京东方科技集团股份有限公司（2903）	北京京东方光电科技有限公司（1792）
	海洋王照明科技股份有限公司（2740）	浙江大学（1549）
	深圳市海洋王照明技术有限公司（2566）	友达光电股份有限公司（1533）
	深圳市华星光电技术有限公司（2062）	中芯国际集成电路制造（上海）有限公司（1295）

2. 光伏领域主要竞争者与 IPC 分布

2006～2015 年，光伏领域的专利竞争者集中于企业，主要专利竞争者有国家电网公司、无锡同春新能源科技有限公司、常州天合光能有限公司、东南大学、华南理工大学等，相关专利申请集中于 H01L31/048、H01L31/18、H02J3/38、H01L31/042、H02N6/00 等分类领域（见表 3 - 19）。

表3-19 光伏领域中国专利申请IPC分布与主要竞争者状况（2006~2015年）

单位：件

类别	类型（数量）	专利申请人/专利权人（申请量）	IPC分布（申请量）
高校	发明申请（3205） 实用新型申请（1768） 发明授权专利（1170）	东南大学（130）	H02J3/38（292）
		华南理工大学（122）	H02N6/00（189）
		浙江大学（90）	H02J7/00（167）
		河海大学常州校区（79）	H01L31/18（142）
		上海交通大学（65）	G05F1/67（119）
		华北电力大学（64）	H02J7/35（85）
		江苏大学（62）	H01L31/052（79）
		苏州市职业大学（62）	H01L51/42（73）
		天津大学（59）	F24F5/00（67）
		清华大学（57）	G05D3/12（67）
研究院所	发明申请（658） 实用新型申请（208） 发明授权专利（273）	中国科学院苏州纳米技术与纳米仿生研究所（43）	H01L31/18（46）
		中国科学院电工研究所（37）	H02J3/38（42）
		中国科学院上海技术物理研究所（33）	H01L31/042（26）
		中国科学院化学研究所（31）	C08G61/12（25）
		中国科学院广州能源研究所（30）	H01L51/42（19）
		上海空间电源研究所（27）	H02N6/00（19）
		中国科学院半导体研究所（23）	H02J7/00（18）
		中国科学院长春光学精密机械与物理研究所（23）	H01L31/052（15）
		国网电力科学研究院（23）	H01L31/0224（13）
		中国电力科学研究院（18）	H01G9/20（12）
企业	发明申请（12607） 实用新型申请（15239） 发明授权专利（2837）	国家电网公司（977）	H01L31/048（1473）
		无锡同春新能源科技有限公司（403）	H01L31/18（1060）
		常州天合光能有限公司（345）	H02J3/38（1020）
		成都聚合科技有限公司（277）	H01L31/042（1016）
		英利能源（中国）有限公司（246）	H02N6/00（876）
		阿特斯（中国）投资有限公司（181）	F21S9/03（650）
		常熟阿特斯阳光电力科技有限公司（166）	H02J7/00（638）
		中国电力科学研究院（157）	H02S40/34（633）
		阳光电源股份有限公司（141）	H01L31/052（358）
		西安博昱新能源有限公司（131）	H02S20/30（326）

3. 红外夜视领域主要竞争者与IPC分布

2006~2015年，红外夜视领域的专利竞争者集中于企业和高等院校，主要竞争者有杭州美盛红外光电技术有限公司、中国科学院上海技术物理研究所、中国科学院长春光学精密机械与物理研究所、中国航空工业集团公司洛阳电光设备研究所、北京理工大学、华中科技大学等，相关专利申请集中于H04N5/225、H04N7/18、H04N5/33、G01J5/00、G01J5/10等分类领域（见表3-20）。

表3-20　红外夜视领域中国专利申请IPC分布与主要专利竞争者状况（2006～2015年）

单位：件

类别	类型（数量）	专利申请人/专利权人（申请量）	IPC分布（申请量）
高校	发明申请（987） 实用新型申请（229） 发明授权专利（433）	北京理工大学（95）	G01J5/00（49）
		华中科技大学（65）	H04N7/18（38）
		哈尔滨工业大学（49）	A61B5/00（35）
		浙江大学（41）	G06T5/00（34）
		西安电子科技大学（41）	G01J5/10（30）
		北京航空航天大学（40）	G06K9/00（28）
		南京理工大学（38）	G02B27/00（27）
		电子科技大学（34）	G01N25/72（23）
		东南大学（21）	H04N5/33（23）
		长春理工大学（21）	G06T7/00（17）
研究院所	发明申请（611） 实用新型申请（192） 发明授权专利（234）	中国科学院上海技术物理研究所（100）	G01J5/00（40）
		中国科学院长春光学精密机械与物理研究所（57）	G01J3/28（38）
		中国科学院西安光学精密机械研究所（41）	G02B27/00（36）
		北京空间机电研究所（29）	A61B5/00（28）
		中国科学院微电子研究所（21）	H04N7/18（21）
		深圳先进技术研究院（19）	G01J5/02（19）
		中国科学院自动化研究所（18）	G02B13/14（19）
		昆明物理研究所（16）	G01J5/10（14）
		中国科学院苏州生物医学工程技术研究所（13）	H04N5/33（14）
		青岛市光电工程技术研究院（13）	G01M11/02（12）
企业	发明申请（1717） 实用新型申请（1518） 发明授权专利（471）	国家电网公司（97）	H04N5/225（298）
		杭州美盛红外光电技术有限公司（89）	H04N7/18（197）
		广州宝胆医疗器械科技有限公司（82）	H04N5/33（148）
		山东神戎电子股份有限公司（57）	G01J5/00（139）
		中国航空工业集团公司洛阳电光设备研究所（56）	G01J5/10（109）
		菲力尔系统公司（44）	A61B5/00（78）
		成都市晶林科技有限公司（41）	H04N5/232（66）
		福建福光数码科技有限公司（29）	G06K9/00（55）
		伊斯曼柯达公司（25）	G02B13/14（47）
		成都科美光电科技有限公司（24）	G01J5/02（46）

4. 光机电领域主要竞争者与IPC分布

2006～2015年，光机电领域的专利竞争者集中于企业和高等院校，主要竞争者有海洋王照明科技股份有限公司、京东方科技集团股份有限公司、深圳市华星光电技术有限公司、中国科学院长春光学精密机械与物理研究所、财团法人工业技术研究院、浙江大学华南理工大学等，相关专利申请集中于F21S2/00、F21S8/00、F21S8/10、F21S9/03、F21V29/00等分类领域（见表3-21）。

表 3 - 21 光机电领域中国专利申请 IPC 分布与主要专利竞争者状况（2006～2015 年）

单位：件

类别	类型（数量）	专利申请人/专利权人（申请量）	IPC 分布（申请量）
高校	发明申请（3197） 实用新型申请（4558） 发明授权专利（1362）	浙江大学（210）	F21S2/00（525）
		华南理工大学（201）	F21S8/00（405）
		哈尔滨工业大学（157）	F21S6/00（270）
		北京印刷学院（142）	F21S9/03（240）
		中国计量学院（129）	F21L4/00（150）
		东南大学（122）	F21S9/02（126）
		浙江理工大学（121）	F24J2/10（119）
		江苏大学（94）	F21S8/10（107）
		杭州电子科技大学（88）	F21V5/04（102）
		清华大学（88）	F24F5/00（97）
研究院所	发明申请（1157） 实用新型申请（1138） 发明授权专利（473）	中国科学院长春光学精密机械与物理研究所（106）	F21S2/00（203）
		财团法人工业技术研究院（101）	F21S8/00（149）
		中国科学院工程热物理研究所（54）	F21V5/04（58）
		中国科学院电工研究所（38）	F21S8/10（37）
		中国科学院广州能源研究所（33）	F21S9/03（26）
		中国科学院上海光学精密机械研究所（28）	F21L4/00（25）
		常州市武进区半导体照明应用技术研究院（27）	F16B41/00（22）
		安徽华东光电技术研究所（23）	H05B37/02（22）
		中国运载火箭技术研究院（22）	F21V29/00（21）
		中国科学院光电技术研究所（21）	F24J2/10（21）
企业	发明申请（34156） 实用新型申请（62915） 发明授权专利（9209）	海洋王照明科技股份有限公司（1545）	F21S2/00（17374）
		深圳市海洋王照明工程有限公司（1026）	F21S8/00（12865）
		京东方科技集团股份有限公司（828）	F21S8/10（3265）
		深圳市华星光电技术有限公司（806）	F21S9/03（2717）
		友达光电股份有限公司（642）	F21V29/00（2045）
		鸿海精密工业股份有限公司（591）	F21V5/04（1802）
		鸿富锦精密工业（深圳）有限公司（559）	F21S4/00（1625）
		深圳市海洋王照明技术有限公司（506）	F21L4/00（1482）
		皇家飞利浦电子股份有限公司（411）	F21S8/04（1468）
		株式会社小系制作所（389）	F21V19/00（1255）

5. 光显示领域主要竞争者与 IPC 分布

2006～2015 年，光显示领域的专利竞争者集中于企业和高等院校，主要竞争者有京东方科技集团股份有限公司、国家电网公司、鸿海精密工业股份有限公司、浙江大学、清华大学等，相关专利申请集中于 F21S2/00、F21S8/00、H05B37/02、G02B6/44 等分类领域（见表 3 - 22）。

表 3 – 22　光显示领域中国专利申请 IPC 分布与主要专利竞争者状况（2006～2015 年）

单位：件

类别	类型（数量）	专利申请人/专利权人（申请量）	IPC 分布（申请量）
高校	发明申请（113233） 实用新型申请（53067） 发明授权专利（48080）	浙江大学（5128）	H05B37/02（1498）
		清华大学（3280）	G01N21/64（1284）
		哈尔滨工业大学（2871）	C12Q1/68（1016）
		华南理工大学（2511）	G06T7/00（962）
		上海交通大学（2485）	G05B19/418（904）
		东南大学（2305）	C09K11/06（863）
		华中科技大学（2254）	G06K9/00（773）
		天津大学（2209）	G01B11/00（759）
		北京航空航天大学（2106）	G01N21/31（743）
		江苏大学（1869）	G05B19/042（710）
研究院所	发明申请（44315） 实用新型申请（15378） 发明授权专利（18697）	中国科学院长春光学精密机械与物理研究所（2037）	G01M11/02（557）
		中国科学院上海光学精密机械研究所（1829）	C12Q1/68（528）
		中国科学院半导体研究所（1625）	G01N21/64（458）
		中国科学院西安光学精密机械研究所（1170）	G01R31/00（405）
		株式会社半导体能源研究所（1011）	A01G1/00（329）
		财团法人工业技术研究院（1003）	G03F7/20（322）
		中国科学院光电技术研究所（954）	H01L31/18（310）
		中国科学院上海技术物理研究所（815）	G01N21/31（306）
		中国科学院微电子研究所（664）	H01L33/00（273）
		中国科学院福建物质结构研究所（628）	G01J3/28（270）
企业	发明申请（421472） 实用新型申请（343962） 发明授权专利（122171）	京东方科技集团股份有限公司（11239）	F21S2/00（17411）
		国家电网公司（10608）	F21S8/00（12929）
		鸿海精密工业股份有限公司（6280）	H05B37/02（10639）
		鸿富锦精密工业（深圳）有限公司（5573）	G02B6/44（5807）
		海洋王照明科技股份有限公司（5232）	G06F17/30（5774）
		索尼公司（4783）	G06F3/041（5140）
		友达光电股份有限公司（4520）	H01L33/00（4656）
		深圳市华星光电技术有限公司（4056）	G09G3/36（4652）
		联想（北京）有限公司（3749）	G06F1/16（4047）
		深圳市海洋王照明工程有限公司（3731）	G09F9/33（3734）

6. 半导体照明领域主要竞争者与 IPC 分布

2006～2015 年，半导体照明领域的专利竞争者集中于企业和高等院校，主要竞争者有海洋王照明科技股份有限公司、中国科学院半导体研究所、清华大学、华南理工大学、株式会社半导体能源研究所、中国科学院长春光学精密机械与物理研究等，相关专利申请集中于 F21S2/00、F21S8/00、H05B37/02、H01L33/00 等分类领域（见表 3 – 23）。

表 3-23 半导体照明领域中国专利申请 IPC 分布与主要专利竞争者状况（2006~2015 年）

单位：件

类别	类型（数量）	专利申请人/专利权人（申请量）	IPC 分布（申请量）
高校	发明申请（4991）实用新型申请（4201）发明授权专利（1896）	清华大学（326）	H05B37/02（650）
		华南理工大学（280）	H01L33/00（309）
		浙江大学（225）	F21S2/00（297）
		北京维信诺科技有限公司（168）	H01L51/50（214）
		中国计量学院（161）	F21S8/00（188）
		复旦大学（161）	C09K11/06（130）
		昆山维信诺显示技术有限公司（143）	F21S9/03（129）
		上海大学（141）	G09B23/18（103）
		陕西科技大学（139）	H01L51/52（100）
		电子科技大学（131）	F21S6/00（92）
研究院所	发明申请（1716）实用新型申请（654）发明授权专利（743）	中国科学院半导体研究所（233）	H01L33/00（160）
		株式会社半导体能源研究所（221）	H01L51/50（117）
		财团法人工业技术研究院（142）	F21S2/00（99）
		中国科学院长春光学精密机械与物理研究所（109）	H05B37/02（80）
		中国科学院长春应用化学研究所（80）	F21S8/00（71）
		中国科学院上海光学精密机械研究所（67）	G01N21/64（33）
		中国科学院苏州纳米技术与纳米仿生研究所（58）	C09K11/06（30）
		中国科学院福建物质结构研究所（46）	H01L33/48（30）
		中国科学院上海硅酸盐研究所（39）	G09G3/32（28）
		中国科学院理化技术研究所（34）	C07F15/00（27）
企业	发明申请（32764）实用新型申请（38966）发明授权专利（8853）	海洋王照明科技股份有限公司（2222）	F21S2/00（9910）
		深圳市海洋王照明技术有限公司（1824）	F21S8/00（5243）
		深圳市海洋王照明工程有限公司（1790）	H05B37/02（4819）
		京东方科技集团股份有限公司（791）	H01L33/00（2841）
		鸿海精密工业股份有限公司（556）	H01L33/48（1838）
		展晶科技（深圳）有限公司（555）	F21S9/03（1331）
		鸿富锦精密工业（深圳）有限公司（549）	F21V29/00（1212）
		LG 伊诺特有限公司（542）	F21S8/10（1207）
		荣创能源科技股份有限公司（541）	F21S4/00（1053）
		皇家飞利浦电子股份有限公司（504）	G09G3/32（933）

7. 光信息领域主要竞争者与 IPC 分布

2006~2015 年，光信息领域的专利竞争者集中于企业和高等院校，主要竞争者有国家电网公司、海洋王照明科技股份有限公司、华为技术有限公司、索尼公司、浙江大学、清华大学、中国科学院长春光学精密机械与物理研究所、中国科学院半导体研究所等，相关专利申请集中于 G02B6/44、H05B37/02、G02B6/42、G09G3/32、G02B6/38、H01L27/146 等 IPC 分类（见表 3-24）。

表 3－24　光信息领域中国专利申请 IPC 分布与主要专利竞争者状况（2006～2015 年）

单位：件

类别	类型（数量）	专利申请人/专利权人（申请量）	IPC 分布（申请量）
高校	发明申请（28507） 实用新型申请（9970） 发明授权专利（12010）	浙江大学（1582）	G06T7/00（686）
		清华大学（1025）	G06K9/00（516）
		北京航空航天大学（910）	H05B37/02（499）
		华中科技大学（899）	G06T5/00（437）
		哈尔滨工业大学（866）	G01B11/00（425）
		天津大学（832）	G01N21/64（371）
		上海交通大学（755）	G01N21/25（361）
		东南大学（657）	G01B11/24（356）
		电子科技大学（653）	H01S3/067（349）
		华南理工大学（582）	A61B5/00（334）
研究院所	发明申请（8385） 实用新型申请（2105） 发明授权专利（3499）	中国科学院长春光学精密机械与物理研究所（647）	G01M11/02（197）
		中国科学院上海光学精密机械研究所（625）	G01N21/64（153）
		中国科学院半导体研究所（546）	G01J3/28（125）
		中国科学院光电技术研究所（439）	G06T7/00（121）
		中国科学院西安光学精密机械研究所（395）	G01B11/00（110）
		中国科学院上海技术物理研究所（275）	G06T5/00（97）
		中国科学院自动化研究所（209）	G01B11/24（96）
		株式会社半导体能源研究所（161）	A61B5/00（90）
		中国科学院合肥物质科学研究院（153）	G01N21/31（85）
		财团法人工业技术研究院（148）	G03F7/20（83）
企业	发明申请（64990） 实用新型申请（45110） 发明授权专利（20647）	国家电网公司（3092）	G02B6/44（4702）
		海洋王照明科技股份有限公司（1346）	H05B37/02（2601）
		华为技术有限公司（1285）	G02B6/42（1071）
		索尼公司（1267）	G09G3/32（1044）
		深圳市海洋王照明技术有限公司（1244）	G02B6/38（1040）
		中兴通讯股份有限公司（1078）	H01L27/146（1023）
		深圳市海洋王照明工程有限公司（1076）	H04N5/225（982）
		京东方科技集团股份有限公司（1031）	H04N7/18（916）
		鸿海精密工业股份有限公司（936）	G05B19/418（897）
		皇家飞利浦电子股份有限公司（837）	G06K9/00（829）

8. 精密光学领域主要竞争者与 IPC 分布

2006～2015 年，精密光学领域的专利竞争者集中于企业，主要竞争者有京东方科技集团股份有限公司、友达光电股份有限公司、哈尔滨工业大学、浙江大学、中国科学院西安光学精密机械研究所等，相关专利申请集中于 G02B6/44、G02F1/13、G02F1/133 等分类领域（见表 3－25）。

表 3 - 25 精密光学领域中国专利申请 IPC 分布与主要专利竞争者状况（2006～2015 年）

单位：件

类别	类型（数量）	专利申请人/专利权人（申请量）	IPC 分布（申请量）
高校	发明申请（23432） 实用新型申请（7607） 发明授权专利（10687）	哈尔滨工业大学（1277）	H01S3/067（537）
		浙江大学（1235）	C23C24/10（456）
		华中科技大学（971）	G01B11/00（440）
		清华大学（921）	G01B11/02（333）
		北京工业大学（797）	G01B11/24（325）
		江苏大学（708）	G02B6/02（308）
		天津大学（630）	G02F1/35（266）
		北京理工大学（536）	G01N21/64（255）
		上海交通大学（515）	B22F3/105（221）
		东南大学（509）	G02B27/09（212）
研究院所	发明申请（10285） 实用新型申请（2524） 发明授权专利（4552）	中国科学院上海光学精密机械研究所（1354）	G02B6/44（6149）
		中国科学院长春光学精密机械与物理研究所（953）	G02F1/13（4367）
		中国科学院半导体研究所（895）	G02F1/13357（3992）
		中国科学院西安光学精密机械研究所（735）	G02F1/1335（3873）
		中国科学院光电技术研究所（498）	G02F1/133（3670）
		株式会社半导体能源研究所（381）	G02F1/1333（3596）
		财团法人工业技术研究院（369）	G02B6/38（2928）
		中国科学院上海技术物理研究所（351）	G02F1/1362（2796）
		中国科学院福建物质结构研究所（325）	F21S8/00（2465）
		中国工程物理研究院激光聚变研究中心（289）	G02B6/00（2073）
企业	发明申请（77204） 实用新型申请（52735） 发明授权专利（28860）	京东方科技集团股份有限公司（5566）	G02B6/44（6149）
		友达光电股份有限公司（3014）	G02F1/13（4367）
		深圳市华星光电技术有限公司（2979）	G02F1/13357（3992）
		鸿海精密工业股份有限公司（2341）	G02F1/1335（3873）
		鸿富锦精密工业（深圳）有限公司（2171）	G02F1/133（3670）
		北京京东方光电科技有限公司（2051）	G02F1/1333（3596）
		索尼公司（1290）	G02B6/38（2928）
		国家电网公司（1158）	G02F1/1362（2796）
		乐金显示有限公司（1131）	F21S8/00（2465）
		北京京东方显示技术有限公司（1096）	G02B6/00（2073）

9. 光电子器件领域主要竞争者与 IPC 分布

2006～2015 年，光电子器件领域的专利竞争者集中于企业，主要竞争者有海洋王照明科技股份有限公司、中芯国际集成电路制造（上海）有限公司、株式会社半导体能源研究所、清华大学、电子科技大学、中国科学院微电子研究所等，相关专利申请集中于 H01L33/00、H01L33/48、H01L31/048、H01L31/18 等分类领域（见表 3 - 26）。

表 3-26　光电子器件领域中国专利申请 IPC 分布与主要专利竞争者状况（2006～2015 年）

单位：件

类别	类型（数量）	专利申请人/专利权人（申请量）	IPC 分布（申请量）
高校	发明申请（7409） 实用新型申请（809） 发明授权专利（3344）	清华大学（577）	H01L33/00（466）
		电子科技大学（363）	H01L31/18（459）
		华南理工大学（341）	H01L51/50（299）
		北京维信诺科技有限公司（233）	H01L51/42（286）
		浙江大学（226）	H01L51/52（165）
		北京大学（219）	H01L33/48（150）
		昆山维信诺显示技术有限公司（202）	C09K11/06（130）
		华中科技大学（185）	H01L31/0224（121）
		上海大学（180）	H01L31/052（121）
		西安电子科技大学（177）	C08G61/12（101）
研究院所	发明申请（3993） 实用新型申请（348） 发明授权专利（1983）	株式会社半导体能源研究所（539）	H01L31/18（309）
		中国科学院半导体研究所（499）	H01L33/00（273）
		中国科学院微电子研究所（358）	H01L51/50（164）
		财团法人工业技术研究院（286）	H01L21/02（92）
		中国科学院上海微系统与信息技术研究所（195）	H01L31/042（91）
		中国科学院上海技术物理研究所（179）	H01L27/146（85）
		中国科学院苏州纳米技术与纳米仿生研究所（176）	H01L21/336（82）
		中国科学院物理研究所（121）	H01L51/42（74）
		中国科学院化学研究所（114）	H01L21/28（73）
		中国科学院长春应用化学研究所（111）	H01L31/0224（65）
企业	发明申请（39027） 实用新型申请（13441） 发明授权专利（13211）	海洋王照明科技股份有限公司（2580）	H01L33/00（4644）
		深圳市海洋王照明技术有限公司（2513）	H01L33/48（2912）
		深圳市海洋王照明工程有限公司（1993）	H01L31/048（1913）
		京东方科技集团股份有限公司（1372）	H01L31/18（1896）
		中芯国际集成电路制造（上海）有限公司（1184）	H01L27/32（1842）
		索尼公司（764）	H01L27/146（1812）
		LG 伊诺特有限公司（761）	H01L51/52（1489）
		上海华力微电子有限公司（676）	H01L31/042（1426）
		友达光电股份有限公司（672）	H01L25/075（1284）
		三星显示有限公司（657）	F21S2/00（1273）

10. 光电子材料领域主要竞争者与 IPC 分布

2006～2015 年，光电子材料领域的专利竞争者集中于企业和高等院校，主要竞争者有国家电网公司、京东方科技集团股份有限公司、中国科学院半导体研究所、浙江大学、清华大学、电子科技大学等，相关专利申请集中于 G02B6/44、G02B6/38、H01L33/00、F21S2/00、G06F3/041 等 IPC 分类（见表 3-27）。

表 3-27 光电子材料领域中国专利申请 IPC 分布与主要专利竞争者状况（2006~2015 年）

单位：件

类别	类型（数量）	专利申请人/专利权人（申请量）	IPC 分布（申请量）
高校	发明申请（36168） 实用新型申请（8778） 发明授权专利（16402）	浙江大学（1546）	C09K11/06（872）
		清华大学（1181）	H01S3/067（548）
		电子科技大学（1119）	H01L31/18（423）
		哈尔滨工业大学（928）	G01K11/32（406）
		上海交通大学（788）	G01B11/16（312）
		华中科技大学（786）	C09K11/78（305）
		上海大学（783）	G02B6/02（301）
		中国计量学院（782）	G01N21/64（285）
		天津大学（737）	H01L33/00（262）
		东南大学（717）	C09K11/88（236）
研究院所	发明申请（11024） 实用新型申请（2155） 发明授权专利（5228）	中国科学院半导体研究所（1155）	H01L31/18（196）
		株式会社半导体能源研究所（686）	C09K11/06（161）
		中国科学院上海光学精密机械研究所（596）	H01L51/50（146）
		中国科学院长春光学精密机械与物理研究所（502）	H01S3/067（145）
		中国科学院上海微系统与信息技术研究所（463）	H01L33/00（129）
		中国科学院微电子研究所（424）	H01L45/00（110）
		中国科学院光电技术研究所（380）	G01M11/02（98）
		中国科学院上海技术物理研究所（310）	G01N21/64（96）
		中国科学院西安光学精密机械研究所（292）	B81C1/00（83）
		中国科学院长春应用化学研究所（239）	G01K11/32（69）
企业	发明申请（99630） 实用新型申请（72022） 发明授权专利（32360）	国家电网公司（2961）	G02B6/44（4549）
		京东方科技集团股份有限公司（2903）	G02B6/38（2560）
		海洋王照明科技股份有限公司（2740）	H01L33/00（2436）
		深圳市海洋王照明技术有限公司（2566）	F21S2/00（2363）
		深圳市华星光电技术有限公司（2062）	G06F3/041（2164）
		深圳市海洋王照明工程有限公司（2050）	G06F3/044（1782）
		北京京东方光电科技有限公司（1792）	F21S8/00（1760）
		友达光电股份有限公司（1533）	G09F9/33（1631）
		中芯国际集成电路制造（上海）有限公司（1296）	H01L31/18（1393）
		深圳光启创新技术有限公司（1013）	G02B6/42（1188）

三、区域专利竞争者

1. 东部地区主要专利竞争者

2006~2015 年，东部地区光电子产业领域的专利竞争者主要集中在北京、浙江、江苏、广东、上海，主要专利竞争者有联想（北京）有限公司、国家电网公司、中芯国际集成电路制造（上海）公司、鸿海精密工业股份有限公司、海洋王照明科技股份有限公司、京东方科技集团股份有限公司、浙江大学、清华大学、中国科学院微电子研究所等。各省区市主要专利竞争者见表 3-28。

表3-28 东部地区光电子产业领域主要专利竞争者状况（2006～2015年）

单位：件

省区市	北京	天津	河北
主要专利竞争者（申请量）	联想（北京）有限公司（7761）	天津大学（759）	华北电力大学（保定）（153）
	国家电网公司（3045）	天津工业大学（368）	中国电子科技集团第十三研究所（150）
	京东方科技集团股份有限公司（1887）	南开大学（299）	燕山大学（129）
	清华大学（1724）	天津理工大学（258）	石家庄诚志永华显示材料公司（126）
	中国科学院微电子研究所（1589）	天津三星电子有限公司（178）	河北工业大学（101）
	中国科学院半导体研究所（934）	乐视致新电子科技（天津）有限公司（177）	长城汽车股份有限公司（73）
	中国石油化工股份有限公司（893）	河北工业大学（164）	河北科技大学（60）
	北京工业大学（840）	天津职业技术师范大学（146）	河北联合大学（59）
	北京大学（801）	天津津亚电子有限公司（134）	中国电子科技集团公司第四十五研究所（47）
	北京航空航天大学（557）	天津市百利电气有限公司（88）	河北志方通信设备有限公司（47）

省区市	上海	江苏	浙江
主要专利竞争者（申请量）	中芯国际集成电路制造（上海）有限公司（4161）	富士康（昆山）电脑接插件有限公司（1158）	浙江大学（1879）
	上海华力微电子有限公司（1088）	东南大学（1154）	中国计量学院（669）
	复旦大学（996）	鸿海精密工业股份有限公司（1044）	浙江工业大学（561）
	上海交通大学（942）	江苏大学（556）	杭州电子科技大学（558）
	上海大学（856）	南京航空航天大学（510）	浙江吉利控股集团有限公司（375）
	上海斐讯数据通信技术有限公司（566）	江南大学（485）	浙江理工大学（358）
	上海宏力半导体制造有限公司（554）	苏州大学（422）	浙江吉利汽车研究院有限公司（320）
	同济大学（446）	苏州晶雷光电照明科技有限公司（392）	浙江师范大学（266）
	上海理工大学（445）	中国矿业大学（385）	宁波大学（207）
	中国科学院上海光学精密机械研究所（437）	南京大学（374）	浙江海洋学院（204）

省区市	广东	海南	福建
主要专利竞争者（申请量）	深圳富泰宏精密工业有限公司（1545）	海南大学（25）	厦门大学（338）
	鸿海精密工业股份有限公司（5463）	海南科技职业学院（14）	福州大学（289）
	鸿富锦精密工业（深圳）有限公司（4758）	海南亚元防伪技术研究所（11）	立达信绿色照明股份有限公司（219）
	海洋王照明科技股份有限公司、深圳市海洋王照明工程（技术）有限公司（3311）	海安县奇锐电子有限公司（10）	福州高意通讯有限公司（212）
	华南理工大学（1404）	海南世银能源科技有限公司（9）	厦门市三安光电科技有限公司（200）
	华为技术有限公司（1180）	海南瑞尔电子科技有限公司（8）	中国科学院福建物质结构研究所（178）
	中兴通讯股份有限公司（1060）	海南红杉科创实业有限公司（8）	玉晶光电（厦门）有限公司（156）
	比亚迪股份有限公司（909）	海安县商业学校（8）	龙岩市上杭县逸龙光电科技有限公司（137）
	深圳市华星光电技术有限公司（896）	福田雷沃国际重工股份有限公司（8）	厦门通士达照明有限公司（118）
	鸿准精密工业股份有限公司（717）	海南城乡环保节能亮化工程有限公司（7）	华侨大学（112）

续表

省份	山东		
主要专利 竞争者 （申请量）	山东大学（572）	山东科技大学（322）	山东理工大学（178）
	青岛海信电器股份有限公司（528）	浪潮电子信息产业股份有限公司（275）	青岛海信移动通信技术股份有限公司（171）
	歌尔声学股份有限公司（422）	海尔集团公司（262）	
	青岛歌尔声学科技有限公司（344）	济南大学（202）	

2. 东北部地区主要专利竞争者

2006~2015 年，东北部地区光电子产业领域的专利竞争者主要集中在吉林和黑龙江，主要专利竞争者有哈尔滨工业大学、吉林大学、中国科学院长春光学精密机械与物理研究所、中国科学院长春应用化学研究所等。各省区市主要专利竞争者见表 3－29。

表 3－29　东北部地区光电子产业领域主要专利竞争者状况（2006~2015 年）

单位：件

省区市	辽宁	黑龙江	吉林
主要专利 竞争者 （申请量）	大连理工大学（433）	哈尔滨工业大学（940）	吉林大学（722）
	中国科学院大连化学物理研究所（180）	哈尔滨工程大学（410）	中国科学院长春光学精密机械与物理研究所（439）
	东北大学（177）	哈尔滨理工大学（295）	中国科学院长春应用化学研究所（283）
	沈阳芯源微电子设备有限公司（165）	东北石油大学（176）	长春理工大学（262）
	中国科学院金属研究所（152）	黑龙江大学（156）	东北师范大学（106）
	大连民族学院（138）	哈尔滨固泰电子有限责任公司（110）	中国第一汽车股份有限公司（69）
	大连海事大学（127）	哈尔滨师范大学（106）	长春希达电子技术有限公司（58）
	沈阳拓荆科技有限公司（113）	齐齐哈尔大学（106）	吉林奥来德光电材料股份有限公司（56）
	中国科学院沈阳自动化研究所（98）	东北林业大学（99）	精材科技股份有限公司（53）
	大连工业大学（94）	佳木斯大学（82）	长春工业大学（51）

3. 中部地区主要专利竞争者

2006~2015 年，中部地区光电子产业领域的专利竞争者主要集中在安徽、湖北、湖南，主要专利竞争者有华中科技大学、武汉大学、武汉理工大学、奇瑞汽车股份有限公司、合肥工业大学、南昌大学、中航光电科技股份有限公司、鸿富锦精密工业（武汉）有限公司、湘能华磊光电股份有限公司等。各省区市主要专利竞争者见表 3－30。

表 3－30　中部地区光电子产业领域主要专利竞争者状况（2006~2015 年）

单位：件

省区市	安徽	湖北	湖南
主要专利 竞争者 （申请量）	奇瑞汽车股份有限公司（394）	华中科技大学（829）	中南大学（300）
	合肥工业大学（288）	武汉大学（357）	湖南大学（221）
	安徽理工大学（199）	武汉理工大学（326）	湘能华磊光电股份有限公司（183）
	中国科学技术大学（198）	鸿富锦精密工业（武汉）有限公司（231）	株洲南车时代电气股份有限公司（170）
	安徽华东光电技术研究所（169）	鸿海精密工业股份有限公司（221）	中国人民解放军国防科学技术大学（161）

续表

省区市	安徽	湖北	湖南
主要专利竞争者（申请量）	安徽江淮汽车股份有限公司（159）	烽火通信科技股份有限公司（188）	湘潭大学（101）
	中国科学院合肥物质科学研究院（157）	武汉电信器件有限公司（175）	湖南工业大学（98）
	阳光电源股份有限公司（130）	武汉新芯集成电路制造有限公司（163）	长沙理工大学（80）
	京东方科技集团股份有限公司（120）	武汉光迅科技股份有限公司（161）	中南林业科技大学（78）
	合肥三川自控工程有限责任公司（114）	三峡大学（133）	湖南中烟工业有限责任公司（72）

省份	河南	山西	江西
主要专利竞争者（申请量）	中航光电科技股份有限公司（329）	太原理工大学（182）	南昌大学（328）
	河南鸿昌电子有限公司（180）	中北大学（181）	江西科技学院（144）
	郑州大学（145）	山西太钢不锈钢股份有限公司（62）	南昌航空大学（142）
	河南科技大学（141）	永济新时速电机电器有限责任公司（57）	晶能光电（江西）有限公司（104）
	河南师范大学（116）	山西光宇半导体照明有限公司（55）	江西师范大学（58）
	中原工学院（114）	山西大学（53）	江西金泰新能源有限公司（47）
	河南理工大学（74）	淮南师范学院（49）	中节能晶和照明有限公司（45）
	郑州单点科技软件有限公司（72）	中国电子科技集团公司第五十四研究所（45）	南昌欧菲光科技有限公司（45）
	许昌学院（70）	山西大同大学（40）	江西联创光电科技股份有限公司（42）
	河南工业大学（68）	山西乐百利特科技有限责任公司（38）	江西赛维LDK太阳能高科技有限公司（40）

4. 西部地区主要专利竞争者

2006~2015 年，西部地区光电子产业领域的专利竞争者主要集中在四川、陕西、云南、重庆，主要专利竞争者有电子科技大学、西安电子科技大学、四川新力光源股份有限公司、四川长虹电器股份有限公司、昆明理工大学、四川虹视显示技术有限公司、西安智海电力科技有限公司、西安交通大学、西安诺瓦电子科技有限公司等。各省区市主要专利竞争者见表 3-31。

表 3-31 西部地区光电子产业领域主要专利竞争者状况（2006~2015 年）

单位：件

省区市	四川	重庆	陕西
主要专利竞争者（申请量）	电子科技大学（1688）	重庆大学（477）	西安电子科技大学（640）
	四川新力光源股份有限公司（412）	重庆宁来科贸有限公司（137）	西安交通大学（528）
	四川长虹电器股份有限公司（348）	重庆尊来科技有限责任公司（124）	西安智海电力科技有限公司（463）
	四川虹视显示技术有限公司（316）	重庆电子工程职业学院（121）	长安大学（419）
	四川大学（310）	重庆长安汽车股份有限公司（111）	陕西科技大学（406）
	成都亨通光通信有限公司（271）	重庆四联光电科技有限公司（106）	彩虹集团公司（280）
	西南交通大学（214）	西南大学（99）	西北工业大学（264）
	四川柏狮光电技术有限公司（200）	刘新（77）	西安理工大学（264）
	都江堰乔可欣科技有限公司（176）	重庆恩纬西实业发展有限公司（76）	西安诺瓦电子科技有限公司（250）
	成都九洲迪飞科技有限责任公司（166）	重庆邮电大学（76）	西安炬光科技有限公司（218）

续表

省份	广西	云南	贵州
主要专利竞争者（申请量）	桂林电子科技大学（210）	昆明理工大学（695）	贵州光浦森光电有限公司（231）
	广西大学（167）	云南师范大学（60）	贵州大学（152）
	桂林理工大学（90）	云南大学（54）	贵州振华风光半导体有限公司（48）
	广西师范大学（87）	云南电力试验研究院（集团）有限公司电力研究院（51）	遵义师范学院（43）
	广西玉柴机器股份有限公司（61）	昆明华视讯网络科技有限公司（37）	贵州雅光电子科技股份有限公司（39）
	广西科技大学（54）	云南农业大学（32）	贵州中烟工业有限责任公司（36）
	广西职业技术学院（53）	云南电网公司技术分公司（25）	贵州电力试验研究院（30）
	广西中医药大学（49）	云南电网有限责任公司电力科学研究院（22）	中国振华集团永光电子有限公司（29）
	广西中烟工业有限责任公司（48）	云南昆船设计研究院（21）	瓮福（集团）有限责任公司（24）
	桂林海威科技有限公司（48）	云南民族大学（20）	贵州久联民爆器材发展有限公司（24）

省份	新疆	甘肃	内蒙古
主要专利竞争者（申请量）	新疆大学（41）	兰州大学（104）	内蒙古科技大学（58）
	中国科学院新疆理化技术研究所（28）	兰州空间技术物理研究所（63）	内蒙古包钢钢联股份有限公司（30）
	新疆希望电子有限公司（22）	西北师范大学（51）	赤峰学院（27）
	中国石油集团西部钻探工程有限公司（20）	中国航天科技集团公司第五研究院第五一〇研究所（41）	内蒙古工业大学（25）
	新疆天地集团有限公司（19）	兰州交通大学（40）	内蒙古大学（20）
	石河子大学（18）	中国科学院近代物理研究所（34）	内蒙古师范大学（13）
	特变电工新疆新能源股份有限公司（16）	兰州理工大学（33）	内蒙古华延芯光科技有限公司（10）
	新疆维吾尔自治区第三机床厂（14）	中国科学院兰州化学物理研究所（32）	内蒙航天动力机械测试所（10）
	新疆雪峰科技（集团）股份有限公司（14）	天水华天微电子股份有限公司（27）	内蒙古物通天下网络科技有限公司（9）
	塔里木大学（13）	西北民族大学（25）	鄂尔多斯市荣泰光电科技有限公司（9）

省份	宁夏	青海	西藏
主要专利竞争者（申请量）	银川博聚工业产品设计有限公司（37）	青海盘古新能源科技有限公司（16）	西藏贝珠亚电子科技有限公司（3）
	北方民族大学（26）	中国科学院青海盐湖研究所（11）	西藏太阳光科技有限公司（2）
	宁夏隆基宁光仪表有限公司（23）	中国科学院西北高原生物研究所（9）	国网西藏电力有限公司山南供电公司（1）
	宁夏先锋软件有限公司（22）	国网青海省电力公司（8）	盘山太阳灶厂（1）
	宁夏鸿裕机械科技有限公司（14）	青海华荧光电科技有限公司（6）	西藏大学农牧学院（1）
	宁夏东方钽业股份有限公司（17）	西宁月光太阳能科技有限公司（5）	西藏海思科药业集团股份有限公司（1）
	宁夏大学（8）	青海大学（5）	西藏自治区农牧科学院（1）
	宁夏天地经纬电力设备工程有限公司（6）	青海聚能达新能源开发有限公司（5）	西藏自治区农牧科学院畜牧兽医研究所（1）
	宁夏恒辉实业发展有限公司（6）	青海远景新能源科技有限公司（5）	西藏藏医学院（1）
	宁夏清大华普科技有限公司（6）	西宁共进新材料科技有限公司（4）	西藏金凯新能源技术开发有限公司（1）

第六节 云南光电子产业专利竞争状况

一、专利申请、授权与有效状况

2006~2015 年，在光电子产业领域，云南共申请中国发明与实用新型专利 2587 件（占全国的 0.40%），其中发明专利 1048 件（占发明与实用新型申请总量的 40.51%）；共获得专利授权 1834 件（占全部中国专利的 0.45%），其中发明专利 295 件（占发明与实用新型授权总量的 16.09%），发明专利授权率 28.15%，低于全国整体水平（见表 3 - 32）。

表 3 - 32 云南光电子产业领域中国专利申请、授权与有效状况表（2006~2015 年）

类别	数量/件	结构（%）	授权率（%）	占比（%）	有效专利/件	有效率（%）	占比（%）
专利申请总量	2587			0.40			
发明申请	1048	40.51		0.29			
实用新型申请	1539	59.49		0.52			
专利授权总量	1834		70.89	0.45	1211	66.03	0.38
发明授权	295	16.09	28.15	0.26	240	81.36	0.20
实用新型授权	1539	83.91		0.52	971	63.09	0.50

截至 2016 年 6 月，在光电子产业领域，云南 2006~2015 年申请并获得授权的专利中，有 1211 件处于有效状态（占全国的 0.38%），其中发明专利 240 件（占有效专利的 19.82%），发明专利有效率达到 81.36%，两项指标均低于全国整体水平（见表 3 - 33）。

表 3 - 33 云南光电子产业领域中国专利年度状况（2006~2015 年）

单位：件

年度	申请量			授权量			有效专利		
	发明	实用新型	小计	发明	实用新型	小计	发明	实用新型	小计
2006 年	29	35	64	15	35	50	9	0	9
2007 年	18	24	42	9	24	33	3	8	11
2008 年	49	51	100	30	51	81	13	6	19
2009 年	58	94	152	36	94	130	24	27	51
2010 年	76	96	172	39	96	135	29	31	60
2011 年	74	119	193	30	119	149	28	52	80
2012 年	103	214	317	34	214	248	32	111	143
2013 年	149	279	428	58	279	337	58	138	196
2014 年	222	293	515	43	293	336	43	264	307
2015 年	270	334	604	1	334	335	1	334	335
合计	1048	1539	2587	295	1539	1834	240	971	1211

2006~2015 年，云南光电子产业技术领域的专利申请和授权量均处于稳步增长状态，尤其是 2010 年后呈现快速增长态势（考虑到公开滞后和审查周期原因，近一两年来的专利申请和授权数据暂不能说明问题），专

利申请年均增长率35.37%，增长幅度高于全国整体水平。数据显示，云南光电子产业技术领域近年来的技术创新活动比较活跃，专利技术创新能力有明显提升。

二、主要竞争者与IPC分布

2006～2015年，云南光电子产业领域的主要竞争者中，企业和高等院校占据主导地位，且实力相当，企业的发明专利申请量达到433件（占全省的41.32%），而研究院所竞争力相对最弱，其发明专利申请量为90件（仅为企业的约1/5）（见表3-34）。

表3-34 云南光电子产业领域中国专利分类竞争者结构状况（2006～2015年）

类别	高校/件	高校占比（%）	研究院所/件	研究院所占比（%）	企业/件	企业占比（%）
申请量小计	893	34.52	132	5.10	1035	40.01
发明申请	358	34.16	90	8.59	433	41.32
实用新型申请	535	34.76	42	2.73	602	39.12
发明授权	122	41.36	31	10.51	112	37.97

2006～2015年，云南光电子产业领域的专利竞争者主要有昆明理工大学、云南师范大学、云南大学、云南昆船设计研究院、昆明物理研究所、昆明华视讯网络科技有限公司、云南北方奥雷德光电科技股份有限公司等，相关专利申请集中于A24F47/00、G02B6/44、H05B37/02、F21S2/00、H02J7/00等IPC分类（见表3-35）。

表3-35 云南光电子产业领域中国专利申请IPC分布与主要专利竞争者状况（2006～2015年）

单位：件

类别	类型（数量）	专利申请人/专利权人（申请量）	IPC分布（申请量）
高校	发明申请（358） 实用新型申请（535） 发明授权专利（122）	昆明理工大学（695）	H02J7/00（19）
		云南师范大学（60）	G01K11/32（16）
		云南大学（54）	H05B37/02（15）
		云南农业大学（32）	G08G1/09（13）
		云南民族大学（20）	B22D1/00（11）
		昆明学院（8）	G01L1/24（10）
		楚雄师范学院（5）	G01B11/02（9）
		云南中医学院（4）	B22D17/00（7）
		大理学院（4）	G01B11/16（7）
		云南国土资源职业学院（2）	G01R19/00（7）
研究院所	发明申请（90） 实用新型申请（42） 发明授权专利（31）	云南昆船设计研究院（21）	G01G11/00（5）
		昆明物理研究所（19）	H01L51/42（5）
		昆明贵金属研究所（16）	C07D305/14（3）
		云南省交通科学研究所（4）	C07F15/00（3）
		云南省电子工业研究所（4）	H01L51/46（3）
		昆明冶金研究院（4）	A24F15/04（2）
		昆明电器科学研究所（4）	A24F47/00（2）
		昆明铁路局科学技术研究所（4）	A61N5/06（2）
		云南省科学技术情报研究院（2）	C07H17/04（2）
		云南省计量测试技术研究院（2）	C22C5/04（2）

续表

类别	类型（数量）	专利申请人/专利权人（申请量）	IPC 分布（申请量）
企业	发明申请（433） 实用新型申请（602） 发明授权专利（112）	昆明华视讯网络科技有限公司（37）	A24F47/00（72）
		云南电力试验研究院（集团）有限公司电力研究院（29）	G02B6/44（26）
		云南电网公司技术分公司（25）	H05B37/02（23）
		云南电网有限责任公司电力科学研究院（22）	F21S9/03（21）
		云南北方奥雷德光电科技股份有限公司（15）	F21S2/00（20）
		中国船舶重工集团公司七五〇试验场（11）	G01K11/32（17）
		云南日昌隆光电科技股份有限公司（11）	F21S8/00（15）
		云南邦桥节能科技有限公司（11）	A24B15/16（14）
		昆明恩辉电子电气有限公司（11）	F21L4/00（13）
		云南华尔贝光电技术有限公司（10）	G02B6/38（10）

第四章　高端装备制造业专利竞争分析

第一节　高端装备制造产业技术领域

一、航空航天装备制造技术

1. 飞机工程

飞机工程领域包括：大型客机、支线飞机、军用飞机和直升机；航空发动机（发动机关键技术和相关配套件）；航空设备（航空机载、任务、空管和地面设备及系统，航电、通信导航、液压、燃油、环控、电源、起落架、二次动力、生活设施、防火、照明、健康监控等系统）。

2. 卫星及应用技术

卫星及应用技术领域包括：航天运输系统（运载火箭）；应用卫星系统（气象、海洋、资源、环境减灾卫星，构建完整体系，发展新型通信广播卫星）；卫星地面系统（气象、海洋卫星地面系统数据接收，陆地观测卫星数据中心，通信广播卫星地面系统，卫星地球站/地面关口站、卫星导航基准站、卫星运行管理、卫星数据处理等地面配套设施，导航接收机、通信终端芯片等关键元器件，卫星地面设备）；航天器制造、发射服务、应用设备制造技术；航天运输系统（运载火箭）；卫星综合应用系统（遥感应用，空间数据，卫星通信在远程教育、远程医疗、应急通信等公共服务中的应用，直播卫星应用服务，卫星导航在金融、电力、通信、交通、信息、农业、渔业等领域的应用）；空中管理系统；空间工程；空间设施及其相关产业。

二、轨道交通装备

1. 动车组及客运列车

动车组及客运列车领域包括：动车组及客运列车技术，新一代高速动车，适应高寒、高热、高风沙、高湿、广域等不同系列的谱系化动车组，城际轨道交通装备产品技术。

2. 重载及快捷货运列车

重载及快捷货运列车包括：30t 及以上轴重重载机车、160km/h 快捷货运机车和货车技术，轴重与线路桥梁匹配、速度与牵引质量匹配、车辆与站场匹配技术，大功率交流传动机车、大轴重重载货车、快捷货运列车，货运列车。

3. 城市轨道交通装备

城市轨道交通装备包括：城轨车辆系统集成技术，多系列城轨车辆产品，低噪声、低振动、节能产品，牵引系统、制动系统、转向架、运控系统等关键核心部件技术，车辆车站机电设备、灭火系统、列车自动防护系统、列车自动驾驶系统等。

4. 工程及养路装备

工程及养路装备包括：工程及养路机械装备关键技术，高精度和高效捣固稳定车、高效清筛机、带道砟分配功能的配砟整形车、道床综合处理车、钢轨打磨车和铣磨车、综合巡检车、高精度测量车、高速轨检车、钢轨探伤车、物料运输车、接触网综合作业车、轨道吸污车、轨道除雪车等新产品，轨道电力牵引双源制、高原型和多功能组合式工程及养路机械装备。

5. 信号及综合监控、运营管理系统

信号及综合监控、运营系统包括：列车运行控制系统技术体系，高速铁路宽带通信的关键技术、智能化高速列车系统数据传输与处理平台，城际铁路列控系统和城市轨道交通控制系统，大型数据采集与监控系统平台关键技术，基于信息共享平台的行车监控应用技术（综合调度指挥系统）。基础设备设施领域的铁路地质灾害预警系统，信息领域的轨道交通客站综合自动化系统。

6. 轨道交通关键零部件

轨道交通关键零部件包括：高速铁路客车、重载铁路货车、新型城市轨道交通装备等配套轮轴轴承、传动齿轮箱、发动机、转向架、钩缓、减振装置、牵引变流器、绝缘栅双极型晶体管器件、大功率制动装置、供电高速开关等关键零部件技术。

三、海洋工程装备

1. 海洋矿产资源开发装备

海洋矿产资源开发装备包括：海洋资源（油气、矿产）勘探、开发、生产、加工、储运技术及装备；海洋油气资源开发装备（半潜式钻井/生产平台、钻井船、自升式钻井平台、浮式生产储卸装置、物探船、起重铺管船、海洋钻采设备及其关键系统和设备、水下生产系统及水下立管等装备）；天然气水合物、海底金属矿产资源开发装备的前期研究和技术储备。

2. 海洋可再生能源和化学资源开发装备

海洋可再生能源和化学资源开发装备包括：海洋风能工程装备（海上及潮间带风机安装平台〈船〉、海上风机运营维护船、海上及潮间带风力发电装备）；海水淡化和综合利用装备（海洋化学资源开发装备）；海洋波浪能、潮汐能、海流能、温差能、海水提锂、海水提铀等开发装备。

3. 其他海洋资源开发装备

其他海洋资源开发装备包括：海上浮式石油储备基地、海上后勤补给基地等装备；海上机场、海上卫星发射场等装备；海上作业辅助、服务技术；大型水下系统和作业装备等。

四、智能制造装备

1. 装备基础智能共性技术

装备基础智能共性技术包括：新型传感技术、模块化与嵌入式控制系统设计技术、先进控制与优化技术、系统协同技术、故障诊断与健康维护技术、高可靠实时通信网络技术、功能安全技术、特种工艺与精密制造技术、识别技术等9大类共性、基础关键智能技术，共性智能技术、算法、软件架构、软件平台、软件系统、嵌入式系统、大型复杂装备系统仿真软件。

2. 装备核心智能测控技术

装备核心智能测控技术包括：新型传感器及系统、智能控制系统、智能仪表、精密仪器、工业机器人与专用机器人、精密传动装置、伺服控制机构和液气密元件及系统等智能测控装置和部件。

3. 装备智能制造与集成技术

装备智能制造与集成技术包括：石油石化智能成套设备、冶金智能成套设备、智能化成型和加工成套设备、自动化物流成套设备、建材制造成套设备、智能化食品制造生产线、智能化纺织成套装备、智能化印刷装备等 8 大类标志性的重大智能制造成套装备。

4. 装备智能应用技术

装备智能应用技术包括：智能化技术，传感器、机器人、专用控制器、精密仪器仪表等在通用机械、农业、工程、印刷、纺织、石化（炼油）、冶金、航空、船舶、电力、节能环保、资源开采、国防、基础设施建设等装备上的应用；高档数控机床和设备等；大型智能工程机械；高效农业机械；智能印刷机械；综合分散性控制系统；安全控制系统和可编程控制系统等智能控制系统；精密轴承。

五、汽车装备

1. 汽车制造工艺

汽车制造工艺包括：铸造技术，冲压技术，车身焊装技术，整车涂装技术，整车总装技术，整车检测技术。

2. 现代汽车制造技术

现代汽车制造技术包括：柔性制造系统，计算机集成制造系统，智能制造系统，精密制造。

3. 汽车工程材料

汽车工程材料包括：车用金属、非金属材料，车用燃料，车用润滑材料，汽车轮胎与橡胶；车用塑料。

4. 新能源汽车

新能源汽车包括：纯电动汽车（动力电池、电动机）、增程式电动汽车、混合动力汽车、燃料电池电动汽车、氢发动机汽车、其他新能源汽车等。

第二节 高端装备制造产业专利技术分类与检索关键词

一、高端装备制造产业专利技术分类

高端装备制造产业涉及航空航天装备、轨道交通装备、海洋工程装备、智能制造装备、汽车装备制造技术等，相关技术的 IPC 分类涉及 A、B、C、E、F、G、H 部，主要包括 A01、A21、A23、A24、B22C、B22D、B23、B24、B25、B26、B30、B60、B61、B62、B63、B64、B65、B66、C21、C23、F 01、F02、F03、F04、F15、F16、F22、F23、F24、G05、G12、H02、H04 等（见表 4－1）。

表 4－1 高端装备制造产业领域 IPC 专利分类

国际分类号	小类号	国际分类号	小类号
A01 农业、林业、畜牧业（机械）	A01B 一般农业机械或农具的部件、零件或附件 A01D 收割 A01D43/00 在收割时与执行附加操作的设备联合的割草机 A01D90/00 带自装或自卸装置的收获作物装运车辆	B61 铁路（装备）	B61C 机车，机动有轨车 B61D 铁路车辆的种类或车体部件 B61G 连接器，牵引装置或缓冲装置 B61H 铁路车辆特有的制动器或者其他减速装置，铁路车辆制动器或者其他减速装置的安排或配置 B61K 用于铁路的其他辅助设备

续表

国际专利分类	小类号	国际专利分类	小类号
A21 焙烤，面团制作或处理设备	A21B 食品烤炉、焙烤 用机械或设备 A21C 制作或加工面团的机械或设备 A21D 焙烤用面团或面粉的处理	B62 无轨陆用车辆	B62B 手动车辆 B62C 畜拉车 B62D 机动车、挂车 B62J 自行车鞍座或座位 B62K 自行车 B62L 自行车制动器 B62M 轮式车辆或滑橇
A23 其他类不包括的食品或食料及其处理	A23N 水果、蔬菜或花球茎处理机械或装置，蔬菜或水果去皮装置，制备牲畜饲料装置	B63 船舶或其他水上船只；与船有关的设备	B63B 船舶或其他水上船只；船用设备
A24 烟草、雪茄烟、纸烟机械	A24B5/14 使烟叶或烟梗变平的机械 A24C 制造雪茄烟或纸烟的机械	B64 飞行器；航空宇宙航行	
B21 基本上无切削的金属机械加工；金属冲压		B65 输送、包装、储存技术	B65B 包装物件或物料的机械，装置或设备，或方法；启封 B65C 贴标签或签条的机械、装置或方法 B65G 运输或贮存装置
B22 铸造；粉末冶金	B22C 铸造造型 B22D 金属铸造、用相同工艺或设备的其他物质的铸造	B66 升降机；自动扶梯或移动人行道	B66B 升降机，自动扶梯或移动人行道 B66C 起重机，用于起重机、绞盘、绞车或滑车的载荷吊挂元件或装置 B66D 绞车；绞盘；滑车 B66F 不包括在其他类目中德卷扬、提升、牵引或推动
B23 机床、金属加工		C21 铁的冶金	C21D 黑色或有色金属或合金热处理设备
B24 磨削、抛光	B24B 用于磨削或抛光的机床、装置或工艺 B24C 磨料或微粒材料的喷射 B24D 磨削、抛光或刃磨用的工具	C23 对金属材料的镀覆	C23F 非机械方法去除表面材料
B25 手动工具；轻便机动工具；手动器械的手柄；车间设备；机械手		E01 道路、铁路或桥梁的建筑 E02 水利工程；基础；疏浚 E21 土层或岩石的钻进；采矿	E01B 铁路轨道；铁路轨道附件；铺设各种铁路的机器 E01C 道路、体育场或类似工程的修建或其铺面；修建和修复用的机械和附属工具 E02B1/00 一般水利工程设备、装置或方法 E02B7/00 拦河坝或堰；布置，结构，建造的方法或设备 E02B9/00 水力发电站；其布置、结构或装备，修建方法或设备 E02B17/00 支承在桩基或类似物上的人工岛 E02C 船舶提升设备或机械 E02F3/00 挖掘机；疏浚机 E02F5/00 特殊用途挖掘机或疏浚机 E21C 采矿或采石 E21D 竖井；隧道；平硐；地下室；隧道掘进

续表

国际专利分类	小类号	国际专利分类	小类号
B26 手动切割工具；切割；切断		F 机械工程；照明；加热；武器；爆破	F01 一般机器或发动机 F02 燃烧发动机；热气或燃烧生成物的发动机装置 F03 液力机械或液力发动机 F04 液体变容式机械；液体或弹性流体泵 F15 流体压力执行机构；一般液压技术和气动技术 F16 工程元件或部件；为产生和保持机器或设备有效运行的措施；一般绝热 F22 蒸汽的发生 F23 燃烧设备；燃烧方 F24 供热、炉灶；通风 F25 制冷或冷却；加热和制冷联合系统；热泵系统；冰的制造或储存；气体液化或固化
B30 压力机		G05 控制，调节	G05B 控制或调节系统及其功能单元，用于这种系统或单元的检测或测试装置
B41 印刷；排版机；打字机；模印机		G12 仪器的零部件	
B60 一般车辆	B60D 一般车辆的连接件 B60N2/50 汽车座悬挂设备 B60P 改装成的便于装载的货运车辆	H 电学	H02 发电、变电或配电 H04 电通信技术

二、高端装备制造产业专利检索关键词

基于产业技术涉及的技术内容，光电子产业专利技术检索关键词主要包括：航空、航天、飞机、航空发动机、飞机发动机、导航、航站、卫星、空中管理、空间、运载火箭；动车、列车、轨道、牵引、城轨、钢轨、高速轨、道轨、铁路、运控、车辆车站、捣固、道床、行车监控、铁路调度、智能交通、磁悬浮；发动机、柴油机、内燃机、车辆、汽车；机场装备；探船、海洋、潮汐能、海流能、温差能、提锂、提铀；精密设备、高端装备、大型装备、特种装备、智能控制、系统协同、功能安全、识别、算法、仿真；工程机械、冶金机械、矿山机械、烟草机械、包装机械、印刷设备、石油化工装备、船舶；节能环保设备、机器人、精密传动、伺服控制、气敏元件、加工中心；精密仪器仪表、系统集成、数控机床、显示设备、通讯装备、电气装备、通信设备。

第三节 高端装备制造产业领域整体专利状况

一、高端装备制造产业领域专利申请、授权与有效状况

1. 专利申请与权状况

2006～2015年，高端装备制造产业领域共有发明与实用新型专利申请4788548件。其中，发明

2217441 件（占 46.31%），实用新型 2571107 件（占 53.69%）。数据显示，高端装备制造产业领域技术创新非常活跃，发明专利申请数量巨大，但发明专利占比不高（见表 4-2）。

表 4-2　高端装备制造产业领域中国专利申请与授权状况（2006~2015 年）

类型	专利类型	数量/件	占比（%）	授权率（%）
申请量	发明与实用新型合计	4788548		
	发明	2217441	46.31	
	实用新型	2571107	53.69	
授权量	发明与实用新型合计	3312036		69.17
	发明	740929	22.37	33.41
	实用新型	2571107	77.63	

上述专利申请中，国内申请人 4216518 件（占 88.05%），外国申请人 572030 件（占 11.95%）；授权专利中，国内申请人 3043116 件（占 97.88%），外国申请人 268920 件（占 8.12%）。数据显示，外国申请人在中国高端装备制造产业领域布局有一定数量的专利，特别是获得的发明专利占比达到了 32% 的高比例，对国内高端装备制造产业的发展有很大影响（见表 4-3）。

表 4-3　高端装备制造产业领域中国专利国内外申请人申请与授权状况（2006~2015 年）

项目		国内/件	国外/件	国外结构（%）	国外授权率（%）	国外申请人占比（%）
申请量	申请小计	4216518	572030			11.95
	发明申请	1676353	541088	94.59		24.40
	实用新型申请	2540165	30942	5.41		1.20
授权量	授权小计	3043116	268920		47.01	8.12
	发明授权	502951	237978	88.49	43.98	32.12
	实用新型授权	2540165	30942	11.51		1.20

2006~2015 年，高端装备制造产业领域已授权中国发明与实用新型专利数量为 3312036 件，其中发明 740929 件（占比 22.37%），实用新型 2571107 件（占比 77.63%），整体专利申请授权率 69.17%，发明申请授权率 33.41%（其中，国外申请人发明申请授权率 43.98%）。国内发明专利申请的授权率明显偏低，产业技术创新水平一般（见图 4-1）。

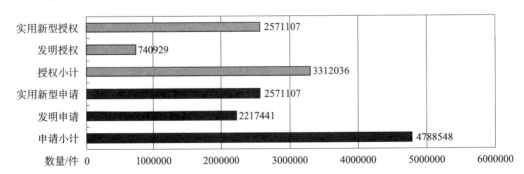

图 4-1　2006~2015 年高端装备制造产业领域中国专利申请与授权状况（截至 2016 年 5 月已公开数据）

2. 专利申请与授权年度变化状况

2006～2015 年，高端装备制造产业领域的中国发明与实用新型专利申请数量总体呈现增长态势，年均增幅 19.62%；2010～2012 年，是该领域中国专利申请量增长的高峰时期（未考虑专利公开滞后和审查周期对 2013 年后公开数据的影响）。数据表明，2010 年以来，国内高端装备制造产业领域技术创新的活动日趋活跃，产业领域的专利申请数量大幅增长，专利在产业发展中的地位不断提高（见图 4-2）。

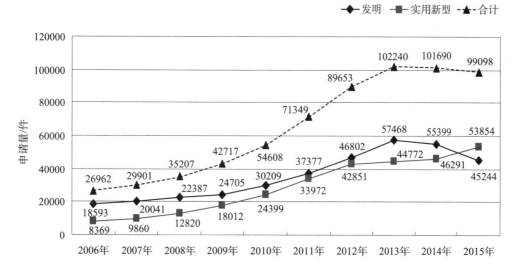

图 4-2　高端装备制造产业领域中国专利申请数量年度变化（2006～2015 年）

在专利申请授权方面，该产业领域的实用新型专利申请量持续快速增长，但发明专利授权量小幅增长后出现下降趋势，即使是考虑专利公开滞后和审查周期对 2013 年后公开数据的影响因素，2010～2012 年授权发明专利的数量并无明显变化，国内发明申请的授权率较低，产业技术创新水平有待提高（见图 4-3）。

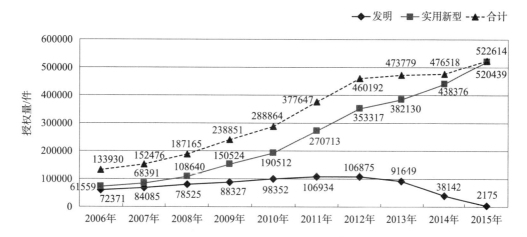

图 4-3　高端装备制造产业领域中国专利授权数量年度变化（2006～2015 年）

3. 专利有效状况

2011～2015 年，高端装备制造产业领域共有 2425997 件有效中国发明与实用新型专利。其中，发明专利 670864 件（占全部有效专利的 27.65%）；发明专利有效率 90.54%，实用新型专利有效率 68.26%，发明专利的有效率较高（见表 4-4）。

表 4 - 4　高端装备制造产业领域中国专利有效状况（2006 ~ 2015 年）

专利类型	数量/件	占比（%）	有效率（%）
发明与实用新型合计	2425997		73.25
发明	670864	27.65	90.54
实用新型	1755133	72.35	68.26

上述有效专利中，5 年以上的发明专利维持率约为 95%，10 年以上的发明专利维持率约为 75%。表明该领域中国发明专利的整体维持率高，基础和核心专利占比高，发明专利在产业发展中占有重要的地位（见表 4 - 5）。

表 4 - 5　高端装备制造产业领域年度授权中国专利有效状况（截至 2016 年 6 月）

年度	有效发明与实用新型专利/件	有效发明专利/件	有效实用新型专利/件	发明专利有效率（%）
2006 年	46083	10217	56300	74.86
2007 年	54428	21912	76340	79.58
2008 年	65161	35014	100175	82.98
2009 年	76925	56407	133332	87.09
2010 年	89383	82736	172119	90.88
2011 年	101699	133879	235578	95.10
2012 年	105378	212599	317977	98.60
2013 年	91493	269723	361216	99.83
2014 年	38139	412810	450949	99.99
2015 年	2175	519836	522011	100.00
合计	670864	1755133	2425997	66.62

二、高端装备制造产业领域中国专利区域分布

1. 专利申请省份分布

2006 ~ 2015 年，高端装备制造产业领域国内申请人已公开中国专利申请 4216518 件，主要分布于江苏、广东、浙江、北京、山东、上海，6 个省区市的中国专利申请量均在 20 万件以上；安徽、四川、河南、湖北、天津、辽宁、福建、重庆 8 个省区市的申请量则在 10 万件以上。在专利授权和有效维持方面，江苏、广东、浙江、北京、山东、上海、安徽、四川、河南是主要的集中地区，专利获权量均在 10 万件以上。数据表明，上述区域是国内高端装备制造产业专利申请和拥有量最为集中的地区，也是产业技术创新最为活跃的地区，专利技术和产业竞争也最为激烈（见表 4 - 6）。

表4-6 高端装备制造产业领域已公开中国专利申请省份分布（2006~2015年）

单位：件

排位	省区市	申请			授权			有效专利		
		合计	发明	实用新型	合计	发明	实用新型	合计	发明	实用新型
1	江苏	611111	270677	340434	402306	61872	340434	288509	56338	232171
2	广东	556884	261644	295240	384187	88947	295240	298973	81615	217358
3	浙江	451816	122403	329413	375041	45628	329413	255355	39875	215480
4	北京	380673	222264	158409	237197	78788	158409	196728	71023	125705
5	山东	329426	100087	229339	254910	25571	229339	150995	22204	128791
6	上海	249380	118244	131136	167495	36359	131136	126287	32284	94003
7	安徽	179063	66817	112246	126642	14396	112246	87631	13568	74063
8	四川	143708	54906	88802	103701	14899	88802	74600	13440	61160
9	河南	127937	33425	94512	104179	9667	94512	70619	8423	62196
10	湖北	124401	43060	81341	95854	14513	81341	70270	12740	57530
11	天津	118049	44175	73874	83243	9369	73874	59794	8167	51627
12	辽宁	114532	46533	67999	81933	13934	67999	51784	11757	40027
13	福建	105431	27132	78299	87532	9233	78299	65342	8411	56931
14	重庆	100519	36976	63543	72295	8752	63543	51595	7396	44199
15	陕西	99205	44445	54760	67549	12789	54760	45941	10964	34977
16	湖南	98484	34606	63878	77091	13213	63878	56442	12018	44424
17	河北	84528	22630	61898	69893	7995	61898	51043	7089	43954
18	黑龙江	66568	24643	41925	50516	8591	41925	30946	6786	24160
19	江西	47674	13616	34058	37953	3895	34058	28162	3465	24697
20	山西	44346	15637	28709	34107	5398	28709	24255	4711	19544
21	吉林	33051	12367	20684	25141	4457	20684	16092	3350	12742
22	云南	27339	6568	20771	23357	2586	20771	17429	2237	15192
23	贵州	27080	9494	17586	19749	2163	17586	14767	1937	12830
24	广西	26563	24417	2146	6625	4479	2146	18906	4273	14633
25	新疆	19263	4239	15024	16389	1365	15024	10924	1236	9688
26	甘肃	18770	5750	13020	14721	1701	13020	10007	1444	8563
27	内蒙古	14409	3622	10787	11885	1098	10787	8394	941	7453
28	宁夏	7689	3325	4364	5066	702	4364	3516	611	2905
29	海南	5656	1635	4021	4391	370	4021	2918	305	2613
30	青海	2472	837	1635	1811	176	1635	1382	162	1220
31	西藏	491	179	312	357	45	312	226	44	182
	合计	4216518	1676353	2540165	3043116	502951	2540165	2189832	448814	1741018

2. 专利申请地区分布

从国内地区分布来看，2011~2015年，高端装备制造产业技术领域国内申请人已公开的4216518件中国专利申请主要集中在东部地区，这一区域共分布有2892954件，占到全国总量的68.61%，反映出东部地区在高端装备制造产业领域技术创新的引领地位。

此外，中部也有较大数量的分布，共汇集有 621905 件专利申请，占到全国总量的 14.75%，表现出其在高端装备制造产业领域的较好技术创新实力和基础。而西部地区和东北部地区高端装备制造产业领域的专利申请和授权量较低，除四川、重庆和陕西外，在高端装备制造产业领域的整体区域技术创新实力和基础较弱（见表 4-7）。

表 4-7 高端装备制造产业领域已公开中国专利申请地区分布（2006~2015 年）

单位：件

大区	排位	省区市	申请			授权			有效专利		
			合计	发明	实用新型	合计	发明	实用新型	合计	发明	实用新型
东部地区	1	江苏	611111	270677	340434	402306	61872	340434	288509	56338	232171
	2	广东	556884	261644	295240	384187	88947	295240	298973	81615	217358
	3	浙江	451816	122403	329413	375041	45628	329413	255355	39875	215480
	4	北京	380673	222264	158409	237197	78788	158409	196728	71023	125705
	5	山东	329426	100087	229339	254910	25571	229339	150995	22204	128791
	6	上海	249380	118244	131136	167495	36359	131136	126287	32284	94003
	7	天津	118049	44175	73874	83243	9369	73874	59794	8167	51627
	8	福建	105431	27132	78299	87532	9233	78299	65342	8411	56931
	9	河北	84528	22630	61898	69893	7995	61898	51043	7089	43954
	10	海南	5656	1635	4021	4391	370	4021	2918	305	2613
	合计		2892954	1190891	1702063	2066195	364132	1702063	1495944	327311	1168633
东北部地区	1	辽宁	114532	46533	67999	81933	13934	67999	51784	11757	40027
	2	黑龙江	66568	24643	41925	50516	8591	41925	30946	6786	24160
	3	吉林	33051	12367	20684	25141	4457	20684	16092	3350	12742
	合计		214151	83543	130608	157590	26982	130608	98822	21893	76929
中部地区	1	安徽	179063	66817	112246	126642	14396	112246	87631	13568	74063
	2	河南	127937	33425	94512	104179	9667	94512	70619	8423	62196
	3	湖北	124401	43060	81341	95854	14513	81341	70270	12740	57530
	4	湖南	98484	34606	63878	77091	13213	63878	56442	12018	44424
	5	江西	47674	13616	34058	37953	3895	34058	28162	3465	24697
	6	山西	44346	15637	28709	34107	5398	28709	24255	4711	19544
	合计		621905	207161	414744	475826	61082	414744	337379	54925	282454
西部地区	1	四川	143708	54906	88802	103701	14899	88802	74600	13440	61160
	2	重庆	100519	36976	63543	72295	8752	63543	51595	7396	44199
	3	陕西	99205	44445	54760	67549	12789	54760	45941	10964	34977
	4	云南	27339	6568	20771	23357	2586	20771	17429	2237	15192
	5	贵州	27080	9494	17586	19749	2163	17586	14767	1937	12830
	6	广西	26563	24417	2146	6625	4479	2146	18906	4273	14633
	7	新疆	19263	4239	15024	16389	1365	15024	10924	1236	9688
	8	甘肃	18770	5750	13020	14721	1701	13020	10007	1444	8563
	9	内蒙古	14409	3622	10787	11885	1098	10787	8394	941	7453
	10	宁夏	7689	3325	4364	5066	702	4364	3516	611	2905
	11	青海	2472	837	1635	1811	176	1635	1382	162	1220
	12	西藏	491	179	312	357	45	312	226	44	182
	合计		487508	194758	292750	343505	50755	292750	257687	44685	213002

三、专利申请技术路径演进

在 2006 ~ 2015 年的 10 年间，高端装备制造技术产业领域的中国专利申请的技术发展路径以 H04L29/06、G06F17/30 为主线；2008 年后 H04L29/08 和 G05B19/418、2009 年后 H05B37/02、2010 年后 H02J7/00、2011 年后 H04N7/18、2014 年后 G05B19/042 分类领域逐步成为新的热点；2008 年后 H04Q7/38、2011 年后 H04L12/24 分类领域专利申请量逐步萎缩。

上述情况表明，H04L29/06、G06F17/30、H04L29/08、G05B19/418、H05B37/02、H02J7/00 分类领域是目前国内生物技术发展的热点领域，G05B19/418、H05B37/02、H02J7/00 分类领域是新的发展方向（见表 4 - 8）。

表 4 - 8　2006 ~ 2015 年高端装备制造领域中国专利申请技术路径演进

单位：件

年份	2006	2007	2008	2009	2010
分类 （申请量）	H04Q7/38（1876）	H04L12/56（1481）	H04L29/06（1550）	H04L29/06（1689）	H04L29/06（2030）
	H04L12/56（1301）	H04Q7/38（1333）	H04L12/56（1477）	G06F17/30（1312）	H04L29/08（1812）
	H04L29/06（1208）	H04L29/06（1299）	G06F17/30（1058）	H04L12/56（1097）	G06F17/30（1570）
	H04L12/24（1024）	H04Q7/22（1095）	H04L29/08（946）	F21S2/00（926）	G05B19/418（1337）
	H04L12/28（844）	H04L12/24（898）	H04L12/24（778）	G05B19/418（802）	H02J7/00（1331）
	G02F1/133（756）	H04L12/28（898）	H04L12/28（725）	H04L29/08（739）	H05B37/02（1252）
	H04Q7/32（744）	G06F17/30（896）	G05B19/418（637）	H05B37/02（718）	F21S2/00（1210）
	H05K7/20（742）	H04Q7/32（825）	G09G3/36（607）	H04M1/725（679）	H04L12/56（1210）
	G06F17/30（713）	H05K7/20（700）	H04Q7/38（607）	H04L12/24（662）	H04L12/24（810）
	G02F1/13357（640）	G09G3/36（693）	H02J7/00（596）	H04N7/18（662）	G06F3/048（782）

年份	2011	2012	2013	2014	2015
分类 （申请量）	H04L29/08（3237）	H04L29/08（3610）	G06F17/30（4026）	G06F17/30（4704）	H02J7/00（4057）
	G06F17/30（2370）	G06F17/30（3060）	G05B19/418（4018）	H04L29/08（3679）	G06F17/30（3651）
	H04L29/06（2244）	G05B19/418（3010）	H04L29/08（3914）	G05B19/418（3621）	H04L29/08（3295）
	H02J7/00（2022）	H04L29/06（2640）	H02J7/00（3221）	H02J7/00（3561）	H05B37/02（3068）
	G05B19/418（1995）	H02J7/00（2567）	H04L29/06（2815）	H04L29/06（2922）	H04N7/18（2817）
	H05B37/02（1778）	H05B37/02（2465）	H05B37/02（2576）	H05B37/02（2508）	G05B19/042（2813）
	F21S2/00（1286）	B23Q3/00（1935）	G01R31/00（1754）	H04N7/18（2121）	H04L29/06（2595）
	H04L12/24（1195）	F21S2/00（1738）	H04N7/18（1742）	G05B19/042（2023）	G05B19/418（2316）
	H04L12/56（1146）	G01R31/00（1687）	B21D37/10（1628）	G01R31/00（1886）	G01R31/00（1985）
	H04N7/18（1086）	H04M1/725（1465）	B23K37/04（1479）	B23K37/04（1752）	C02F9/14（1964）

第四节　高端装备制造产业领域中国专利技术分布

一、专利申请整体 IPC 分布

2006 ~ 2015 年，高端装备制造产业技术领域已公开的中国专利申请主要分布于 B、F、G、H 部的 B01D、

C21/C22、E04、E21、F24F、G01R31、G05B19、G06F17、H02J7、H04L12、H04L29、H04M1 分类领域；其中，H04L29、H04L12、G06F17、G05B19、H02J7、H05B37、F21S2、F24F 分类领域最为集中（见表 4 - 9、表 4 - 10）。

表 4 - 9 高端装备制造产业领域已公开中国专利申请 IPC 分布总体情况（2006 ~ 2015 年）

单位：件

部类	B	C	E	F	G	H
发明申请	480281	147627	102607	245530	521212	533983
实用新型申请	876097	101186	199909	389395	340707	295251
发明授权	160499	58865	36504	82219	167731	190653
IPC 分类 （申请量）	B23K37/04（7767）	C02F9/14（7655）	E21B43/00（4077）	F21S2/00（9496）	G06F17/30（23673）	H04L29/08（22191）
	B23Q3/00（7113）	C02F9/04（5101）	E01D21/00（3322）	F21S8/00（7990）	G05B19/418（18498）	H04L29/06（21153）
	B21D37/10（6919）	C02F9/02（4263）	E04H1/12（2720）	F24F5/00（7339）	G01R31/00（10139）	H02J7/00（19025）
	B23Q3/06（6439）	C02F1/00（2501）	E03C1/12（2353）	F24F1/00（5199）	G05B19/042（8642）	H05B37/02（15641）
	B23K37/00（6244）	C12M1/00（2485）	E04H6/18（2147）	F24F11/00（5188）	G06F1/16（8622）	H04N7/18（11525）
	B25B11/00（5425）	C02F11/12（2145）	E21B47/00（2048）	F24C15/20（4857）	G05B19/04（6938）	H04L12/24（10640）
	B01D50/00（5400）	C12M1/107（2090）	E04B2/88（1975）	F03D9/00（4246）	G06F3/041（6889）	H04M1/725（8790）
	B01D53/78（3925）	C02F9/08（1956）	E21B33/03（1867）	F21S8/10（4138）	G07C9/00（6284）	H04L12/56（8314）
	B08B3/02（3771）	C02F9/10（1655）	E04H6/42（1769）	F24F11/02（3828）	G06F17/50（6242）	H05K7/20（7483）
	B01J19/18（3692）	C02F1/44（1572）	E21D11/10（1742）	F24J2/46（3434）	G06F19/00（6175）	H02J13/00（7075）

表 4 - 10 高端装备制造产业领域已公开中国专利申请 IPC 分布具体情况（2006 ~ 2015 年）

单位：件

大组分类	类型（申请量）	分类（申请量）	大组分类	类型（申请量）	分类（申请量）
A23N	发明专利（2141） 实用新型（5808） 发明授权（602）	A23N17/00（1797）	F21S2/00	发明专利（4529） 实用新型（6044） 发明授权（1449）	F21S2/00（9492）
		A23N12/02（1373）			F21V29/00（68）
		A23N12/08（1010）			F21V19/00（59）
		A23N5/00（811）			F21V5/04（38）
		A23N7/00（368）			F21V8/00（31）
		A23N15/00（344）	F24F	发明专利（15936） 实用新型（24598） 发明授权（4026）	F24F5/00（7304）
		A23N5/08（311）			F24F1/00（5167）
		A23N12/10（248）			F24F11/00（5155）
		A23N7/02（200）			F24F11/02（3813）
		A23N5/01（162）			F24F1/02（3061）
A24B	发明专利（1090） 实用新型（2081） 发明授权（533）	A24B3/04（638）			F24F3/16（1085）
		A24B3/10（578）			F24F13/22（943）
		A24B3/12（211）			F24F13/10（848）
		A24B3/14（158）			F24F13/00（837）
		A24B5/16（153）			F24F3/14（708）

续表

大组分类	类型（申请量）	分类（申请量）	大组分类	类型（申请量）	分类（申请量）
A24B	发明专利（1090）实用新型（2081）发明授权（533）	A24B3/18（149）	G01R31/00	发明专利（16234）实用新型（15992）发明授权（5292）	G01R31/00（10075）
		A24B3/00（136）			G01R31/02（3910）
		A24B1/02（115）			G01R31/12（3069）
		A24B3/06（111）			G01R31/36（2986）
		A24B1/06（96）			G01R31/28（2398）
B01D	发明专利（24751）实用新型（48516）发明授权（8931）	B01D50/00（5344）			G01R31/327（2289）
		B01D53/78（3900）			G01R31/08（2060）
		B01D46/00（2123）			G01R31/34（1723）
		B01D53/18（1913）			G01R31/26（1578）
		B01D46/02（1634）			G01R31/40（869）
		B01D47/06（1612）	G05B19/00	发明专利（23022）实用新型（21968）发明授权（6051）	G05B19/418（18409）
		B01D11/02（1339）			G05B19/042（8538）
		B01D53/26（1273）			G05B19/04（6866）
		B01D36/04（1187）			G05B19/05（3586）
		B01D53/04（1187）			G05B19/048（2962）
B02C	发明专利（5437）实用新型（14373）发明授权（1461）	B02C21/00（1667）			G05B19/18（1124）
		B02C18/14（1181）			G05B19/414（755）
		B02C23/00（1060）			G05B19/02（515）
		B02C23/02（913）			G05B19/19（474）
		B02C17/18（795）			G05B19/406（380）
		B02C4/02（749）	G06F17/00	发明专利（31981）实用新型（852）发明授权（7039）	G06F17/30（23360）
		B02C19/00（724）			G06F17/50（6196）
		B02C18/06（655）			G06F17/00（778）
		B02C15/00（598）			G06F17/28（581）
		B02C17/10（528）			G06F17/27（561）
B21D37/00	发明专利（2996）实用新型（6178）发明授权（659）	B21D37/10（6872）			G06F17/24（458）
		B21D37/12（909）			G06F17/40（403）
		B21D37/14（312）			G06F17/21（373）
		B21D37/00（311）			G06F17/22（274）
		B21D37/04（294）			G06F17/14（162）
		B21D37/16（190）	H02J7/00	发明专利（11273）实用新型（13155）发明授权（2874）	H02J7/00（18881）
		B21D37/18（137）			H02J7/02（2185）
		B21D37/20（62）			H02J7/35（945）
		B21D37/02（56）			H02J7/34（668）
		B21D37/08（32）			H02J7/32（628）
B23K37/00	发明专利（5510）实用新型（13835）发明授权（1904）	B23K37/04（7654）			H02J7/14（625）
		B23K37/00（6191）			H02J7/04（499）
		B23K37/02（1890）			H02J7/10（366）

续表

大组分类	类型（申请量）	分类（申请量）	大组分类	类型（申请量）	分类（申请量）
B23K37/00	发明专利（5510）实用新型（13835）发明授权（1904）	B23K37/047（1849）	H02J7/00	发明专利（11273）实用新型（13155）发明授权（2874）	H02J7/36（80）
		B23K37/053（1741）			H02J7/06（47）
		B23K37/08（29）	H04L12/00	发明专利（43944）实用新型（4465）发明授权（17472）	H04L12/24（10566）
		B23K37/06（19）			H04L12/56（8314）
B23Q3/00	发明专利（8709）实用新型（18765）发明授权（2096）	B23Q3/00（7093）			H04L12/26（6039）
		B23Q3/06（6384）			H04L12/28（4774）
		B23Q3/08（2471）			H04L12/58（4079）
		B23Q3/12（1889）			H04L12/18（1724）
		B23Q3/155（824）			H04L12/46（1538）
		B23B41/00（645）			H04L12/66（1380）
		B23Q3/18（587）			H04L12/40（1098）
		B23Q3/157（473）			H04L12/02（786）
		B23C3/00（391）	H04L29/06	发明专利（42136）实用新型（3560）发明授权（11461）	H04L29/08（22020）
		B23P23/02（348）			H04L29/06（20992）
B25B	发明专利（6037）实用新型（17406）发明授权（1727）	B25B11/00（5374）			H04L29/12（2457）
		B25B27/00（2670）			H04L29/02（535）
		B25B27/02（2432）			H04L29/10（375）
		B25B27/14（1767）			H04L29/00（129）
		B25B11/02（1511）			H04L29/14（67）
		B25B13/48（887）			H04L29/04（48）
		B25B21/00（882）	H04M1/00	发明专利（13824）实用新型（7108）发明授权（3077）	H04M1/725（8738）
		B25B23/00（676）			H04M1/02（6102）
		B25B15/02（555）			H04M1/21（1045）
		B25B13/46（522）			H04M1/2745（567）
C21/C22	发明专利（16969）实用新型（13190）发明授权（7043）	C21D9/00（1051）			H04M1/24（513）
		C21C5/46（908）			H04M1/247（508）
		C21D1/62（908）			H04M1/23（456）
		C21B7/00（558）			H04M1/60（429）
		C22B7/00（538）			H04M1/00（366）
		C21D1/26（511）			H04M1/11（336）
		C21D9/08（492）	H04N7/00	发明专利（16182）实用新型（6887）发明授权（6197）	H04N7/18（11406）
		C21D1/00（486）			H04N7/26（3375）
		C21D9/56（473）			H04N7/15（1354）
		C21D1/63（446）			H04N7/24（1343）
E04	发明专利（21848）实用新型（46441）发明授权（6720）	E04H1/12（2699）			H04N7/14（1209）
		E04H6/18（2142）			H04N7/173（1200）
		E04B2/88（1960）			H04N7/16（570）
		E04H6/42（1761）			H04N7/32（565）

大组分类	类型（申请量）	分类（申请量）	大组分类	类型（申请量）	分类（申请量）
E04	发明专利（21848）实用新型（46441）发明授权（6720）	E04H6/06（1485）	H04N7/00	发明专利（16182）实用新型（6887）发明授权（6197）	H04N7/01（494）
		E04F13/075（1302）			H04N7/10（344）
		E04B1/98（1279）	H04Q7/22	发明专利（9002）实用新型（514）发明授权（5509）	H04Q7/38（3834）
		E04H5/02（1268）			H04Q7/32（2106）
		E04G21/02（1082）			H04Q7/22（2011）
		E04F21/08（1047）			H04Q7/34（904）
E21	发明专利（25827）实用新型（47441）发明授权（9242）	E21B43/00（4064）			H04Q7/20（418）
		E21B47/00（2039）			H04Q7/36（359）
		E21B33/03（1856）			H04Q7/28（309）
		E21D11/10（1736）			H04Q7/30（297）
		E21F17/18（1674）			H04Q7/24（101）
		E21F11/00（1490）			H04Q7/00（51）
		E21B15/00（1387）	H05B37/00	发明专利（7451）实用新型（8694）发明授权（1916）	H05B37/02（15577）
		E21B7/02（1384）			H05B37/00（546）
		E21B49/00（1121）			H05B37/03（264）
		E21B17/10（932）			H05B37/04（69）

二、区域专利申请 IPC 分布

2006～2015 年，在高端装备制造产业领域，依其技术创新基础、资源条件和产业地位不同，各地区专利申请的技术方向各有侧重，IPC 分布的集中度有所不同。

1. 东部地区

江苏的专利申请主要集中于 G05B19/418、H02J7/00、H04L29/08、B21D37/10 分类领域，山东集中于 A61M5/14、G05B19/418、A61G12/00 分类领域，北京集中于 G06F17/30、H04L29/08、H04L29/06 分类领域，广东集中于 H04L29/06、H04L29/08、G06F17/30、H04M1/725 分类领域，上海集中于 H04L29/08、G05B19/418、H04L29/06 分类领域，浙江集中于 H05B37/02、H02J7/00、H02J7/00 分类领域（见表 4－11）。

表 4－11　东部地区高端装备制造产业领域中国专利申请 IPC 核心分布（2006～2015 年）

单位：件

省区市	北京	天津	河北	上海	江苏
分类（申请量）	G06F17/30（8531）	G05B19/418（547）	G05B19/418（320）	H04L29/08（1582）	G05B19/418（2307）
	H04L29/08（5222）	H04N7/18（484）	H02J7/00（247）	G05B19/418（1494）	H02J7/00（2270）
	H04L29/06（4930）	B23K37/04（420）	G01R31/00（217）	H04L29/06（1213）	H04L29/08（2156）
	G05B19/418（2274）	B23Q3/06（370）	H02J13/00（197）	G06F17/30（1026）	B21D37/10（2007）
	H04L12/24（1898）	H02J7/00（361）	B23K37/00（195）	H02J7/00（1006）	B23Q3/00（1680）
	G01R31/00（1768）	C02F9/14（350）	E01D19/06（193）	H05B37/02（936）	H05B37/02（1643）
	G06F9/44（1564）	G05B19/042（336）	H01L31/18（167）	H04M1/725（807）	B23Q3/06（1457）
	H04N7/18（1465）	H05B37/02（323）	B23K37/04（165）	H04N7/18（784）	B23K37/04（1412）
	H04M1/725（1456）	B23Q3/00（287）	F03D9/00（160）	G01R31/00（745）	B23K37/00（1287）
	H02G1/02（1408）	H04N5/225（285）	H04N7/18（159）	G03F7/20（701）	G01R31/00（1233）

续表

省区市	浙江	广东	海南	福建	山东
分类 （申请量）	H05B37/02（1431）	H04L29/06（5679）	A01D45/02（44）	A23F3/06（648）	A61M5/14（1206）
	H02J7/00（1262）	H04L29/08（5320）	G05B19/418（39）	H02J7/00（570）	G05B19/418（1106）
	H02J7/00（1215）	G06F17/30（4750）	A01K61/00（29）	H05B37/02（406）	A61G12/00（1082）
	G05B19/418（1191）	H04M1/725（4087）	H04N7/18（24）	C02F9/14（337）	A61M1/00（1079）
	F21S2/00（961）	H02J7/00（3891）	A01K67/033（23）	G05B19/418（318）	A61B19/00（999）
	H04N7/18（910）	H04L12/24（3849）	A01F12/44（19）	H04L29/08（318）	E21B43/00（898）
	H04L29/06（848）	H04L12/56（3326）	E01H1/04（19）	F21S2/00（316）	H04L29/08（804）
	H04L29/08（812）	H05B37/02（3108）	H02J7/00（19）	H04L29/06（277）	H02J7/00（792）
	F21S8/00（793）	F21S2/00（2565）	H04N7/15（18）	F21S8/00（263）	A61M16/00（753）
	G05B19/042（761）	F21S8/00（2156）	A01G9/02（17）	G06F3/041（254）	F24J2/46（717）

2. 东北部地区

辽宁的技术创新热点主要集中于 G05B19/418、H02J7/00、G05B19/042 分类领域，黑龙江的技术创新热点主要集中于 A63B69/00、E21B43/00、G05B19/418 分类领域（见表 4 – 12）。

表 4 – 12　东北部地区高端装备制造产业领域中国专利申请 IPC 核心分布（2006～2015 年）

单位：件

省区市	辽宁		黑龙江			吉林
分类 （申请量）	G05B19/418（652）	E21B43/00（245）	A63B69/00（377）	G09B19/06（204）	A01D45/02（137）	G05B19/418（97）
	H02J7/00（303）	H05B37/02（245）	E21B43/00（317）	E01H5/12（202）	G01M17/007（135）	B23K37/04（91）
	G05B19/042（279）	H04N7/18（244）	G05B19/418（284）	G05B19/042（169）	E21B43/00（120）	G01M17/08（85）
	B23Q3/00（254）	H04L29/08（236）	G09B5/06（230）	A01C11/02（166）	G01M13/00（110）	H04N7/18（80）
	G06F17/50（248）	G01R31/00（231）	E21B33/03（214）	G09B19/00（149）	G01B11/00（107）	G01M11/02（79）

3. 中部地区

安徽主要集中于 B21D37/10、B23K37/04、B23Q3/00、B23Q3/06 分类领域，湖北主要集中于 C12Q1/68、C12N1/20 分类领域，湖北主要集中于 G05B19/418、H02J7/00 分类领域，河南主要集中于 G05B19/418 分类领域（见表 4 – 13）。

表 4 – 13　中部地区高端装备制造产业领域中国专利申请 IPC 核心分布（2006～2015 年）

单位：件

省区市	安徽	湖北	湖南	河南	山西	江西
分类 （申请量）	B21D37/10（870）	G05B19/418（453）	F42B4/30（541）	G05B19/418（449）	E21F11/00（219）	F25D25/02（233）
	B23K37/04（806）	H02J7/00（441）	G05B19/418（415）	H02J7/00（437）	G05B19/418（141）	F25D29/00（192）
	B23Q3/00（662）	E01D21/00（394）	E04G21/04（395）	H02J13/00（436）	H05B3/80（137）	G06K9/00（181）
	B23Q3/06（660）	H04L29/08（344）	H02J7/00（348）	H02G1/02（363）	E01D21/00（136）	H02J7/00（175）
	H02J7/00（625）	G01R31/00（297）	B23K37/04（271）	E21B43/00（266）	E21F7/00（122）	G05B19/418（141）
	A23F3/06（578）	H05B37/02（290）	B66C23/62（260）	G01R31/00（262）	H04L29/08（121）	G06F3/041（129）
	G05B19/418（533）	G06F17/30（279）	H05B37/02（249）	H02B3/00（262）	E21F13/00（114）	F25D23/02（124）
	H05B37/02（505）	H04L12/24（270）	F24C15/20（212）	F24F5/00（257）	G01R31/00（104）	B21C37/04（121）
	B23K37/00（472）	B23K37/04（267）	F24F5/00（211）	B23K37/04（247）	B23K37/04（102）	F25D11/02（120）
	G01B5/00（471）	H04N7/18（265）	E04B1/76（207）	B07B1/28（243）	H02J13/00（93）	F42B4/30（120）

4. 西部地区

四川主要集中于 H05B37/02、G05B19/418、H04L29/08、H04N7/18 分类领域，陕西主要集中于 G05B19/418、F24F5/00、C05G3/00 分类领域，重庆主要集中于 B23Q3/00、B23Q3/06 分类领域，贵州主要集中于 H04N21/41 分类领域（见表4－14）。

表4－14　西部地区高端装备制造产业领域中国专利申请IPC核心分布（2006~2015年）

单位：件

省区市	四川	重庆	陕西	广西	云南	贵州
分类（申请量）	H05B37/02 (848)	B23Q3/00 (652)	G05B19/418 (705)	A01D45/10 (295)	A23F3/06 (159)	H04N21/41 (305)
	G05B19/418 (815)	B23Q3/06 (512)	F24F5/00 (516)	H05B37/02 (226)	F24J2/46 (141)	A23F3/06 (155)
	H04L29/08 (683)	B25B11/00 (485)	H02J7/00 (454)	G05B19/418 (188)	B66F11/04 (126)	F27B17/02 (117)
	H04N7/18 (637)	B23K37/04 (403)	G05B19/042 (421)	H02J7/00 (182)	G05B19/418 (111)	G05B19/418 (114)
	H04L29/06 (604)	G05B19/418 (321)	H05B37/02 (396)	B23K37/04 (177)	H02J7/00 (102)	H05B37/02 (97)
	H02J7/00 (503)	B21D37/10 (311)	H04N7/18 (347)	B21D37/10 (146)	G01R31/00 (100)	C02F9/14 (96)
	G05B19/042 (436)	B23Q3/08 (308)	G06F17/50 (317)	A23F3/06 (132)	A24B3/10 (88)	C01B25/234 (93)
	G07C9/00 (387)	H02J7/00 (294)	E21B43/00 (288)	C10M169/04 (128)	A24B3/04 (85)	B23Q3/00 (90)
	G01R31/00 (362)	H05B37/02 (273)	G01R31/00 (278)	B25J9/00 (125)	B07B1/28 (82)	C25C3/12 (87)
	H04L12/24 (348)	G01B5/00 (268)	G06F1/16 (264)	B23K37/00 (119)	F24J2/00 (81)	B23Q3/06 (81)

省区市	甘肃	新疆	内蒙古	宁夏	青海	西藏
分类（申请量）	A01B43/00 (93)	A01B43/00 (162)	A23G9/22 (71)	C22B26/22 (68)	A01D45/02 (44)	C01D15/08 (8)
	A01G13/02 (87)	E21B43/00 (115)	F03D9/00 (56)	G05B19/418 (42)	G05B19/418 (39)	G06K9/00 (6)
	G05B19/418 (85)	F24F5/00 (109)	F03D11/00 (49)	F27D17/00 (35)	A01K61/00 (29)	A61N5/00 (5)
	A01B49/06 (78)	A01D46/00 (107)	A01C7/06 (48)	C30B15/00 (31)	H04N7/18 (24)	A23N12/10 (4)
	A01C7/18 (57)	A01M7/00 (91)	A01C7/20 (46)	H02G1/02 (29)	A01K67/033 (23)	A61L2/07 (4)
	G01R31/00 (54)	A01C7/20 (81)	A01C7/18 (44)	G01R31/00 (26)	A01F12/44 (19)	G01N30/90 (4)
	A01D13/00 (45)	E21B33/03 (76)	G05B19/418 (37)	A01G9/14 (25)	E01H1/04 (19)	A23L5/10 (3)
	A01G1/00 (40)	A01C7/18 (75)	A01C7/04 (36)	B22C9/08 (25)	H02J7/00 (19)	E02B17/08 (3)
	A01C7/06 (39)	E21B33/13 (71)	A01B49/06 (35)	H05B37/02 (25)	H04N7/15 (18)	G06F1/26 (3)
	E02D5/74 (38)	E21B47/00 (65)	A01G9/14 (34)	A01B49/06 (24)	A01G9/02 (17)	A23L1/29 (2)

三、产业内专利分布

高端装备制造产业可细分为航空航天准备、轨道交通、海洋工程、智能制造、汽车制造产业等。2006~2015年，高端装备制造产业领域的中国专利申请主要分布在智能制造、汽车制造和轨道交通领域。其中，智能制造产业领域的专利申请量最大、专利技术创新能力较强，航空航天准备产业领域的专利申请量最少，其专利技术创新能力相对较弱（见表4-15）。

表4-15 2006~2015年高端装备制造产业领域中国专利申请产业内分布状况

单位：件

技术领域	类型（申请量）	分类（申请量）	技术领域	类型（申请量）	分类（申请量）
航空航天准备	发明专利（7451）实用新型（8694）发明授权专利（1916）	G06F17/30 (3047)	轨道交通	发明专利（98211）实用新型（141953）发明授权专利（32567）	B62K15/00 (613)
		G01C21/26 (1498)			B62K11/00 (605)
		G06F1/16 (1320)			B61L23/00 (587)
		G06F17/50 (1226)			E06B3/46 (571)
		H04L29/08 (1174)			F21S8/10 (528)
		H05K7/20 (1151)	汽车制造	发明专利（165400）实用新型（202571）发明授权专利（51846）	H02J7/00 (3440)
		G01C21/34 (1087)			F21S8/10 (2945)
		G06F1/18 (1048)			B60R16/02 (2601)
		G01C21/00 (1015)			G01M17/007 (2193)
		F24F1/00 (907)			B60L11/18 (1924)
海洋工程	发明专利（64451）实用新型（78958）发明授权专利（20267）	F03D9/00 (2172)			B60H1/00 (1755)
		E21B43/00 (1324)			B21D37/10 (1631)
		F24F5/00 (1119)			G08G1/01 (1477)
		H02J7/00 (1112)			B60J11/04 (1311)
		G05B19/418 (788)			B23K37/04 (1275)
		F21S9/03 (783)	智能制造	发明专利（1163148）实用新型（1032938）发明授权专利（387803）	H04L29/08 (19884)
		H05B37/02 (770)			H04L29/06 (18579)
		C10L3/10 (635)			G05B19/418 (18090)
		F27D17/00 (599)			H02J7/00 (12995)
		H02J3/38 (588)			H05B37/02 (12650)
轨道交通	发明专利（98211）实用新型（141953）发明授权专利（32567）	B65G35/00 (1632)			H04N7/18 (9906)
		H02J7/00 (1588)			H04L12/24 (9454)
		A61F5/042 (1012)			G06F17/30 (8942)
		B60L11/18 (962)			G05B19/042 (8080)
		E01D21/00 (863)			G01R31/00 (7139)

第五节 高端装备制造产业领域专利竞争者

一、专利竞争者整体状况

2006~2015年，高端装备制造产业领域的主要竞争者中，企业占据主导地位，其发明专利申请量达到1429466件（占该领域发明专利申请总量的64.46%）；而研究院所竞争力相对最弱、其发明专利申请量为109499件（仅为企业的约1/14）（见表4-16）。

表 4 - 16　高端装备制造产业领域中国专利分类竞争者结构状况（2006～2015 年）

类别	高校		研究院所		企业	
	申请量/件	占比	申请量/件	占比	申请量/件	占比
小计	448270	9.36	187857	3.92	3143396	65.64
发明申请	257525	11.61	109499	4.94	1429466	64.46
实用新型申请	190745	7.42	78358	3.05	1713930	66.66
发明授权	111705	15.08	45337	6.12	449445	60.66

　　高端装备制造领域的专利竞争者主要有国家电网公司、华为技术有限公、中兴通讯股份有限公司、鸿海精密工业股份有限公司、鸿富锦精密工业（深圳）有限公司、京东方科技集团股份有限公司、浙江大学、清华大学、东南大学、财团法人工业技术研究院、中国科学院长春光学精密机械与物理所等（见表 4 - 17）。

表 4 - 17　高端装备制造产业领域主要专利竞争者情况（2006～2015 年）

单位：件

类别	高校（申请量）	研究院所（申请量）	企业（申请量）
主要竞争者	浙江大学（11574）	财团法人工业技术研究院（2026）	国家电网公司（33144）
	清华大学（8782）	中科院长春光学精密机械与物理所（1818）	华为技术有限公司（31780）
	东南大学（7182）	电信科学技术研究院（1688）	中兴通讯股份有限公司（31118）
	哈尔滨工业大学（7061）	中国运载火箭技术研究院（1652）	鸿海精密工业股份有限公司（12365）
	上海交通大学（6850）	中国人民解放军国防科学技术大学（1651）	鸿富锦精密工业（深圳）有限公司（11246）
	华南理工大学（6293）	株式会社半导体能源研究所（1325）	索尼公司（8818）
	北京航空航天大学（6076）	中国科学技术大学（1322）	京东方科技集团股份有限公司（8580）
	天津大学（5113）	中国科学院沈阳自动化研究所（1220）	珠海格力电器股份有限公司（8424）
	吉林大学（4918）	中国科学院上海光学精密机械研究所（1211）	高通股份有限公司（7966）
	中国矿业大学（4734）	中国电力科学研究院（1074）	奇瑞汽车股份有限公司（7718）
IPC 分布	G05B19/418（2955）	A01K61/00（804）	G06F17/30（18507）
	G06F17/50（2239）	G05B19/418（612）	H04L29/06（17191）
	H04L29/08（2041）	G06F17/30（586）	H04L29/08（16815）
	G06F17/30（2011）	G06F17/50（569）	H02J7/00（12144）
	G05B19/042（1680）	H04L29/08（566）	G05B19/418（12135）
	H04L29/06（1651）	G01R31/00（519）	H05B37/02（10322）
	G06F19/00（1595）	H04L29/06（494）	H04L12/24（9238）
	H05B37/02（1575）	C02F9/14（452）	H04N7/18（7817）
	G09B25/02（1521）	G06F19/00（411）	H04M1/725（7444）
	H02J7/00（1457）	G01M11/02（406）	H04L12/56（6977）

二、产业内专利竞争者

1. 主要专利竞争者产业内分布

　　2006～2015 年，高端装备制造产业领域的专利竞争者包括国家电网公司、华为技术有限公司、中兴通讯股份有限公司、浙江吉利控股集团有限公司、丰田自动车株式会社、奇瑞汽车股份有限公司、北京航空航天大学、哈尔滨工业大学等，在航空航天装备、轨道交通装备、海洋工程装备、智能制造、汽车制造产业领域均有分布（见表4-18）。

表4-18 2011~2015年高端装备制造产业主要专利竞争者产业内分布状况

单位：件

技术领域	主要竞争者（专利申请量）	
航空航天	北京航空航天大学（1850）	鸿海精密工业股份有限公司（1098）
	哈尔滨工业大学（1353）	清华大学（1063）
	中兴通讯股份有限公司（1217）	浙江吉利控股集团有限公司（934）
	浙江大学（1153）	南京航空航天大学（889）
	华为技术有限公司（1115）	中国航空工业集团公司西安飞机设计研究所（800）
轨道交通	福特全球技术公司（1461）	西南交通大学（1007）
	中信戴卡股份有限公司（1413）	宝马股份公司（951）
	国家电网公司（1391）	南车株洲电力机车有限公司（810）
	南车青岛四方机车车辆股份有限公司（1232）	长春轨道客车股份有限公司（698）
	罗伯特·博世有限公司（1093）	北京交通大学（695）
海洋工程	中国石油天然气股份有限公司（1406）	西南石油大学（648）
	中国海洋石油总公司（1250）	浙江大学（612）
	中国石油化工股份有限公司（1089）	中国石油大学（华东）（579）
	中国石油天然气集团公司（763）	无锡同春新能源科技有限公司（533）
	国家电网公司（752）	哈尔滨工程大学（506）
智能制造	国家电网公司（29923）	清华大学（6149）
	华为技术有限公司（24483）	高通股份有限公司（6149）
	中兴通讯股份有限公司（23762）	联想（北京）有限公司（6002）
	三星电子株式会社（8883）	鸿海精密工业股份有限公司（5385）
	浙江大学（7100）	上海交通大学（5129）
汽车制造	浙江吉利控股集团有限公司（7416）	重庆长安汽车股份有限公司（4740）
	浙江吉利汽车研究院有限公司（5844）	北汽福田汽车股份有限公司（4295）
	丰田自动车株式会社（5657）	福特全球技术公司（3216）
	奇瑞汽车股份有限公司（5404）	长城汽车股份有限公司（3133）
	安徽江淮汽车股份有限公司（5157）	本田技研工业株式会社（3115）

2. 航空航天领域主要竞争者与IPC分布

2006~2015年，航空航天领域的专利竞争者集中于企业和高等院校，主要专利竞争者有中兴通讯股份有限公司、华为技术有限公司、鸿海精密工业股份有限公司、中国航空工业集团公司西安飞机设计研究所、中国科学院长春光学精密机械与物理研究所、上海卫星工程研究所、北京航空航天大学、南京航空航天大学、哈尔滨工业大学等，相关专利申请集中于G06F17/30、G01C21/26、G06F1/16、H05K7/20、H04L29/08等分类领域（见表4-19）。

表 4 – 19 航空航天领域中国专利申请 IPC 分布与主要竞争者状况（2006～2015 年）

单位：件

类别	类型（数量）	专利申请人/专利权人（申请量）	IPC 分布（申请量）
高校	发明申请（27418） 实用新型申请（11851） 发明授权专利（12008）	北京航空航天大学（1842）	G06F17/50（529）
		哈尔滨工业大学（1336）	G06F17/30（526）
		浙江大学（1135）	G06T7/00（399）
		清华大学（1029）	G06F19/00（361）
		南京航空航天大学（879）	B25J9/00（316）
		上海交通大学（701）	G01C21/00（251）
		东南大学（696）	G01C25/00（242）
		西北工业大学（686）	G06K9/00（222）
		北京理工大学（620）	G05D1/02（218）
		哈尔滨工程大学（616）	G01C21/16（213）
研究院所	发明申请（12814） 实用新型申请（5755） 发明授权专利（4963）	中国科学院长春光学精密机械与物理研究所（493）	G06F17/50（293）
		上海卫星工程研究所（379）	G06F17/30（231）
		中国运载火箭技术研究院（361）	G06F19/00（171）
		北京控制工程研究所（333）	G01C25/00（160）
		北京卫星环境工程研究所（215）	B64F5/00（137）
		中国科学院上海光学精密机械研究所（196）	H04B7/185（115）
		中国科学院西安光学精密机械研究所（187）	A01K61/00（96）
		中国科学院上海技术物理研究所（184）	G06T7/00（96）
		中国科学院自动化研究所（179）	G01M13/00（87）
		中国科学院沈阳自动化研究所（172）	C12Q1/68（85）
企业	发明申请（82334） 实用新型申请（95202） 发明授权专利（26339）	中兴通讯股份有限公司（1218）	G06F17/30（1996）
		华为技术有限公司（1117）	G01C21/26（1028）
		鸿海精密工业股份有限公司（1093）	G06F1/16（912）
		中国航空工业集团公司西安飞机设计研究所（803）	H05K7/20（910）
		鸿富锦精密工业（深圳）有限公司（758）	H04L29/08（812）
		哈尔滨飞机工业集团有限责任公司（495）	G06F1/18（768）
		西门子公司（474）	G01C21/34（758）
		高通股份有限公司（460）	H04M1/02（574）
		江西洪都航空工业集团有限责任公司（457）	H05K5/00（534）
		沈阳黎明航空发动机（集团）有限责任公司（409）	H04B7/185（521）

3. 轨道交通领域主要竞争者与 IPC 分布

2006～2015 年，轨道交通领域的专利竞争者集中于企业和高等院校，主要竞争者有福特全球技术公司、中信戴卡股份有限公司、南车青岛四方机车车辆股份有限公司、西南交通大学、北京交通大学、中国铁道科学研究院、北京控制工程研究所等，相关专利申请集中于 B65G35/00、H02J7/00、E01D21/00、B60L11/18、H02G1/02、G06F17/50 等分类领域（见表 4 – 20）。

表 4-20　轨道交通领域中国专利申请 IPC 分布与主要专利竞争者状况（2006~2015 年）

单位：件

类别	类型（数量）	专利申请人/专利权人（申请量）	IPC 分布（申请量）
高校	发明申请（11041）实用新型申请（8672）发明授权专利（4663）	西南交通大学（1004）	G06F17/50（191）
		北京交通大学（693）	G01M17/08（128）
		浙江大学（379）	H02J7/00（119）
		同济大学（358）	H02N15/00（113）
		吉林大学（342）	G06F19/00（104）
		中国矿业大学（320）	G08G1/01（103）
		中南大学（315）	A61F5/042（99）
		清华大学（305）	F16C32/04（98）
		哈尔滨工业大学（301）	B61K9/08（76）
		东南大学（295）	A63B69/00（74）
研究院所	发明申请（2224）实用新型申请（1830）发明授权专利（1042）	中国铁道科学研究院铁道建筑研究所（130）	G06F17/50（30）
		北京控制工程研究所（83）	G06F19/00（29）
		中国铁道科学研究院机车车辆研究所（78）	A01B49/06（27）
		上海市隧道工程轨道交通设计研究院（66）	G01C21/24（25）
		中国运载火箭技术研究院（61）	A01K61/00（24）
		中国铁道科学研究院金属及化学研究所（55）	E06B5/10（24）
		上海卫星工程研究所（47）	G01M17/08（21）
		农业部南京农业机械化研究所（44）	G05B19/418（21）
		贵阳铝镁设计研究院（41）	A01C7/00（20）
		中国科学院沈阳自动化研究所（36）	G01C25/00（20）
企业	发明申请（63045）实用新型申请（91983）发明授权专利（20613）	福特全球技术公司（1461）	B65G35/00（1371）
		中信戴卡股份有限公司（1413）	H02J7/00（951）
		国家电网公司（1391）	E01D21/00（790）
		南车青岛四方机车车辆股份有限公司（1232）	B60L11/18（558）
		罗伯特·博世有限公司（1093）	H02G1/02（464）
		宝马股份公司（951）	B23K37/04（463）
		南车株洲电力机车有限公司（810）	B23K37/00（437）
		长春轨道客车股份有限公司（698）	B61D27/00（432）
		南车南京浦镇车辆有限公司（599）	B61L23/00（414）
		南车长江车辆有限公司（557）	E01B29/00（411）

4. 海洋工程领域主要竞争者与 IPC 分布

2006~2015 年，海洋工程领域的专利竞争者集中于企业和高等院校，主要竞争者有中国石油天然气股份有限公司、中国海洋石油总公司、中国石油化工股份有限公司、西南石油大学、中国石油大学、中国科学院广州能源研究所、中国科学院海洋研究所等，相关专利申请集中于 H02J7/00、E21B43/00、F03D9/00、G05B19/418 等 IPC 分类（见表 4-21）。

表4-21　海洋工程领域中国专利申请IPC分布与主要专利竞争者状况（2006~2015年）

单位：件

类别	类型（数量）	专利申请人/专利权人（申请量）	IPC分布（申请量）
高校	发明申请（12616） 实用新型申请（7779） 发明授权专利（5499）	西南石油大学（648）	F03D9/00（273）
		浙江大学（606）	F03B13/14（224）
		中国石油大学（华东）（578）	F24F5/00（206）
		哈尔滨工程大学（506）	B63C11/52（183）
		浙江海洋学院（438）	H02N2/18（158）
		上海交通大学（435）	H02J7/00（156）
		天津大学（429）	H05B37/02（140）
		大连理工大学（423）	G05B19/418（132）
		清华大学（410）	C02F1/14（127）
		中国石油大学（北京）（335）	H02J3/38（122）
研究院所	发明申请（2661） 实用新型申请（1702） 发明授权专利（1247）	中国科学院沈阳自动化研究所（260）	A01K61/00（53）
		中国科学院广州能源研究所（150）	G01C13/00（44）
		中国科学院海洋研究所（126）	B63C11/52（43）
		山东省科学院海洋仪器仪表研究所（112）	C12M1/107（42）
		中国科学院工程热物理研究所（107）	G01N1/10（34）
		中国石化集团胜利石油管理局钻井工艺研究院（91）	C02F1/44（29）
		国家海洋局第二海洋研究所（74）	C12N1/20（29）
		中国科学院声学研究所（66）	G05B19/418（29）
		国家海洋局第一海洋研究所（66）	C02F1/04（24）
		国家海洋局天津海水淡化与综合利用研究所（55）	G01N1/22（22）
企业	发明申请（33106） 实用新型申请（46894） 发明授权专利（9925）	中国石油天然气股份有限公司（1406）	H02J7/00（649）
		中国海洋石油总公司（1250）	E21B43/00（632）
		中国石油化工股份有限公司（1089）	F03D9/00（553）
		中国石油天然气集团公司（763）	G05B19/418（520）
		国家电网公司（752）	F24F5/00（494）
		无锡同春新能源科技有限公司（533）	F27D17/00（469）
		中国石油集团西部钻探工程有限公司（315）	C10L3/10（468）
		宝鸡石油机械有限责任公司（283）	F21S9/03（457）
		中国石油化工集团公司（275）	H05B37/02（455）
		海洋石油工程股份有限公司（269）	E21B33/03（358）

5. 智能制造领域主要竞争者与IPC分布

2006~2015年，智能制造领域的专利竞争者集中于企业和高等院校，主要竞争者有国家电网公司、华为技术有限公司、中兴通讯股份有限公司、高通股份有限公司、浙江大学、清华大学、上海交通大学、电信科学技术研究院、中国科学院长春光学精密机械与物理研究所等，相关专利申请集中于H04L29/06、H04L29/06、G05B19/418、H02J7/00等IPC分类（见表4-22）。

表4-22 智能制造领域中国专利申请IPC分布与主要专利竞争者状况（2006～2015年）

单位：件

类别	类型（数量）	专利申请人/专利权人（申请量）	IPC分布（申请量）
高校	发明申请（158591） 实用新型申请（90836） 发明授权专利（67792）	浙江大学（7054）	G05B19/418（2950）
		清华大学（5946）	H04L29/08（1971）
		上海交通大学（5060）	G06F17/50（1737）
		东南大学（4453）	H04L29/06（1619）
		哈尔滨工业大学（4331）	G05B19/042（1612）
		华南理工大学（3901）	H05B37/02（1462）
		北京航空航天大学（3803）	H02J7/00（1143）
		天津大学（3188）	G06F19/00（1133）
		华中科技大学（3008）	H04N7/18（1052）
		吉林大学（2976）	G06F17/30（1030）
研究院所	发明申请（37306） 实用新型申请（17360） 发明授权专利（16252）	电信科学技术研究院（1420）	G05B19/418（581）
		中科院长春光学精密机械与物理研究所（1023）	H04L29/08（510）
		中国科学院沈阳自动化研究所（987）	H04L29/06（428）
		中国运载火箭技术研究院（893）	G01R31/00（337）
		财团法人工业技术研究院（866）	G06F17/50（336）
		中国电力科学研究院（809）	H04N7/18（264）
		中国科学院自动化研究所（650）	G06F17/30（254）
		中国科学院计算技术研究所（621）	G05B19/042（227）
		中国科学院微电子研究所（611）	G01M11/02（218）
		中国科学院合肥物质科学研究院（534）	H04L1/00（216）
企业	发明申请（764910） 实用新型申请（697295） 发明授权专利（240092）	国家电网公司（29923）	H04L29/06（15270）
		华为技术有限公司（24483）	H04L29/08（15195）
		中兴通讯股份有限公司（23762）	G05B19/418（12475）
		高通股份有限公司（6149）	H02J7/00（8774）
		联想（北京）有限公司（6002）	H05B37/02（8497）
		鸿海精密工业股份有限公司（5385）	H04L12/24（8397）
		索尼公司（4716）	H04N7/18（7071）
		鸿富锦精密工业（深圳）有限公司（4496）	G06F17/30（6682）
		珠海格力电器股份有限公司（4300）	H04M1/725（5966）
		腾讯科技（深圳）有限公司（3856）	H02J13/00（5825）

6. 汽车制造领域主要竞争者与IPC分布

2006～2015年，汽车制造领域的专利竞争者集中于企业和高等院校，主要竞争者有浙江吉利控股集团有限公司、奇瑞汽车股份有限公司、安徽江淮汽车股份有限公司、重庆长安汽车股份有限公司、吉林大学、长安大学、中国北方车辆研究所、西安申科电子研究所等，相关专利申请集中于H02J7/00、F21S8/10、B60R16/02、B21D37/10、G01M17/007等分类领域（见表4-23）。

表 4 - 23 汽车制造领域中国专利申请 IPC 分布与主要专利竞争者状况（2006~2015 年）

单位：件

类别	类型（数量）	专利申请人/专利权人（申请量）	IPC 分布（申请量）
高校	发明申请（15612） 实用新型申请（13182） 发明授权专利（6119）	吉林大学（1325）	G01M17/007（411）
		长安大学（1320）	G08G1/01（384）
		江苏大学（654）	G06F17/50（295）
		清华大学（631）	H02J7/00（258）
		山东理工大学（545）	B60Q9/00（253）
		同济大学（536）	G08G1/00（232）
		北京理工大学（465）	G06K9/00（178）
		华南理工大学（462）	G08G1/16（154）
		东南大学（436）	G05B19/418（149）
		浙江大学（432）	B60Q5/00（148）
研究院所	发明申请（1391） 实用新型申请（763） 发明授权专利（592）	中国北方车辆研究所（207）	G01M17/007（35）
		西安申科电子研究所（123）	F16B41/00（28）
		交通运输部公路科学研究所（58）	G08G1/01（27）
		中国铁道科学研究院机车车辆研究所（57）	H02J7/00（23）
		北京航天发射技术研究所（56）	G05B19/418（19）
		中国运载火箭技术研究院（55）	G08G1/00（19）
		中国科学院深圳先进技术研究院（50）	G08G1/017（17）
		中国科学院自动化研究所（45）	B60L11/18（13）
		住友电气工业株式会社（43）	G07B15/00（13）
		住友电装株式会社（43）	B60R16/02（12）
企业	发明申请（102744） 实用新型申请（138424） 发明授权专利（30109）	浙江吉利控股集团有限公司（7416）	H02J7/00（2354）
		浙江吉利汽车研究院有限公司（5844）	F21S8/10（2080）
		奇瑞汽车股份有限公司（5404）	B60R16/02（1918）
		安徽江淮汽车股份有限公司（5157）	B21D37/10（1546）
		重庆长安汽车股份有限公司（4740）	G01M17/007（1475）
		北汽福田汽车股份有限公司（4295）	B60H1/00（1274）
		福特全球技术公司（3216）	G01B5/00（1216）
		长城汽车股份有限公司（3133）	B23K37/04（1207）
		北京汽车股份有限公司（2829）	B60L11/18（1143）
		通用汽车环球科技运作有限责任公司（2413）	B60K5/12（911）

三、区域专利竞争者

1. 东部地区主要专利竞争者

2006~2015 年，东部地区高端装备制造产业领域的专利竞争者主要集中在北京、浙江、江苏、广东、上海，主要专利竞争者有国家电网公司、清华大学、浙江大学、联想（北京）有限公司、浙江吉利控股集团有限公司、华为技术有限公司、中兴通讯股份有限公司、京东方科技集团股份有限公司、鸿海精密工业股份有限公司、北汽福田汽车股份有限公司等。各省区市主要专利竞争者见表 4 - 24。

表 4-24 东部地区高端装备制造产业领域主要专利竞争者状况（2006～2015 年）

单位：件

省区市	北京	天津	河北
主要专利竞争者（申请量）	国家电网公司（33144）	天津大学（5113）	长城汽车股份有限公司（4028）
	清华大学（8782）	河北工业大学（1311）	中信戴卡股份有限公司（1739）
	京东方科技集团股份有限公司（8580）	天津工业大学（1305）	燕山大学（1668）
	中国石油化工股份有限公司（7776）	乐金电子（天津）电器有限公司（1013）	华北电力大学（保定）（1173）
	联想（北京）有限公司（7683）	天津理工大学（852）	河北工业大学（710）
	中国石油天然气股份有限公司（7310）	乐视致新电子科技（天津）有限公司（799）	河北科技大学（673）
	北京航空航天大学（6076）	天津力神电池股份有限公司（790）	保定天威集团有限公司（663）
	北汽福田汽车股份有限公司（5800）	天津商业大学（615）	新兴铸管股份有限公司（656）
	北京工业大学（4332）	国网天津市电力公司（601）	中国电子科技集团五十四研究所（645）
	小米科技有限责任公司（4306）	天津职业技术师范大学（611）	唐山轨道客车有限责任公司（525）

省份	上海	江苏	浙江
主要专利竞争者（申请量）	上海交通大学（6850）	东南大学（7182）	浙江大学（11574）
	宝山钢铁股份有限公司（3841）	中国矿业大学（4734）	浙江吉利控股集团有限公司（9813）
	同济大学（3536）	江苏大学（4682）	浙江吉利汽车研究院有限公司（7278）
	上海理工大学（3191）	南京航空航天大学（3712）	浙江工业大学（4338）
	上海大学（3117）	河海大学（3335）	杭州华三通信技术有限公司（3643）
	上海斐讯数据通信技术有限公司（2881）	江南大学（2766）	浙江海洋学院（3361）
	东华大学（2658）	好孩子儿童用品有限公司（2316）	浙江理工大学（3030）
	中芯国际集成电路制造（上海）公司（1878）	苏州大学（2049）	杭州电子科技大学（2442）
	上海汽车集团股份有限公司（1823）	富士康（昆山）电脑接插件有限公司（1989）	中国计量学院（2130）
	泛亚汽车技术中心有限公司（1668）	南京理工大学（1951）	浙江吉利汽车研究院杭州分公司（1990）

省区市	广东	海南	福建
主要专利竞争者（申请量）	华为技术有限公司（31780）	福田雷沃国际重工股份有限公司（560）	厦门大学（1520）
	中兴通讯股份有限公司（31118）	海南大学（343）	福州大学（1081）
	鸿海精密工业股份有限公司（12365）	一汽海马汽车有限公司（203）	厦门理工学院（739）
	鸿富锦精密工业（深圳）有限公司（11246）	中国热带农业科学院橡胶研究所（137）	福建星网锐捷网络有限公司（726）
	珠海格力电器股份有限公司（8424）	海南英利新能源有限公司（64）	华侨大学（647）
	腾讯科技（深圳）有限公司（7540）	中国热带农业科学院热作品种资源所（55）	福建农林大学（617）
	华南理工大学（6293）	海南金海浆纸业有限公司（48）	福建师范大学（578）
	比亚迪股份有限公司（5441）	三亚中兴软件有限责任公司（45）	国家电网公司（508）
	美的集团股份有限公司（4846）	海安县商业学校（43）	福建工程学院（473）
	广东欧珀移动通信有限公司（4606）	海南科技职业学院（41）	九牧厨卫股份有限公司（469）

续表

省区市	山东		
主要专利竞争者（申请量）	山东大学（3874）	中国石油大学（华东）（2317）	歌尔声学股份有限公司（1755）
	山东科技大学（3866）	中国重汽集团济南动力有限公司（2266）	山东理工大学（1698）
	海尔集团公司（3319）	潍柴动力股份有限公司（2039）	
	浪潮电子信息产业股份有限公司（2556）	济南大学（1819）	

2. 东北部地区主要专利竞争者

2006~2015 年，东北部地区高端装备制造产业领域的专利竞争者主要集中在黑龙江和吉林，主要专利竞争者有吉林大学、中科院长春光学精密机械与物理所、哈尔滨工业大学、中国第一汽车股份有限公司、哈尔滨工程大学、长春轨道客车股份有限公司、哈尔滨飞机工业集团有限责任公司等。各省区市主要专利竞争者见表 4－25。

表 4－25　东北部地区高端装备制造产业领域主要专利竞争者状况（2006~2015 年）

单位：件

省区市	辽宁	黑龙江	吉林
主要专利竞争者（申请量）	沈阳黎明航空发动机集团（409）	哈尔滨工业大学（7061）	吉林大学（4918）
	中航集团沈阳飞机设计研究所（340）	哈尔滨工程大学（3531）	中科院长春光学精密机械与物理所（1818）
	大连理工大学（328）	哈尔滨理工大学（2061）	中国第一汽车股份有限公司（1130）
	中航集团沈阳发动机设计研究所（219）	东北石油大学（1520）	中国第一汽车集团公司（969）
	中国科学院沈阳自动化研究所（169）	东北农业大学（833）	长春轨道客车股份有限公司（954）
	沈阳飞机工业（集团）有限公司（160）	哈尔滨飞机工业集团有限责任公司（831）	长春理工大学（789）
	大连海事大学（132）	东北林业大学（827）	长春工业大学（672）
	三一重型装备有限公司（130）	哈尔滨师范大学（771）	北华大学（362）
	东北大学（123）	佳木斯大学（635）	东北电力大学（325）
	沈阳航空航天大学（97）	齐齐哈尔轨道交通装备有限责任公司（615）	长春黄金研究院（301）

3. 中部地区主要专利竞争者

2006~2015 年，中部地区高端装备制造产业领域的专利竞争者主要集中在安徽、湖北、湖南，主要专利竞争者有奇瑞汽车股份有限公司、安徽江淮汽车股份有限公司、华中科技大学、武汉钢铁（集团）公司、中联重科股份有限公司、三一重工股份有限公司、安徽理工大学等。各省区市主要专利竞争者见表 4－26。

表4-26 中部地区高端装备制造产业领域主要专利竞争者状况（2006～2015年）

单位：件

省区市	安徽	湖北	湖南
主要专利竞争者（申请量）	奇瑞汽车股份有限公司（7718）	华中科技大学（4179）	中联重科股份有限公司（3689）
	安徽江淮汽车股份有限公司（7428）	武汉钢铁（集团）公司（3903）	中南大学（2208）
	安徽理工大学（2417）	武汉大学（2523）	三一重工股份有限公司（2134）
	合肥工业大学（1551）	武汉理工大学（2515）	湖南大学（1657）
	中国科学技术大学（1322）	中冶南方工程技术有限公司（2007）	中国人民解放军国防科学技术大学（1651）
	安徽工程大学（1254）	东风汽车公司（1607）	南车株洲电力机车有限公司（1328）
	京东方科技集团股份有限公司（1201）	三峡大学（1585）	楚天科技股份有限公司（1050）
	中国十七冶集团有限公司（1136）	东风汽车股份有限公司（1096）	长沙理工大学（1037）
	淮南矿业（集团）有限责任公司（1125）	武汉科技大学（1006）	株洲南车时代电气股份有限公司（973）
	合肥华凌股份有限公司（1053）	中国地质大学（武汉）（921）	湖南科技大学（775）

省区市	河南	山西	江西
主要专利竞争者（申请量）	河南科技大学（2015）	山西太钢不锈钢股份有限公司（1522）	南昌大学（907）
	河南理工大学（1441）	中北大学（1119）	江西洪都航空工业集团有限公司（870）
	河南中烟工业有限责任公司（1167）	太原理工大学（1046）	南昌航空大学（726）
	郑州宇通客车股份有限公司（980）	太原重工股份有限公司（983）	江铃汽车股份有限公司（628）
	郑州大学（955）	中国电子科技集团第五十四研究所（645）	江西科技学院（522）
	洛阳理工学院（928）	永济新时速电机电器有限责任公司（588）	泰豪科技股份有限公司（365）
	黄河科技学院（715）	山西晋城无烟煤矿业集团有限公司（548）	江西铜业股份有限公司（352）
	许继集团/电气股份有限公司（568）	北车集团大同电力机车有限公司（435）	中国瑞林工程技术有限公司（308）
	中信重工机械股份有限公司（481）	山西大运汽车制造有限公司（418）	东方电气集团东方汽轮机有限公司（297）
	河南工业大学（467）	太原科技大学（412）	江西理工大学（295）

4. 西部地区主要专利竞争者

2006～2015年，西部地区高端装备制造产业领域的专利竞争者主要集中在四川、重庆、陕西、云南，主要专利竞争者有重庆长安汽车股份有限公司、长安大学、重庆大学、力帆实业（集团）股份有限公司、西安交通大学、西北工业大学、昆明理工大学、广西大学、广西玉柴机器股份有限公司、四川长虹电器股份有限公司等。各省区市主要专利竞争者见表4-27。

表4-27 西部地区高端装备制造产业领域主要专利竞争者状况（2006～2015年）

单位：件

省区市	四川	重庆	陕西
主要专利竞争者（申请量）	电子科技大学（2837）	重庆长安汽车股份有限公司（5597）	长安大学（4449）
	西南交通大学（2403）	重庆大学（3886）	西安交通大学（3925）
	四川长虹电器股份有限公司（2216）	力帆实业（集团）股份有限公司（3067）	西北工业大学（3015）
	四川大学（2070）	中冶赛迪工程技术股份有限公司（1073）	西安电子科技大学（2291）
	西南石油大学（1522）	重庆交通大学（863）	陕西科技大学（1811）
	四川农业大学（1035）	重庆邮电大学（774）	西安科技大学（1528）

续表

省区市	四川	重庆	陕西
主要专利竞争者（申请量）	中国科学院光电技术研究所（746）	西南大学（723）	西安理工大学（1386）
	攀钢集团攀枝花钢钒有限公司（729）	重庆润泽医药有限公司（630）	中国人民解放军第四军医大学（1269）
	成都华为赛门铁克科技有限公司（727）	隆鑫通用动力股份有限公司（618）	中航集团西安飞机设计研究所（1134）
	西华大学（708）	解放军第三军医大学第一附属医院（608）	陕西理工学院（1069）

省区市	广西	云南	贵州
主要专利竞争者（申请量）	广西大学（2831）	昆明理工大学（3983）	贵州大学（1231）
	广西玉柴机器股份有限公司（2691）	云南大红山管道有限公司（456）	贵阳铝镁设计研究院（834）
	上汽通用五菱汽车股份有限公司（1666）	武钢集团昆明钢铁股份有限公司（403）	瓮福（集团）有限责任公司（677）
	桂林电子科技大学（1266）	云南昆船设计研究院（396）	贵阳铝镁设计研究院有限公司（672）
	广西科技大学（598）	云南电力试验研究院电力研究院（340）	中国电建集团贵阳勘测设计院（312）
	广西柳工机械股份有限公司（497）	红塔烟草（集团）有限责任公司（297）	贵州电力试验研究院（289）
	桂林理工大学（379）	云南农业大学（260）	贵州中烟工业有限责任公司（233）
	广西电网公司电力科学研究院（349）	云南电网公司技术分公司（245）	贵州航天精工制造有限公司（213）
	东风柳州汽车有限公司（292）	云南师范大学（244）	贵州航天电器股份有限公司（202）
	广西师范大学（256）	云南电网有限公司电力科学研究院（216）	贵州久联民爆器材发展股份有限公司（170）

省区市	新疆	甘肃	内蒙古
主要专利竞争者（申请量）	中石油集团西部钻探工程公司（775）	金川集团股份有限公司（821）	内蒙古包钢钢联股份有限公司（545）
	宝钢集团新疆八一钢铁有限公司（681）	兰州理工大学（462）	内蒙古科技大学（416）
	新疆八一钢铁股份有限公司（496）	兰州大学（457）	中冶东方工程技术有限公司（333）
	石河子大学（478）	甘肃农业大学（418）	内蒙古伊利实业集团股份有限公司（329）
	新疆农垦科学院（246）	兰州交通大学（405）	内蒙古工业大学（207）
	塔里木大学（210）	金川集团有限公司（396）	内蒙古北方重工业集团有限公司（175）
	新疆金风科技股份有限公司（180）	白银有色集团股份有限公司（340）	内蒙古蒙牛乳业（集团）股份公司（165）
	新疆天业（集团）有限公司（164）	甘肃酒钢集团宏兴钢铁股份公司（323）	内蒙古北方重型汽车股份有限公司（153）
	新疆大学（162）	中科院寒区旱区环境与工程研究所（246）	内蒙古民族大学（150）
	新疆农业大学（158）	中国农科院兰州畜牧与兽药研究所（237）	内蒙古电力勘测设计院（140）

省区市	宁夏	青海	西藏
主要专利竞争者（申请量）	宁夏大学（229）	青海林丰农牧机械制造有限公司（90）	中国船舶工业集团公司第七〇八研究所（47）
	宁夏嘉翔自控技术有限公司（199）	中国科学院青海盐湖研究所（73）	西藏奇正藏药股份有限公司（10）
	北方民族大学（147）	玉树华王投资有限公司（49）	拉萨达孜县兴农农机设备开发有限公司（8）
	宁夏巨能机器人系统有限公司（144）	中国科学院西北高原生物研究所（48）	中国船舶工业集团公司第七〇八研究所（7）
	宁夏天地奔牛实业集团有限公司（127）	西部矿业股份有限公司（46）	拉萨集通电子发展有限公司（7）
	宁夏共享集团有限责任公司（113）	中国水利水电第四工程局有限公司（43）	西藏昌都惠恒发展有限公司（7）
	宁夏共享机床辅机有限公司（85）	青海盐湖工业股份有限公司（40）	西藏国策环保科技股份有限公司（5）
	宁夏农林科学院（83）	西宁共进新材料科技有限公司（37）	
	宁夏先锋软件有限公司（80）	青海电力科学试验研究院（33）	
	宁夏日晶新能源装备股份有限公司（73）	国网青海省电力公司（32）	

第六节 云南高端装备制造产业专利竞争状况

一、专利申请、授权与有效状况

2006~2015 年，在高端装备制造产业，云南共申请中国发明与实用新型专利 28329 件（占全国的 0.67%），其中发明专利 7558 件（占发明与实用新型申请总量的 26.68%）；共获得专利授权 23357 件（占全部中国专利的 0.77%），其中发明专利 2586 件（占发明与实用新型授权总量的 11.07%），发明专利授权率 34.22%，与全国整体水平相当（见表 4-28）。

表 4-28 云南高端装备制造产业领域中国专利申请、授权与有效状况表（2006~2015 年）

类别	数量/件	结构（%）	授权率（%）	占比（%）	有效专利/件	有效率（%）	占比（%）
专利申请总量	28329			0.67			
发明申请	7558	26.68		0.45			
实用新型申请	20771	73.32		0.82			
专利授权总量	23357		82.45	0.77	17429	74.62	0.72
发明授权	2586	11.07	34.22	0.51	2237	86.50	0.33
实用新型授权	20771	88.93		0.82	15192	73.14	0.87

截至 2016 年 6 月，在高端装备制造产业，云南 2006~2015 年申请并获得授权的专利中，有 17429 件处于有效状态。其中，发明专利 2237 件（占有效专利的 12.83%），发明专利有效率达到 86.50%，发明专利有效率低于全国整体水平（见表 4-29）。

表 4-29 云南高端装备制造产业领域中国专利年度状况（2006~2015 年）

单位：件

年度	申请量			授权量			有效专利		
	发明	实用新型	小计	发明	实用新型	小计	发明	实用新型	小计
2005 年前	1079	5020	6099	471	5020	5491	114		114
2006 年	216	476	692	110	476	586	58	53	111
2007 年	240	528	768	107	528	635	59	150	209
2008 年	355	778	1133	168	778	946	83	196	279
2009 年	416	1058	1474	241	1058	1299	161	341	502
2010 年	576	1279	1855	315	1279	1594	267	575	842
2011 年	712	1831	2543	342	1831	2173	320	1010	1330
2012 年	892	2465	3357	427	2465	2892	422	1742	2164
2013 年	1100	3221	3331	566	3221	3787	566	2307	2873
2014 年	1417	4030	5447	299	4030	4329	290	3718	4008
2015 年	1634	5105	6739	11	5105	5116	11	5100	5111
合计	7647	25791	33438	3057	25791	28848	2351	15192	17543

2006～2015 年，云南高端装备制造产业领域的中国专利申请和授权量稳步增长，尤其是近 5 年来增长幅度较大，专利申请年均增长率 35.37%，增长幅度高于全国整体水平。但云南该领域的专利申请和获权量占全国比例均较低，均居全国第 22 位，产业专利技术创新和竞争能力不足。

二、主要竞争者与 IPC 分布

2006～2015 年，云南高端装备制造产业领域的主要竞争者中，企业占据主导地位，其发明专利申请量达到 3694 件（占全省的 48.88%）；高等院校也有较强的竞争实力，其发明专利申请量达到 1780 件（占全省的 23.55%）；而研究院所竞争力相对最弱、其发明专利申请量为 499 件（仅为企业的约 1/7）（见表 4-30）。

表 4-30　云南高端装备制造产业领域中国专利分类竞争者结构状况（2006～2015 年）

类别	高校/件	高校占比（%）	研究院所/件	研究院所占比（%）	企业/件	企业占比（%）
申请量小计	6141	21.68	1512	5.34	17007	60.03
发明申请	1780	23.55	499	6.60	3694	48.88
实用新型申请	3702	17.82	794	3.82	12031	57.92
发明授权	659	25.48	219	8.47	1282	49.57

高端装备制造领域的专利竞争者主要有昆明理工大学、云南农业大学、云南昆船设计研究院、云南烟草科学研究院、云南大红山管道有限公司、武钢集团昆明钢铁股份有限公司、昆明中铁大型养路机械集团有限公司等，相关专利申请集中于 A23F3/06、G01R31/00、G01R31/12、F24J2/46、B07B1/28、A24F47/00 等分类领域（见表 4-31）。

表 4-31　云南高端装备制造产业领域中国专利申请 IPC 分布与主要专利竞争者状况（2006～2015 年）

单位：件

类别	类型（数量）	专利申请人/专利权人（申请量）	IPC 分布（申请量）
高校	发明申请（1637） 实用新型申请（3473） 发明授权专利（621）	昆明理工大学（3983）	G01R31/08（37）
		云南农业大学（260）	H02H7/26（36）
		云南师范大学（244）	H02J7/00（35）
		云南大学（201）	G05B19/418（30）
		昆明学院（173）	H05B37/02（25）
		红河学院（59）	C23C24/10（23）
		大理学院（27）	G06T7/00（23）
		昆明医科大学（23）	C25C7/02（20）
		西南林业大学（21）	E01B29/09（20）
		云南国土资源职业学院（16）	A01G9/02（18）

续表

类别	类型（数量）	专利申请人/专利权人（申请量）	IPC 分布（申请量）
研究院所	发明申请（499）实用新型申请（794）发明授权专利（219）	云南昆船设计研究院（396）	A24B3/04（25）
		云南烟草科学研究院（123）	A01K67/033（22）
		云南省烟草农业科学研究院（53）	A01G1/00（18）
		中国水电顾问集团昆明勘测设计研究院（37）	A24B3/10（18）
		昆明冶金研究院（37）	A24B3/12（16）
		云南省农业科学院农业环境资源研究所（36）	G01N33/24（11）
		中国科学院昆明动物研究所（33）	A01G9/02（10）
		昆明冶金高等专科学校（32）	B65B69/00（10）
		昆明贵金属研究所（32）	E02D33/00（10）
		昆明物理研究所（31）	A24B3/00（9）
企业	发明申请（3694）实用新型申请（12031）发明授权专利（1282）	云南大红山管道有限公司（456）	A23F3/06（112）
		武钢集团昆明钢铁股份有限公司（403）	G01R31/00（80）
		云南电力试验研究院（集团）有限公司电力研究院（306）	G01R31/12（77）
		红塔烟草（集团）有限责任公司（297）	F24J2/46（72）
		云南电网公司技术分公司（245）	B07B1/28（67）
		昆明中铁大型养路机械集团有限公司（217）	A24F47/00（65）
		云南电网有限责任公司电力科学研究院（216）	G05B19/418（63）
		云南中烟工业有限责任公司（205）	A23N17/00（61）
		红云红河烟草（集团）有限责任公司（202）	A23N12/02（60）
		玉溪大红山矿业有限公司（143）	H02G1/02（53）

第五章　新材料产业专利竞争分析

第一节　新材料产业技术领域

新材料技术主要包括新材料产品，主要涉及特种功能材料、高性能结构材料、复合新材料、超导材料、能源材料、纳米材料、智能材料、磁性材料、生物医用材料、生态环境材料及其制备工艺和应用等。

一、特种功能材料

在电、磁、声、光、热等方面具有特殊性能，或者在其作用下表现出特殊功能的材料，包括无机分离催化膜、大尺寸光学金刚石膜、有机磁性材料、敏感材料与传感器、先进半导体、海量存储材料、平板显示材料等。

二、高性能结构材料

航空航天、交通运输、电子信息、能源动力专用材料，包括金属类工程结构材料（钢材料、稀有金属新材料、高温合金、高性能合金），高性能高温合金材料（钛合金、铝合金等高温合金、粉末合金、高温结构金属间化合物，高熔点金属间化合物），先进陶瓷材料（耐高温、高强、耐磨损、耐腐蚀陶瓷部件），高分子合成材料（合成树脂、纤维和橡胶），复合结构材料等。

三、复合新材料

金属基体复合材料、非金属基体复合材料、增强材料，主要包括铝、镁、铜、钛及其合金复合材料，合成树脂、橡胶、陶瓷、石墨、碳等，玻璃纤维、碳纤维、硼纤维、芳纶纤维、碳化硅纤维、石棉纤维、晶须、金属丝、硬质细粒、玻璃钢，纱类、机织物、无纺毡、编织物、缝编织物、复合毡等。

四、超导材料

超导元素、合金材料、超导化合物、超导陶瓷；高温氧化物超导体；$NbTi$、N_b3Sn 超导材在核磁共振人体成像（NMRI）、超导磁体及大型加速器磁体等领域的应用；SQUID 作为超导体在微弱电磁信号测量方面的应用；超导发电机线圈磁体，超导输电线和超导变压器，超导磁悬浮列车。

五、能源材料

光伏（太阳能电池）材料、储氢材料（如 LaN_i5 等金属化合物）、固体氧化物燃料电池材料（如固体电解质薄膜、电池阴极材料、有机质子交换膜）等。

六、纳米材料

纳米材料的制备与合成技术；天然纳米材料、纳米磁性材料、纳米陶瓷材料、纳米传感器、纳米倾斜功能材料、纳米半导体材料、纳米催化材料；纳米计算机、纳米碳管、纳米材料应用技术（纳米材料在医疗、家电多功能塑料、环境保护、纺织工业、机械工业中的应用）。

七、智能材料

嵌入式智能材料（传感、动作和处理智能材料）和智能功能材料，如导线传感器、形状记忆合金、压电材料、磁致伸缩材料、导电高分子材料、电流变液和磁流变液等智能材料、驱动组件材料等。

八、磁性材料

软磁材料（铁硅合金、铁镍合金、非晶金属等）；硬磁材料（铁氧体和金属永磁材料）。

九、生物医用材料

生物医用金属材料（硬组织、软组织、人工器官和外科辅助器材等，主要有纯金属钛、钽、铌、锆等，不锈钢、钴基合金和钛基合金等）；生物医用无机非金属材料或生物陶瓷（陶瓷、玻璃、碳素等无机非金属材料）；生物医用高分子材料（非降解和可生物降解高分子材料，包括用于人体软硬组织修复体、人工器官、人造血管、接触镜、膜材、黏结剂和管腔制品等的聚乙烯、聚丙烯、聚丙烯酸酯、芳香聚酯、聚硅氧烷、聚甲醛和胶原、线性脂肪族聚酯、甲壳素、纤维素、聚氨基酸、聚乙烯醇、聚己丙酯等）；生物医用复合材料或生物复合材料（高分子基、金属基和无机非金属三类）；生物衍生材料或生物再生材料（人工心瓣膜、血管修复体、皮肤掩膜、纤维蛋白制品、骨修复体、巩膜修复体、鼻种植体、血液唧筒、血浆增强剂和血液透析膜等）；生物芯片；血液净化材料等。

十、生态环境材料

生物降解材料（淀粉基降解材料、PL 类降解材料、聚酸酐降解材料、聚氨酯 PUR 降解材料、聚对苯二甲酸乙二酯 PET/聚乙二醇 PEG 降解材料等）；高分子材料（长寿命高分子材料）；仿生物材料（组织工程材料和仿生智能材料等，如组织引导材料、组织诱导材料、组织隔离材料、组织修复材料和组织替换材料，智能高分子凝胶材料、智能药物释放体系以及仿生薄膜材料等）；固沙植被材料，节能、环保的建筑材料（流态化水泥烧成技术，纯氧燃烧浮法玻璃技术等）。

第二节　新材料产业专利技术分类与检索关键词

一、新材料产业专利技术分类

新材料产业涉及功能材料（磁性材料、光敏材料、气敏材料、超导材料）、结构材料（合金、陶瓷、型材）、生物材料、医用材料、能源材料（光伏材料、储能材料、储热材料）、复合材料、生态环境材料等，产业领域的 IPC 专利技术分布于 A、B、C、F、G、H 部，主要涉及 A61K、A61L、B01D、B01J、B05、B22F、B22、B23K、B24B、B28B、B28D、B29K、B29C、B41N、B65D、C01G、C04B、C08F、C08G、C08J、C21B、C21D、C21F、C21G、C22B、C22C、C22F、C23C、C25C、D01、D02、D06N、D06Q。F21L、F24J、F26B、G03G、G11B、G11B、H01B、H01C、H01F、H01L 分类领域（见表 5 - 1）。

表 5-1 新材料产业领域 IPC 专利分类

国际专利分类	小类号	国际专利分类	小类号
B01 一般的物理或化学的方法或装置	B01J 化学或物理方法，例如，催化作用、胶体化学；其有关设备	C08 有机高分子化合物；其制备或化学加工；以其为基料的组合物	C08F 仅用碳-碳不饱和键反应得到的高分子化合物 C08G 用碳-碳不饱和键以外的反应得到的高分子化合物
B05 一般喷射或雾化；对表面涂覆液体或其他流体的一般方法；	B05B 喷射装置；雾化装置；喷嘴 B05C 一般对表面涂布液体或其他流体的装置 B05D 对表面涂布液体或其他流体的一般工艺	C21 铁的冶金	C21D 改变黑色金属的物理结构；黑色或有色金属或合金热处理用的一般设备；通过脱碳、回火或其他处理使金属具有韧性
B21 基本上无切削的金属机械加工；金属冲压	B21B 金属的轧制 B21C 用非轧制的方式生产金属板、线、棒、管、型材或类似半成品；与基本无切削金属加工有关的辅助加工 B21D 金属板或管或棒或型材的基本无切削加工或处理；冲压 B21F 线材的加工或处理 B21G 销，针，钉的制造	C22 冶金；黑色或有色金属合金；合金或有色金属的处理	C22C 合金 C22F 改变有色金属或有色合金的物理结构
B22 铸造；粉末冶金	B22D 金属铸造；用相同工艺或设备的其他物质的铸造 B22F 金属粉末的加工；由金属粉末制造制品；金属粉末的制造	D01 天然或人造的线或纤维；纺纱或纺丝	
B28 加工水泥、黏土或石料	B28B 黏土或其他陶瓷成分、熔渣或含有水泥材料的混合物 B28C 制造黏土；制造含有黏土或水泥材料的混合料 B28D 加工石头或类似石头的材料	D02 纱线；纱线或绳索的机械整理；整经或络经	
B29 塑料的加工；一般处于塑性状态物质的加工	B29C 塑料的成型或连接；塑性状态物质的一般成型；已成型产品的后处理，例如修整 B29K 与小类 B29B、B29C 或 B29D 联合使用的、涉及成型材料或涉及用于增强材料、填料或预型件	D06 织物等的处理；洗涤；其他类不包括的柔性材料；	D06N 墙壁、地面等的覆盖材料，如由涂着一层高分子材料的纤维网制成的油毡、油布、人造革、油毛毡；其他类不包括的柔性平幅材料
B41 印刷；排版机；打字机；模印机	B41N 印版或箔	D21 造纸；纤维素的生产	D21H 浆料或纸浆组合物；不包括在小类 D21C、D21D 中的纸浆组合物的制备；纸的浸渍或涂布；不包括在大类 B31 或小类 D21G 中的成品纸的加工；其他类不包括的纸
C01 无机化学	C01G 含有不包含在 C01D 或 C01F 小类中之金属的化合物	H01 基本电气元件	H01B 电缆；导体；绝缘体；导电、绝缘或介电材料的选择 H01F 磁体；电感；变压器；磁性材料的选择
C04 泥；混凝土；人造石；陶瓷；耐火材料；	C04B 石灰；氧化镁；矿渣；水泥；其组合物，例如：砂浆、混凝土或类似的建筑材料；人造石；陶瓷		

二、新材料产业领域专利检索关键词

通过对新材料产业技术背景进行研究，提出产业专利技术检索主题词主要包括：功能材料、超导材料、储氢材料、储热材料、智能材料、传感材料、压电材料、气敏材料、仿生材料、储电材料、磁材料、存储材料、显示材料、发光材料、记忆合金、伸缩材料、降解材料、半导体；膜、板、片、丝；超导、NbTi、Nb_3Sn、铁硅、铁镍、非晶、铁氧、永磁、纳米；航空、航天、空间、太空、飞机、飞行、卫星；光伏材料、太阳能材料、光敏材料、多晶硅、单晶硅、燃料电池；陶瓷、高温化合物、高性能材料、粉末材料、钛合金、铝合金、化合物、镁合金；高分子材料、复合材料、复合树脂、合成纤维、合成橡胶；结构钢、型材、塑钢、玻璃钢、石棉；燃料电池、锂；电解膜、电极材料；复合材料、合成材料、合成树脂、合成橡胶、纤维增强；医用、生物、手术、外科材料；人造器官、人工心脏、人造骨、人造皮、人造血、人工牙、人造组织、人造细胞、人造膜；生物玻璃、碳素、生物芯片、生物陶瓷；降解、淀粉基、仿生材料、仿生膜；固沙材料、植被固定材料；环保材料、节能材料、无毒材料、无害材料。

第三节 新材料产业领域专利整体状况

一、新材料产业领域专利申请、授权与有效状况

1. 专利申请与授权情况

2006～2015年，新材料产业领域的中国发明与实用新型专利申请总量为3861405件。其中，发明2247817件（占比58.21%），实用新型1613588件（占比41.79%）。从专利申请数据来看，新材料产业领域的中国专利申请量和授权量巨大，产业技术创新非常活跃，而且发明专利申请数占比高，专利技术创新的层次较高（见表5－2）。

表5－2 新材料产业领域中国专利申请与授权状况（2006～2015年）

类型	专利类型	数量/件	占比（%）	授权率（%）
申请量	发明与实用新型合计	3861405		
	发明	2247817	58.21	
	实用新型	1613588	41.79	
授权量	发明与实用新型合计	2323150		60.16
	发明	709562	30.54	31.57
	实用新型	1613588	69.46	

2006～2015年，新材料产业领域已授权中国发明与实用新型专利数量为2323150件，其中发明709562件（占比30.54%），实用新型1613588件（占比69.46%），专利申请整体授权率60.16%，发明申请授权率31.57%（其中，国外申请人发明申请授权率41.85%）。国内发明专利申请的授权率较低，产业技术创新水平一般（见图5－1）。

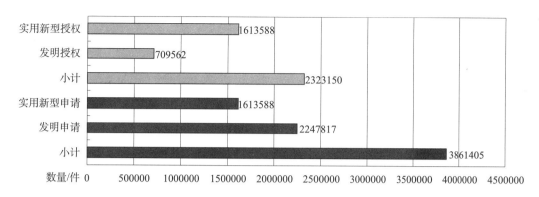

图 5 - 1　2006~2015 年新材料产业领域中国专利申请与授权状况（截至 2016 年 5 月已公开数据）

上述专利申请中，国内申请人 3497784 件（占比 90.58%），外国申请人 363621 件（占比 9.42%）；授权专利中，国内申请人 2160629 件（占比 93.00%），外国申请人 162521 件（占比 7.00%）。数据显示，外国申请人在新材料产业领域有一定的中国专利申请和授权量，尤其是发明专利申请和授权量占有较高比例，对国内新材料产业的发展有一定的影响（见表 5 - 3）。

表 5 - 3　新材料产业领域中国专利国内外申请人申请与授权状况（2006~2015 年）

项目		国内/件	国外/件	国外结构（%）	国外授权率（%）	国外申请人占比（%）
申请量	申请小计	3497784	363621			9.42
	发明申请	1901985	345832	95.11		15.39
	实用新型申请	1595799	17789	4.89		1.10
授权量	授权小计	2160629	162521		44.70	7.00
	发明授权	564830	144732	89.05	41.85	20.40
	实用新型授权	1595799	17789	10.95		1.10

2. 专利申请与授权年度变化状况

2006~2015 年，新材料产业领域的中国发明与实用新型专利申请数量总体呈现增长态势，年均增幅 17.69%；2009~2012 年，是该领域中国专利申请量增长的高峰时期（因专利公开滞后和审查周期因素，2013 年后公开数据暂不能说明问题）。数据表明，2010 年后新材料产业领域的专利申请量持续增长，尤其是发明专利申请量稳定增长，表明国内该领域专利技术创新的活力和能力都在不断提高（见图 5 - 2）。

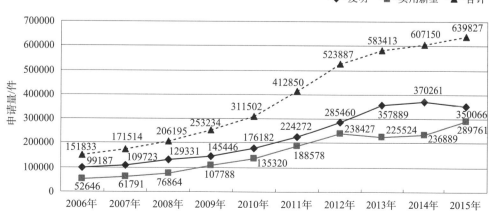

图 5 - 2　新材料产业技术领域中国专利申请数量年度变化（2006~2015 年）

从专利申请授权情况来看，新材料产业领域的实用新型专利授权量增长较快，而发明专利授权量增长较为平稳（因专利公开滞后和审查周期因素，2013年后公开数据暂不能说明问题），发明申请的总体授权率不高，产业领域中国专利申请的整体技水平一般（见图5-3）。

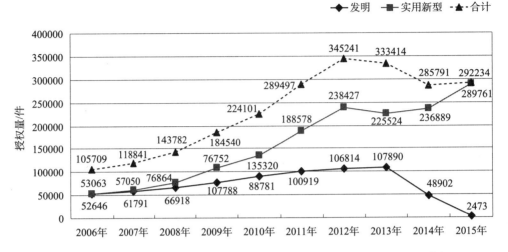

图5-3 新材料产业技术领域中国专利授权数量年度变化（2006～2015年）

3. 专利有效状况

2011～2015年，新材料产业领域共有1594340件有效中国发明与实用新型专利。其中，发明专利620171件（占全部有效专利的38.90%）；发明专利有效率87.40%，实用新型专利有效率60.37%，发明专利的有效率较高（见表5-4）。

表5-4 新材料产业领域中国专利有效状况（2006～2015年）

专利类型	数量/件	占比（%）	有效率（%）
发明与实用新型合计	1594340		68.63
发明	620171	38.90	87.40
实用新型	974169	61.10	60.37

上述有效专利中，5年以上的发明专利维持率约为92%，10年以上的发明专利维持率约为67%。表明该领域中国发明专利的整体维持率较高，基础和核心专利占比较高，发明专利在产业发展中具有较为重要的地位（见表5-5）。

表5-5 新材料产业领域年度授权中国专利有效状况（截至2016年6月）

年度	有效发明与实用新型专利/件	有效发明专利/件	有效实用新型专利/件	发明专利有效率（%）
2006年	35579	5520	41099	67.05
2007年	40952	12611	53563	71.78
2008年	50980	19795	70775	76.18
2009年	62065	32032	94097	80.86
2010年	76541	46669	123210	86.21
2011年	92893	75489	168382	92.05
2012年	102704	121674	224378	96.15%

年度	有效发明与实用新型专利/件	有效发明专利/件	有效实用新型专利/件	发明专利有效率（%）
2013 年	107088	148414	255502	99.26
2014 年	48896	222443	271339	99.99
2015 年	2473	289522	291995	100.00
合计	620171	974169	1594340	62.87

二、新材料产业领域中国专利区域分布

1. 专利申请省份分布

2006～2015 年，新材料产业领域国内申请人已公开的中国专利申请 3497784 件，主要分布在广东、江苏、浙江、山东、北京、上海 6 个省区市，这些省区市的中国专利申请量均在 20 万件以上；安徽、四川、辽宁、湖北 4 个省区市的申请量则在 10 万件以上。在专利授权和有效维持方面，广东、江苏、浙江、山东、北京、上海是主要的集中地区，6 省区市的专利获权量均在 10 万件以上，广东、江苏、浙江、北京的专利有效量均在 10 万件以上。数据表明，上述区域是国内新材料产业技术创新最为活跃的地区，专利技术和产业竞争也最为激烈（见表 5－6）。

表 5－6　新材料产业领域已公开中国专利申请省份分布（2006～2015 年）

单位：件

排位	省区市	申请			授权			有效专利		
		合计	发明	实用新型	合计	发明	实用新型	合计	发明	实用新型
1	广东	374566	172875	201691	260638	58947	201691	193160	52754	140406
2	江苏	536373	332331	204042	272901	68859	204042	192315	61544	130771
3	浙江	388031	124868	263163	309726	46563	263163	188517	39109	149408
4	山东	327509	175054	152455	194146	41691	152455	97138	33383	63755
5	北京	250316	176870	73446	148197	74751	73446	121932	66075	55857
6	上海	205141	126963	78178	121781	43603	78178	89115	37597	51518
7	安徽	170180	107168	63012	83810	20798	63012	56787	18908	37879
8	四川	121747	65185	56562	77802	21240	56562	51376	18650	32726
9	辽宁	103984	59540	44444	60621	16177	44444	32939	13223	19716
10	湖北	102685	54819	47866	66759	18893	47866	42996	15630	27366
11	河南	98988	48405	50583	65015	14432	50583	41598	11556	30042
12	天津	96521	55679	40842	53930	13088	40842	37121	10923	26198
13	福建	92617	35600	57017	69731	12714	57017	50360	11292	39068
14	重庆	78001	36190	41811	50595	8784	41811	30551	7112	23439
15	陕西	75719	50596	25123	42652	17529	25123	29512	14339	15173
16	湖南	74192	40616	33576	48727	15151	33576	33887	12816	21071
17	河北	61416	26855	34561	44223	9662	34561	30610	8220	22390
18	广西	56649	46100	10549	18009	7460	10549	13573	6886	6687
19	黑龙江	55029	30816	24213	34009	9796	24213	19380	7486	11894

排位	省区市	申请			授权			有效专利		
		合计	发明	实用新型	合计	发明	实用新型	合计	发明	实用新型
20	江西	41464	20192	21272	27393	6121	21272	19340	5215	14125
21	山西	37187	22422	14765	22225	7460	14765	14995	6071	8924
22	云南	29064	19130	9934	17006	7072	9934	12067	5720	6347
23	吉林	27737	16985	10752	17275	6523	10752	10936	5064	5872
24	贵州	26699	16434	10265	14527	4262	10265	10544	3813	6731
25	甘肃	18821	12761	6060	9752	3692	6060	6639	2986	3653
26	新疆	14887	7279	7608	10085	2477	7608	6517	2191	4326
27	内蒙古	13411	7177	6234	8855	2621	6234	5820	2252	3568
28	海南	8347	5648	2699	5039	2340	2699	3639	2056	1583
29	宁夏	6259	4403	1856	3076	1220	1856	2223	1042	1181
30	青海	3106	2279	827	1446	619	827	1116	545	571
31	西藏	1138	745	393	678	285	393	504	257	247
合计		3497784	1901985	1595799	2160629	564830	1595799	1447207	484715	962492

2. 专利申请地区分布

从国内地区分布来看，2011～2015年，新材料产业技术领域国内申请人已公开的3497784件中国专利申请主要集中在东部地区，这一区域共分布有2340837件，占到全国总量的66.92%，反映出东部地区在新材料产业领域技术创新的领先地位。

中部也有较大数量的分布，这一区域共汇集有524696件专利申请，占到全国总量的15.00%，表现出这一区域共在新材料产业领域的较好技术创新基础。西部地区和东北部地区在新材料产业领域也有一定的专利申请和授权量，四川和辽宁的专利申请量均在10万件以上；但西部地区半数以上省区的专利申请量均低于1万件，在新材料产业领域的技术创新能力较弱（见表5-7）。

表5-7 新材料产业领域已公开中国专利申请地区分布（2006～2015年）

单位：件

大区	排位	省区市	申请			授权			有效专利		
			合计	发明	实用新型	合计	发明	实用新型	合计	发明	实用新型
东部地区	1	广东	374566	172875	201691	260638	58947	201691	193160	52754	140406
	2	江苏	536373	332331	204042	272901	68859	204042	192315	61544	130771
	3	浙江	388031	124868	263163	309726	46563	263163	188517	39109	149408
	4	山东	327509	175054	152455	194146	41691	152455	97138	33383	63755
	5	北京	250316	176870	73446	148197	74751	73446	121932	66075	55857
	6	上海	205141	126963	78178	121781	43603	78178	89115	37597	51518
	7	天津	96521	55679	40842	53930	13088	40842	37121	10923	26198
	8	福建	92617	35600	57017	69731	12714	57017	50360	11292	39068
	9	河北	61416	26855	34561	44223	9662	34561	30610	8220	22390
	10	海南	8347	5648	2699	5039	2340	2699	3639	2056	1583
合计			2340837	1232743	1108094	1480312	372218	1108094	1003907	322953	680954

续表

大区	排位	省区市	申请			授权			有效专利		
			合计	发明	实用新型	合计	发明	实用新型	合计	发明	实用新型
东北部地区	1	辽宁	103984	59540	44444	60621	16177	44444	32939	13223	19716
	2	黑龙江	55029	30816	24213	34009	9796	24213	19380	7486	11894
	3	吉林	27737	16985	10752	17275	6523	10752	10936	5064	5872
	合计		186750	107341	79409	111905	32496	79409	63255	25773	37482
中部地区	1	安徽	170180	107168	63012	83810	20798	63012	56787	18908	37879
	2	湖北	102685	54819	47866	66759	18893	47866	42996	15630	27366
	3	河南	98988	48405	50583	65015	14432	50583	41598	11556	30042
	4	湖南	74192	40616	33576	48727	15151	33576	33887	12816	21071
	5	江西	41464	20192	21272	27393	6121	21272	19340	5215	14125
	6	山西	37187	22422	14765	22225	7460	14765	14995	6071	8924
	合计		524696	293622	231074	313929	82855	231074	209603	70196	139407
西部地区	1	四川	121747	65185	56562	77802	21240	56562	51376	18650	32726
	2	重庆	78001	36190	41811	50595	8784	41811	30551	7112	23439
	3	陕西	75719	50596	25123	42652	17529	25123	29512	14339	15173
	4	广西	56649	46100	10549	18009	7460	10549	13573	6886	6687
	5	云南	29064	19130	9934	17006	7072	9934	12067	5720	6347
	6	贵州	26699	16434	10265	14527	4262	10265	10544	3813	6731
	7	甘肃	18821	12761	6060	9752	3692	6060	6639	2986	3653
	8	新疆	14887	7279	7608	10085	2477	7608	6517	2191	4326
	9	内蒙古	13411	7177	6234	8855	2621	6234	5820	2252	3568
	10	宁夏	6259	4403	1856	3076	1220	1856	2223	1042	1181
	11	青海	3106	2279	827	1446	619	827	1116	545	571
	12	西藏	1138	745	393	678	285	393	504	257	247
	合计		445501	268279	177222	254483	77261	177222	170442	65793	104649

三、专利申请技术路径演进

2006～2015 年的 10 年间，新材料产业领域的中国专利申请技术路径以 A47G19/22、C12Q1/68 分类领域为主线；2008 年后 A23K1/18、F21S2/00、F21S8/00、A47G9/10 分类领域和 2010 年后的 H05B37/02 分类领域逐步成为新的技术热点；而 H04L12/56、H04L29/06 分类领域在 2008 年后趋于萎缩。上述情况表明，A47G19/22、C12Q1/68、A23K1/18、F21S2/00、F21S8/00、A47G9/10、H05B37/02 分类领域是目前国内生物技术发展的热点领域，H02J7/00、A61K36/899、A61K36/9066 分类领域是新的发展方向（见表 5－8）。

表5-8 2006~2015年新材料领域中国专利申请技术路径演进

单位：件

年份	2006	2007	2008	2009	2010
分类（申请量）	H01L33/00（1107）	H01L33/00（1491）	H01L33/00（1067）	F21S2/00（1563）	F21S2/00（2369）
	H04Q7/38（756）	C09D133/02（876）	A23L1/29（1008）	C12Q1/68（1149）	F21S8/00（1437）
	H04L12/56（582）	C12Q1/68（599）	C12Q1/68（949）	F21S8/00（862）	C12Q1/68（1269）
	C12Q1/68（544）	H04L12/56（566）	G06F17/30（703）	A47G19/22（832）	A47G19/22（1232）
	G02F1/13357（529）	G06F17/30（544）	H04L29/06（563）	G06F17/30（788）	A23K1/18（886）
	H04L29/06（502）	A23L1/29（523）	A47G19/22（539）	A23K1/18（664）	G06F17/30（848）
	G06F17/30（482）	H04L29/06（482）	H04L12/56（532）	H01L33/00（661）	H05B37/02（841）
	C09D133/02（438）	A47G19/22（409）	A23K1/18（523）	A47G9/10（581）	A47G9/10（673）
	H04Q7/32（397）	A61K36/899（406）	F21S2/00（458）	H01L31/18（533）	A01G1/00（658）
	A61K36/9066（379）	H01L21/60（393）	A01G1/00（409）	A23L1/29（507）	G06F3/033（633）

年份	2011	2012	2013	2014	2015
分类（申请量）	F21S2/00（3046）	F21S2/00（4098）	F21S2/00（3596）	A23K1/18（4147）	F21S8/00（2044）
	F21S8/00（2103）	A47G19/22（2423）	A23K1/18（2440）	F21S2/00（3117）	F21S2/00（1909）
	A47G19/22（1819）	F21S8/00（2286）	F21S8/00（2257）	A01G1/00（2775）	A47G19/22（1543）
	G06F17/30（1450）	H05B37/02（1694）	A01G1/00（2105）	C05G3/00（2502）	H05B37/02（1356）
	C12Q1/68（1398）	C12Q1/68（1637）	G06F17/30（2063）	F21S8/00（2130）	H02J7/00（1339）
	H05B37/02（1235）	A23K1/18（1623）	C05G3/00（1971）	G06F17/30（2129）	A01G9/02（928）
	A23K1/18（1194）	G06F17/30（1616）	C12Q1/68（1866）	C12Q1/68（2088）	F21S9/03（911）
	A47G9/10（921）	A01G1/00（1368）	G06F3/041（1803）	A61K36/899（2075）	A47G9/10（765）
	H04L29/08（860）	A47G9/10（1089）	H05B37/02（1784）	A61K36/9066（1851）	A61G12/00（765）
	A01G1/00（857）	A61K36/9068（1050）	A47G19/22（1722）	A61K36/9068（1844）	B01J19/18（753）

第四节　新材料产业领域中国专利技术分布

一、专利申请整体 IPC 分布

2006~2015 年，新材料产业技术领域已公开的中国专利申请分布于 A、B、C、F、G、H 部，主要涉及 A23K1/18、A47G19/22、A01G1/00、A61K36、C12Q1/68、C05G3/00、F21S2/00、F21S8/00、G06F17/30、H05B37/02、H02J7/00、G06F17/50 分类领域。其中，A23K1/18、F21S2/00、C12Q1/68 分类领域最为集中（见表5-9、表5-10）。

表 5-9 新材料产业领域已公开中国专利申请 IPC 分布总体情况（2006～2015 年）

单位：件

部类	A	B	C	F	G	H
发明申请	552226	269625	634601	121322	267366	280543
实用新型申请	378437	363181	35278	286530	148457	199512
发明授权	134972	85421	242934	32173	84726	98221
IPC 分类（申请量）	A23K1/18（14922）	B65F1/00（3803）	C12Q1/68（13856）	F21S2/00（20939）	G06F17/30（12454）	H05B37/02（10135）
	A47G19/22（12851）	B23P15/00（3523）	C05G3/00（10506）	F21S8/00（14362）	G06F17/50（7245）	H02J7/00（8121）
	A01G1/00（12098）	B01J19/18（3026）	C12N1/20（6747）	F21L4/00（4549）	G06F3/041（6887）	H01L33/00（6063）
	A61K36/9066（8873）	B62K15/00（2632）	C12G3/02（4714）	F21S9/03（4326）	G06F19/00（5757）	H04L29/06（5863）
	A61K36/899（8817）	B43K29/00（2373）	C08L27/06（4375）	F16K5/06（3900）	G06F1/16（5561）	H01L31/18（5205）
	A61K36/9068（8408）	B32B27/08（2295）	C09J7/02（4082）	F21S8/10（3802）	G02B6/44（4797）	H05K1/02（4471）
	A23L1/29（8250）	B21D37/10（2234）	C04B28/00（3934）	F16K1/00（3572）	G01N30/02（4344）	H04L29/08（4336）
	A61K8/97（7761）	B32B27/06（2190）	C04B35/66（3920）	F04D25/08（3501）	G06T7/00（4247）	H05K7/20（3700）
	A47G9/10（6993）	B07B1/28（2058）	C12G3/04（3818）	F21S4/00（3075）	G06F3/044（4080）	H01L33/48（3627）
	A23F3/34（6596）	B23K37/04（2044）	C08L23/06（3716）	F21V29/00（2674）	G09F9/33（3865）	H01M2/10（3600）

表 5-10 新材料产业领域已公开中国专利申请 IPC 分布具体情况（2006～2015 年）

单位：件

大组分类	类型（申请量）	分类（申请量）	大组分类	类型（申请量）	分类（申请量）
A01G1/00	发明专利（15896）实用新型（1144）发明授权（3936）	A01G1/00（11994）	F21S2/00	发明专利（4546）实用新型（16149）发明授权（916）	F21S2/00（20902）
		A01G1/04（3751）			
		A01G1/06（1246）			
		A01G1/12（75）			
		A01G1/02（28）	F21S8/00	发明专利（5678）实用新型（18958）发明授权（1085）	F21S8/00（14274）
		A01G1/08（20）			F21S8/10（3783）
A01G9/00	发明专利（3133）实用新型（7835）发明授权（465）	A01G9/02（6211）			F21S8/04（2506）
		A01G9/14（2626）			F21S8/08（2267）
		A01G9/10（1071）			F21S8/06（1193）
		A01G9/24（376）			F21S8/02（736）
		A01G9/22（325）			F21S8/12（192）
		A01G9/20（250）	F21S9/00	发明专利（1517）实用新型（5877）发明授权（108）	F21S9/03（4281）
		A01G9/16（168）			F21S9/02（2215）
		A01G9/00（166）			F21S9/00（530）
		A01G9/12（162）			F21S9/04（421）
		A01G9/04（141）	G06F3/00	发明专利（14941）实用新型（9845）发明授权（3143）	G06F3/041（6842）
A23K1/00	发明专利（22350）实用新型（103）发明授权（5597）	A23K1/18（14815）			G06F3/044（4065）
		A23K1/16（2904）			G06F3/033（3581）
		A23K1/14（2604）			G06F3/02（3500）
		A23K1/00（952）			G06F3/0354（2144）

续表

大组分类	类型（申请量）	分类（申请量）	大组分类	类型（申请量）	分类（申请量）
A23K1/00	发明专利（22350）实用新型（103）发明授权（5597）	A23K1/10（474）	G06F3/00	发明专利（14941）实用新型（9845）发明授权（3143）	G06F3/023（1727）
		A23K1/175（208）			G06F3/01（1618）
		A23K1/165（198）			G06F3/048（1490）
		A23K1/06（138）			G06F3/042（1463）
		A23K1/17（109）			G06F3/0488（943）
		A23K1/04（36）	G06F17/00	发明专利（20671）实用新型（151）发明授权（5150）	G06F17/30（12355）
A23L1/00	发明专利（58809）实用新型（1302）发明授权（13464）	A23L1/29（8216）			G06F17/50（7191）
		A23L1/10（4279）			G06F17/00（845）
		A23L1/212（3382）			G06F17/27（463）
		A23L1/24（2321）			G06F17/24（277）
		A23L1/218（2028）			G06F17/21（241）
		A23L1/16（1969）			G06F17/28（236）
		A23L1/30（1943）			G06F17/40（227）
		A23L1/315（1854）			G06F17/22（191）
A23L1/00	发明专利（58809）实用新型（1302）发明授权（13464）	A23L1/09（1786）			G06F17/14（155）
		A23L1/164（1778）	H01L21/00	发明专利（18727）实用新型（1073）发明授权（7751）	H01L21/336（2725）
A47G19/00	发明专利（3392）实用新型（13817）发明授权（267）	A47G19/22（12750）			H01L21/60（2540）
		A47G19/02（2431）			H01L21/768（2523）
		A47G19/14（1097）			H01L21/02（1816）
		A47G19/12（340）			H01L21/66（1469）
		A47G19/16（334）			H01L21/28（1379）
		A47G19/23（154）			H01L21/304（1255）
		A47G19/00（129）			H01L21/027（1074）
		A47G19/03（120）			H01L21/00（1069）
		A47G19/30（120）			H01L21/67（1055）
		A47G19/06（72）	H01L31/00	发明专利（10097）实用新型（5522）发明授权（3283）	H01L31/18（5164）
A47G9/00	发明专利（3059）实用新型（8468）发明授权（460）	A47G9/10（6943）			H01L31/042（3291）
		A47G9/00（2784）			H01L31/048（3051）
		A47G9/02（1064）			H01L31/0224（1793）
		A47G9/06（542）			H01L31/04（746）
		A47G9/08（504）			H01L31/052（721）
		A47G9/04（43）			H01L31/05（678）
A61G12/00	发明专利（233）实用新型（3155）发明授权（11）	A61G12/00（3410）			H01L31/0216（639）
A61K36/00	发明专利（123238）实用新型（182）发明授权（31728）	A61K36/9066（8812）			H01L31/0352（396）
		A61K36/899（8747）			H01L31/02（343）
		A61K36/9068（8330）			H01L33/00（6059）

续表

大组分类	类型（申请量）	分类（申请量）	大组分类	类型（申请量）	分类（申请量）
A61K36/00	发明专利（123238） 实用新型（182） 发明授权（31728）	A61K36/898（3410）	H01L33/00	发明专利（7640） 实用新型（3419） 发明授权（2399）	H01L33/48（3615）
		A61K36/8968（3334）			H01L33/62（957）
		A61K36/8945（3173）			H01L33/50（706）
		A61K36/9064（3078）			H01L33/64（607）
		A61K36/804（3005）			H01L33/02（452）
		A61K36/8994（2991）			H01L33/20（396）
		A61K36/8969（2607）			H01L33/06（354）
B01J19/00	发明专利（1335） 实用新型（4150） 发明授权（309）	B01J19/18（2972）			H01L33/38（332）
		B01J19/00（1078）			H01L33/36（331）
		B01J19/32（331）	H02J7/00	发明专利（3396） 实用新型（5454） 发明授权（734）	H02J7/00（8068）
B01J19/00	发明专利（1335） 实用新型（4150） 发明授权（309）	B01J19/30（291）			H02J7/02（508）
		B01J19/02（220）			H02J7/34（262）
		B01J19/24（148）			H02J7/35（250）
		B01J19/12（133）			H02J7/04（222）
		B01J19/28（100）			H02J7/32（185）
		B01J19/20（96）			H02J7/10（144）
		B01J19/26（95）			H02J7/14（109）
C05G3/00	发明专利（12777） 实用新型（118） 发明授权（2928）	C05G3/00（10435）			H02J7/36（48）
		C05G3/04（1373）			H02J7/06（16）
		C05G3/02（666）	H04L12/00	发明专利（10937） 实用新型（950） 发明授权（4679）	H04L12/56（2635）
		C05G3/08（408）			H04L12/24（2141）
		C05G3/06（25）			H04L12/26（1539）
		C05G3/10（1）			H04L12/28（1342）
C09D133/00	发明专利（5815） 实用新型（3） 发明授权（1061）	C09D133/00（2190）			H04L12/58（764）
		C09D133/02（1624）			H04L12/66（738）
		C09D133/04（1129）			H04L12/46（519）
		C09D133/08（395）			H04L12/18（459）
		C09D133/12（228）			H04L12/40（382）
		C09D133/14（141）			H04L12/02（292）
		C09D133/10（73）	H04L29/00	发明专利（9849） 实用新型（325） 发明授权（2960）	H04L29/06（5819）
		C09D133/16（63）			H04L29/08（4318）
		C09D133/06（54）			H04L29/02（635）
		C09D133/26（28）			H04L29/12（588）
C12Q1/00	发明专利（18144） 实用新型（156） 发明授权（6870）	C12Q1/68（13789）			H04L29/10（182）
		C12Q1/70（2333）			H04L29/00（54）
		C12Q1/04（630）			H04L29/04（39）
		C12Q1/02（437）			H04L29/14（31）

续表

大组分类	类型（申请量）	分类（申请量）	大组分类	类型（申请量）	分类（申请量）
C12Q1/00	发明专利（18144）实用新型（156）发明授权（6870）	C12Q1/06（200）	H05B37/00	发明专利（3999）实用新型（6500）发明授权（1137）	H05B37/02（10094）
		C12Q1/18（165）			H05B37/00（832）
		C12Q1/48（118）			H05B37/03（91）
		C12Q1/34（108）			H05B37/04（58）
		C12Q1/00（87）			
		C12Q1/37（87）			

二、区域专利申请 IPC 分布

2006～2015 年，在新材料产业领域，依其技术创新基础、资源条件和产业地位不同，各地区专利申请的技术方向各有侧重，IPC 分布的集中度有所不同。

1. 东部地区

江苏的专利申请主要集中于 A23K1/18、F21S2/00、D03D15/00、F21S8/00 分类领域，山东集中于 A61K36/899、A61K36/9066、A61K36/9068、A23K1/18 分类领域，北京集中于 G06F17/30、C12Q1/68、G06F17/50 分类领域，广东集中于 F21S2/00、F21S8/00、H02J7/0 分类领域，上海集中于 C12Q1/68、H01L21/768 分类领域，浙江集中于 F21S2/00、A47G19/22、F21S8/00 分类领域，福建集中于 F21S2/00 分类领域（见表 5－11）。

表 5－11　东部地区新材料产业领域中国专利申请 IPC 核心分布（2006～2015 年）

单位：件

省区市	北京	天津	河北	上海	江苏
分类（申请量）	G06F17/30（2415）	A23K1/18（537）	F24B1/183（236）	C12Q1/68（1792）	A23K1/18（2596）
	C12Q1/68（1844）	C12Q1/68（337）	F21S2/00（233）	H01L21/768（1034）	F21S2/00（2490）
	G06F17/50（1345）	A01G1/00（309）	E01D19/04（222）	G06F17/30（954）	D03D15/00（2187）
	G06F19/00（1319）	A47G19/22（288）	H01L31/18（209）	F21S2/00（945）	F21S8/00（2024）
	H04L29/06（987）	A23L1/29（285）	A47G19/22（177）	H01L21/336（865）	C05G3/00（1736）
	C12N1/20（927）	G09B23/28（263）	C05G3/00（163）	G06F17/50（731）	A01G1/00（1722）
	G06T7/00（641）	C12N1/20（242）	A61K36/9066（148）	F21S8/00（629）	A47G19/22（1547）
	H04L29/08（639）	F16K1/22（240）	F21S8/00（146）	H05B37/02（616）	G02B6/44（1460）
	H02G1/02（597）	G06F17/50（214）	C12N1/20（138）	H01L21/28（528）	C12Q1/68（1367）
	A61K36/9066（557）	G01N30/02（206）	E04F13/075（136）	A47G19/22（498）	A41D1/00（1336）
省区市	浙江	广东	海南	福建	山东
分类（申请量）	F21S2/00（3281）	F21S2/00（3977）	A61K9/127（118）	F21S2/00（1242）	A61K36/899（3631）
	A47G19/22（2488）	F21S8/00（2773）	A61K9/19（87）	F21S8/00（675）	A61K36/9066（3442）
	F21S8/00（2074）	H02J7/00（1506）	G09F3/02（70）	A47J27/08（640）	A61K36/9068（2785）
	F16K5/06（1507）	H05B37/02（1485）	A01K61/00（68）	A47G19/22（450）	A23K1/18（2267）
	H05B37/02（1232）	G09F9/33（1051）	A01H4/00（64）	G06F3/041（395）	A47G19/22（1768）

续表

省区市	浙江	广东	海南	福建	山东
分类 （申请量）	F21L4/00（1218） A47G9/10（1072） A47J27/00（1002） F16K1/00（964） E04F15/02（938）	H05K1/02（987） A24F47/00（845） A47J27/00（822） H01L33/48（654） F21S4/00（653）	C12N1/20（63） A01N43/16（60） A61K9/20（59） A01G1/00（53） B31D5/04（49）	A43B13/18（347） H05B37/02（346） C12Q1/68（344） B05B1/18（316） A23F3/06（315）	A61G12/00（1701） C05G3/00（1679） A61K36/898（1648） A61K8/97（1335） A61K36/9064（1108）

2. 东北部地区

辽宁的技术创新热点主要集中于 E04B2/88、A01K61/00、C04B35/66 分类领域，黑龙江的技术创新热点主要集中于 A23L1/29、C12N1/20、C09B61/00、A23K1/18 分类领域（见表 5-12）。

表 5-12　东北部地区新材料产业领域中国专利申请 IPC 核心分布（2006~2015 年）

单位：件

省区市	辽宁		黑龙江		吉林	
分类 （申请量）	E04B2/88（133） A01K61/00（123） C04B35/66（105） A23K1/18（84） B07B1/28（78）	E04F13/075（73） F21S8/00（71） C05G3/00（66） B23P15/00（65） E04B1/80（65）	A23L1/29（316） C12N1/20（270） C09B61/00（255） A23K1/18（238） C12G3/04（232）	A01G1/00（226） C12Q1/68（205） A23F3/14（203） A61G12/00（199） A23L2/02（170）	A23L1/29（62） A61K36/258（38） A01G1/00（35） A61K36/9066（35） A61G12/00（30）	C12Q1/68（29） A01H4/00（27） A61K36/9068（27） A47B63/00（26） A23K1/18（24）

3. 中部地区

安徽主要集中于 A23K1/18、C05G3/00、A01G1/00、A23L1/10 分类领域，湖北主要集中于 A47G19/22、C12Q1/68、G06F17/30 分类领域，河南主要集中于 A61K36/9068、C04B35/66、A61K36/9066 分类领域。江西主要集中于 G06F3/041 分类领域（见表 5-13）。

表 5-13　中部地区新材料产业领域中国专利申请 IPC 核心分布（2006~2015 年）

单位：件

省区市	安徽	湖北	湖南	河南	山西	江西
分类 （申请量）	A23K1/18（2727） C05G3/00（2015） A01G1/00（1454） A23L1/10（1360） A23F3/34（1057） A21D13/08（972） H01B7/17（953） C08L27/06（894） A61K36/899（822） A23G3/48（808）	A47G19/22（785） C12Q1/68（480） G06F17/30（416） C04B35/66（363） C12N1/20（305） A01G1/00（303） B65D85/10（297） F21S2/00（288） A47G9/10（273） B43K29/00（259）	A61J1/05（398） A61J1/14（179） F21S2/00（123） E04B1/76（106） A01G1/00（105） C12Q1/68（103） F21S8/00（99） C05G3/00（93） A23K1/18（89） E04C1/00（80）	A61K36/9068（582） C04B35/66（569） A61K36/9066（489） A23K1/18（431） A61K36/899（378） A23F3/14（304） A23F3/34（304） A23L1/29（295） B07B1/28（290） C05G3/00（288）	F21S8/00（58） H05B37/02（54） F21S2/00（50） A23K1/18（48） A47G19/22（48） A01G9/14（46） A61K36/9068（44） A47G9/10（42） C07D495/04（41） A23L1/29（39）	G06F3/041（392） F21S2/00（296） F25D23/02（241） F25D11/02（209） F25D11/00（198） A23K1/18（197） F25D25/02（183） F21S8/00（167） F25D29/00（154） A47G19/22（153）

4. 西部地区

四川主要集中于 F21S2/00、A01G1/00、H05B37/02、A47G19/22 分类领域，贵州主要集中于 A01G1/00、A23F3/06 分类领域，重庆主要集中于 A61C8/00、F21S8/10 分类领域，云南主要集中在 A01G1/00、A01H4/00 分类领域（见表 5 – 14）。

表 5 – 14　西部地区新材料产业领域中国专利申请 IPC 核心分布（2006 ~ 2015 年）

单位：件

省区市	四川	重庆	陕西	广西	云南	贵州
分类（申请量）	F21S2/00（566）	A61C8/00（416）	G06T5/00（155）	C10M169/04（119）	A01G1/00（662）	A01G1/00（520）
	A01G1/00（504）	F21S8/10（153）	F21S2/00（151）	C05G3/00（118）	A01H4/00（223）	A23F3/06（200）
	H05B37/02（496）	F21S2/00（139）	G06T7/00（149）	A01G1/00（113）	A23L1/29（179）	A23K1/18（182）
	A47G19/22（494）	F21S8/00（125）	G06F17/50（141）	A01H4/00（103）	C12Q1/68（164）	A23F3/34（170）
	A23K1/18（469）	F16H55/17（116）	H05B37/02（105）	A23K1/18（81）	A01G13/00（155）	C12G3/02（161）
	G06F17/30（447）	A61B18/12（108）	H02M1/088（103）	C04B35/495（80）	A61K8/97（131）	C22C21/00（150）
	G02B6/44（403）	H05B37/02（104）	F21S8/00（87）	C12G3/02（63）	G01N30/02（130）	A23F3/14（126）
	F21S8/00（364）	B21D37/10（92）	G06F17/30（79）	A23F3/34（60）	A23F3/14（124）	F24B1/18（113）
	A01G9/02（356）	A61F2/32（89）	E21B47/00（77）	A61K8/97（52）	A01G31/00（121）	C25C3/08（110）
	C12G3/02（354）	B08B1/00（77）	F21S8/06（77）	A23L2/02（51）	C05G3/00（117）	C05G3/00（106）

省区市	甘肃	新疆	内蒙古	宁夏	青海	西藏
分类（申请量）	A01G1/00（64）	A01G1/00（74）	A23C9/152（113）	C08L27/06（68）	A23F3/34（72）	
	C12Q1/68（38）	C12N1/20（43）	A23C9/13（62）	C04B35/66（64）	A23L1/29（62）	
	A61K36/9068（34）	E21B33/13（41）	C12N1/20（61）	A23K1/18（44）	A61K36/815（46）	
	A01G9/14（31）	C12Q1/68（35）	A23G9/42（41）	G01B9/02（36）	A61K36/9068（31）	
	A61K36/9066（31）	E04F13/075（35）	A01G9/14（34）	C05G3/00（35）	A01G1/00（24）	
	C05G3/00（31）	E21B17/02（34）	B65D85/78（34）	C12G3/02（34）	A23K1/18（24）	
	E02D5/74（31）	A01G25/02（32）	C01F17/00（33）	A23L2/02（32）	A23L2/02（22）	
	E02D3/00（22）	A47J37/06（32）	C12Q1/68（32）	A01G9/14（31）	A23L2/38（22）	
	C08B37/00（21）	C05G3/00（31）	A23K1/18（31）	A23L1/212（31）	A61K36/068（22）	
	C12Q1/70（21）	F16L9/14（31）	A23G9/36（23）	A23L1/29（31）	C01D3/08（18）	

三、产业内专利分布

新材料产业可细分为功能材料、结构材料、生物医用材料、能源材料、复合材料、生态环境材料等。2006 ~ 2015 年，新材料产业领域的中国专利申请主要分布在生物医用材料、功能材料和结构材料产业领域。其中，生物医用材料产业领域的专利申请量最多、产业专利技术创新实力最强，生态环境材料领域的专利申请量最少、产业专利技术创新基础最弱（见表 5 – 15）。

表5-15 2006~2015年新材料产业领域中国专利申请产业内分布状况

单位：件

技术领域	类型（数量）	分类（申请量）	技术领域	类型（数量）	分类（申请量）
生态环境材料	发明专利（71566）实用新型（24909）发明授权专利（23537）	C04B28/00（1768）	结构材料	发明专利（196332）实用新型（270562）发明授权专利（64630）	F21S2/00（4420）
		C04B28/04（1158）			F21S8/00（2565）
		E04F13/075（930）			E04B2/88（1786）
		C04B35/66（882）			E04B1/58（1420）
		C05G3/00（822）			C22C21/00（1302）
		C08L27/06（728）			E04F13/075（1282）
		E04C1/00（620）			B21D37/10（1241）
		C08L23/06（551）			E06B3/263（1205）
		C08L67/04（538）			A47G19/22（1087）
		C04B28/14（533）			H01B9/00（1013）
能源材料	发明专利（108619）实用新型（32687）发明授权专利（39347）	H01L31/18（2029）	功能材料	发明专利（503668）实用新型（431087）发明授权专利（124489）	F21S2/00（14952）
		H01M4/58（1791）			F21S8/00（8914）
		H02J7/00（1705）			F21S9/03（3461）
		H01M8/02（1489）			H05B37/02（3050）
		H01M8/04（1462）			H02J7/00（3042）
		H01L31/048（1273）			G06F3/041（2927）
		H01M4/36（1222）			H05K1/02（2862）
		H01M10/0525（1207）			H01L31/18（2611）
		C04B35/66（1203）			C08L27/06（2542）
		H01M4/505（1045）			A47G19/22（2373）
复合材料	发明专利（187149）实用新型（71287）发明授权专利（62774）	D03D15/00（2975）	生物医用材料	发明专利（1468916）实用新型（647617）发明授权专利（462206）	A23K1/18（14680）
		C08L27/06（1746）			A01G1/00（11644）
		C08L23/12（1679）			G06F17/30（11466）
		D02G3/04（1486）			C05G3/00（10303）
		C05G3/00（1424）			A61K36/899（8676）
		C08L23/06（1377）			A61K36/9066（8643）
		E06B9/52（1351）			A61K36/9068（8268）
		E04F13/075（1313）			A23L1/29（8175）
		C08L67/02（1275）			A61K8/97（7722）
		C04B35/66（1205）			A47G9/10（7104）

第五节 新材料产业领域专利竞争者

一、专利竞争者整体状况

2006~2015年，新材料产业领域的主要竞争者中，企业占据主导地位，其发明专利申请量达到1365600件（占该领域全部申请的60.75%）；而研究院所竞争力相对最弱，其发明专利申请量为128757件（仅为企业的约 1/12）（见表 5-16）。

表 5-16　新材料产业领域中国专利分类竞争者结构状况（2006~2015 年）

单位：件

类别	高校		研究院所		企业	
	申请量/件	占比（%）	申请量/件	占比（%）	申请量/件	占比（%）
发明与实用小计	517485	13.40	150071	3.89	2204352	57.09
发明申请	413032	18.37	128757	5.73	1365600	60.75
实用新型申请	104453	6.47	21314	1.32	838752	51.98
发明授权	178008	25.09	56526	7.97	416085	58.64%

新材料产业领域的专利竞争者主要有国家电网公司、中国石油化工股份有限公司、中兴通讯股份有限公司、鸿海精密工业股份有限公司、浙江大学、江南大学、东南大学、中国科学院大连化学物理研究所、中国电力科学研究院、中国科学院长春应用化学研究所等（见表 5-17）。

表 5-17　新材料产业领域主要专利竞争者情况（2006~2015 年）

单位：件

类别	高校（申请量）	研究院所（申请量）	企业（申请量）
主要竞争者	浙江大学（13008）	中国科学院大连化学物理研究所（2711）	国家电网公司（15782）
	江南大学（10894）	中国电力科学研究院（2122）	中国石油化工股份有限公司（16259）
	东南大学（10062）	中国科学院长春应用化学研究所（1693）	中兴通讯股份有限公司（7922）
	浙江工业大学（7869）	中国科学院过程工程研究所（1630）	鸿海精密工业股份有限公司（4465）
	清华大学（6950）	中国科学院微电子研究所（1628）	中国石油天然气股份有限公司（6021）
	东华大学（277）	中国科学院化学研究所（1571）	鸿富锦精密工业（深圳）有限公司（4264）
	上海交通大学（6836）	中国科学院上海硅酸盐研究所（1367）	比亚迪股份有限公司（4399）
	哈尔滨工业大学（6402）	中国科学院金属研究所（1279）	华为技术有限公司（3785）
	天津大学（5627）	中科院宁波材料技术与工程研究所（1145）	中芯国际集成电路制造（上海）有限公司（4128）
	华南理工大学（5451）	中国科学院半导体研究所（996）	浙江吉利控股集团有限公司（3885）
IPC 分布	C12Q1/68（4357）	C12Q1/68（2291）	F21S2/00（14318）
	G06F17/30（3408）	A01G1/00（1685）	F21S8/00（10612）
	G06F17/50（3123）	C12N1/20（1044）	A23K1/18（7559）
	C12N1/20（2833）	A01K61/00（1017）	G06F17/30（7053）
	G06F19/00（2634）	A01H4/00（941）	H05B37/02（6766）
	G06T7/00（2591）	A01H1/02（697）	H02J7/00（5446）
	G06K9/00（1674）	C12N15/11（613）	C05G3/00（5417）
	G06T5/00（1367）	C05G3/00（610）	G06F3/041（4665）
	A01G1/00（1250）	A23K1/18（583）	C12Q1/68（4566）
	G06K9/62（1212）	G06F19/00（575）	G02B6/44（4085）

二、产业内专利竞争者

1. 主要专利竞争者产业内分布

2006～2015 年，新材料产业领域的专利竞争者包括中国石油化工股份有限公司、国家电网公司、江南大学、哈尔滨工业大学、华南理工大学、海洋王照明科技股份有限公司、深圳市华星光电技术有限公司等，在功能材料、结构材料、生物医用材料、能源材料、复合材料、生态环境材料产业领域均有分布（见表5－18）。

表5－18　2006～2015 年新材料产业主要专利竞争者产业内分布状况

单位：件

技术领域	主要竞争者（专利申请量）	
功能材料	国家电网公司（8618）	海洋王照明科技股份有限公司（1996）
	中国石油化工股份有限公司（4153）	天津大学（1715）
	浙江大学（2749）	清华大学（1668）
	华南理工大学（2264）	上海交通大学（1628）
	哈尔滨工业大学（2198）	深圳市华星光电技术有限公司（1624）
结构材料	国家电网公司（2820）	上海交通大学（982）
	哈尔滨工业大学（1458）	中国石油化工股份有限公司（979）
	北京工业大学（1391）	天津大学（972）
	浙江大学（1316）	中南大学（960）
	清华大学（1064）	
生物医用材料	中国石油化工股份有限公司（12421）	华南理工大学（4592）
	江南大学（9468）	中国石油天然气股份有限公司（4524）
	浙江大学（9034）	东华大学（4354）
	东南大学（7310）	上海交通大学（4299）
	浙江工业大学（5447）	上海浦东知识产权中心（3854）
能源材料	丰田自动车株式会社（1122）	比亚迪股份有限公司（706）
	浙江大学（931）	上海交通大学（683）
	清华大学（797）	中南大学（601）
	中国石油化工股份有限公司（755）	天津大学（572）
	哈尔滨工业大学（737）	中国科学院大连化学物理研究所（554）
复合材料	中国石油化工股份有限公司（1621）	北京化工大学（1007）
	东华大学（1436）	华南理工大学（893）
	哈尔滨工业大学（1302）	上海交通大学（879）
	浙江大学（1210）	天津大学（849）
	江南大学（1097）	上海大学（734）
生态环境材料	同济大学（501）	武汉理工大学（331）
	华南理工大学（447）	上海交通大学（329）
	浙江大学（444）	江南大学（308）
	北京工业大学（395）	东华大学（290）
	东南大学（333）	上海大学（279）

2. 功能材料领域主要竞争者与IPC分布

2006~2015年，功能材料领域的专利竞争者集中于企业和高等院校，主要专利竞争者有国家电网公司、中国石油化工股份有限公司、鸿海精密工业股份有限公司、浙江大学、哈尔滨工业大学、中国科学院大连化学物理研究所等，相关专利申请集中于F21S2/00、F21S8/00、H01L33/00、G06F3/041、H05K1/02、C12Q1/68等分类领域（见表5-19）。

表5-19 功能材料领域中国专利申请IPC分布与主要竞争者状况

单位：件

类别	类型（数量）	专利申请人/专利权人（申请量）	IPC分布（申请量）
高校	发明申请（134832） 实用新型申请（35465） 发明授权（61848）	浙江大学（4710）	C12Q1/68（944）
		哈尔滨工业大学（3191）	C01B31/02（760）
		华南理工大学（3036）	C01B31/04（732）
		上海交通大学（2891）	H01Q1/38（698）
		清华大学（2861）	H01M4/58（627）
		天津大学（2380）	H01M4/36（576）
		东南大学（2314）	H01L31/18（554）
		东华大学（2090）	B22F9/24（539）
		上海大学（2058）	C09K11/06（502）
		江南大学（1946）	C04B35/495（446）
研究院所	发明申请（32158） 实用新型申请（5618） 发明授权（14909）	中国科学院大连化学物理研究所（1561）	C12Q1/68（522）
		中国科学院化学研究所（974）	A01G1/00（206）
		中国科学院上海硅酸盐研究所（934）	H01L31/18（199）
		中国科学院金属研究所（917）	C01B31/04（190）
		中国科学院长春应用化学研究所（856）	C01B31/02（187）
		中国科学院微电子研究所（847）	H01L33/00（183）
		中科院宁波材料技术与工程研究所（806）	C12Q1/70（133）
		财团法人工业技术研究院（722）	H01M8/02（114）
		中国科学院半导体研究所（654）	A01K61/00（113）
		中国科学院过程工程研究所（588）	C30B29/22（113）
企业	发明申请（399029） 实用新型申请（349395） 发明授权（124288）	国家电网公司（8690）	F21S2/00（13625）
		中国石油化工股份有限公司（5964）	F21S8/00（8669）
		鸿海精密工业股份有限公司（3080）	H01L33/00（3261）
		鸿富锦精密工业（深圳）有限公司（2968）	G06F3/041（3182）
		比亚迪股份有限公司（2607）	H05K1/02（3121）
		海洋王照明科技股份有限公司（2473）	H01L31/18（2652）
		中芯国际集成电路制造（上海）有限公司（2316）	F21S9/03（2583）
		友达光电股份有限公司（2252）	G06F3/044（2476）
		京东方科技集团股份有限公司（1673）	C08L27/06（2387）
		深圳市华星光电技术有限公司（1662）	H02J7/00（2368）

3. 结构材料领域主要竞争者与 IPC 分布

2006～2015 年，结构材料领域的专利竞争者集中于企业和高等院校，主要竞争者有哈尔滨工业大学、北京工业大学、国家电网公司、中国石油化工股份有限公司、深圳光启创新技术有限公司、中国科学院金属研究所、中科院上海硅酸盐研究所等，相关专利申请集中于 F21S2/00、F21S8/00、E04B2/88、B21D37/10 等分类领域（见表 5-20）。

表 5-20　结构材料领域中国专利申请 IPC 分布与主要专利竞争者状况（2006～2015 年）

单位：件

类别	类型（数量）	专利申请人/专利权人（申请量）	IPC 分布（申请量）
高校	发明申请（43141） 实用新型申请（16195） 发明授权（19960）	哈尔滨工业大学（1460）	E04B1/58（460）
		北京工业大学（1391）	G06F17/50（402）
		浙江大学（1316）	E04B1/98（350）
		清华大学（1055）	C01B31/02（242）
		上海交通大学（982）	C23C24/10（222）
		天津大学（977）	C04B35/495（220）
		中南大学（961）	E04C3/34（220）
		东南大学（955）	H01M4/36（216）
		北京科技大学（887）	C01B31/04（195）
		同济大学（859）	C09K11/06（193）
研究院所	发明申请（9452） 实用新型申请（3655） 发明授权（4409）	中国科学院金属研究所（565）	G06F17/50（67）
		中科院上海硅酸盐研究所（435）	C25C3/08（63）
		贵阳铝镁设计研究院（330）	A01K61/00（59）
		中国科学院化学研究所（295）	C22C14/00（57）
		中科院大连化学物理研究所（286）	A01G9/14（55）
		中科院宁波材料技术与工程研究所（267）	C01B31/02（54）
		西北有色金属研究院（220）	B81C1/00（49）
		中科院福建物质结构研究所（211）	H01L33/00（43）
		中国运载火箭技术研究院（204）	E04G23/02（39）
		中科院长春应用化学研究所（197）	H01L31/18（37）
企业	发明申请（108979） 实用新型申请（170231） 发明授权（32181）	国家电网公司（2830）	F21S2/00（3061）
		中国石油化工股份有限公司（982）	F21S8/00（1884）
		深圳光启创新技术有限公司（842）	E04B2/88（1578）
		海洋王照明科技股份有限公司（632）	B21D37/10（1100）
		中国建筑第八工程局有限公司（544）	E06B3/263（956）
		浙江吉利控股集团有限公司（524）	H01B9/00（954）
		武汉钢铁（集团）公司（495）	C22C21/00（891）
		深圳市海洋王照明技术有限公司（456）	H01B7/17（865）
		比亚迪股份有限公司（450）	E01D21/00（848）
		沈阳远大铝业工程有限公司（441）	E04B1/58（808）

4. 生物医用材料领域主要竞争者与 IPC 分布

2006～2015 年，生物医用材料领域的专利竞争者集中于企业和高等院校，主要竞争者有中国石油化工股份有限公司、成都卡美多鞋业有限公司、巴斯夫欧洲公司、全友家私有限公司、星谊精密陶瓷科技（昆山）有限公司、中国科学院大连化学物理研究所、中国科学院长春应用化学研究所、浙江大学等，相关专利申请集中于 A23K1/18、G06F17/30、C05G3/00、G06F3/041、A01G1/00 等分类领域（见表 5－21）。

表 5－21 生物医用材料领域中国专利申请 IPC 分布与主要专利竞争者状况（2006～2015 年）

单位：件

类别	类型（数量）	专利申请人/专利权人（申请量）	IPC 分布（申请量）
高校	发明申请（26231）实用新型申请（2351）发明授权（12249）	浙江大学（933）	H01M4/58（625）
		清华大学（793）	H01M4/36（516）
		哈尔滨工业大学（736）	H01M4/505（287）
		上海交通大学（683）	H01L31/18（260）
		中南大学（600）	H01M4/88（249）
		天津大学（572）	H01M8/02（239）
		华南理工大学（496）	H01M4/38（236）
		复旦大学（464）	C04B28/04（228）
		北京科技大学（463）	C01B31/02（213）
		东南大学（451）	H01M4/86（213）
研究院所	发明申请（78650）实用新型申请（7909）发明授权（34320）	中国科学院大连化学物理研究所（1434）	A01G1/00（1783）
		中国科学院长春应用化学研究所（1301）	C12N1/20（1212）
		中国科学院过程工程研究所（1139）	C12Q1/68（1206）
		中国科学院化学研究所（1120）	A01K61/00（1136）
		江苏省农业科学院（1078）	A01H4/00（980）
		中国科学院上海硅酸盐研究所（981）	A01H1/02（721）
		中国科学院金属研究所（783）	C05G3/00（664）
		上海医药工业研究院（748）	A23K1/18（660）
		北京艺信堂医药研究所（731）	C12N15/11（545）
		中国科学院宁波材料技术与工程研究所（673）	G06F17/50（544）
企业	发明申请（750855）实用新型申请（295185）发明授权（227589）	中国石油化工股份有限公司（12486）	A23K1/18（7585）
		中国石油天然气股份有限公司（4581）	G06F17/30（6499）
		成都卡美多鞋业有限公司（3543）	C05G3/00（5397）
		巴斯夫欧洲公司（3232）	G06F3/041（4428）
		全友家私有限公司（3101）	A61K8/97（3951）
		星谊精密陶瓷科技（昆山）有限公司（3003）	A01G1/00（3934）
		宇旭时装（上海）有限公司（2988）	A23L1/29（3540）
		微软公司（2965）	C08L27/06（3524）
		吴江市永利工艺制品有限责任公司（2849）	D03D15/00（3268）
		衣恋时装（上海）有限公司（2795）	G06F1/16（3078）

5. 能源材料领域主要竞争者与 IPC 分布

2006～2015 年，能源材料领域的专利竞争者集中于企业和高等院校，主要竞争者有中国石油化工股份有限公司、比亚迪股份有限公司、国家电网公司、浙江大学、清华大学、中国科学院上海硅酸盐研究所等，相关专利申请集中于 H01L31/18、H02J7/00、H01L31/048、H01M4/58、C04B35/66 等分类领域（见表 5-22）。

表 5-22　能源材料领域中国专利申请 IPC 分布与主要专利竞争者状况（2006～2015 年）

单位：件

类别	类型（数量）	专利申请人/专利权人（申请量）	IPC 分布（申请量）
高校	发明申请（26231） 实用新型申请（2351） 发明授权（12249）	浙江大学（933）	H01M4/58（625）
		清华大学（793）	H01M4/36（516）
		哈尔滨工业大学（736）	H01M4/505（287）
		上海交通大学（683）	H01L31/18（260）
		中南大学（600）	H01M4/88（249）
		天津大学（572）	H01M8/02（239）
		华南理工大学（496）	H01M4/38（236）
		复旦大学（464）	C04B28/04（228）
		北京科技大学（463）	C01B31/02（213）
		东南大学（451）	H01M4/86（213）
研究院所	发明申请（5609） 实用新型申请（336） 发明授权（2580）	中国科学院大连化学物理研究所（543）	H01M8/02（109）
		中国科学院上海硅酸盐研究所（316）	H01M4/58（94）
		中国科学院宁波材料技术与工程研究所（237）	H01L31/18（72）
		中国科学院微电子研究所（235）	H01M4/36（71）
		中国科学院化学研究所（212）	H01M4/505（71）
		中国科学院上海微系统与信息技术研究所（197）	H01M4/86（69）
		中国科学院过程工程研究所（177）	H01M4/88（66）
		中国科学院金属研究所（176）	B81C1/00（58）
		中国科学院长春应用化学研究所（161）	H01M4/62（57）
		财团法人工业技术研究院（159）	H01M4/38（56）
企业	发明申请（59310） 实用新型申请（22391） 发明授权（18712）	中国石油化工股份有限公司（760）	H01L31/18（1589）
		比亚迪股份有限公司（706）	H02J7/00（1157）
		国家电网公司（554）	H01L31/048（1137）
		中芯国际集成电路制造（上海）有限公司（524）	H01M10/0525（966）
		海洋王照明科技股份有限公司（512）	C04B35/66（903）
		上海华虹 NEC 电子有限公司（511）	H01M4/58（754）
		东莞新能源科技有限公司（461）	H01M10/058（724）
		深圳市海洋王照明技术有限公司（460）	H01M8/04（644）
		上海华力微电子有限公司（415）	H01M2/02（608）
		天津力神电池股份有限公司（415）	H01M8/02（583）

6. 复合材料领域主要竞争者与IPC分布

2006~2015年，复合材料领域的专利竞争者集中于企业和高等院校，主要竞争者有中国石油化工股份有限公司、苏州华龙针织品有限公司、东华大学、哈尔滨工业大学、北京冠五洲生物科学研究院、东丽纤维研究所（中国）有限公司等，相关专利申请集中于D03D15/00、C08L27/06、C08L23/12、D02G3/04等分类领域（见表5-23）。

表5-23 复合材料领域中国专利申请IPC分布与主要专利竞争者状况（2006~2015年）

单位：件

类别	类型（数量）	专利申请人/专利权人（申请量）	IPC分布（申请量）
高校	发明申请（46475）实用新型申请（3501）发明授权（22422）	东华大学（1434）	C01B31/02（348）
		哈尔滨工业大学（1306）	H01M4/36（281）
		浙江大学（1206）	C08L63/00（276）
		江南大学（1101）	B22F9/24（264）
		北京化工大学（1005）	C08L67/04（238）
		华南理工大学（888）	C04B28/00（225）
		上海交通大学（878）	C08L23/06（225）
		天津大学（851）	C01B31/04（224）
		上海大学（735）	C08J5/18（224）
		陕西科技大学（697）	C08L23/12（222）
研究院所	发明申请（8627）实用新型申请（823）发明授权（3996）	北京冠五洲生物科学研究院（500）	A61K36/284（181）
		中国科学院大连化学物理研究所（360）	C05G3/00（67）
		中国科学院化学研究所（328）	C01B31/02（66）
		中国科学院金属研究所（325）	A23K1/18（57）
		中国科学院宁波材料技术与工程研究所（306）	G01N21/65（55）
		中国科学院上海硅酸盐研究所（298）	C08L63/00（51）
		中国科学院长春应用化学研究所（252）	A23L1/29（45）
		中国科学院过程工程研究所（206）	A01K67/033（44）
		中国科学院兰州化学物理研究所（168）	C12N1/20（43）
		中国科学院理化技术研究所（161）	C01B31/04（41）
企业	发明申请（101806）实用新型申请（47668）发明授权（29587）	中国石油化工股份有限公司（1641）	D03D15/00（2504）
		国家电网公司（708）	C08L27/06（1414）
		苏州华龙针织品有限公司（608）	C08L23/12（1346）
		中国石油天然气股份有限公司（438）	D02G3/04（1249）
		中国石油化工股份有限公司上海石油化工研究院（374）	C08L67/02（1031）
		东丽纤维研究所（中国）有限公司（343）	C08L23/06（977）
		金发科技股份有限公司（343）	H01B7/17（928）
		合肥杰事杰新材料股份有限公司（337）	H01B9/00（919）
		中国石油化工股份有限公司抚顺石油化工研究院（317）	G02B6/44（903）
		比亚迪股份有限公司（313）	C04B35/66（811）

7. 生态环境材料领域主要竞争者与 IPC 分布

2006~2015 年，生态环境材料领域的专利竞争者集中于企业和高等院校，主要竞争者有同济大学、华南理工大学、浙江大学、中国科学院化学研究所、中国石油化工股份有限公司、绿建科技集团新型建材高技术有限公司等，相关专利申请集中于 C04B28/00、C04B28/04、C04B35/66、C08L27/06 等分类领域（见表 5 -24）。

表 5 - 24　生态环境材料领域中国专利申请 IPC 分布与主要专利竞争者状况（2006~2015 年）

单位：件

类别	类型（数量）	专利申请人/专利权人（申请量）	IPC 分布（申请量）
高校	发明申请（18692）实用新型申请（2010）发明授权专利（8609）	同济大学（501）	C04B28/00（369）
		华南理工大学（445）	C04B28/04（303）
		浙江大学（442）	C08L67/04（205）
		北京工业大学（394）	A01H4/00（122）
		武汉理工大学（332）	B01J20/24（115）
		东南大学（331）	C04B28/14（115）
		上海交通大学（329）	C04B35/66（109）
		江南大学（309）	C09K11/78（104）
		东华大学（288）	C05G3/00（97）
		上海大学（277）	B01J20/20（91）
研究院所	发明申请（3457）实用新型申请（442）发明授权专利（1573）	中国科学院长春应用化学研究所（147）	A01H4/00（83）
		中国科学院化学研究所（122）	A01G1/00（74）
		中国科学院上海硅酸盐研究所（106）	C05G3/00（61）
		中国科学院宁波材料技术与工程研究所（85）	C04B28/00（37）
		中国科学院福建物质结构研究所（76）	C08L67/04（37）
		中国科学院金属研究所（74）	C04B28/04（30）
		中国科学院过程工程研究所（70）	C02F3/32（27）
		江苏省农业科学院（67）	A01H1/02（26）
		中国科学院大连化学物理研究所（57）	C09K11/85（26）
		山西省交通科学研究院（55）	C09K11/78（24）
企业	发明申请（35042）实用新型申请（13151）发明授权专利（9997）	中国石油化工股份有限公司（246）	C04B28/00（965）
		国家电网公司（190）	C04B28/04（668）
		绿建科技集团新型建材高技术有限公司（146）	C04B35/66（665）
		海洋王照明科技股份有限公司（129）	C08L27/06（611）
		深圳市海川实业股份有限公司（126）	E04F13/075（503）
		欧创塑料建材（浙江）有限公司（117）	C05G3/00（396）
		卓达新材料科技集团有限公司（116）	C08L23/12（393）
		深圳市海洋王照明技术有限公司（114）	C08L23/06（385）
		上海启鹏化工有限公司（107）	C04B28/14（311）
		河源海川科技有限公司（107）	C08L67/02（296）

三、区域专利竞争者

1. 东部地区主要专利竞争者

2006~2015年，东部地区新材料产业领域的专利竞争者主要集中在北京、浙江、江苏、广东、上海，主要专利竞争者包括中国石油化工股份有限公司、江南大学、东南大学、清华大学、天津大学、山东科技大学、北京工业大学、好孩子儿童用品有限公司、北京航空航天大学等。各省区市主要专利竞争者见表5-25。

表5-25 东部地区新材料产业领域主要专利竞争者状况（2006~2015年）

单位：件

省区市	北京	天津	河北
主要专利竞争者（申请量）	中国石油化工股份有限公司（16259）	天津大学（5627）	长城汽车股份有限公司（1528）
	国家电网公司（15782）	天津工业大学（2002）	华北电力大学（保定）（536）
	清华大学（6950）	南开大学（1986）	英利能源（中国）有限公司（386）
	中国石油天然气股份有限公司（6021）	天津科技大学（1272）	燕山大学（1181）
	北京工业大学（4403）	天津理工大学（685）	河北农业大学（518）
	北京航空航天大学（4002）	天津生机集团股份有限公司（605）	中国电子科技集团公司第五十四研究所（330）
	北京化工大学（3206）	天津师范大学（602）	河北工业大学（771）
	北京科技大学（2677）	乐金电子（天津）电器有限公司（600）	天津市职业大学（434）
	北京理工大学（2582）	天津市金锚集团有限责任公司（552）	河北科技大学（755）
	北京大学（2540）	天津力神电池股份有限公司（541）	河北联合大学（433）
省区市	上海	江苏	浙江
主要专利竞争者（申请量）	上海交通大学（6836）	江南大学（10894）	浙江大学（13008）
	东华大学（5277）	东南大学（10062）	浙江工业大学（7869）
	上海浦东知识产权中心（4362）	好孩子儿童用品有限公司（4121）	浙江理工大学（4527）
	中芯国际集成电路制造（上海）有限公司（4128）	江苏大学（3893）	浙江吉利控股集团有限公司（3885）
	同济大学（4114）	南京大学（3315）	中国计量学院（3065）
	复旦大学（3635）	星谊精密陶瓷科技（昆山）有限公司（3007）	杭州电子科技大学（2671）
	上海市浦东新区知识产权保护协会（3168）	中国矿业大学（2962）	宁波大学（2631）
	华东理工大学（3111）	苏州大学（2808）	浙江海洋学院（2329）
	宝山钢铁股份有限公司（2616）	南京工业大学（2755）	浙江科技学院（1497）
	上海张江文化科技创意产业发展有限公司（1709）	吴江市永利工艺制品有限责任公司（2450）	浙江爱仕达电器股份有限公司（1413）
省区市	广东	海南	福建
主要专利竞争者（申请量）	中兴通讯股份有限公司（7922）	海南大学（595）	厦门大学（2637）
	华南理工大学（5451）	海安县联发弘佳纺织有限公司（498）	福州大学（1970）
	鸿海精密工业股份有限公司（4465）	福田雷沃国际重工股份有限公司（298）	莆田市力天红木艺雕有限公司（1537）
	比亚迪股份有限公司（4399）	中国热带农业科学院橡胶研究所（230）	福建农林大学（1499）

续表

省区市	广东	海南	福建
主要专利竞争者（申请量）	鸿富锦精密工业（深圳）有限公司（4264）	海安县联发张氏色织有限公司（230）	九牧厨卫股份有限公司（824）
	华为技术有限公司（3785）	中国热带农业科学院热带生物技术所（191）	中国科学院福建物质结构研究所（816）
	海洋王照明科技股份有限公司（2558）	海南正业中农高科股份有限公司（170）	福建师范大学（778）
	中山大学（2521）	一汽海马汽车有限公司（151）	华侨大学（752）
	美的集团有限公司（2141）	海南灵康制药有限公司（101）	厦门建霖工业有限公司（677）
	深圳市海川实业股份有限公司（1605）	海南美大制药有限公司（90）	

省区市	山东		
主要专利竞争者（申请量）	山东科技大学（4118）	山东大学（3995）	海尔集团公司（2162）
	济南大学（2075）	中国石油大学（华东）（1868）	浪潮电子信息产业股份有限公司（1809）
	中国海洋大学（1319）	青岛科技大学（1244）	山东理工大学（1088）
	青岛农业大学（984）		

2. 东北部地区主要专利竞争者

2006～2015 年，东北部地区新材料产业领域的专利竞争者主要集中在黑龙江，主要专利竞争者包括哈尔滨工业大学、哈尔滨工程大学、大连理工大学、东北林业大学、鞍钢股份有限公司、中国科学院大连化学物理研究所等。各省区市主要专利竞争者见表 5-26。

表 5-26　东北部地区新材料产业领域主要专利竞争者状况（2006～2015 年）

单位：件

省区市	辽宁	黑龙江	吉林
主要专利竞争者（申请量）	大连理工大学（1137）	哈尔滨工业大学（6402）	吉林大学（1158）
	鞍钢股份有限公司（1084）	哈尔滨工程大学（2393）	中国科学院长春应用化学研究所（931）
	中国科学院大连化学物理研究所（973）	东北林业大学（1455）	中国第一汽车股份有限公司（541）
	东北大学（619）	哈尔滨理工大学（1360）	中国第一汽车集团公司（503）
	中国科学院金属研究所（590）	东北农业大学（1207）	长春轨道客车股份有限公司（266）
	华晨汽车集团控股有限公司（503）	黑龙江大学（955）	中科院长春光学精密机械与物理研究所（189）
	沈阳药科大学（394）	东北石油大学（942）	北华大学（184）
	鞍钢集团矿业公司（330）	齐齐哈尔大学（567）	吉林农业大学（177）
	沈阳黎明航空发动机（集团）公司（294）	佳木斯大学（500）	长春理工大学（149）
	沈阳飞机工业（集团）有限公司（272）	哈尔滨飞机工业集团有限责任公司（448）	东北电力大学（100）

3. 中部地区主要专利竞争者

2006～2015 年，中部地区新材料产业领域的专利竞争者主要集中在安徽、湖北、江西，主要专利竞争者有奇瑞汽车股份有限公司、安徽江淮汽车股份有限公司、武汉大学、华中科技大学、武汉理工大学、南昌大学、中南大学、武汉钢铁（集团）公司、合肥美的荣事达电冰箱有限公司等。各省区市主要专利竞争者见表 5-27。

表 5－27　中部地区新材料产业领域主要专利竞争者状况（2006～2015 年）

单位：件

省区市	安徽	湖北	湖南
主要专利竞争者（申请量）	奇瑞汽车股份有限公司（3603）	武汉大学（3514）	中南大学（1546）
	安徽江淮汽车股份有限公司（3539）	华中科技大学（3124）	中国人民解放军国防科学技术大学（655）
	合肥工业大学（1875）	武汉理工大学（2679）	湖南大学（621）
	合肥美的荣事达电冰箱有限公司（1664）	武汉钢铁（集团）公司（2652）	中联重科股份有限公司（556）
	合肥华凌股份有限公司（1543）	湖北中烟工业有限责任公司（1604）	湖南千山制药机械股份有限公司（540）
	合肥美的电冰箱有限公司（1352）	华中农业大学（1570）	湖南农业大学（415）
	中国科学技术大学（1292）	武汉工程大学（1327）	中南林业科技大学（333）
	安徽理工大学（1258）	武汉科技大学（1282）	湖南科技大学（316）
	中国科学院合肥物质科学研究院（764）	东风汽车公司（1140）	南车株洲电力机车有限公司（310）
	合肥杰事杰新材料股份有限公司（587）	中国地质大学（武汉）（1081）	吉首大学（306）

省区市	河南	山西	江西
主要专利竞争者（申请量）	河南科技大学（1935）	山西太钢不锈钢股份有限公司（674）	南昌大学（1785）
	郑州大学（1440）	太原理工大学（546）	中国石油大学（华东）（1000）
	河南理工大学（846）	太仓顺峰体育用品有限公司（395）	南昌航空大学（780）
	河南工业大学（683）	山西大学（310）	江西科技学院（538）
	河南师范大学（666）	中北大学（297）	景德镇陶瓷学院（380）
	郑州德惠纺织品有限公司（643）	中国科学院山西煤炭化学研究所（297）	江西理工大学（280）
	郑州宇通客车股份有限公司（635）	太原科技大学（242）	江西师范大学（258）
	河南农业大学（632）	山西大运汽车制造有限公司（239）	长江润发集团有限公司（216）
	河南科技大学第一附属医院（628）	中国电子科技集团第五十四研究所（182）	江铃汽车股份有限公司（205）
	河南双汇投资发展股份有限公司（449）	太仓吕福添装饰材料有限公司（199）	九江学院（188）

4. 西部地区主要专利竞争者

2006～2015 年，西部地区新材料产业领域的专利竞争者主要集中在四川、陕西、重庆，主要专利竞争者包括四川大学、电子科技大学、重庆长安汽车股份有限公司、力帆实业（集团）股份有限公司、昆明理工大学、成都卡美多鞋业有限公司等。各省区市主要专利竞争者见表 5－28。

表5－28　西部地区新材料产业领域主要专利竞争者状况（2006～2015年）

单位：件

省区市	四川	重庆	陕西
主要专利竞争者（申请量）	四川大学（4038）	重庆长安汽车股份有限公司（1810）	陕西科技大学（1526）
	电子科技大学（3853）	力帆实业（集团）股份有限公司（1390）	西安电子科技大学（1460）
	成都卡美多鞋业有限公司（3546）	重庆大学（1111）	西安交通大学（1320）
	全友家私有限公司（3019）	重庆润泽医药有限公司（1003）	长安大学（949）
	成都卡美多鞋业投资有限公司（2029）	西南大学（556）	西北工业大学（891）
	四川省宜宾五粮液集团有限公司（1933）	重庆鑫源摩托车股份有限公司（337）	中国人民解放军第四军医大学（779）
	四川农业大学（1895）	重庆隆鑫机车有限公司（326）	西安理工大学（572）
	四川长虹电器股份有限公司（1745）	解放军第三军医大学第一附属医院（279）	西安科技大学（404）
	成都歌世华鞋业有限公司（1537）	中冶赛迪工程技术股份有限公司（272）	陕西师范大学（387）
	成都梓楠家具有限公司（1506）	中国嘉陵工业股份有限公司（集团）（262）	西北农林科技大学（366）

省区市	广西	云南	贵州
主要专利竞争者（申请量）	广西大学（764）	昆明理工大学（4575）	贵州大学（1869）
	上汽通用五菱汽车股份有限公司（645）	云南农业大学（609）	贵阳铝镁设计研究院（708）
	桂林理工大学（543）	云南中烟工业有限责任公司（597）	瓮福（集团）有限责任公司（473）
	广西玉柴机器股份有限公司（444）	云南大学（567）	贵阳铝镁设计研究院有限公司（449）
	梧州市旭平首饰有限公司（269）	红云红河烟草（集团）有限责任公司（484）	中国电建集团贵阳勘测设计研究院（370）
	桂林电子科技大学（242）	中国科学院昆明植物研究所（364）	际华三五三七制鞋有限责任公司（295）
	广西科技大学（180）	红塔烟草（集团）有限责任公司（353）	贵州航天精工制造有限公司（258）
	广西师范大学（146）	武钢集团昆明钢铁股份有限公司（277）	贵州开磷集团股份有限公司（226）
	广西壮族自治区林业科学研究院（120）	云南烟草科学研究院（250）	贵州益佰制药股份有限公司（193）
	广西田园生化股份有限公司（118）	云南白药集团股份有限公司（218）	贵州华科铝材料工程技术研究公司（192）

省区市	新疆	甘肃	内蒙古
主要专利竞争者（申请量）	美克国际家居用品股份有限公司（835）	兰州大学（891）	内蒙古伊利实业集团股份有限公司（895）
	中国科学院新疆理化技术研究所（399）	西北师范大学（683）	内蒙古蒙牛乳业（集团）股份公司（643）
	新疆大学（376）	中国科学院兰州化学物理研究所（647）	内蒙古科技大学（238）
	中国石油集团西部钻探工程有限公司（266）	兰州理工大学（633）	内蒙古包钢钢联股份有限公司（205）
	石河子大学（241）	金川集团股份有限公司（499）	内蒙古大学（99）
	新疆八一钢铁股份有限公司（237）	中国农业科学院兰州畜牧与兽药研究所（476）	中冶东方工程技术有限公司（86）
	新疆农业大学（208）	甘肃农业大学（379）	内蒙古鄂尔多斯羊绒集团有限公司（86）
	中国科学院新疆生态与地理研究所（194）	金川集团有限公司（353）	内蒙古北方重工业集团有限公司（79）
	新疆天业（集团）有限公司（96）	中国农业科学院兰州兽医研究所（310）	内蒙古工业大学（79）
	新疆国玉和田玉股份有限公司（95）	中国科学院寒区旱区环境与工程研究所（212）	内蒙古农业大学（75）

省区市	宁夏	青海	西藏
主要专利竞争者（申请量）	宁夏大学（235）	中国科学院青海盐湖研究所（390）	西藏月王生物技术有限公司（52）
	宁夏东方钽业股份有限公司（128）	中国科学院西北高原生物研究所（294）	西藏坎巴嘎布卫生用品有限公司（42）
	北方民族大学（127）	青海藏羊地毯（集团）有限公司（265）	西藏优格仓工贸有限公司（34）
	宁夏农林科学院（102）	青海生物产业园开发建设有限公司（170）	中国船舶工业集团第七〇八研究所（30）
	宁夏共享集团有限责任公司（99）	青海互助青稞酒有限公司（87）	西藏奇正藏药股份有限公司（27）
	宁夏天纵泓光余热发电技术有限公司（89）	圣源地毯集团有限公司（65）	拉萨易博洋文化传媒有限公司（21）
	吴忠仪表有限责任公司（86）	青海大学（57）	西藏天麦力健康品有限公司（21）
	宁夏泰瑞制药股份有限公司（80）	中国科学院青海盐湖研究所（51）	西藏牦牛王生态食品开发有限公司（21）
	宁夏海洋线缆有限公司（74）	青海省通天河藏药制药有限责任公司（48）	西藏大学（13）
	宁夏宝塔石化科技实业发展有限公司（66）	青海躬行高原体育科技有限公司（47）	

第六节　云南新材料产业专利竞争状况

一、专利申请、授权与有效状况

2006～2015 年，在新材料产业领域，云南共申请中国专利 29064 件（占全国的 0.83%），其中发明专利 19130 件（占发明与实用新型申请总量的 65.82%）；共获得专利授权 17006 件（占全部中国专利的 1.25%），其中发明专利 7072 件（占发明与实用新型授权总量的 36.97%），发明专利授权率 36.97%，高于全国整体水平（见表 5 - 29）。

表 5 - 29　云南新材料产业领域中国专利申请、授权与有效状况（2006～2015 年）

类别	数量/件	结构（%）	授权率（%）	占比（%）	有效专利/件	有效率（%）	占比（%）
专利申请总量	29064			0.83			
发明申请	19130	65.82		1.01			
实用新型申请	9934	34.18		0.62			
专利授权总量	17006		58.51	0.79	12067	70.96	0.76
发明授权	7072	41.59	36.97	1.25	5720	80.88	0.92
实用新型授权	9934	58.41		0.62	6347	63.89	0.65%

截至 2016 年 6 月，云南 2006～2015 年申请并获得授权的专利中，有 12067 件处于有效状态，其中发明专利 5720 件（占有效专利的 47.40%），发明专利有效率达到 80.88%，发明专利有效率低于全国整体水平（见表 5 - 30）。

表5-30 云南新材料产业领域中国专利年度状况（2006~2015年）

单位：件

年度	申请量			授权量			有效专利		
	发明	实用新型	小计	发明	实用新型	小计	发明	实用新型	小计
2005年前	4091	4230	8321	2101	4230	6331	476		476
2006年	732	380	1112	405	380	785	187	35	222
2007年	749	390	1139	383	390	773	199	75	274
2008年	1149	497	1646	533	497	1030	270	99	369
2009年	1248	647	1895	658	647	1305	392	189	581
2010年	1732	724	2456	959	724	1683	718	248	966
2011年	1843	920	2763	951	920	1871	842	439	1281
2012年	2298	1353	3651	1096	1353	2449	1038	768	1806
2013年	2640	1297	3937	1356	1297	2653	1343	861	2204
2014年	2997	1556	4553	705	1556	2261	705	1465	2170
2015年	3742	2170	5912	26	2170	2196	26	2168	2194
合计	23221	14164	37385	9173	14164	23337	6196	6347	12543

2006~2015年，云南新材料产业领域的中国专利申请和授权量稳步增长，2012年后申请量增幅较大，专利申请年均增长率21.07%，增长幅度高于全国整体水平。但云南的专利申请和获权量占全国比例均较低，居全国第22~23位，产业专利技术创新和竞争能力不高。

二、主要竞争者与IPC分布

2006~2015年，云南新材料产业领域的主要竞争者中，企业占据主导地位，其发明专利申请量达到8677件（占全省的45.35%）；高等院校也有较强的竞争实力，其发明专利申请量达到4965件（占全省的25.95%）；研究院所也有一定的竞争实力，其发明专利申请量为3027件（占全省的15.82%）（见表5-31）。

表5-31 云南新材料产业领域中国专利分类竞争者结构状况（2006~2015年）

类别	高校/件	高校占比（%）	研究院所/件	研究院所占比（%）	企业/件	企业占比（%）
申请量小计	6306	21.70	3525	12.13	13180	45.35
发明申请	4965	25.95	3027	15.82	8677	45.36
实用新型申请	1341	13.50	498	5.01	4503	45.33
发明授权	2019	28.55	1308	18.50	3057	43.23%

云南新材料产业领域的专利竞争者主要有昆明理工大学、云南农业大学、武钢集团昆明钢铁股份有限公司、云南驰宏锌锗股份有限公司、中国科学院昆明植物研究所等，相关专利申请集中于A01G1/00、G01N30/02、A01G13/00、A61K8/97、G01R31/08等分类领域（见表5-32）。

表 5 - 32　云南新材料产业领域中国专利申请 IPC 分布与主要专利竞争者状况（2006 ~ 2015 年）

单位：件

类别	类型（数量）	专利申请人/专利权人（申请量）	IPC 分布（申请量）
高校	发明申请（4965） 实用新型申请（1341） 发明授权专利（2019）	昆明理工大学（4351）	G01R31/08（103）
		云南农业大学（601）	A01G1/00（90）
		云南大学（551）	C12Q1/68（69）
		云南师范大学（193）	A01H4/00（63）
		云南民族大学（133）	C12N1/20（58）
		大理学院（129）	A61K31/357（51）
		西南林业大学（120）	C12N1/14（37）
		昆明学院（103）	C22C1/08（37）
		云南中医学院（54）	G06F19/00（36）
		昆明医科大学（37）	B03D1/00（32）
研究院所	发明申请（3027） 实用新型申请（498） 发明授权专利（1308）	中国科学院昆明植物研究所（365）	A01G1/00（213）
		云南烟草科学研究院（250）	A01H4/00（89）
		云南省烟草农业科学研究院（188）	A01H1/02（59）
		中国科学院昆明动物研究所（153）	C12Q1/68（49）
		云南电力试验研究院（集团）有限公司电力研究院（150）	A01G31/00（38）
		云南昆船设计研究院（141）	C12N1/14（36）
		云南电网有限责任公司电力科学研究院（130）	A01C1/00（31）
		昆明贵金属研究所（130）	G01N33/00（31）
		昆明冶金研究院（123）	A01G1/04（30）
		云南省农业科学院农业环境资源研究所（112）	A01K67/033（30）
企业	发明申请（8677） 实用新型申请（4503） 发明授权专利（3057）	云南中烟工业有限责任公司（599）	A01G1/00（298）
		红云红河烟草（集团）有限责任公司（494）	G01N30/02（98）
		红塔烟草（集团）有限责任公司（358）	A01G13/00（95）
		武钢集团昆明钢铁股份有限公司（335）	A61K8/97（83）
		云南白药集团股份有限公司（218）	A23L1/29（82）
		昆明制药集团股份有限公司（207）	C05G3/00（71）
		云南瑞升烟草技术（集团）有限公司（178）	C11B9/00（70）
		云南玉溪水松纸厂（144）	A23F3/06（69）
		云南驰宏锌锗股份有限公司（93）	A01H4/00（65）
		云南云天化股份有限公司（88）	A24B3/12（64）

第六章　新能源产业专利竞争分析

第一节　新能源产业技术领域

新能源包括太阳能、风能、水能、生物质能、核能、地热能。

一、太阳能技术

太阳能是可以利用转化的太阳辐射能量。太阳能技术包括光热技术和光伏技术。

光热技术是太阳能作为热能的应用技术（如取暖、烧水），主要包括太阳能热水器（集热器、保温、控制、供水），太阳能蒸馏器；太阳能干燥器，太阳能采暖（太阳房），太阳能温室，太阳能空调制冷系统；太阳灶，高温太阳炉；太阳能热发电聚光集热技术，光热蒸汽发电（光—热—电转换）等。

光伏技术是太阳能转化为电能的技术（如太阳能电池），主要包括太阳能发电技术、光伏电池（太阳能电池），太阳能电池板材料；太阳能应用技术，如太阳能路灯、太阳能灯具、太阳能移动电源、太阳能通信电源、太阳能建筑、太阳能便携式系统等。

二、风能技术

风能是地球表面空气流动所产生的动能。风能技术主要包括风力发电技术（发电机、电站、配电、送电）；风力提水技术；风力制热技术。

三、水能技术

水能是水体的动能、势能和压力能等能量资源，包括河流水能、潮汐水能、波浪能、海流能等能量资源。水能技术主要包括水力发电技术（水力发电机组、配电、送电、水电站）；潮汐发电技术（发电设备、电站）；波浪发电技术（集波装置、发电设备、发电船、电站）。

四、生物质能技术

生物质能是太阳能以化学能形式储存在生物质中的能源，适合于能源利用的生物质包括林业资源、农业资源、生活污水，以及工业有机废水、城市固体废物和畜禽粪便等。生物质能技术主要包括生物燃料技术（作物秸秆、薪柴等制备技术），生物炭；沼气制备与利用技术（农林废弃物、动物粪便、垃圾及藻类沼气制备与利用技术）；生物液体和气体燃料技术（生物柴油、燃料甲醇、燃料乙醇等制备与利用技术）；油料植物种植技术。

五、核能技术

核能是通过核反应从原子核释放的能量。核能技术主要包括核电站技术（核反应堆，包括主泵、稳压器、蒸汽发生器、安全壳、汽轮发电机、危急冷却系统等）；核动力技术（利用可控核反应来获取能量，从而得到动力、热量和电能的技术）；核电池技术（通过半导体换能器将同位素在衰变过程中不断地放出具有热能的射线的热能转变为电能的技术）。

六、地热能技术

地热能是由地球内部的熔岩形成的、储存于地壳中的天然热能。地热能技术主要包括地热发电技术（将地热能转变为机械能，再将机械能转变为电能）；地热工业加热，如蒸煮纸浆、蒸发海水制盐、海水淡化、各类原材料和产品烘干食品和食糖精制、石油精炼、生产重水；地热制冷和空调技术；地热生活设施供热，如地热采暖以及地热温室栽培等；农业供热，如土壤加温、水产养殖、饲养牲畜、脱水加工等；地热医疗保健、地热浴疾病治疗技术；地热资源（蒸汽、热水）勘察开发，地热流体或热卤水中的矿物原料提取。

第二节　新能源产业专利技术分类与专利检索关键词

一、新能源产业专利技术分类

新能源产业包括太阳能、风能、水能、生物质能、核能、地热能等领域，产业领域的 IPC 专利技术分布于 B、C、F、G、H 部，主要涉及 B29L31/18、B29L31/20、C10B、C10C、C10F、C10G、C10H、C10J、C10K、C10L、C11C1/00、C11C3/00、C11C5/00、F03C、F03D、F03G、F24B、F24C、F24D、F24H、F24J、G21B、G21C、G21D、G21H、H01F、H01L31/00、H01M、H02 分类领域（见表6-1）。

表6-1　新能源产业技术领域 IPC 专利分类表

国际专利分类	小类号	国际专利分类	小类号
B29L 特殊制品加工	B29L31/18 热交换及其零件 B29L31/20 燃料块	G21 核物理与核工程	G21B 聚变反应堆 G21C 核反应堆 G21D 核发电厂 G21H 从放射源取得能量，放射源辐射的应用，宇宙射线的利用
C10 石油、煤气及炼焦工业，含 CO 工业气体、燃料、泥煤	C10B 含碳物料干馏生产煤气、焦煤、焦油等 C10C 焦油、焦油沥青、石油沥青、天然沥青加工 C10F 泥煤干燥或加工 C10G 径油裂化，液态径混合物制备，从油页岩、油矿或油气中回收径油石脑油重整，地蜡 C10H 乙炔湿法生产 C10J 由固态含碳物生产发生炉煤气、水煤气、合成气、空气或其他气体增碳	H01 基本电气元件	H01F 磁体、电感、变压器、磁性材料的选择
		H02 发电、变电或配电	H02B 供电或配电用配电盘、变电站或开关装置 H02G 电缆或电线的安装，或光电组合电缆或电线的安装 H02H 紧急保护电路装置 H02J 供电或配电的电路装置或系统、电能存储系统

续表

国际专利分类	小类号	国际专利分类	小类号
F03 液力发动机，风力、弹力或重力发动机	F03C 液体驱动的变容式发动机 F03D 风力发动机 F03G 弹力、重力、惯性或类似的发动机；其他机械动力产生装置，或其他能源利用	H02 发电、变电或配电	H02K 电机 H02M 用于交流和交流之间、交流和直流之间、直流和直流之间的转换以及用于与电源或类似的供电系统一起使用的设备，直流或交流输入功率至浪涌输出功率的转换及控制或调节 H02N 其他电机
F24 供热、炉灶	F24D 住宅供热系统或区域供热系统及其构件或部件 F24H 有热发生装置的流体加热器 F24J 其他热量产生和利用		H02P 电动机、发电机或机电变换器的控制或调节，控制变压器、电抗器或扼流圈

二、新能源产业领域专利检索关键词

通过对新能源产业技术背景的研究，提出产业专利技术检索主题词主要包括：新能源、可再生能源、二次能源、非常规能源；太阳能、光伏、光热、太阳能电池、光热、光电、多晶硅片、单晶硅片；风能、风车、风力发电；生物质能、生物柴油、燃料乙醇、燃料甲醇、生物燃油、桐子、油料植物、沼气、木、秸秆、燃料、炉、木炭；核能、核电、原子能、核聚变、核裂变、核衰变；地热、蒸汽、热水、发电、供热、加热、温泉；海洋能、潮汐能、波浪能、盐差发电、海流发电；氢能、能量。

第三节　新能源产业领域中国专利整体状况

一、新能源产业领域专利申请、授权与有效状况

1. 申请与授权状况

2006～2015 年，新能源产业领域的中国发明与实用新型专利申请总量为 2008873 件。其中，发明 1013338 件（占比 50.44%），实用新型 995535 件（占比 49.56%）。数据显示，新能源产业领域的中国专利申请量和授权量巨大，产业专利技术创新活跃，但发明专利申请数量占比仅达到约 50%，专利技术创新水平有待进一步提高（见表 6－2）。

表 6－2　新能源产业领域中国专利申请与授权状况（2006～2015 年）

类型	专利类型	数量/件	占比（%）	授权率（%）
申请量	发明与实用新型合计	2008873		
	发明	1013338	50.44	
	实用新型	995535	49.56	
授权量	发明与实用新型合计	1330762		66.24
	发明	335227	25.19	33.08
	实用新型	995535	74.81	

2006～2015 年，新能源产业领域已授权中国发明与实用新型专利数量为 1330762 件，其中发明 335227 件（占比 25.19%），实用新型 995535 件（占比 74.81%），专利申请整体授权率 66.24%，发明授权率 33.08%。发明专利申请的授权率较低，技术创新水平一般（见图 6－1）。

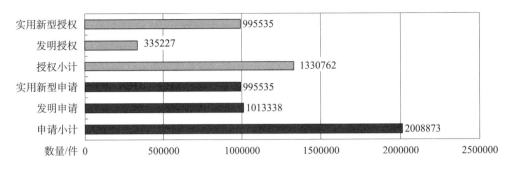

图 6 - 1 2006～2015 年新能源产业领域中国专利申请与授权状况（截至 2016 年 5 月已公开数据）

上述中国专利申请和授权中，国内申请人 1778762 件（占比 88.55%），外国申请人 230111 件（占比 11.45%）；授权的专利中，国内申请人 1214287 件（占比 91.25%），外国申请人 116475 件（占比 8.75%）。数据显示，外国申请人在该领域有一定的申请和授权量（发明专利获权量占到 27.21%），对国内新材料产业的发展有较大的影响（见表 6 - 3）。

表 6 - 3　新能源产业领域中国专利国内外申请人申请与授权状况（2006～2015 年）

项目		国内/件	国外/件	国外结构（%）	国外授权率（%）	国外申请人占比（%）
申请量	申请小计	1778762	230111			11.45
	发明申请	808494	204844	89.02		20.21
	实用新型申请	970268	25267	10.98		2.54%
授权量	授权小计	1214287	116475		50.62	8.75
	发明授权	244019	91208	78.31	44.53	27.21
	实用新型授权	970268	25267	21.69		2.54%

2. 专利申请与授权年度变化状况

2006～2015 年，新能源产业领域的中国发明与实用新型专利申请数量总体呈现增长态势，年均增幅 19.49%；2008～2012 年是该领域中国专利申请量增长的高峰时期（因专利公开滞后和审查周期因素，2013 年后公开数据暂不能说明问题）。但该领域发明专利申请占比不高且变化不大，表明产业技术创新能力在持续增强，但技术创新的层次没有明显改善（见图 6 - 2）。

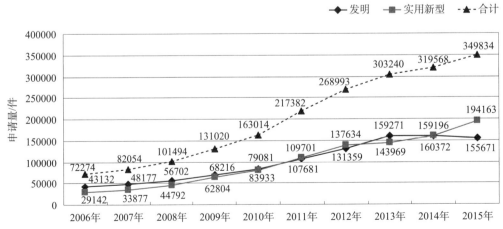

图 6 - 2　新能源产业领域中国专利申请数量年度变化（2006～2015 年）

从专利申请授权的情况来看，新能源产业领域的实用新型保持了持续快速的增长态势，但发明专利授权量增长缓慢，甚至近年来略有下降（因公开和审查滞后因素，2013年后数据尚不能说明问题），而且发明申请的总体授权率不高，尤其是国能申请人的专利申请授权率较低，产业整体专利技术创新水平一般（见图6-3）。

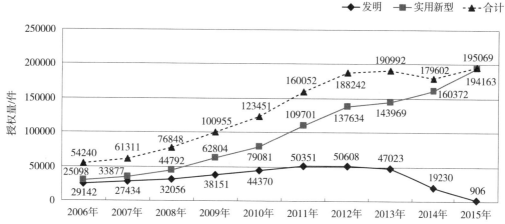

图6-3　新能源产业领域中国专利授权数量年度变化（2006~2015年）

3. 专利有效状况

2011~2015年，新能源产业领域共有966001件有效中国发明与实用新型专利。其中，发明专利295716件（占全部有效专利的30.61%）；发明专利有效率88.21%，实用新型专利有效率67.33%，发明专利的有效率较高（见表6-4）。

表6-4　新能源产业领域中国专利有效状况（2006~2015年）

专利类型	数量/件	占比（%）	有效率（%）
发明与实用新型合计	966001		72.59
发明	295716	30.61	88.21
实用新型	670285	69.39	67.33%

上述有效专利中，5年以上的发明专利维持率约为88.03%，10年以上的发明专利维持率超过68%。表明该领域中国发明专利的整体维持率较高，基础和核心专利占比较高，发明专利对产业发展有较强的支撑作用（见表6-5）。

表6-5　新能源产业领域年度授权中国专利有效状况（截至2016年6月）

年度	有效发明与实用新型专利/件	有效发明专利/件	有效实用新型专利/件	发明专利有效率（%）
2006年	17171	3773	20944	68.42
2007年	20006	8520	28526	72.92
2008年	24645	13905	38550	76.88
2009年	31521	22866	54387	82.62
2010年	39059	33324	72383	88.03
2011年	46980	54719	101699	93.30%

续表

年度	有效发明与实用新型专利/件	有效发明专利/件	有效实用新型专利/件	发明专利有效率（%）
2012 年	49386	84069	133455	97.59
2013 年	46812	102900	149712	99.55
2014 年	19230	152180	171410	100.00
2015 年	906	194029	194935	100.00
合计	295716	670285	966001	100.00

二、新能源产业领域中国专利区域分布

1. 专利申请省份分布

2006～2015 年，新能源产业领域国内申请人已公开的中国专利申请主要分布在广东、江苏、浙江、北京、山东、上海 6 个省区市，这些省区市的中国专利申请量均在 10 万件以上；此外，安徽、四川、河南、湖北、辽宁 5 个省区市的申请量也都在 5 万件以上。从专利授权和有效维持情况来看，广东、江苏、浙江、北京、山东、上海也是主要的集中地区，这些省区市的中国专利获权量和有效量均在 5 万件以上。数据表明，上述区域是国内新能源产业技术创新最为活跃的地区，也是专利技术和产业竞争最为激烈的地区（见表 6－6）。

表 6－6　新能源产业领域已公开中国专利申请省份分布（2006～2015 年）

单位：件

排位	省区市	申请			授权			有效专利		
		合计	发明	实用新型	合计	发明	实用新型	合计	发明	实用新型
1	广东	244654	97637	147017	179026	32009	147017	137775	28857	108918
2	江苏	266784	136745	130039	160778	30739	130039	116215	27615	88600
3	浙江	181152	56622	124530	145184	20654	124530	96649	17540	79109
4	北京	151801	88217	63584	98957	35373	63584	81162	31316	49846
5	山东	130723	55722	75001	89334	14333	75001	55019	11823	43196
6	上海	113172	62217	50955	71831	20876	50955	53609	18223	35386
7	安徽	75990	38782	37208	44951	7743	37208	31623	7055	24568
8	四川	61610	26889	34721	42325	7604	34721	29638	6635	23003
9	河南	52415	18754	33661	38964	5303	33661	25440	4301	21139
10	湖北	51813	22845	28968	37131	8163	28968	26722	6991	19731
11	辽宁	50879	24268	26611	33882	7271	26611	21016	5981	15035
12	天津	49560	23209	26351	31765	5414	26351	22549	4461	18088
13	福建	45275	14996	30279	35501	5222	30279	26209	4616	21593
14	陕西	43497	22760	20737	27674	6937	20737	18365	5681	12684
15	湖南	39242	16651	22591	28625	6034	22591	20340	5253	15087
16	重庆	33018	13497	19521	22985	3464	19521	15667	2749	12918
17	黑龙江	27784	13471	14313	19090	4777	14313	11638	3706	7932
18	河北	24734	12367	12367	16572	4205	12367	20382	3680	16702
19	江西	22077	8182	13895	16173	2278	13895	11963	1956	10007

续表

排位	省区市	申请			授权			有效专利		
		合计	发明	实用新型	合计	发明	实用新型	合计	发明	实用新型
20	广西	20917	13723	7194	9549	2355	7194	6988	2192	4796
21	山西	18815	8777	10038	13123	3085	10038	9109	2534	6575
22	吉林	15843	8454	7389	10526	3137	7389	6599	2278	4321
23	云南	14010	5670	8340	10291	1951	8340	3196	1598	1598
24	贵州	11534	5103	6431	7659	1228	6431	5393	1098	4295
25	甘肃	8361	3809	4552	5687	1135	4552	3894	953	2941
26	新疆	8068	2648	5420	6242	822	5420	4175	756	3419
27	内蒙古	6687	2501	4186	5043	857	4186	3448	732	2716
28	宁夏	3531	1761	1770	2205	435	1770	1605	384	1221
29	海南	2795	1260	1535	1928	393	1535	1358	319	1039
30	青海	1552	744	808	962	154	808	702	134	568
31	西藏	469	213	256	324	68	256	243	63	180
合计		1778762	808494	970268	1214287	244019	970268	868691	211480	657211

2. 专利申请地区分布

2006～2015年，新能源产业技术领域国内申请人已公开的1778762件中国专利申请主要集中在东部地区，这一区域共分布有1210650件，占到全国总量的68.06%，表明东部地区在新能源产业领域技术创新的绝对引领地位。中部也有较大数量的专利申请分布，共汇集有260352件专利申请，占到全国总量的14.64%，表现出这一区域在新能源产业领域的较好技术创新实力和基础。而西部地区和东北部地区新能源产业领域的专利申请和授权量较低，除四川、陕西和重庆外，在新能源产业领域的整体区域技术创新实力和基础较弱（见表6-7）。

表6-7　新能源产业领域已公开中国专利申请地区分布（2006～2015年）

单位：件

大区	排位	省区市	申请			授权			有效专利		
			合计	发明	实用新型	合计	发明	实用新型	合计	发明	实用新型
东部地区	1	广东	244654	97637	147017	179026	32009	147017	137775	28857	108918
	2	江苏	266784	136745	130039	160778	30739	130039	116215	27615	88600
	3	浙江	181152	56622	124530	145184	20654	124530	96649	17540	79109
	4	北京	151801	88217	63584	98957	35373	63584	81162	31316	49846
	5	山东	130723	55722	75001	89334	14333	75001	55019	11823	43196
	6	上海	113172	62217	50955	71831	20876	50955	53609	18223	35386
	7	天津	49560	23209	26351	31765	5414	26351	22549	4461	18088
	8	福建	45275	14996	30279	35501	5222	30279	26209	4616	21593
	9	河北	24734	12367	12367	16572	4205	12367	20382	3680	16702
	10	海南	2795	1260	1535	1928	393	1535	1358	319	1039
	合计		1210650	548992	661658	830876	169218	661658	610927	148450	462477

续表

大区	排位	省区市	申请			授权			有效专利		
			合计	发明	实用新型	合计	发明	实用新型	合计	发明	实用新型
东北部地区	1	辽宁	50879	24268	26611	33882	7271	26611	21016	5981	15035
	2	黑龙江	27784	13471	14313	19090	4777	14313	11638	3706	7932
	3	吉林	15843	8454	7389	10526	3137	7389	6599	2278	4321
	合计		94506	46193	48313	63498	15185	48313	39253	11965	27288
中部地区	1	安徽	75990	38782	37208	44951	7743	37208	31623	7055	24568
	2	河南	52415	18754	33661	38964	5303	33661	25440	4301	21139
	3	湖北	51813	22845	28968	37131	8163	28968	26722	6991	19731
	4	湖南	39242	16651	22591	28625	6034	22591	20340	5253	15087
	5	江西	22077	8182	13895	16173	2278	13895	11963	1956	10007
	6	山西	18815	8777	10038	13123	3085	10038	9109	2534	6575
	合计		260352	113991	146361	178967	32606	146361	125197	28090	260352
西部地区	1	四川	61610	26889	34721	42325	7604	34721	29638	6635	23003
	2	陕西	43497	22760	20737	27674	6937	20737	18365	5681	12684
	3	重庆	33018	13497	19521	22985	3464	19521	15667	2749	12918
	4	广西	20917	13723	7194	9549	2355	7194	6988	2192	4796
	5	云南	14010	5670	8340	10291	1951	8340	3196	1598	1598
	6	贵州	11534	5103	6431	7659	1228	6431	5393	1098	4295
	7	甘肃	8361	3809	4552	5687	1135	4552	3894	953	2941
	8	新疆	8068	2648	5420	6242	822	5420	4175	756	3419
	9	内蒙古	6687	2501	4186	5043	857	4186	3448	732	2716
	10	宁夏	3531	1761	1770	2205	435	1770	1605	384	1221
	11	青海	1552	744	808	962	154	808	702	134	568
	12	西藏	469	213	256	324	68	256	243	63	180
	合计		213254	99318	113936	140946	27010	113936	93314	22975	70339

三、专利申请技术路径演进

在 2006～2015 年的 10 年间，新能源产业领域的中国专利申请的技术路径以 H02J7/00、H05B37/02、F24C15/20 分类领域为主线；2008 年后 F21S2/00 分类领域和 2010 年后 H02J13/00 分类领域也逐步发展为主要的技术方向；2013 年后 H02G1/02 分类领域和 2014 年后 F24F1/00 分类领域的技术创新热度明显提升；而 F24J2/46 分类领域的创新活跃程度波动较大，F03D9/00 分类领域的创新活动则在 2011 年后明显萎缩。数据显示，H02J7/00、H05B37/02、F24C15/20、H02J13/00、H02G1/02、F24F1/00 分类领域是目前国内生物技术发展的热点领域（见表 6-8）。

表 6 - 8　2006～2015 年新能源领域中国专利申请技术路径演进

单位：件

年份	2006	2007	2008	2009	2010
分类（申请量）	H01L33/00 （1189）	H01L33/00 （1182）	H02J7/00 （816）	F21S2/00 （1991）	F21S2/00 （2727）
	F24C15/20 （547）	H02J7/00 （700）	H01L33/00 （781）	H02J7/00 （909）	H02J7/00 （1823）
	H05K7/20 （529）	H05K7/20 （570）	F21S2/00 （640）	F21S8/00 （843）	F21S8/00 （1431）
	G02F1/13357 （485）	F24C15/20 （536）	H05B37/02 （548）	H05B37/02 （732）	H05B37/02 （1370）
	H02J7/00 （470）	F21V29/00 （481）	F24C15/20 （485）	H01L31/18 （731）	H01L31/18 （920）
	G06F1/20 （335）	H01M8/02 （445）	H01L31/18 （478）	F03D9/00 （678）	H02N6/00 （907）
	G02F1/133 （324）	H05B37/02 （374）	F03D9/00 （473）	F24J2/46 （662）	F24J2/46 （897）
	H01M8/04 （313）	H01M8/04 （365）	F24J2/05 （453）	H02N6/00 （634）	H02J13/00 （782）
	G02F1/1335 （305）	H01L31/042 （330）	F21V29/00 （443）	H01L31/042 （626）	F24C15/20 （689）
	F24J2/46 （303）	F03D9/00 （323）	H05K7/20 （432）	F24C15/20 （572）	F03D9/00 （688）

年份	2011	2012	2013	2014	2015
分类（申请量）	F21S2/00 （3340）	F21S2/00 （4258）	H02J7/00 （4992）	H02J7/00 （4860）	H02J7/00 （5554）
	H02J7/00 （2800）	H02J7/00 （3632）	F21S2/00 （3638）	F21S2/00 （3056）	H05B37/02 （2956）
	F21S8/00 （1953）	H05B37/02 （2653）	H05B37/02 （2629）	H05B37/02 （2446）	F21S8/00 （2341）
	H05B37/02 （1913）	F21S8/00 （2209）	F21S8/00 （2039）	F21S8/00 （1981）	F21S2/00 （2236）
	H01L31/18 （1331）	H01L31/18 （1194）	F24C15/20 （1231）	F24F5/00 （1383）	F24F1/00 （1639）
	H01L31/042 （1012）	F24J2/46 （1111）	H02J13/00 （1209）	H02G1/02 （1354）	F21S9/03 （1506）
	F24J2/46 （993）	H02J13/00 （1076）	H01L31/18 （1121）	H02J13/00 （1270）	H02J13/00 （1417）
	H02J13/00 （977）	F24C15/20 （1045）	F24F5/00 （1081）	F24C15/20 （1194）	H02G1/02 （1390）
	F24C15/20 （865）	F24F5/00 （981）	H02G1/02 （1074）	F24F1/00 （1124）	F24C15/20 （1344）
	H01L31/048 （816）	H01L31/048 （981）	F24J2/46 （1010）	H01M2/10 （983）	F24F1/02 （1244）

第四节　新能源产业领域中国专利技术分布

一、专利申请整体 IPC 分布

2006～2015 年，新能源产业技术领域已公开的中国专利申请分布于 A、B、C、F、H、G 部，主要涉及 H02J7/00、F21S2/00、H05B37/00、F21S8/00、F24C15/00、H01L31/00、H02J13/00、F24F5/00、F24J2/46、H02G1/02 分类领域（见表 6 - 9）。

表 6 - 9　新能源产业领域已公开中国专利申请 IPC 分布总体情况（2006～2015 年）

单位：件

部类	A	B	C	F	G	H
发明申请	104824	109525	167268	126985	164076	13256
实用新型申请	98973	148981	41106	249414	121225	291200
发明授权	26395	37000	66232	35443	58043	107027

续表

部类	A	B	C	F	G	H
IPC 分类（申请量）	A01G9/14（2022）	B01D50/00（3992）	C12Q1/68（3913）	F21S2/00（22339）	G06F1/20（4329）	H02J7/00（26760）
	A61K36/899（2019）	B09B3/00（1562）	C02F9/14（3043）	F21S8/00（13610）	G02B6/44（4118）	H05B37/02（15929）
	A23F3/06（1924）	B01D53/78（1540）	C12M1/107（2919）	F24C15/20（8562）	G05B19/418（3748）	H01L31/18（7782）
	A01G1/00（1761）	B01D46/00（1399）	C05G3/00（2825）	F24F5/00（6709）	G03F7/20（2585）	H02J13/00（7541）
	A61N5/06（1635）	B60H1/00（1358）	C09K11/06（1790）	F24J2/46（6559）	G05B19/042（2522）	H02G1/02（6282）
	A47G19/22（1550）	B60L8/00（1243）	C10L3/10（1285）	F24F1/00（6157）	G06F1/16（2431）	H01M2/10（6137）
	A01G9/02（1437）	B01D46/02（1184）	C10J3/20（1229）	F21S9/03（6119）	G01R31/00（2419）	H05K7/20（5975）
	A61K36/9066（1387）	B60L11/18（1159）	C10B53/02（1213）	F04D25/08（5592）	G09G3/32（2228）	H01L33/00（5006）
	A61K36/9068（1385）	B23K26/38（1093）	C12Q1/70（984）	F03D9/00（5134）	G06F3/041（2183）	H01L31/042（4882）
	A47J27/00（1346）	B07B9/00（1015）	C08L23/12（974）	F21V29/00（3731）	G01N21/64（2182）	H02J3/18（4509）

上述分类领域中，F21S2/00、F21S8/00、H02J7/00、H05B37/02 分类领域最为集中（见表 6 - 10）。

表 6 - 10　新能源产业领域已公开中国专利申请 IPC 分布具体情况（2006 ~ 2015 年）

单位：件

大组分类	类型（数量）	分类（申请量）	大组分类	类型（数量）	分类（申请量）
F21S2/00	发明专利（6181） 实用新型（16089） 发明授权（1535）	F21S2/00（22317）	H01L31/00	发明专利（14597） 实用新型（8649） 发明授权（4973）	H01L31/0224（2018）
F21S8/00	发明专利（5866） 实用新型（16099） 发明授权（1400）	F21S8/00（13563）			H01L31/052（1342）
		F21S8/10（3467）			H01L31/04（1040）
		F21S8/04（1932）			H01L31/05（789）
		F21S8/08（1561）			H01L31/0216（759）
		F21S8/06（819）			H01L31/02（540）
		F21S8/02（619）			H01L31/0352（529）
F24C15/00	发明专利（2766） 实用新型（8024） 发明授权（627）	F21S8/12（169）	H02G1/00	发明专利（3687） 实用新型（8178） 发明授权（867）	H02G1/02（6282）
		F24C15/20（8562）			H02G1/12（1610）
		F24C15/10（915）			H02G1/00（1215）
		F24C15/00（775）			H02G1/06（1087）
		F24C15/08（348）			H02G1/14（741）
		F24C15/12（173）			H02G1/08（553）
		F24C15/02（147）			H02G1/04（461）
		F24C15/36（133）			H02G1/16（84）
		F24C15/16（121）			H02G1/10（59）
		F24C15/18（96）			H02G1/02（6282）

续表

大组分类	类型（数量）	分类（申请量）	大组分类	类型（数量）	分类（申请量）
F24F5/00	发明专利（2418） 实用新型（4197） 发明授权（534）	F24F5/00（6686）			H02J7/00（26760）
F24J2/00	发明专利（7373） 实用新型（14119） 发明授权（2084）	F24J2/46（6559）	H02J7/00	发明专利（14161） 实用新型（18640） 发明授权（3520）	H02J7/02（2854）
		F24J2/00（2574）			H02J7/35（1155）
		F24J2/05（2285）			H02J7/34（919）
		F24J2/24（1616）			H02J7/32（861）
		F24J2/04（1346）			H02J7/04（809）
		F24J2/40（1103）			H02J7/14（747）
		F24J2/52（918）			H02J7/10（582）
		F24J2/34（618）			H02J7/36（122）
		F24J2/38（604）	H02J13/00	发明专利（3606） 实用新型（3675） 发明授权（1181）	H02J13/00（7541）
		F24J2/10（602）	H05B37/00	发明专利（7235） 实用新型（9600） 发明授权（2088）	H05B37/02（15929）
H01L31/00	发明专利（14597） 实用新型（8649） 发明授权（4973）	H01L31/18（7758）			H05B37/00（937）
		H01L31/042（4875）			H05B37/03（184）
		H01L31/048（3562）			H05B37/04（82）

二、区域专利申请 IPC 分布

2006～2015 年，在新能源产业领域，依其技术创新基础、资源条件和产业地位不同，各地区专利申请的技术方向各有侧重，IPC 分布的集中度有所不同。

1. 东部地区

江苏的专利申请主要集中于 H02J7/00、F21S2/00、H01L31/18、F21S8/00 分类领域，山东集中于 F24J2/46、H02J7/00、A61K36/899 分类领域，北京集中于 H02G1/02、H02J7/00、H02J13/00 分类领域，广东集中于 F21S2/00、H02J7/00、F21S8/00、H05B37/02 分类领域，上海集中于 H02J7/00、F21S2/00 分类领域，浙江集中于 F21S2/00、F24C15/20、H02J7/00 分类领域，福建集中于 F21S2/00 分类领域（见表 6-11）。

表 6-11　东部地区新能源技术产业领域中国专利申请 IPC 核心分布（2006～2015 年）

单位：件

省区市	北京	天津	河北	上海	江苏
分类 （申请量）	H02G1/02（2243）	H02J7/00（473）	H01L31/18（372）	H02J7/00（1275）	H02J7/00（3210）
	H02J7/00（1642）	H05B37/02（290）	H02J7/00（293）	F21S2/00（1168）	F21S2/00（2418）
	H02J13/00（1403）	F24F1/02（259）	F24B1/183（284）	H05B37/02（931）	H01L31/18（1803）
	H02B3/00（1043）	F24C7/02（255）	H02G1/02（249）	F21S8/00（672）	F21S8/00（1776）
	H02J3/00（858）	F24F1/00（248）	F21S2/00（231）	G03F7/20（597）	H05B37/02（1579）
	H02J3/38（766）	H01M2/10（241）	F24J2/46（203）	H01L31/18（588）	F24J2/46（1281）

续表

省区市	北京	天津	河北	上海	江苏
分类（申请量）	F21S8/00（627）	H02H9/04（205）	H02J13/00（199）	H02J13/00（497）	G02B6/44（1218）
	H02J3/18（604）	F24F5/00（204）	F03D9/00（186）	H01L21/768（446）	H01L31/048（1168）
	H05B37/02（551）	F21S8/00（193）	H02B3/00（155）	C12Q1/68（429）	F21S9/03（1060）
	F03D9/00（513）	H04N5/225（179）	H05B37/02（151）	H01L21/336（429）	F24F5/00（981）

省区市	浙江	广东	海南	福建	山东
分类（申请量）	F21S2/00（2944）	F21S2/00（7235）	A01K61/00（31）	F21S2/00（1078）	F24J2/46（1269）
	F24C15/20（2412）	H02J7/00（5970）	H02J7/00（25）	H02J7/00（767）	H02J7/00（1131）
	H02J7/00（1972）	F21S8/00（4086）	F24F5/00（21）	F21S8/00（561）	A61K36/899（911）
	H05B37/02（1674）	H05B37/02（3517）	H01L31/18（21）	H05B37/02（484）	A61K36/9066（586）
	F21S8/00（1673）	F24F1/00（2087）	F21S2/00（19）	F21S9/03（364）	F24F1/00（570）
	F04D25/08（1035）	F24C15/20（1536）	A01G9/14（15）	A23F3/06（310）	H02G1/02（557）
	F21S9/03（900）	H05K7/20（1451）	C12N1/20（15）	F24H9/20（161）	H05B37/02（545）
	F24J2/46（877）	H01M2/10（1100）	C12Q1/68（15）	F21V29/00（157）	F21S8/00（497）
	F21L4/00（767）	F21V29/00（1098）	H01L31/048（15）	G06F3/041（151）	A61K36/9068（478）
	H02K5/04（665）	H01L33/48（1098）	C05G3/00（14）	C02F9/14（147）	F24F5/00（466）

2. 东北部地区

辽宁的技术创新热点主要集中于 H02J7/00、F03D9/00、H02G1/02 分类领域，黑龙江的技术创新热点主要集中于 A63B69/00、F03D9/00、H02J7/00 分类领域（见表 6-12）。

表 6-12　东北部地区新能源产业领域中国专利申请 IPC 核心分布（2006～2015 年）

单位：件

省区市	辽宁		黑龙江			吉林
分类（申请量）	H02J7/00（397）	F21S9/03（199）	A63B69/00（190）	C12M1/107（101）	C09K11/06（83）	G01M11/02（59）
	F03D9/00（259）	H05B37/02（199）	F03D9/00（168）	F24H1/44（94）	C12M1/107（83）	H05B37/02（54）
	H02G1/02（244）	H02J13/00（175）	H02J7/00（165）	G06F1/20（93）	H02J7/00（81）	C02F9/14（51）
	F21S2/00（226）	F24C15/20（167）	H02J3/18（120）	H05B37/02（93）	F03D9/00（66）	G01N21/64（51）
	H02J3/18（202）	F21S8/00（160）	F24B1/183（107）	A01G9/14（84）	G01B11/00（62）	F21S8/10（49）

3. 中部地区

安徽主要集中于 H02J7/00、C05G3/00、H05B37/02 分类领域，湖北主要集中在 H02J7/00、H05B37/02 分类领域，河南主要集中于 H02J7/00、H02J7/00 分类领域（见表 6-13）。

表6-13　中部地区新能源产业领域中国专利申请IPC核心分布（2006~2015年）

单位：件

省区市	安徽	湖北	湖南	河南	山西	江西
分类（申请量）	H02J7/00 （828）	H02J7/00 （557）	H02J7/00 （450）	H02J7/00 （572）	E21F11/00 （130）	F21S2/00 （254）
	C05G3/00 （729）	H05B37/02 （305）	F24C15/20 （286）	H02J7/00 （533）	H02G1/02 （110）	H02J7/00 （192）
	H05B37/02 （501）	F21S2/00 （284）	H05B37/02 （245）	H02J13/00 （398）	H02J7/00 （109）	F21S8/00 （151）
	F21S2/00 （493）	F24C15/20 （209）	F21S2/00 （216）	H02B3/00 （322）	H05B37/02 （105）	F21S9/03 （136）
	F21S8/00 （424）	F21S8/00 （194）	F24F5/00 （195）	F24F5/00 （237）	H02J13/00 （101）	H05B37/02 （121）
	F24J2/46 （399）	H02G1/02 （183）	F21S8/00 （161）	H05B37/02 （215）	A01G9/14 （94）	G06F3/041 （113）
	C12M1/107 （368）	F24F1/00 （177）	H02M1/00 （151）	F21S2/00 （206）	F21S2/00 （82）	H01L31/18 （101）
	A23K1/18 （354）	C12Q1/68 （166）	B01D50/00 （147）	F21S8/00 （175）	F03D9/00 （77）	F24F5/00 （67）
	A23G3/48 （319）	G02B6/44 （165）	F04D25/08 （143）	H02J3/18 （171）	C10J3/20 （75）	F24C15/20 （66）
	F21S9/03 （293）	F21S9/03 （160）	H02J3/38 （129）	C12M1/107 （167）	F21S8/00 （72）	C30B28/06 （65）

4. 西部地区

四川主要集中于H05B37/02、H02J7/00、F21S2/00分类领域，陕西主要集中于H02J7/00、F24F5/00、H05B37/02分类领域，重庆主要集中于H02J7/00、H05B37/02分类领域，广西主要集中于H02J7/00分类领域，贵州主要集中于A23F3/06分类领域（见表6-14）。

表6-14　西部地区新能源产业领域中国专利申请IPC核心分布（2006~2015年）

单位：件

省区市	四川	重庆	陕西	广西	云南	贵州
分类（申请量）	H05B37/02 （830）	H02J7/00 （436）	H02J7/00 （630）	H02J7/00 （233）	F24J2/46 （121）	A23F3/06 （133）
	H02J7/00 （764）	H05B37/02 （300）	F24F5/00 （542）	H05B37/02 （228）	H02G1/02 （87）	F24D13/00 （132）
	F21S2/00 （603）	F21S8/00 （237）	H05B37/02 （402）	A01G1/00 （170）	H02J7/00 （64）	F24B1/18 （121）
	F21S8/00 （352）	F21S2/00 （210）	F21S2/00 （336）	C05G3/00 （148）	A23F3/06 （55）	H05B37/02 （105）
	G02B6/44 （309）	F21S8/10 （189）	H02M1/088 （230）	A23K1/18 （118）	F24J2/00 （51）	F21S2/00 （99）
	F24C15/20 （254）	G06F1/20 （184）	G05D3/12 （221）	A61K36/899 （113）	A24B3/10 （50）	H02J7/00 （78）
	H02J13/00 （245）	C12M1/107 （146）	F21S8/00 （215）	H01M4/58 （109）	F21S9/03 （44）	F21S8/00 （71）
	C12M1/107 （239）	F04D25/08 （139）	G05B19/418 （190）	A23F3/34 （104）	C12M1/107 （41）	F21S9/03 （69）
	H02J3/18 （197）	F24C15/20 （121）	F21S9/03 （180）	A23F3/06 （101）	H02J13/00 （40）	A01G1/00 （65）
	H02H9/04 （196）	F21S9/03 （112）	F21S8/08 （175）	F21S2/00 （100）	B07B9/00 （39）	H04N21/41 （60）
省区市	甘肃	新疆	内蒙古	宁夏	青海	西藏
分类（申请量）	F24J2/46 （60）	F24F5/00 （109）	F03D11/00 （67）	G01B9/02 （38）	H02G1/02 （33）	A61K36/9064 （6）
	A01G1/00 （56）	F24B1/183 （76）	F03D9/00 （64）	H02G1/02 （38）	H02S20/30 （19）	A01G31/02 （4）
	F03D9/00 （47）	A01G9/14 （62）	F24B1/183 （62）	C22B26/22 （33）	H05B37/02 （16）	A61K36/9068 （4）
	H02J7/00 （46）	F03D9/00 （59）	A01G9/14 （54）	A01G9/14 （28）	F24B1/183 （15）	A61L2/07 （4）
	C05G3/00 （45）	A23N12/08 （57）	C12Q1/68 （41）	C08L27/06 （28）	F21S9/03 （13）	C01D15/08 （4）
	C12M1/107 （44）	F24H1/44 （57）	F24H1/44 （38）	H05B37/02 （23）	H02J7/00 （12）	F24J2/02 （4）
	H02N11/00 （44）	F03D11/00 （51）	C12N1/20 （36）	F03D9/00 （21）	H02S40/34 （12）	A23L1/29 （3）
	C12Q1/68 （41）	H02J7/00 （46）	C12M1/107 （34）	H02J13/00 （19）	G05D3/12 （11）	A23N12/10 （3）
	F24D15/00 （38）	B07B9/00 （45）	H02J7/00 （34）	B23K3/00 （17）	C09K5/06 （10）	B63B3/14 （3）
	F24B1/183 （36）	A01D51/00 （40）	F24J2/46 （33）	H02J7/00 （17）	H02S20/32 （10）	F24J2/00 （3）

三、产业内 IPC 专利分布

新能源产业可细分为太阳能、风能、核能、生物质能、地热能、海洋能产业等。2006~2015 年，新能源产业领域的中国专利申请主要分布在太阳能和风能领域，生物质能与地热能领域也有较大申请量。其中，太阳能领域的专利申请量最多，产业专利技术创新实力最强；海洋能领域的专利申请量最少，专利技术创新能力相对较弱（见表6-15）。

表6-15 2006~2015 年新能源产业领域中国专利申请产业内分布状况

单位：件

技术领域	类型（数量）	分类（申请量）	技术领域	类型（数量）	分类（申请量）
太阳能	发明专利（447950） 实用新型（392345） 发明授权专利（151708）	F21S2/00（21597） H05B37/02（15105） F21S8/00（13025） F21S9/03（6038） H01L31/18（5859） F24J2/46（5729） H01L33/00（4936） H02J7/00（4797） G02B6/44（4036） H01L31/042（3564）	核能	发明专利（57030） 实用新型（18359） 发明授权专利（19540）	C12Q1/68（1856） C12N15/113（620） G05B19/418（608） G06Q10/06（581） G05B19/042（564） G06F17/30（498） H04L29/06（468） G06F17/50（426） C12N15/11（416） H04L29/08（400）
风能	发明专利（202302） 实用新型（303838） 发明授权专利（56201）	F21S2/00（21597） H05B37/02（15105） F21S8/00（13025） F21S9/03（6038） H01L31/18（5859） F24J2/46（5729） H01L33/00（4936） H02J7/00（4797） G02B6/44（4036） H01L31/042（3564）	生物质能	发明专利（53325） 实用新型（37078） 发明授权专利（17359）	C12M1/107（2852） C02F9/14（1981） C05G3/00（1740） C10B53/02（948） C10L5/44（744） C10J3/20（600） C02F3/28（582） C10L1/02（529） C12Q1/68（521） A01G9/02（499）
地热能	发明专利（91552） 实用新型（77014） 发明授权专利（31810）	F21S2/00（1715） F24F5/00（1692） H05K7/20（1457） E04F15/02（1119） F21S8/00（1030） A61K36/899（999） F21V29/00（784） F24F1/00（744） F25B30/06（705） G06F1/20（658）	海洋能	发明专利（11569） 实用新型（11908） 发明授权专利（3641）	H02N11/00（760） F03B13/14（582） F03B13/26（291） F03B13/16（284） A01K61/00（251） F03B13/22（223） B63B35/44（196） F24F5/00（191） F03B13/18（165） F03D9/00（163）

第五节　新能源产业领域专利竞争者

一、专利竞争者整体状况

2006～2015 年，新能源产业领域的主要竞争者中，企业占据主导地位，其发明专利申请量高达 571821 件（占该领域全部申请的 56.43%）；高等院校也有一定的竞争实力，其发明专利申请量高达约 161207 件（占该领域全部申请的 15.91%）；而研究院所竞争力相对最弱、其发明专利申请量约为 44136 件（仅为企业的约 1/10）（见表 6 - 16）。

表 6 - 16　新能源产业领域中国专利分类竞争者结构状况（2006～2015 年）

类别	高校		研究院所		企业	
	申请量/件	占比（%）	申请量/件	占比（%）	申请量/件	占比（%）
发明与实用小计	230411	11.47	57806	2.88	1225768	61.02
发明申请	161207	15.91	44136	4.36	571821	56.43
实用新型申请	69204	6.95	13670	1.37	653947	65.69
发明授权	70726	21.10	19888	5.93	175384	52.32%

新能源领域的专利竞争者主要有国家电网公司、中国石油化工股份有限公司、珠海格力电器股份有限公司、海洋王照明科技股份有限公司、浙江大学、清华大学、中科院长春光学精密机械与物理研究所、中国科学院半导体研究所等（见表 6 - 17）。

表 6 - 17　新能源产业领域主要专利竞争者情况（2006～2015 年）

单位：件

类别	高校（申请量）	研究院所（申请量）	企业（申请量）
主要竞争者	浙江大学（7312）	中科院长春光学精密机械与物理研究所（1475）	国家电网公司（21374）
	清华大学（4886）	中国科学院半导体研究所（1388）	中国石油化工股份有限公司（6225）
	东南大学（4552）	中国科学院大连化学物理研究所（1193）	珠海格力电器股份有限公司（5376）
	哈尔滨工业大学（4319）	中国科学院上海光学精密机械研究所（1210）	海洋王照明科技股份有限公司（5065）
	华南理工大学（4212）	财团法人工业技术研究院（972）	美的集团股份有限公司（4135）
	上海交通大学（3879）	株式会社半导体能源研究所（877）	鸿海精密工业股份有限公司（3928）
	天津大学（3308）	中国科学院微电子研究所（829）	京东方科技集团股份有限公司（3866）
	华中科技大学（2700）	中国电力科学研究院（818）	鸿富锦精密工业（深圳）有限公司（3812）
	江苏大学（2691）	中国科学院上海技术物理研究所（723）	深圳市海洋王照明工程有限公司（3587）
	西安交通大学（2237）	中国科学院西安光学精密机械研究所（707）	深圳市海洋王照明技术有限公司（3582）
IPC 分布	H02J7/00（1933）	C12Q1/68（691）	H02J7/00（17496）
	H05B37/02（1496）	H01L31/18（348）	F21S2/00（15169）
	C12Q1/68（1356）	A01G1/00（321）	H05B37/02（10741）
	F24F5/00（1094）	G01M11/02（305）	F21S8/00（10208）
	H02J3/38（990）	G01N21/64（297）	H02J13/00（6256）
	G01N21/64（969）	H02J7/00（294）	H02G1/02（5584）
	H02J3/00（904）	C12Q1/70（227）	H01L31/18（5109）
	H01L31/18（736）	C12N1/20（196）	H05K7/20（4950）
	G05B19/418（717）	A01K61/00（195）	H01M2/10（4500）
	C09K11/06（696）	G03F7/20（194）	F24F1/00（4398）

二、产业内专利竞争者

1. 主要专利竞争者产业内分布

2006～2015 年，新材料产业领域的专利竞争者包括国家电网公司、海洋王照明科技股份有限公司、京东方科技集团股份有限公司、浙江大学、清华大学、珠海格力电器股份有限公司、美的集团股份有限公司等，在太阳能、风能、核能、生物质能、地热能、海洋能产业领域均有分布（见表 6 - 18）。

表 6 - 18 2006～2015 年新材料产业主要专利竞争者产业内分布状况

单位：件

技术领域	主要竞争者（专利申请量）	
太阳能	国家电网公司（6808）	松下电器产业株式会社（2400）
	海洋王照明科技股份有限公司（4340）	清华大学（2363）
	京东方科技集团股份有限公司（4179）	鸿海精密工业股份有限公司（2330）
	浙江大学（3744）	哈尔滨工业大学（2262）
	深圳市海洋王照明技术有限公司（3196）	夏普株式会社（2138）
风能	国家电网公司（4837）	浙江大学（1011）
	珠海格力电器股份有限公司（3350）	鸿富锦精密工业（深圳）有限公司（1011）
	美的集团股份有限公司（2203）	海尔集团公司（844）
	广东美的制冷设备有限公司（1344）	通用电气公司（836）
	鸿海精密工业股份有限公司（1165）	清华大学（802）
核能	国家电网公司（1080）	浙江大学（586）
	中国广核集团有限公司（738）	中国广东核电集团有限公司（580）
	中广核工程有限公司（652）	中兴通讯股份有限公司（569）
	华为技术有限公司（626）	清华大学（546）
	中国核动力研究设计院（591）	中国核电工程有限公司（370）
生物质能	浙江大学（643）	哈尔滨工业大学（312）
	清华大学（376）	国家电网公司（309）
	上海交通大学（364）	天津大学（287）
	华南理工大学（331）	昆明理工大学（271）
	东南大学（327）	江南大学（270）
地热能	美的集团股份有限公司（1027）	浙江大学（444）
	中国石油化工股份有限公司（993）	三菱电机株式会社（428）
	国家电网公司（755）	中石化股份有限公司上海石油化工研究院（400）
	珠海格力电器股份有限公司（649）	东南大学（361）
	松下电器产业株式会社（460）	中国石油天然气股份有限公司（316）
海洋能	浙江海洋学院（253）	大连理工大学（141）
	中国海洋石油总公司（243）	上海交通大学（134）
	浙江大学（208）	上海海洋大学（128）
	中国海洋大学（170）	南通长亚纺织科技有限公司（107）
	天津大学（147）	河海大学（107）

2. 太阳能领域主要竞争者与 IPC 分布

2006～2015 年，太阳能领域的专利竞争者集中于企业和高等院校，主要专利竞争者有国家电网公司、海洋王照明科技股份有限公司、浙江大学、清华大学、中国科学院长春光学精密机械与物理研究所、中国科学院半导体研究所等，相关专利申请集中于 F21S2/00、H05B37/02、F21S8/00、H01L31/18 等分类领域（见表 6 - 19）。

表 6 - 19　太阳能领域中国专利申请 IPC 分布与主要竞争者状况（2006～2015 年）

单位：件

类别	类型（数量）	专利申请人/专利权人（申请量）	IPC 分布（申请量）
高校	发明申请（82225） 实用新型申请（34335） 发明授权（36442）	浙江大学（3739）	H05B37/02（1440）
		清华大学（2330）	G01N21/64（962）
		哈尔滨工业大学（2276）	C09K11/06（691）
		东南大学（2003）	C12Q1/68（675）
		上海交通大学（1911）	H01L31/18（675）
		华南理工大学（1808）	H02J7/00（555）
		华中科技大学（1747）	G01N21/31（467）
		天津大学（1736）	F21S2/00（456）
		江苏大学（1489）	G01B11/02（452）
		上海大学（1329）	H02N6/00（448）
研究院所	发明申请（23994） 实用新型申请（6228） 发明授权（10815）	中国科学院长春光学精密机械与物理研究所（1406）	C12Q1/68（335）
		中国科学院半导体研究所（1308）	G01M11/02（304）
		中国科学院上海光学精密机械研究所（1181）	H01L31/18（304）
		中国科学院微电子研究所（699）	G01N21/64（297）
		株式会社半导体能源研究所（699）	G03F7/20（194）
		中国科学院西安光学精密机械研究所（686）	H01L33/00（177）
		中国科学院光电技术研究所（635）	C12Q1/70（171）
		中国科学院上海技术物理研究所（631）	G01N21/31（161）
		财团法人工业技术研究院（567）	A01G1/00（159）
		中国科学院上海微系统与信息技术研究所（510）	H01L51/50（157）
企业	发明申请（247072） 实用新型申请（241836） 发明授权（75220）	国家电网公司（6875）	F21S2/00（14687）
		海洋王照明科技股份有限公司（4340）	H05B37/02（10199）
		京东方科技集团股份有限公司（4181）	F21S8/00（9829）
		深圳市海洋王照明技术有限公司（3196）	H01L31/18（4474）
		深圳市海洋王照明工程有限公司（3155）	F21S9/03（3801）
		鸿海精密工业股份有限公司（2338）	C02B6/44（3578）
		鸿富锦精密工业（深圳）有限公司（2068）	H01L33/00（3516）
		索尼公司（1879）	H02J7/00（2923）
		友达光电股份有限公司（1765）	H01L31/048（2912）
		深圳市华星光电技术有限公司（1716）	F24J2/46（2690）

3. 风能领域主要竞争者与 IPC 分布

2006~2015 年，风能领域的专利竞争者集中于企业和高等院校，主要竞争者有国家电网公司、珠海格力电器股份有限公司、浙江大学、东南大学、中国科学院工程热物理研究所等，相关专利申请集中于 F24F1/00、H05K7/20、F04D25/08、F24F5/00 等分类领域（见表 6-20）。

表 6-20　风能领域中国专利申请 IPC 分布与主要专利竞争者状况（2006~2015 年）

单位：件

类别	类型（数量）	专利申请人/专利权人（申请量）	IPC 分布（申请量）
高校	发明申请（22179） 实用新型申请（18640） 发明授权（9175）	浙江大学（1004）	F24F5/00（870）
		东南大学（763）	F03D9/00（533）
		清华大学（758）	G06F1/20（521）
		华南理工大学（655）	H02J3/38（361）
		西安工程大学（554）	G06F19/00（294）
		中国矿业大学（538）	F04D25/08（280）
		上海交通大学（517）	F04D27/00（255）
		浙江海洋学院（511）	F24F1/00（211）
		江南大学（493）	G05B19/418（202）
		上海理工大学（458）	B01D50/00（199）
研究院所	发明申请（5467） 实用新型申请（3987） 发明授权（2385）	中国科学院工程热物理研究所（203）	A01G1/00（97）
		中国电力科学研究院（130）	G06F19/00（81）
		中国航天空气动力技术研究院（130）	G01M9/04（80）
		农业部南京农业机械化研究所（106）	G01M9/06（77）
		中国科学院广州能源研究所（102）	A01G9/14（74）
		江苏省农业科学院（100）	A01K61/00（65）
		中国科学院寒区旱区环境与工程研究所（85）	G01M9/00（60）
		中国农业科学院农产品加工研究所（82）	A23F3/06（58）
		中国水电顾问集团华东勘测设计研究院（80）	F24F5/00（49）
		中国运载火箭技术研究院（80）	G06F17/50（49）
企业	发明申请（118731） 实用新型申请（198419） 发明授权（31579）	国家电网公司（4891）	F24F1/00（4196）
		珠海格力电器股份有限公司（3376）	H05K7/20（3847）
		美的集团股份有限公司（2247）	F04D25/08（3048）
		广东美的制冷设备有限公司（1375）	F24F5/00（2590）
		鸿海精密工业股份有限公司（1170）	B01D50/00（2487）
		鸿富锦精密工业（深圳）有限公司（1014）	F24C15/20（2449）
		海尔集团公司（844）	F03D11/00（2384）
		通用电气公司（841）	G06F1/20（2364）
		西门子公司（736）	F24F1/02（2283）
		乐金电子（天津）电器有限公司（719）	F04D27/00（1930）

4. 地热能领域主要竞争者与 IPC 分布

2006~2015 年，地热能领域的专利竞争者集中于企业和高等院校，主要竞争者有美的集团股份有限公司、中国石油化工股份有限公司、国家电网公司、浙江大学、东南大学、中国科学院金属研究所等，相关专利申请集中于 H05K7/20、F21S2/00、F24F5/00、F21S8/00 等分类领域（见表 6-21）。

表 6-21　地热能领域中国专利申请 IPC 集聚与主要专利竞争者状况（2006～2015 年）

单位：件

类别	类型（数量）	专利申请人/专利权人（申请量）	IPC 分布（申请量）
高校	发明申请（9981） 实用新型申请（4564） 发明授权（4599）	浙江大学（442）	F24F5/00（262）
		东南大学（361）	G01N25/20（109）
		华南理工大学（309）	F25B30/06（108）
		清华大学（299）	F25B29/00（78）
		上海交通大学（260）	G06F17/50（77）
		天津大学（216）	G06F1/20（66）
		哈尔滨工业大学（205）	G06F19/00（49）
		西安交通大学（196）	G06F17/30（48）
		北京化工大学（177）	A01G9/14（46）
		吉林大学（176）	A01G9/24（46）
研究院所	发明申请（3060） 实用新型申请（1156） 发明授权（1418）	中国科学院金属研究所（119）	A01G1/00（65）
		中国科学院大连化学物理研究所（91）	A01G9/14（40）
		中国科学院过程工程研究所（77）	G01N25/20（33）
		中国科学院广州能源研究所（69）	H05K7/20（25）
		中国科学院工程热物理研究所（67）	F24F5/00（24）
		中国科学院理化技术研究所（66）	A61K36/9066（20）
		北京艺信堂医药研究所（62）	A01G9/24（19）
		中国科学院宁波材料技术与工程研究所（60）	G01N17/00（19）
		贵阳铝镁设计研究院（59）	B09C1/06（17）
		中国科学院微电子研究所（56）	H01L45/00（17）
企业	发明申请（49537） 实用新型申请（49154） 发明授权（16552）	美的集团股份有限公司（1042）	H05K7/20（1190）
		中国石油化工股份有限公司（1011）	F21S2/00（1179）
		国家电网公司（762）	F24F5/00（815）
		珠海格力电器股份有限公司（653）	F21S8/00（769）
		中国石油化工股份有限公司上海石油化工研究院（413）	E04F15/02（552）
		中国石油天然气股份有限公司（321）	F21V29/00（531）
		通用电气公司（292）	F24F1/00（519）
		西门子公司（284）	G06F1/20（457）
		广东美的制冷设备有限公司（283）	F25B30/06（433）
		佛山市顺德区美的电热电器制造有限公司（282）	F27D17/00（379）

5. 核能领域主要竞争者与 IPC 分布

2006～2015 年，核能领域的专利竞争者集中于企业和高等院校，主要竞争者有国家电网公司、中国广核集团有限公司、浙江大学、清华大学、中国原子能科学研究院等，相关专利申请集中于 C12Q1/68、G06Q10/06、G05B19/418 等分类领域（见表 6-22）。

表 6 – 22　核能领域中国专利申请 IPC 分布与主要专利竞争者状况（2006～2015 年）

单位：件

类别	类型（数量）	专利申请人/专利权人（申请量）	IPC 分布（申请量）
高校	发明申请（15583）实用新型申请（2990）发明授权（6652）	浙江大学（580）	C12Q1/68（632）
		清华大学（539）	C12N15/113（256）
		东南大学（364）	G05B19/042（224）
		上海交通大学（335）	C12N15/29（216）
		复旦大学（280）	G06F17/50（170）
		吉林大学（273）	C12N15/11（157）
		江南大学（265）	G06F19/00（152）
		上海大学（240）	E04B1/98（140）
		天津大学（237）	G05B19/418（137）
		华南理工大学（228）	A63B69/00（120）
研究院所	发明申请（4597）实用新型申请（554）发明授权（2057）	中国原子能科学研究院（204）	C12Q1/68（326）
		中国科学院合肥物质科学研究院（111）	C12N15/113（142）
		中国科学院化学研究所（100）	C12N15/29（93）
		中国科学院半导体研究所（91）	C12N15/11（91）
		江苏省农业科学院（72）	C12Q1/70（78）
		中国科学院等离子体物理研究所（66）	C12N15/12（48）
		中国科学院金属研究所（64）	G06F17/50（44）
		中国科学院宁波材料技术与工程研究所（63）	C07K14/415（39）
		中国科学院大连化学物理研究所（62）	G06F19/00（36）
		中国科学院长春应用化学研究所（60）	A61K48/00（31）
企业	发明申请（27714）实用新型申请（11142）发明授权（8735）	国家电网公司（1092）	C12Q1/68（593）
		中国广核集团有限公司（749）	G06Q10/06（464）
		中广核工程有限公司（657）	G05B19/418（388）
		华为技术有限公司（629）	H04L29/06（361）
		中国广东核电集团有限公司（580）	G06F17/30（344）
		中兴通讯股份有限公司（569）	C08L67/02（302）
		中国核电工程有限公司（372）	H04L29/08（285）
		大亚湾核电运营管理有限责任公司（294）	G05B19/042（281）
		中科华核电技术研究院有限公司（209）	C08L23/12（243）
		中国石油化工股份有限公司（200）	G01R31/00（231）

6. 生物质能领域主要竞争者与 IPC 分布

2006～2015 年，生物质能领域的专利竞争者集中于企业和高等院校，主要竞争者有中国石油化工股份有限公司、中国科学院广州能源研究所、浙江大学、清华大学等，相关专利申请集中于 C02F9/14、C05G3/00、C12M1/107、C10L5/44 等分类领域（见表 6 – 23）。

表6-23 生物质能领域中国专利申请IPC分布与主要专利竞争者状况（2006~2015年）

单位：件

类别	类型（数量）	专利申请人/专利权人（申请量）	IPC分布（申请量）
高校	发明申请（14119）实用新型申请（3999）发明授权（6348）	浙江大学（638）	C02F9/14（442）
		清华大学（377）	C12Q1/68（242）
		上海交通大学（365）	C12M1/107（214）
		东南大学（324）	G01N27/327（201）
		哈尔滨工业大学（319）	H01M8/16（186）
		华南理工大学（313）	G01N27/26（174）
		天津大学（287）	C10B53/02（165）
		昆明理工大学（271）	C12P5/02（141）
		江南大学（270）	C02F3/28（139）
		东华大学（254）	C12M1/38（120）
研究院所	发明申请（3817）实用新型申请（1062）发明授权（1748）	中国科学院广州能源研究所（124）	C12M1/107（156）
		中国科学院大连化学物理研究所（115）	C02F9/14（122）
		农业部沼气科学研究所（104）	C12Q1/68（110）
		中国科学院长春应用化学研究所（102）	C05G3/00（90）
		江苏省农业科学院（101）	C12N1/20（87）
		中国科学院过程工程研究所（100）	C12P5/02（66）
		中国科学院化学研究所（86）	C10B53/02（56）
		中国科学院理化技术研究所（77）	A01G1/00（55）
		株式会社半导体能源研究所（77）	H01M8/16（43）
		中国科学院生态环境研究中心（66）	C02F3/28（40）
企业	发明申请（22633）实用新型申请（18659）发明授权（6270）	国家电网公司（311）	C02F9/14（1144）
		中国石油化工股份有限公司（212）	C05G3/00（972）
		广州迪森热能技术股份有限公司（171）	C12M1/107（823）
		海洋王照明科技股份有限公司（153）	C10L5/44（412）
		深圳市海洋王照明技术有限公司（149）	C10B53/02（346）
		深圳市海洋王照明工程有限公司（111）	C02F3/28（319）
		无锡同春新能源科技有限公司（97）	C10J3/20（300）
		武汉凯迪工程技术研究总院有限公司（96）	B09B3/00（267）
		中国石油化工股份有限公司抚顺石油化工研究院（93）	A01G9/02（225）

7. 海洋能领域主要竞争者与IPC分布

2006~2015年，海洋能领域的专利竞争者集中于企业和高等院校，主要竞争者有中国海洋石油总公司、中海油能源发展股份有限公司、浙江海洋学院、中国科学院海洋研究所等，相关专利申请集中于H02N11/00、F24F11/00、B63B35/44、F03B13/14等分类领域（见表6-24）。

表 6-24　海洋能领域中国专利申请 IPC 分布与主要专利竞争者状况（2006～2015 年）

单位：件

类别	类型（数量）	专利申请人/专利权人（申请量）	IPC 分布（申请量）
高校	发明申请（2978） 实用新型申请（1704） 发明授权（1285）	浙江海洋学院（253）	F03B13/14（254）
		浙江大学（209）	H02N11/00（231）
		中国海洋大学（174）	F03B13/16（115）
		天津大学（148）	A01K61/00（87）
		大连理工大学（140）	F03B13/22（86）
		上海交通大学（134）	B63B35/44（61）
		上海海洋大学（128）	F03B13/26（58）
		河海大学（108）	C12N1/20（54）
		哈尔滨工程大学（104）	F03B13/18（53）
		中国石油大学（华东）（88）	E02B3/06（52）
研究院所	发明申请（731） 实用新型申请（356） 发明授权（331）	中国科学院海洋研究所（76）	A01K61/00（44）
		山东省科学院海洋仪器仪表研究所（57）	C12N1/20（41）
		中国科学院南海海洋研究所（51）	G01C13/00（27）
		国家海洋局第二海洋研究所（44）	F03B13/14（20）
		中国科学院广州能源研究所（43）	A01G33/00（13）
		国家海洋局第一海洋研究所（32）	H02N11/00（13）
		中国水产科学研究院黄海水产研究所（27）	F03B13/16（11）
		中国科学院沈阳自动化研究所（26）	F03B13/26（11）
		中国科学院电工研究所（26）	G01N1/10（11）
		中国水产科学研究院南海水产研究所（23）	G01M10/00（10）
企业	发明申请（5154） 实用新型申请（6371） 发明授权（1476）	中国海洋石油总公司（244）	H02N11/00（285）
		南通长亚纺织科技有限公司（107）	F24F11/00（124）
		海洋石油工程股份有限公司（76）	B63B35/44（88）
		国家电网公司（72）	F03B13/14（88）
		中国石油天然气集团公司（65）	H05K7/20（74）
		青岛海芬海洋生物科技有限公司（65）	F24F5/00（70）
		中海油能源发展股份有限公司（64）	E02B17/00（58）
		宝鸡石油机械有限责任公司（57）	F03B13/26（58）
		珠海格力电器股份有限公司（56）	A01K61/00（52）
		中国石油化工股份有限公司（45）	F03B13/18（51）

三、区域专利竞争者

1. 东部地区主要专利竞争者

2006～2015 年，东部地区新能源产业领域的专利竞争者主要集中在北京、天津、上海、江苏、广东，主要专利竞争者包括国家电网公司、中国石油化工股份有限公司、清华大学、东南大学、珠海格力电器股份有限公司、东南大学、上海交通大学、海洋王照明科技股份有限公司等。各省区市主要专利竞争者见表6-25。

表 6 - 25 东部地区新能源产业领域主要专利竞争者状况（2006~2015 年）

单位：件

省区市	北京	天津	河北
主要专利竞争者（申请量）	国家电网公司（21374）	天津大学（3308）	保定天威集团有限公司（873）
	中国石油化工股份有限公司（6225）	乐金电子（天津）电器有限公司（1238）	华北电力大学（保定）（838）
	清华大学（4886）	南开大学（925）	英利能源（中国）有限公司（699）
	京东方科技集团股份有限公司（3866）	天津工业大学（878）	燕山大学（604）
	中国电力科学研究院（2580）	天津力神电池股份有限公司（874）	河北工业大学（441）
	中国石油天然气股份有限公司（2251）	天津理工大学（764）	长城汽车股份有限公司（425）
	北京工业大学（2156）	中国电子科技集团公司第十八研究所（458）	新奥科技发展有限公司（358）
	北京航空航天大学（2155）	国网天津市电力公司（381）	河北科技大学（297）
	中石化股份公司石油化工研究院（2068）	天津科技大学（331）	纳米新能源（唐山）有限责任公司（206）
	华北电力大学（1688）	天津师范大学（285）	河北联合大学（158）

省区市	上海	江苏	浙江
主要专利竞争者（申请量）	上海交通大学（3879）	东南大学（4552）	浙江大学（7312）
	上海大学（2100）	江苏大学（2691）	浙江工业大学（1737）
	中芯国际集成电路制造(上海)公司(1842)	江南大学（2135）	中国计量学院（1555）
	同济大学（1739）	南京航空航天大学（2111）	杭州电子科技大学（1269）
	上海理工大学（1712）	中国矿业大学（1571）	浙江海洋学院（1258）
	复旦大学（1628）	苏州大学（1408）	浙江理工大学（1217）
	东华大学（1607）	河海大学（1303）	宁波大学（1095）
	中科院上海光学精密机械研究所（1210）	南京大学（1198）	浙江吉利控股集团有限公司（1045）
	上海市电力公司（1100）	常州天合光能有限公司（1008）	浙江师范大学（889）
	上海华力微电子有限公司（1079）	南京理工大学（968）	浙江吉利汽车研究院有限公司（839）

省区市	广东	海南	福建
主要专利竞争者（申请量）	珠海格力电器股份有限公司（5376）	海南大学（186）	厦门大学（1344）
	海洋王照明科技股份有限公司（5065）	海南英利新能源有限公司（96）	福州大学（928）
	华南理工大学（4212）	福田雷沃国际重工股份有限公司（89）	中国科学院福建物质结构研究所（509）
	美的集团股份有限公司（4135）	海南金盘电气有限公司（63）	福建农林大学（480）
	鸿海精密工业股份有限公司（3928）	中国热带农业科学院橡胶研究所（57）	福建师范大学（453）
	鸿富锦精密工业（深圳）有限公司（3812）	中国热带农业科学院热作品种资源所（31）	宁德新能源科技有限公司（409）
	比亚迪股份有限公司（3157）	中国热带农业科学院香料饮料研究所（27）	华侨大学（280）
	华为技术有限公司（2732）	海南师范大学（27）	福州斯狄渢电热水器有限公司（269）
	中兴通讯股份有限公司（2534）	中国热带农业科学院环境植物保护所（26）	国网福建省电力有限公司（264）
	深圳市华星光电技术有限公司（1799）	中国热带农业科学院热带生物技术所（25）	厦门理工学院（261）

省区市	山东		
主要专利竞争者（申请量）	山东大学（2168）	中国石油大学（华东）（971）	青岛海信电器股份有限公司（670）
	海尔集团公司（1728）	济南大学（960）	青岛海尔空调器有限总公司（660）
	山东科技大学（1267）	山东理工大学（791）	
	浪潮电子信息产业股份有限公司（997）	歌尔声学股份有限公司（769）	

2. 东北部地区主要专利竞争者

2006～2015 年，东北部地区新能源产业领域的专利竞争者主要集中在黑龙江，主要专利竞争者包括哈尔滨工业大学、哈尔滨工程大学、大连理工大学、吉林大学、中科院长春光学精密机械与物理研究所、中国科学院大连化学物理研究所等。各省区市主要专利竞争者见表 6 - 26。

表 6 - 26　东北部地区新能源产业领域主要专利竞争者状况（2006～2015 年）

单位：件

省区市	辽宁	黑龙江	吉林
主要专利竞争者（申请量）	大连理工大学（1840）	哈尔滨工业大学（4319）	吉林大学（2255）
	中国科学院大连化学物理研究所（1193）	哈尔滨工程大学（1273）	中科院长春光学精密机械与物理研究所（1475）
	鞍钢股份有限公司（773）	哈尔滨理工大学（1014）	长春理工大学（740）
	东北大学（753）	东北石油大学（537）	中国科学院长春应用化学研究所（569）
	沈阳工业大学（621）	黑龙江大学（494）	东北电力大学（274）
	中国科学院金属研究所（509）	东北林业大学（493）	长春工业大学（268）
	大连海事大学（428）	哈尔滨师范大学（376）	中国第一汽车股份有限公司（257）
	中冶焦耐工程技术有限公司（424）	东北农业大学（361）	东北师范大学（215）
	中国科学院沈阳自动化研究所（340）	哈尔滨电机厂有限责任公司（280）	长春轨道客车股份有限公司（173）
	大连民族学院（331）	齐齐哈尔大学（220）	北华大学（121）

3. 中部地区主要专利竞争者

2006～2015 年，中部地区新能源产业领域的专利竞争者主要集中在湖北、湖南和安徽，主要专利竞争者包括华中科技大学、武汉大学、中南大学、奇瑞汽车股份有限公司、武汉理工大学、安徽江淮汽车股份有限公司、芜湖美的厨卫电器制造有限公司、南车株洲电力机车研究所有限公司等。各省区市主要专利竞争者见表 6 - 27。

表 6 - 27　中部地区新能源产业领域主要专利竞争者状况（2006～2015 年）

单位：件

省区市	安徽	湖北	湖南
主要专利竞争者（申请量）	奇瑞汽车股份有限公司（1439）	华中科技大学（2700）	中南大学（1400）
	合肥工业大学（958）	武汉大学（1511）	湖南大学（1029）
	中国科学技术大学（916）	武汉理工大学（1458）	中国人民解放军国防科学技术大学（641）
	安徽江淮汽车股份有限公司（876）	武汉钢铁（集团）公司（1232）	长沙理工大学（509）
	安徽理工大学（834）	三峡大学（587）	湖南科技大学（427）
	芜湖美的厨卫电器制造有限公司（686）	华中农业大学（452）	吉首大学（409）
	中国科学院合肥物质科学研究院（624）	中冶南方工程技术有限公司（445）	南车株洲电力机车研究所有限公司（408）
	阳光电源股份有限公司（509）	烽火通信科技股份有限公司（429）	株洲南车时代电气股份有限公司（403）
	京东方科技集团股份有限公司（386）	武汉科技大学（423）	湘潭电机股份有限公司（387）
	合肥华凌股份有限公司（366）	中国地质大学（武汉）（326）	南车株洲电机有限公司（381）

续表

省区市	河南	山西	江西
主要专利竞争者（申请量）	河南科技大学（741）	太原理工大学（858）	南昌大学（771）
	郑州大学（520）	永济新时速电机电器有限责任公司（568）	南昌航空大学（545）
	河南理工大学（478）	中北大学（555）	泰豪科技股份有限公司（353）
	中原工学院（382）	山西太钢不锈钢股份有限公司（437）	江西科技学院（271）
	河南中烟工业有限责任公司（365）	山西大学（321）	江西赛维 LDK 太阳能高科技公司（165）
	河南师范大学（364）	太原重工股份有限公司（218）	江西师范大学（140）
	南阳防爆集团股份有限公司（335）	中国科学院山西煤炭化学研究所（196）	晶能源有限公司（134）
	许继电气股份有限公司（322）	山西鑫立能源科技有限公司（184）	江西理工大学（129）
	洛阳理工学院（292）	国网山西省电力公司电力科学研究院（136）	景德镇陶瓷学院（108）
	河南农业大学（282）	山西晋城元烟煤矿业集团有限责任公司（127）	南昌康富电机技术有限公司（99）

4. 西部地区主要专利竞争者

2006～2015 年，西部地区新能源产业领域的专利竞争者主要集中在四川、陕西、重庆，主要专利竞争者包括西安交通大学、电子科技大学、重庆大学、西北工业大学、重庆长安汽车股份有限公司、中国核动力研究设计院、中国西电电气股份有限公司、中科院西安光学精密机械研究所等。各省区市主要专利竞争者见表 6－28。

表 6－28　西部地区新能源产业领域主要专利竞争者状况（2006～2015 年）

单位：件

省区市	四川	重庆	陕西
主要专利竞争者（申请量）	电子科技大学（1832）	重庆大学（1981）	西安交通大学（2237）
	四川大学（1267）	重庆长安汽车股份有限公司（789）	陕西科技大学（1371）
	西南交通大学（996）	西南大学（380）	西北工业大学（1200）
	中国核动力研究设计院（719）	力帆实业（集团）股份有限公司（345）	长安大学（1138）
	中国科学院光电技术研究所（660）	中冶赛迪工程技术股份有限公司（218）	西安电子科技大学（889）
	四川长虹电器股份有限公司（565）	重庆交通大学（208）	中国西电电气股份有限公司（773）
	四川农业大学（505）	重庆科技学院（185）	西安工程大学（755）
	成都芯源系统有限公司（436）	重庆邮电大学（177）	中科院西安光学精密机械研究所（707）
	中国东方电气集团有限公司（435）	重庆长安新能源汽车有限公司（169）	西安理工大学（685）
	西南石油大学（406）	重庆文理学院（163）	西安科技大学（594）
省区市	广西	云南	贵州
主要专利竞争者（申请量）	广西大学（1025）	昆明理工大学（782）	贵州大学（618）
	桂林理工大学（526）	云南师范大学（105）	贵阳铝镁设计研究院（226）
	桂林电子科技大学（501）	云南农业大学（104）	贵阳铝镁设计研究院有限公司（168）
	广西玉柴机器股份有限公司（259）	武钢集团昆明钢铁股份有限公司（102）	贵州电力试验研究院（161）
	广西师范大学（244）	云南电力试验研究院（集团）电力研究院（92）	贵州光浦森光电有限公司（156）

续表

省区市	广西	云南	贵州
主要专利竞争者（申请量）	广西电网公司电力科学研究院（217）	红塔烟草（集团）有限责任公司（68）	瓮福（集团）有限责任公司（144）
	广西科技大学（206）	云南电网公司技术分公司（60）	遵义师范学院（115）
	上汽通用五菱汽车股份有限公司（181）	云南昆船设计研究院（56）	贵州长通电气有限公司（104）
	广西职业技术学院（94）	云南电网有限责任公司电力科学研究院（50）	贵州航天林泉电机有限公司（92）
	柳州市京阳节能科技研发有限公司（80）	红云红河烟草（集团）有限责任公司（48）	贵州绿卡能科技实业有限公司（77）

省区市	新疆	甘肃	内蒙古
主要专利竞争者（申请量）	宝钢集团新疆八一钢铁有限公司（197）	兰州大学（268）	内蒙古科技大学（283）
	新疆金风科技股份有限公司（176）	兰州理工大学（255）	内蒙古包钢钢联股份有限公司（205）
	新疆大学（160）	西北师范大学（240）	内蒙古伊利实业集团股份有限公司（125）
	中国科学院新疆理化技术研究所（139）	金川集团股份有限公司（186）	内蒙古工业大学（121）
	石河子大学（133）	中国科学院兰州化学物理研究所（151）	内蒙古电力勘测设计院（101）
	特变电工新疆新能源股份有限公司（124）	兰州交通大学（143）	内蒙古大学（87）
	塔里木大学（99）	中科院寒区旱区环境与工程研究所（138）	内蒙古蒙牛乳业（集团）股份有限公司（64）
	新疆农业科学院农业机械化研究所（95）	甘肃酒钢集团宏兴钢铁股份有限公司（124）	内蒙古电力勘测设计院有限责任公司（62）
	新特能源股份有限公司（85）	西北民族大学（107）	中冶东方工程技术有限公司（61）
	新疆希望电子有限公司（85）	甘肃农业大学（106）	内蒙古农业大学（59）

省份	宁夏	青海	西藏
主要专利竞争者（申请量）	宁夏大学（107）	中国科学院青海盐湖研究所（81）	中船工业集团公司第七○八研究所（13）
	北方民族大学（105）	青海盘古新能源科技有限公司（40）	西藏奇正藏药股份有限公司（6）
	宁夏嘉翔自控技术有限公司（93）	国网青海省电力公司（37）	拉萨达孜县兴农农机设备开发公司（5）
	宁夏银晨太阳能科技有限公司（77）	青海大学（29）	西藏自治区农牧科学院蔬菜研究所（5）
	宁夏宝塔石化科技实业发展有限公司（48）	西宁共进新材料科技有限公司（23）	西藏自治区能源研究示范中心（5）
	宁夏小牛自动化设备有限公司（41）	青海中控太阳能发电有限公司（21）	西藏大学农牧学院（4）
	宁夏日晶新能源装备股份有限公司（37）	黄河水电光伏产业技术有限公司（21）	西藏金浩投资有限公司（4）
	银川博聚工业产品设计有限公司（34）	青海林丰农牧机械制造有限公司（20）	
	宁夏西北骏马电机制造股份有限公司（32）	国网青海省电力公司电力科学研究院（18）	
	宁夏银星能源股份有限公司（31）	西部矿业股份有限公司（18）	

第六节　云南新能源产业专利竞争状况

一、专利申请、授权与有效状况

2006～2015 年，在新能源产业领域，云南共申请中国专利 14010 件（占全国的 0.79%），其中发明专利 5670 件（占发明与实用新型申请总量的 40.47%）；共获得专利授权 10291 件（占全部中国专利的 0.85%），其中发明专利1951件（占发明与实用新型授权总量的18.96%），发明专利授权率34.41%，高于全国整体水平（见表6-29）。

表6-29 云南新能源产业领域中国专利申请、授权与有效状况（2006～2015年）

类型	数量/件	结构（%）	授权率（%）	占比（%）	有效专利/件	有效率（%）	占比（%）
专利申请总量	14010			0.79			
发明申请	5670	40.47		0.70			
实用新型申请	8340	59.53		0.86			
专利授权总量	10291		73.45	0.85	7456	72.45	0.77
发明授权	1951	18.96	34.41	0.80	1598	81.91	0.54
实用新型授权	8340	81.04		0.86	5858	70.24	0.87%

截至2016年6月，在新能源产业领域，云南2006～2015年申请并获得授权的专利中，有7456件处于有效状态，其中发明专利1598件（占有效专利的21.43%），整体专利有效率72.45%，发明专利有效率达到81.91%，两项指标均低于全国整体水平（见表6-30）。

表6-30 云南新能源产业领域中国专利年度状况（2006～2015年）

单位：件

年度	申请量			授权量			有效专利		
	发明	实用新型	小计	发明	实用新型	小计	发明	实用新型	小计
2006年	195	228	423	101	228	329	38	9	47
2007年	211	214	425	106	214	320	63	45	108
2008年	324	346	670	147	346	493	75	72	147
2009年	325	477	802	178	477	655	103	133	236
2010年	483	580	1063	259	580	839	206	225	431
2011年	542	720	1262	261	720	981	224	376	600
2012年	679	980	1659	287	980	1267	279	677	956
2013年	853	1218	2071	416	1218	1634	414	855	1269
2014年	924	1546	2470	188	1546	1734	188	1436	1624
2015年	1134	2031	3165	8	2031	2039	8	2030	2038
合计	5670	8340	14010	1951	8340	10291	1598	5858	7456

2006～2015年，云南新能源产业领域的中国专利申请和授权量稳步增长，专利申请和授权年均增长率分别为25.86%和23.45%，增长幅度高于全国整体水平。但云南在该领域的发明申请和获权量占比均低于全国整体水平，专利申请和获权量居全国第22～23位，区域产业专利技术创新和竞争能力较弱。

二、主要竞争者与IPC分布

2006～2015年，云南新能源产业领域的主要竞争者中，企业占据主导地位，其发明专利申请量达到2489件（占全省的43.90%）；高等院校也有较强的竞争实力，其发明专利申请量达到1587件（占全省的27.99%）；而研究院所竞争力相对最弱、其发明专利申请量仅占8.22%（见表6-31）。

表 6－31　云南新能源产业领域中国专利分类竞争者结构状况（2006～2015 年）

类别	高校/件	高校占比（%）	研究院所/件	研究院所占比（%）	企业/件	企业占比（%）
申请量小计	3781	26.99	853	6.09	7996	57.07
发明申请	1587	27.99	466	8.22	2489	43.90
实用新型申请	1577	18.91	181	2.17	4666	55.95
发明授权	617	10.88	206	10.56	841	43.11%

　　云南新能源产业领域的专利竞争者主要有昆明理工大学、云南师范大学、云南农业大学、云南电力试验研究院（集团）有限公司电力研究院、武钢集团昆明钢铁股份有限公司等（见表6－32）。

表 6－32　云南新能源产业领域中国专利申请 IPC 分布与主要专利竞争者状况（2006～2015 年）

单位：件

类别	类型（数量）	专利申请人/专利权人（申请量）	IPC 分布（申请量）
高校	发明申请（1587） 实用新型申请（1577） 发明授权（617）	昆明理工大学（2237）	H02H7/26（44）
		云南师范大学（283）	H02J7/00（43）
		云南农业大学（182）	F24J2/46（27）
		云南大学（164）	C12Q1/68（26）
		昆明学院（46）	C12M1/107（22）
		西南林业大学（34）	C23C24/10（22）
		红河学院（32）	H05B37/02（22）
		大理学院（24）	G01K11/32（21）
		云南民族大学（18）	H01L31/18（21）
		楚雄师范学院（17）	F24F5/00（19）
研究院所	发明申请（466） 实用新型申请（181） 发明授权（206）	云南昆船设计研究院（84）	A01G1/00（33）
		中国科学院昆明动物研究所（65）	A24B3/10（20）
		昆明物理研究所（49）	C12Q1/68（12）
		云南烟草科学研究院（48）	A24B3/04（11）
		云南省烟草农业科学研究院（32）	C07K14/435（9）
		中国科学院西双版纳热带植物园（31）	C07K7/08（9）
		昆明冶金研究院（24）	A01G31/00（7）
		昆明铁路局科学技术研究所（17）	A01G1/04（6）
		中国科学院昆明植物研究所（16）	A01H4/00（6）
		云南省农业科学院热区生态农业研究所（16）	G01N1/28（6）
企业	发明申请（2489） 实用新型申请（4666） 发明授权（841）	云南电力试验研究院（集团）有限公司电力研究院（186）	F24J2/46（119）
		武钢集团昆明钢铁股份有限公司（155）	H02G1/02（110）
		云南电网有限责任公司电力科学研究院（126）	A23F3/06（58）
		云南中烟工业有限责任公司（111）	A24B3/10（58）
		红云红河烟草（集团）有限责任公司（107）	H02J13/00（55）
		红塔烟草（集团）有限责任公司（107）	H02J7/00（48）
		云南电网公司技术分公司（105）	A01G1/00（43）
		云南电力试验研究院（集团）有限公司（61）	A01G9/14（40）
		曲靖众一精细化工股份有限公司（48）	B07B9/00（40）
		云南省玉溪市太标太阳能设备有限公司（47）	A24B3/04（39）

第七章　节能环保产业专利竞争分析

第一节　节能环保产业技术领域

一、节能技术

1. 高效节能技术

工业节能锅炉、节能窑炉；余热、余压利用技术（热电联产供热技术，热泵空调技术❶）；电机及拖动技术（稀土永磁无铁心电机，相控调压技术、变频调速技术）；照明节能技术；配电系统节能技术；节能监测技术（能源监控信息系统）等。

2. 高效节能产品

家用和商用电器节能技术；节能照明技术，节能建材产品等；节能汽车及配套系统等。

3. 节能服务技术

节能诊断技术；节能检测技术。

二、先进环保技术

1. 污染防控

空气污染防控技术（粉尘、SO_2、NO_x防控技术，脱硫脱硝技术）；水污染防控技术（污水处理技术、湖泊蓝藻治理、反硝化除磷、膜生物反应器等）；土壤污染防控技术（土壤修复、边坡治理技术）；噪声污染防控技术；环境监测设备等。

2. 环保产品

环保材料、环保药剂、环保膜材料；高性能防渗材料、脱硝催化剂、固废处理固化剂和稳定剂、持久性有机污染物替代产品等。

3. 环保服务

环保设施技术，环境检测技术。

三、资源循环利用技术

共伴生矿产资源和工业固体废弃物综合利用技术，再生资源回收利用技术；建筑废弃物、道路沥青和农林废弃物资源化利用技术；餐厨废弃物、生活垃圾处理技术；污泥无害化处理技术；汽车零部件及机电产品再制造技术。

---

❶ 热泵空调技术包括气源、水源、地源热泵空调余热回收技术，中央空调余热回收技术，空调闭环变频节能技术。

第二节 节能环保产业专利技术分类与专利检索关键词

一、节能环保产业专利技术分类

节能环保产业包括太阳能、风能、水能、生物质能、核能、地热能等领域，产业领域的 IPC 专利技术分布于 A、B、C、E、F、G、H 部，主要涉及 A01、B01、B02、B09、C02、C04、C05、C07、C12、E02、F01、F21、F23 ~ F28、G05、H02、H05 分类领域（见表 7 - 1）。

表 7 - 1 节能环保产业领域 IPC 分类

节能环保技术	国际专利分类	小类号
水资源处理	C02 水、废水、污水或污泥的处理	C02F 水、废水、污水或污泥的处理
电工与配电系统节能技术	H02 发电、变电或配电	H02J 供电或配电的电路装置或系统、电能存储系统 H02K 电机 H02M 用于交流和交流之间、交流和直流之间、直流和直流之间的转换以及用于与电源或类似的供电系统一起使用的设备，直流或交流输入功率至浪涌输出功率的转换及控制或调节 H02N 其他电机 H02P 电动机、发电机或机电变换器的控制或调节，控制变压器、电抗器或扼流圈
燃煤工业锅炉（窑炉）改造技术	F23 燃烧设备；燃烧方法	F23B 只用固体燃料的燃烧方法或设备
照明节能	H05 其他类目不包含的电技术	H05B 电热；其他类目不包含的电照明
	F21 照明	F21K 不包含在其他类目中的光源 F21L 发光装置或其系统，便携式的或专门适合移动的 F21S 非便携式照明装置或其系统
废弃物资源化、减量化、无害化处理技术 土壤污染防控、生态恢复	A01 农业；林业；畜牧业；狩猎；诱捕；捕鱼	A01G23/00 林业 A01G13/00 植物保护
	B09 固体废物的处理；被污染土壤的再生	B09B 固体废物的处理 B09C 污染的土壤的再生
	C04 水泥；混凝土；人造石；陶瓷；耐火材料	C04B 石灰；氧化镁；矿渣；水泥；其组合物，例如砂浆、混凝土或类似的建筑材料；人造石；陶瓷；耐火材料；天然石的处理
	C05 肥料；肥料制造	C05F 不包含在 C05B、C05C 小类中的有机肥料，如用废物或垃圾制成的肥料
	E02 水利工程；基础；疏浚	E02D 基础；挖方；填方
工业余热余压利用与节能技术	F24 供热；炉灶；通风 F25 制冷或冷却；加热和制冷的联合系统；热泵系统；冰的制造或储存 F26 干燥 F27 炉；窑；烘烤炉；蒸馏炉 F28 一般热交换	

续表

节能环保技术	国际专利分类	小类号
噪声污染防控	F01 一般机器或发动机	F01N 一般机器或发动机的气流消音器或排气装置；内燃机的气流消音器或排气装置
	B01 一般的物理或化学方法或装置	B01D 分离
低碳技术、二氧化碳减排	B01 一般的物理或化学方法或装置	B01D 分离
		B01J 化学或物理方法，例如，催化作用、胶体化学；其有关设备
	C07 有机化学	C07C 无环或碳环化合物
	C12 酶学或微生物学装置	C12M1/04 用气体导入方法
	F01 一般机器或发动机	F01N 一般机器或发动机的气流消音器或排气装置；内燃机的气流消音器或排气装置
	F27 炉；窑；烘烤炉；蒸馏炉	
烟气排放在线监测	G05 控制；调节	G05B 一般的控制或调节系统；这种系统的功能单元；用于这种系统或单元的监视或测试装置
垃圾处理技术	B02 破碎、磨粉或粉碎；谷物碾磨的预处理	B02C 一般破碎、研磨或粉碎；碾磨谷物
	B09 固体废物的处理；被污染土壤的再生	B09B3/00 固体废物的处理
	C05 肥料；肥料制造	C05F 不包含在 C05B、C05C 小类中的有机肥料，如用废物或垃圾制成的肥料
高原湖泊面源污染控制与削减技术	E02 水利工程	E02B15 露天水面的清理或保持其清洁；其所用设备

二、节能环保产业专利检索关键词

根据新能源产业技术背景，产业技术专利检索主题词主要包括：节能、循环、再生；能源、资源、燃油、燃料、燃气、煤、电、液化气的节约、循环、利用；炉、灶节能；工业余热、余压利用，热电联产；电力、建筑、矿山、生产、工业、农业的节能、降耗；照明、灯、空调、电器、车、船节能；节能监测、监控、诊断；能源、资源的循环、再生、利用；废气、废水、废物、垃圾、渣、尾矿、污水、氮氧化物、硫化气体、二氧化碳、CO_2、烟、尾气的处理、利用、循环、再生和资源化；环保、减排、低碳、减量化、无害化、清洁生产、绿色、污染控制、污染削减、环境、固废处理、环保设施；环境、生态、石漠化、荒漠化、土壤的修复、监测；废气、废水、氮氧化物、硫化、烟、尾气、炭、废气、空气、烟气、粉尘、二氧化碳、CO_2、NO_x、重金属的检测、监测、监控、防治、防控、治理、处理；工业废气脱硝、脱氮、脱硫。

第三节　节能环保产业领域中国专利整体状况

一、节能环保产业领域中国专利申请、授权与有效状况

1. 申请与授权状况

2006~2015 年，节能环保产业领域的中国发明与实用新型专利申请总量为 9009407 件。其中，发明

4610829 件（占比 51.18%），实用新型 4398578 件（占比 48.82%）。数据显示，节能环保产业领域的中国专利申请量和授权量庞大，仅发明专利申请量就超过了 400 万件，产业专利技术创新活动非常活跃（见表 7-2）。

表 7-2　节能环保产业领域中国专利申请与授权状况（2006~2015 年）

类型	专利类型	数量/件	占比（%）	授权率（%）
申请量	发明与实用新型合计	9009407		
	发明	4610829	51.18	
	实用新型	4398578	48.82	
授权量	发明与实用新型合计	5897729		65.46
	发明	1499151	25.42	32.51
	实用新型	4398578	74.58	

2006~2015 年，节能环保产业领域已授权中国发明与实用新型专利数量为 5897729 件，其中发明 1499151 件（占比 25.42%），实用新型 4398578 件（占比 74.58%），专利申请整体授权率 65.46%，发明授权率 32.51%。表明进入该领域的专利技术创新者众多，但整体技术创新水平一般，获得授权的发明专利申请比例不高（见图 7-1）。

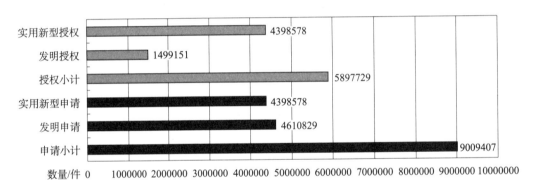

图 7-1　2006~2015 年节能环保产业领域中国专利申请与授权状况（截至 2016 年 5 月已公开数据）

上述中国专利申请中，国内申请人 2760568 件（占比 30.64%），外国申请人 6248839 件（占比 69.36%）；授权的专利中，国内申请人 2039294 件（占比 34.58%），外国申请人 3858435 件（占比 65.42%）。数据显示，外国申请人在节能环保产业领域的中国专利申请和授权量占比很高，对国内节能环保产业的发展有非常大的影响（见表 7-3）。

表 7-3　节能环保产业领域中国专利国内外申请人申请与授权状况（2006~2015 年）

项目		国内/件	国外/件	国外结构（%）	国外授权率（%）	国外申请人占比（%）
申请量	申请小计	2760568	6248839			69.36
	发明申请	1032675	3578154	57.26		77.60
	实用新型申请	1727893	2670685	42.74		60.72
授权量	授权小计	2039294	3858435		61.75	65.42
	发明授权	312375	1186776	30.76	33.17	79.16
	实用新型授权	1726919	2671659	69.24		60.74

2. 专利申请与授权年度变化状况

2006~2015 年，节能环保产业领域的中国发明与实用新型专利申请数量总体呈现增长态势，年均增幅 18.73%；2008~2012 年是该领域中国专利申请量增长的高峰时期（因专利公开滞后和审查周期因素，2013 年后公开数据暂不能说明问题）。尽管 2006 年来节能环保产业领域的中国专利申请量持续增长，但发明专利申请占比变化不大，产业整体技术创新层次没有明显改善（见图 7-2）。

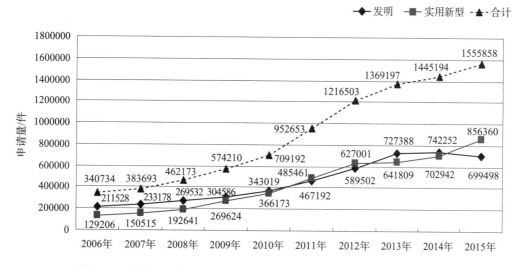

图 7-2 节能环保产业领域中国专利申请数量年度变化（2006~2015 年）

在专利申请授权方面，2006~2015 年，节能环保产业领域实用新型专利的授权量快速增长，而发明专利授权量增长缓慢且 2012 年后有下降趋势（因公开和审查滞后因素，2013 年后数据尚不能说明问题），表明该产业领域中国专利申请的整体技术水平变化不大（见图 7-3）。

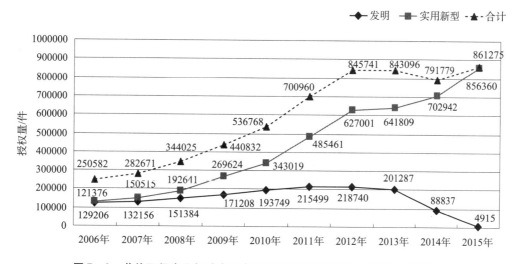

图 7-3 节能环保产业领域中国专利授权数量年度变化（2006~2015 年）

3. 专利有效状况

2006~2015 年，节能环保产业领域共有 4187492 件有效中国发明与实用新型专利，整体有效率 71.00%。其中，发明专利 1329437 件（占全部有效专利的 31.75%）；发明专利有效率 88.68%，实用新型专利有效率 64.98%，发明专利的有效率较高（见表 7-4）。

表 7-4　节能环保产业领域中国专利有效状况（2006~2015 年）

专利类型	数量/件	占比（%）	有效率（%）
发明与实用新型合计	4187492		71.00
发明	1329437	31.75	88.68
实用新型	2858055	68.25	64.98

上述有效专利中，5 年以上的发明专利维持率约为 89.06%，10 年以上的发明专利维持率超过 71.8%。表明发明专利的整体维持率较高，发明专利中有较高比例的基础和核心专利，发明专利在产业发展中占有重要地位（见表 7-5）。

表 7-5　节能环保产业领域年度授权中国专利有效状况表（截至 2016 年 6 月）

年度	有效发明与实用新型专利/件	有效发明专利/件	有效实用新型专利/件	发明专利有效率（%）
2006 年	87153	15809	102962	71.80
2007 年	100962	35701	136663	76.40
2008 年	121209	56866	178075	80.07
2009 年	144734	92269	237003	84.54
2010 年	172550	135786	308336	89.06
2011 年	202176	220155	422331	93.82
2012 年	213005	350780	563785	97.38
2013 年	200314	437689	638003	99.52
2014 年	88827	656642	745469	99.99
2015 年	4915	855443	860358	100.00
合计	1335845	2857140	4192985	64.38

二、节能环保产业领域中国专利区域分布

1. 专利申请省份分布

2006~2015 年，节能环保产业领域国内申请人已公开的中国专利申请主要分布在江苏、浙江、广东、山东、北京、上海、安徽 7 个省区市，这些省区市的中国专利申请量均在 10 万件以上；此外，四川、河南、天津、湖北、辽宁、福建、重庆、湖南、陕西、河北 10 个省区市的申请量也在 5 万件以上。从专利获权和有效维持情况来看，江苏、浙江、广东、山东、北京也是主要的集中地区，这些省市的中国专利授权量和有效量均在 1 万件以上。数据显示，上述区域是国内节能环保领域技术创新最为活跃的地区，也是该产业技术竞争最为激烈的地区（见表 7-6）。

表 7-6　节能环保产业技术领域已公开中国专利申请省份分布（2006~2015 年）

单位：件

排位	省区市	申请			授权			有效专利		
		合计	发明	实用新型	合计	发明	实用新型	合计	发明	实用新型
1	江苏	429712	198625	231087	274936	43849	231087	196617	39405	157212
2	浙江	329575	83301	246274	277897	31623	246274	186388	27129	159259

续表

排位	省区市	申请			授权			有效专利		
		合计	发明	实用新型	合计	发明	实用新型	合计	发明	实用新型
3	广东	288657	95049	193608	226249	32641	193608	169197	28811	140386
4	山东	253215	81111	172104	192832	20728	172104	105033	17525	87508
5	北京	177150	85803	91347	127260	35913	91347	105033	17525	87508
6	上海	141710	60983	80727	101762	21035	80727	75400	18104	57296
7	安徽	134098	55419	78679	89835	11156	78679	60923	10426	50497
8	四川	91782	34657	57125	67311	10186	57125	46288	8977	37311
9	河南	86076	25188	60888	68827	7939	60888	46432	6723	39709
10	天津	83515	33331	50184	57509	7325	50184	41683	6124	35559
11	湖北	82274	29489	52785	63138	10353	52785	45035	8892	36143
12	辽宁	79736	34311	45425	56048	10623	45425	34736	8726	26010
13	福建	74424	19348	55076	62054	6978	55076	46074	6328	39746
14	重庆	69085	24505	44580	50169	5589	44580	34978	4592	30386
15	湖南	61062	23384	37678	46702	9024	37678	33699	7813	25886
16	陕西	59416	27186	32230	40834	8604	32230	27778	7172	20606
17	河北	58241	15985	42256	48094	5838	42256	34696	5079	29617
18	黑龙江	46053	16246	29807	35410	5603	29807	20835	4323	16512
19	广西	33846	21177	12669	16659	3990	12669	12230	3729	8501
20	江西	32535	9945	22590	25682	3092	22590	18723	2612	16111
21	山西	30729	11728	19001	23245	4244	19001	16003	3592	12411
22	吉林	22783	8505	14278	17566	3288	14278	11058	2538	8520
23	云南	22342	9486	12856	16410	3554	12856	12050	2907	9143
24	贵州	20302	8424	11878	13913	2035	11878	10354	1816	8538
25	甘肃	14429	6197	8232	10105	1873	8232	6857	1543	5314
26	新疆	14321	4143	10178	11614	1436	10178	8060	1299	6761
27	内蒙古	10702	3422	7280	8483	1203	7280	5901	1025	4876
28	宁夏	5365	2625	2740	3390	650	2740	2313	557	1756
29	海南	4671	1890	2781	3462	681	2781	2441	579	1862
30	青海	2173	945	1228	1482	1228	254	1121	215	906
31	西藏	589	267	322	416	94	322	169	56	113
合计		2760568	1032675	1727893	2039294	312375	1726919	1418105	256142	1161963

2. 专利申请地区分布

2006～2015 年，节能环保技术领域国内申请人已公开的中国专利申请主要集中在东部地区，这一区域共分布有 1840870 件，占到全国的 66.69%，反映出东部地区在该领域技术创新的引领地位。中部也有较大数量的分布，共汇集有 426774 件专利申请，占到全国总量的 15.46%，表明该地区在节能环保领域也有较好技术创新实力和基础。而西部地区和东北部地区节能环保产业领域的专利申请和授权量较低，在节能环保领域的整体区域技术创新实力和基础较弱（见表 7 - 7）。

表7-7 节能环保产业技术领域已公开中国专利申请地区分布（2006～2015年）

单位：件

大区	排位	省区市	申请			授权			有效专利		
			合计	发明	实用新型	合计	发明	实用新型	合计	发明	实用新型
东部地区	1	江苏	429712	198625	231087	274936	43849	231087	196617	39405	157212
	2	浙江	329575	83301	246274	277897	31623	246274	186388	27129	159259
	3	广东	288657	95049	193608	226249	32641	193608	169197	28811	140386
	4	山东	253215	81111	172104	192832	20728	172104	105033	17525	87508
	5	北京	177150	85803	91347	127260	35913	91347	105033	17525	87508
	6	上海	141710	60983	80727	101762	21035	80727	75400	18104	57296
	7	天津	83515	33331	50184	57509	7325	50184	41683	6124	35559
	8	福建	74424	19348	55076	62054	6978	55076	46074	6328	39746
	9	河北	58241	15985	42256	48094	5838	42256	34696	5079	29617
	10	海南	4671	1890	2781	3462	681	2781	2441	579	1862
	合计		1840870	675426	1165444	1372055	206611	1165444	962562	166609	795953
东北部地区	1	辽宁	79736	34311	45425	56048	10623	45425	34736	8726	26010
	2	黑龙江	46053	16246	29807	35410	5603	29807	20835	4323	16512
	3	吉林	22783	8505	14278	17566	3288	14278	11058	2538	8520
	合计		148572	59062	89510	109024	19514	89510	66629	15587	51042
中部地区	1	安徽	134098	55419	78679	89835	11156	78679	60923	10426	50497
	2	河南	86076	25188	60888	68827	7939	60888	46432	6723	39709
	3	湖北	82274	29489	52785	63138	10353	52785	45035	8892	36143
	4	湖南	61062	23384	37678	46702	9024	37678	33699	7813	25886
	5	江西	32535	9945	22590	25682	3092	22590	18723	2612	16111
	6	山西	30729	11728	19001	23245	4244	19001	16003	3592	12411
	合计		426774	155153	271621	317429	45808	271621	220815	40058	180757
西部地区	1	四川	91782	34657	57125	67311	10186	57125	46288	8977	37311
	2	重庆	69085	24505	44580	50169	5589	44580	34978	4592	30386
	3	陕西	59416	27186	32230	40834	8604	32230	27778	7172	20606
	4	广西	33846	21177	12669	16659	3990	12669	12230	3729	8501
	5	云南	22342	9486	12856	16410	3554	12856	12050	2907	9143
	6	贵州	20302	8424	11878	13913	2035	11878	10354	1816	8538
	7	甘肃	14429	6197	8232	10105	1873	8232	6857	1543	5314
	8	新疆	14321	4143	10178	11614	1436	10178	8060	1299	6761
	9	内蒙古	10702	3422	7280	8483	1203	7280	5901	1025	4876
	10	宁夏	5365	2625	2740	3390	650	2740	2313	557	1756
	11	青海	2173	945	1228	1482	1228	254	1121	215	906
	12	西藏	589	267	322	416	94	322	169	56	113
	合计		344352	143034	201318	240786	40442	200344	168099	33888	134211

三、专利申请技术路径演进

2006 年以来，节能环保产业领域的中国专利申请技术演进路径以 G06F17/30、H04L29/06 分类领域为主线，2009 年后 F21S8/00、H04L29/08、H05B37/02、H02J7/00、G05B19/418、F21S2/00 分类领域成为新的热点，而 H01L33/00、H05K7/20、H04L12/56 等分类领域的专利申请量逐步萎缩。数据显示，G06F17/30、H04L29/06、F21S8/00、H04L29/08、H05B37/02、H02J7/00、G05B19/418、F21S2/00 分类领域是目前国内节能环保领域的创新热点，C05G3/00 分类领域则是新的发展方向（见表 7 - 8）。

表 7 - 8　2006 ~ 2015 年节能环保领域中国专利申请技术路径演进

单位：件

年份	2006	2007	2008	2009	2010
分类（申请量）	H04Q7/38（2415）	H01L33/00（2287）	G06F17/30（2169）	F21S2/00（2657）	F21S2/00（3828）
	H01L33/00（1894）	H04L12/56（2038）	H04L29/06（2003）	G06F17/30（2627）	G06F17/30（3106）
	H04L12/56（1770）	G06F17/30（1876）	H04L12/56（1963）	H04L29/06（2066）	H04L29/06（2451）
	H04L29/06（1637）	H04L29/06（1735）	H01L33/00（1623）	H04L12/56（1364）	H05B37/02（2122）
	G06F17/30（1535）	H04Q7/38（1630）	H04L29/08（1161）	F21S8/00（1323）	F21S8/00（2115）
	G02F1/133（1518）	H04Q7/22（1310）	G09G3/36（1131）	C12Q1/68（1227）	H04L29/08（2058）
	G02F1/13357（1346）	H04Q7/32（1258）	A23L1/29（1073）	H05B37/02（1176）	H02J7/00（1823）
	H04L12/24（1261）	H05K7/20（1254）	H05K7/20（1030）	G06F1/16（1161）	H04L12/56（1549）
	H05K7/20（1241）	G09G3/36（1201）	C12Q1/68（1029）	H04M1/725（1047）	G05B19/418（1414）
	H04Q7/32（1170）	H04L12/28（1150）	G06F1/16（976）	G06Q10/00（1043）	C12Q1/68（1345）

年份	2011	2012	2013	2014	2015
分类（申请量）	F21S2/00（1772）	F21S2/00（3053）	G06F17/30（7516）	G06F17/30（8172）	G06F17/30（6532）
	G06F17/30（1709）	H05B37/02（1969）	F21S2/00（5255）	H02J7/00（4884）	H02J7/00（5608）
	H05B37/02（1348）	F21S8/00（1833）	H02J7/00（4993）	F21S2/00（4421）	H05B37/02（4875）
	F21S8/00（1342）	G05B19/418（1647）	H04L29/08（4437）	A23K1/18（4226）	C05G3/00（4071）
	H04L29/08（1299）	H02J7/00（1627）	H05B37/02（4343）	H04L29/08（4206）	H04L29/08（3715）
	H02J7/00（1176）	G06F17/30（1517）	G05B19/418（4175）	H05B37/02（4073）	F21S8/00（3703）
	H04L29/06（1135）	H04L29/08（1363）	H04L29/06（3408）	G05B19/418（3776）	F21S2/00（3357）
	G05B19/418（1056）	G01R31/00（1347）	F21S8/00（3193）	H04L29/06（3487）	G06F17/50（3275）
	H04L12/56（909）	B23Q3/00（1259）	G06F3/041（2970）	C05G3/00（3148）	G05B19/042（3148）
	B21D37/10（734）	H04L29/06（1113）	B21D37/10（2910）	F21S8/00（3086）	H04L29/06（3094）

第四节　节能环保产业领域中国专利技术分布

一、专利申请整体 IPC 分布

2006 ~ 2015 年，节能环保产业技术领域已公开的中国专利申请分布于 A、B、C、F、G、H 部，主要涉及 A01、A23、A61、C02、C05、C07、C08、C09、C10、C12、F24（23）、G01 等分类领域（见表 7 - 9）。

表7-9 节能环保产业领域已公开中国专利申请IPC分布总体情况（2006~2015年）

单位：件

部类	A	B	C	F	G	H
发明申请	175334	262947	250398	127814	130211	103531
实用新型申请	15692	553682	87129	277280	168668	161062
发明授权	46789	80303	96040	37378	42786	33988
IPC分类（申请量）	A01G1/00（6655）	B23K37/04（6667）	C02F9/14（12179）	F21S2/00（12321）	G05B19/418（4802）	H02J7/00（4460）
	A01G9/02（4845）	B21D37/10（6627）	C02F9/04（8302）	F21S8/00（9426）	G06F1/16（4174）	H05K7/20（3812）
	A01K61/00（4245）	B23Q3/00（5600）	C05G3/00（6903）	F24C15/20（5027）	G06F1/18（3748）	H02G1/02（3167）
	A47G19/22（4208）	B23Q3/06（5564）	C02F9/02（6076）	F24F5/00（4657）	G01M13/00（3338）	H04M1/02（2977）
	A61M5/14（3459）	B09B3/00（5406）	C02F1/00（4162）	F24F1/00（3619）	G01N33/00（3092）	H05K5/02（2834）
	A61B19/00（3083）	B01D50/00（5311）	C12N1/20（3213）	F24F1/02（3452）	G01B5/00（2775）	H01M2/10（2458）
	A47J31/00（2957）	B25B11/00（4695）	C02F1/52（3128）	F21S9/03（3387）	G01N1/28（2469）	H05K5/00（2342）
	A23K1/18（2611）	B01D53/78（4143）	C02F11/12（2941）	F16M13/02（3111）	G01D21/02（2382）	H04N5/225（2315）
	A47J27/00（2500）	B23K37/00（3585）	C02F9/08（2803）	F04D25/08（2663）	G02B6/44（2310）	H05B37/02（2312）
	A61G12/00（2223）	B29C45/26（2955）	C02F3/32（2691）	F24H9/20（2563）	G09F9/33（2195）	H04N7/18（2054）

上述分类领域中，A23L1/00（食品或食料处理）、C02F9/04（水、废水、污水或污泥的化学处理）、C02F9/14（水、废水、污水或污泥的物理处理）、C05G3/00（一种或多种肥料与无特殊肥效组分的混合物）、F21S2/00（照明装置的系统）、F21S8/00（照明固定安装装置）分类领域最为集中（见表7-10）。

表7-10 节能环保产业领域已公开中国专利申请IPC分布具体情况（2006~2015年）

单位：件

大组分类	类型（申请量）	分类（申请量）	大组分类	类型（申请量）	分类（申请量）
A23K1/00	发明专利（4706）实用新型（73）发明授权（1422）	A23K1/18（2589）	G06F17/00	发明专利（2904）实用新型（139）发明授权（676）	G06F17/14（63）
		A23K1/16（694）			G06F17/40（54）
		A23K1/14（689）			G06F17/27（38）
		A23K1/00（381）			G06F17/24（37）
		A23K1/10（160）			G06F17/21（27）
		A23K1/06（74）			G06F17/22（24）
		A23K1/175（65）			G06F17/28（24）
		A23K1/165（39）	G06Q10/00	发明专利（1782）实用新型（372）发明授权（131）	G06Q10/06（983）
		A23K1/17（32）			G06Q10/00（513）
		A23K1/12（21）			G06Q10/04（349）
A23L1/00	发明专利（10481）实用新型（1780）发明授权（3144）	A23L1/29（958）			G06Q10/08（262）
		A23L1/212（947）			G06Q10/10（51）
		A23L1/10（694）			G06Q10/02（19）
		A23L1/20（592）	G09G3/00	发明专利（705）实用新型（272）发明授权（363）	G09G3/36（349）
		A23L1/218（561）			G09G3/32（229）
		A23L1/326（412）			G09G3/20（118）

续表

大组分类	类型（申请量）	分类（申请量）	大组分类	类型（申请量）	分类（申请量）
A23L1/00	发明专利（10481） 实用新型（1780） 发明授权（3144）	A23L1/24（367）	G09G3/00	发明专利（705） 实用新型（272） 发明授权（363）	G09G3/34（112）
		A23L1/01（365）			G09G3/00（110）
		A23L1/015（356）			G09G3/30（55）
		A23L1/16（341）			G09G3/18（36）
B21D37/00	发明专利（2596） 实用新型（5580） 发明授权（452）	B21D37/10（6574）			G09G3/14（35）
		B21D37/12（689）			G09G3/28（22）
		B21D37/04（251）			G09G3/12（6）
		B21D37/14（207）	H01L33/00	发明专利（1309） 实用新型（1350） 发明授权（383）	H01L33/48（1206）
		B21D37/00（206）			H01L33/00（790）
		B21D37/16（73）			H01L33/62（180）
		B21D37/18（66）			H01L33/50（177）
		B21D37/02（46）			H01L33/64（173）
		B21D37/08（27）			H01L33/52（53）
		B21D37/20（25）	H01L33/00	发明专利（1309） 实用新型（1350） 发明授权（383）	H01L33/58（51）
C05G3/00	发明专利（9006） 实用新型（188） 发明授权（2050）	C05G3/00（6871）			H01L33/56（40）
		C05G3/04（1636）			H01L33/54（37）
		C05G3/02（431）			H01L33/60（35）
		C05G3/08（236）	H02J7/00	发明专利（1726） 实用新型（3897） 发明授权（280）	H02J7/00（4414）
		C05G3/06（24）			H02J7/32（340）
C12Q1/00	发明专利（3240） 实用新型（69） 发明授权（1313）	C12Q1/68（2186）			H02J7/35（306）
		C12Q1/70（511）			H02J7/02（278）
		C12Q1/04（179）			H02J7/14（146）
		C12Q1/02（118）			H02J7/34（97）
		C12Q1/06（61）			H02J7/10（39）
		C12Q1/18（34）			H02J7/04（37）
		C12Q1/48（27）			H02J7/06（4）
		C12Q1/26（22）			H02J7/36（3）
		C12Q1/34（22）	H04L12/00	发明专利（2936） 实用新型（640） 发明授权（1159）	H04L12/56（645）
		C12Q1/00（20）			H04L12/24（631）
F21S2/00	发明专利（2879） 实用新型（9407） 发明授权（671）	F21S2/00（12295）			H04L12/26（340）
F21S8/00	发明专利（3580） 实用新型（12452） 发明授权（742）	F21S8/00（9370）			H04L12/28（322）
		F21S8/10（2048）			H04L12/771（239）
		F21S8/04（1777）			H04L12/58（234）
		F21S8/08（1505）			H04L12/02（129）
		F21S8/06（772）			H04L12/66（110）
		F21S8/02（526）			H04L12/46（105）
		F21S8/12（81）			H04L12/18（87）
G01R31/00	发明专利（2434） 实用新型（3872） 发明授权（738）	G01R31/00（1913）	H04L29/00	发明专利（2785） 实用新型（409） 发明授权（764）	H04L29/08（1838）
		G01R31/12（858）			H04L29/06（1182）

续表

大组分类	类型（申请量）	分类（申请量）	大组分类	类型（申请量）	分类（申请量）
G01R31/00	发明专利（2434）实用新型（3872）发明授权（738）	G01R31/02（637）	H04L29/00	发明专利（2785）实用新型（409）发明授权（764）	H04L29/12（147）
		G01R31/327（518）			H04L29/02（40）
		G01R31/28（509）			H04L29/10（22）
		G01R31/34（421）			H04L29/00（9）
		G01R31/36（415）			H04L29/14（2）
		G01R31/26（307）			H04L29/04（1）
		G01R31/08（231）	H04M1/00	发明专利（1688）实用新型（3598）发明授权（362）	H04M1/02（2956）
		G01R31/44（198）			H04M1/725（513）
G02F1/00	发明专利（2183）实用新型（1644）发明授权（971）	G02F1/13（1322）			H04M1/11（403）
		G02F1/13357（773）			H04M1/12（348）
		G02F1/1333（723）			H04M1/21（286）
		G02F1/1335（395）			H04M1/23（150）
		G02F1/133（326）			H04M1/24（127）
		G02F1/1339（133）			H04M1/13（81）
		G02F1/1337（125）			H04M1/03（79）
		G02F1/167（73）			H04M1/00（62）
		G02F1/1362（66）	H04Q7/00	发明专利（679）实用新型（92）发明授权（434）	H04Q7/38（289）
		G02F1/1343（52）			H04Q7/32（157）
G05B19/00	发明专利（4323）实用新型（5944）发明授权（948）	G05B19/418（4781）			H04Q7/22（152）
		G05B19/042（1732）			H04Q7/34（89）
		G05B19/04（1479）			H04Q7/30（30）
		G05B19/05（944）			H04Q7/28（23）
		G05B19/048（805）			H04Q7/36（23）
		G05B19/18（119）			H04Q7/20（20）
		G05B19/02（99）			H04Q7/24（8）
		G05B19/414（67）			H04Q7/08（4）
		G05B19/19（59）	H05B37/00	发明专利（921）实用新型（1557）发明授权（206）	H05B37/02（2300）
		G05B19/406（37）			H05B37/00（148）
G06F3/00	发明专利（2495）实用新型（2815）发明授权（553）	G06F3/033（855）			H05B37/03（19）
		G06F3/02（852）			H05B37/04（19）
		G06F3/041（729）	H05K7/00	发明专利（2469）实用新型（3970）发明授权（779）	H05K7/20（3795）
		G06F3/0354（562）			H05K7/14（1233）
		G06F3/01（433）			H05K7/12（812）
		G06F3/039（339）			H05K7/18（584）
		G06F3/042（312）			H05K7/02（538）
		G06F3/044（275）			H05K7/00（239）
		G06F3/06（177）			H05K7/16（237）
		G06F3/048（129）			H05K7/10（97）
G06F17/00	发明专利（2904）实用新型（139）发明授权（676）	G06F17/30（1930）			H05K7/08（27）
		G06F17/50（764）			H05K7/06（19）
		G06F17/00（77）			

二、区域专利申请 IPC 分布

2006～2015 年，在节能环保产业领域，依其技术创新基础、资源条件和产业地位不同，各地区专利申请的技术方向各有侧重，IPC 分布的集中度有所不同。

1. 东部地区

江苏的专利申请主要集中于 B21D37/10、C02F9/14、B23Q3/00、B23Q3/06 分类领域，山东集中于 A61M5/14、A61B19/00、C05G3/00 分类领域，北京集中于 C02F9/14、C02F9/14 分类领域，广东集中于 F21S2/00、F21S8/00、C09D133/02 分类领域，上海集中于 C12Q1/68 分类领域，浙江集中于 F21S2/00、F24C15/20、F21S8/00 分类领域（见表 7 – 11）。

表 7 – 11 东部地区节能环保产业领域中国专利申请 IPC 核心分布（2006～2015 年）

单位：件

省区市	北京	天津	河北	上海	江苏
分类 （申请量）	C02F9/14（1736）	C02F9/14（536）	F24B1/183（169）	C02F9/14（756）	B21D37/10（2066）
	C02F9/14（1187）	B23K37/04（373）	B01D50/00（157）	F21S2/00（561）	C02F9/14（1971）
	C02F9/04（865）	C02F9/04（297）	F21S2/00（142）	C02F9/04（489）	B23Q3/00（1525）
	G06F17/30（687）	B23Q3/06（293）	B23K37/00（141）	F21S8/00（471）	B23Q3/06（1380）
	G05B19/418（546）	B21D37/10（236）	H02G1/02（140）	B23K37/04（386）	F21S2/00（1379）
	B09B3/00（543）	B09B3/00（227）	B23K37/04（136）	B21D37/10（370）	C02F9/04（1367）
	G01N33/00（506）	A01G1/00（205）	C02F9/04（136）	C02F3/32（323）	B23K37/04（1314）
	H02B3/00（494）	F24F1/02（198）	C02F9/14（135）	A01K61/00（317）	F21S8/00（1288）
	C12N1/20（482）	B23Q3/00（196）	B01D53/78（132）	B09B3/00（312）	B25B11/00（1121）
	C02F3/30（454）	F24F1/00（196）	B09B3/00（127）	C02F9/02（310）	C05G3/00（954）
省区市	浙江	广东	海南	福建	山东
分类 （申请量）	F21S2/00（1892）	F21S2/00（4319）	A01K61/00（56）	F21S2/00（687）	A61M5/14（1445）
	F24C15/20（1342）	F21S8/00（2880）	C12N1/20（32）	A47J27/08（628）	A61B19/00（1256）
	F21S8/00（1341）	C09D133/02（1390）	A01G1/00（27）	C02F9/14（459）	C05G3/00（1176）
	C02F9/14（1055）	G06F1/18（1235）	G06T1/00（26）	A23F3/06（436）	A61G12/00（1085）
	A47G19/22（813）	H04M1/02（1118）	C02F9/14（23）	F21S8/00（411）	A61M1/00（881）
	C02F9/02（804）	H02J7/00（1002）	C05G3/00（21）	C02F9/04（259）	C02F9/14（812）
	C02F9/04（712）	C02F9/14（990）	C02F9/04（18）	C02F9/02（236）	A61G7/00（722）
	F16K5/06（644）	F24C15/20（984）	E01H1/04（18）	A01G9/02（226）	A61M16/00（650）
	A01G9/02（630）	H05K7/20（970）	F24F5/00（18）	B05B1/18（214）	A61G13/00（640）
	A47J31/00（624）	A24F47/00（964）	A01N43/16（17）	F21S9/03（211）	C02F9/04（631）

2. 东北部地区

辽宁的技术创新热点主要集中于 C02F9/14、A01K61/00、E04B2/88 分类领域，黑龙江的技术创新热点主要集中于 A63B69/00、C09B61/00、C02F9/14 分类领域，吉林则集中在 C02F9/04、C02F9/14、B23K37/04 分类领域（见表 7 – 12）。

表7-12 东北部地区节能环保产业领域中国专利申请IPC核心分布（2006～2015年）

单位：件

省区市	辽宁		黑龙江			吉林
分类 （申请量）	C02F9/14（287）	B21D37/10（183）	A63B69/00（289）	A61G12/00（143）	C02F9/04（99）	G01M13/00（71）
	A01K61/00（236）	B23K37/04（180）	C09B61/00（234）	G09B19/00（142）	C02F9/14（98）	G01M17/007（69）
	E04B2/88（226）	B23Q3/06（174）	C02F9/14（220）	A61M5/14（139）	B23K37/04（93）	B25B11/00（60）
	C05G3/00（196）	G05B19/418（172）	G09B19/06（189）	C02F9/04（128）	B21D37/10（78）	A61M5/14（57）
	C02F9/04（185）	B23Q3/00（167）	E21B43/00（161）	C12N1/20（117）	A01G1/00（72）	E21B43/00（57）

3. 中部地区

安徽主要集中于C05G3/00、A01G1/00、B23K37/04、B21D37/10分类领域，湖北主要集中于C02F9/14、E01D21/00、C02F9/04分类领域，河南主要集中于C02F9/14、H02G1/02、B23K37/04分类领域，湖南主要集中于C02F9/14、C02F9/14分类领域（见表7-13）。

表7-13 中部地区节能环保产业领域中国专利申请IPC核心分布（2006～2015年）

单位：件

省区市	安徽	湖北	湖南	河南	山西	江西
分类 （申请量）	C05G3/00（1382）	C02F9/14（367）	C02F9/14（277）	C02F9/14（313）	E21F11/00（175）	F21S2/00（163）
	A01G1/00（805）	E01D21/00（233）	C02F9/14（244）	H02G1/02（287）	B21D37/10（107）	C02F9/14（121）
	B23K37/04（734）	C02F9/04（231）	A01G1/00（232）	B23K37/04（222）	B23K37/04（97）	F21S8/00（115）
	B21D37/10（714）	A47G19/22（216）	C02F9/04（220）	C05G3/00（206）	A01G1/00（89）	F25D23/02（115）
	B23Q3/06（640）	C05G3/00（181）	B09B3/00（193）	C02F9/04（199）	C02F9/14（87）	C02F9/02（105）
	B23Q3/00（629）	B23K37/04（180）	B23K37/04（192）	B09B3/00（195）	B01D53/78（81）	C02F9/04（103）
	A23K1/18（523）	C12N1/20（179）	F24C15/20（184）	B01D50/00（171）	E01D21/00（75）	B01D50/00（101）
	B25B11/00（424）	G01N1/28（178）	B01D53/78（151）	F24F5/00（171）	A01G9/14（71）	B21D37/10（99）
	C05G3/04（401）	F21S2/00（175）	F42B4/00（151）	H02B3/00（167）	B23Q3/06（70）	F25D25/02（94）
	C02F9/14（385）	F24C15/20（175）	F21S2/00（146）	B07B1/28（159）	C02F9/04（70）	H04R1/10（80）

4. 西部地区

四川主要集中于C02F9/14、C02F9/04、C02F9/02分类领域，广西主要集中于A01G1/00、C05G3/00分类领域，重庆主要集中于B23Q3/06、B23Q3/00、B23K37/04分类领域，云南主要集中于A01G1/00组，甘肃主要集中于A01G1/00分类领域（见表7-14）。

表7-14 西部地区节能环保产业领域中国专利申请IPC核心分布（2006~2015年）

单位：件

省区市	四川	重庆	陕西	广西	云南	贵州
分类（申请量）	C02F9/14（491）	B23Q3/06（477）	F24F5/00（296）	A01G1/00（540）	A01G1/00（376）	A01G1/00（284）
	C02F9/04（431）	B23Q3/00（468）	F21S2/00（235）	C05G3/00（438）	A01G13/00（135）	C02F9/14（143）
	C02F9/02（414）	B23K37/04（397）	C02F9/04（226）	A23K1/18（198）	C02F9/14（130）	A23F3/06（115）
	F21S2/00（318）	B21D37/10（359）	G05B19/418（209）	C02F9/14（192）	A23F3/06（126）	H04N21/41（102）
	B01D50/00（316）	B25B11/00（342）	C02F9/14（190）	A01G17/00（152）	A24B3/10（111）	C02F9/04（93）
	A01G1/00（274）	C02F9/14（243）	G06F1/16（186）	A01G1/04（135）	B66F11/04（94）	C05G3/00（86）
	A01G9/02（256）	G01B5/00（239）	B23Q3/06（159）	A01K61/00（134）	C02F9/04（92）	E02D17/20（86）
	B23K37/04（233）	B23Q3/08（222）	F21S8/00（152）	C05G1/00（127）	C05G3/00（90）	A24B3/10（75）
	G05B19/418（231）	C02F9/02（222）	A01N43/653（131）	B23K37/04（126）	A01G9/02（86）	F24B1/18（73）
	F21S8/00（221）	B23F23/06（220）	H02J7/00（129）	B21D37/10（120）	F24J2/46（83）	C05G1/00（70）

省区市	甘肃	新疆	内蒙古	宁夏	青海	西藏
分类（申请量）	A01G1/00（251）	A01G1/00（115）	C12N1/20（56）	C22B26/22（51）	H02G1/02（31）	C01D15/08（10）
	C05G3/00（118）	E21B33/13（99）	A01G1/00（48）	H02G1/02（35）	A01G1/00（19）	A01G1/00（8）
	A01G13/02（80）	E21B43/00（77）	F03D9/00（41）	G05B19/418（27）	C02F9/14（18）	A23L1/29（7）
	C02F9/14（57）	A01B43/00（73）	A01G9/14（37）	F27D17/00（26）	H02S20/30（17）	A61B17/00（6）
	C05G1/00（48）	C05G3/00（67）	C02F9/14（37）	C02F9/14（21）	C01D15/08（13）	F24J2/02（5）
	A01C1/00（44）	F24F5/00（67）	C02F9/04（35）	C30B15/00（21）	B29C49/04（12）	A23L1/318（4）
	C22B7/00（43）	E21B33/03（54）	A23G9/22（33）	C02F9/04（20）	C05G3/00（11）	A61B17/03（4）
	A01B43/00（41）	A47J37/06（53）	C08F251/00（30）	C05G1/00（20）	A01K61/00（10）	B60B15/10（4）
	A61D3/00（40）	C02F9/04（50）	A01C7/18（29）	C05G3/00（20）	A23L1/29（10）	A01G31/02（3）
	C02F9/04（39）	A01C7/20（49）	F03D11/00（29）	C05G3/04（18）	A01K31/14（9）	A23L1/28（3）

三、产业内专利分布

节能环保产业可细分为节能技术、资源循环利用、环境保护产业等，2006~2015年，节能环保产业领域的中国专利申请主要分布在节能技术和环境保护领域，资源循环利用领域的专利申请量相对较少（见表7-15）。

表7-15　2006~2015年节能环保产业中国专利申请产业内分布状况

单位：件

技术领域	类型（申请量）	分类（申请量）	技术领域	类型（申请量）	分类（申请量）
资源循环利用	发明专利（63273） 实用新型（36691） 发明授权专利（23797）	C02F9/14（3764）	环境保护	发明专利（1129208） 实用新型（1732269） 发明授权专利（362724）	A01G1/00（6655）
		C02F9/04（2526）			B23K37/04（6642）
		B09B3/00（2117）			B21D37/10（6615）
		C05G3/00（1258）			B23Q3/00（5588）
		C02F9/02（1230）			B23Q3/06（5541）
		C02F9/10（1118）	节能技术	发明专利（1551961） 实用新型（1697439） 发明授权专利（522800）	H05B37/02（16061）
		C02F11/12（837）			F21S2/00（13863）
		C02F11/00（771）			H02J7/00（11819）
		E03C1/12（743）			F21S8/00（9207）
		C02F3/30（716）			G05B19/418（8620）
环境保护	发明专利（1129208） 实用新型（1732269） 发明授权专利（362724）	F21S2/00（12307）			G06F17/30（8537）
		C02F9/14（11992）			C02F9/14（8091）
		F21S8/00（9401）			F24F5/00（7148）
		C02F9/04（7645）			H04L29/08（6928）
		C05G3/00（6961）			G01R31/00（6672）

第五节　节能环保产业领域专利竞争者

一、专利竞争者整体状况

2006~2015年，节能环保产业领域的主要竞争者中，企业占据主导地位，其发明专利申请量达到702186件（占该领域全部申请的15.23%）；高等院校也有一定的竞争实力，其发明专利申请量184498件（占该领域全部申请的4.00%）；而研究院所竞争力相对最弱，其发明专利申请量为48927件（仅为企业的约1/12）（见表7-16）。

表7-16　节能环保产业领域中国专利分类竞争者结构状况（2006~2015年）

类别	高校		研究院所		企业	
	申请量/件	占比（%）	申请量/件	占比（%）	申请量/件	占比（%）
发明与实用小计	301523	3.35	74862	0.83	1796929	19.95
发明申请	184498	4.00	48927	1.06	702186	15.23
实用新型申请	117025	2.66	25935	0.59	1094743	24.89
发明授权	83423	0.93	22128	1.48	217992	14.54

节能环保产业领域的专利竞争者主要有国家电网公司、中国石油天然气股份有限公司、中国石油化工股份有限公司、浙江吉利控股集团有限公司、浙江大学、华南理工大学、中国科学院大连化学物理研究所、中国科学院过程工程研究所等（见表7-17）。

表 7-17 节能环保产业领域主要专利竞争者情况（2006~2015 年）

单位：件

类别	高校（申请量）	研究院所（申请量）	企业（申请量）
主要竞争者	浙江大学（8300）	中国科学院大连化学物理研究所（1094）	国家电网公司（15585）
	华南理工大学（4209）	中国科学院过程工程研究所（895）	中国石油化工股份有限公司（7470）
	东南大学（3955）	中科院长春光学精密机械与物理研究所（697）	中国石油天然气股份有限公司（5179）
	上海交通大学（3741）	中国科学院生态环境研究中心（686）	鸿海精密工业股份有限公司（4863）
	清华大学（3575）	中国运载火箭技术研究院（671）	鸿富锦精密工业（深圳）有限公司（4455）
	哈尔滨工业大学（3655）	株式会社日立制作所（612）	浙江吉利控股集团有限公司（4249）
	天津大学（3414）	中国环境科学研究院（601）	珠海格力电器股份有限公司（3779）
	昆明理工大学（3316）	江苏省农业科学院（590）	安徽江淮汽车股份有限公司（2989）
	浙江工业大学（3160）	中国科学院广州能源研究所（521）	美的集团股份有限公司（2590）
	江南大学（2928）	贵阳铝镁设计研究院（511）	宝山钢铁股份有限公司（2843）
IPC 分布	C02F9/14（2397）	A01G1/00（1094）	F21S2/00（8821）
	C12N1/20（1519）	A01K61/00（912）	C02F9/14（7438）
	C02F9/04（1096）	C02F9/14（799）	F21S8/00（7140）
	C02F3/32（1063）	C12N1/20（639）	B23K37/04（6098）
	A01K61/00（941）	C02F3/32（451）	B21D37/10（5940）
	A01G1/00（922）	C12Q1/68（433）	C02F9/04（5735）
	G01M99/00（911）	C05G3/00（391）	B23Q3/00（4864）
	G05B19/418（882）	C02F9/04（357）	B23Q3/06（4831）
	C02F3/30（819）	G01N1/28（346）	B25B11/00（3943）
	C12Q1/68（781）	G01N33/24（293）	C02F9/02（3773）

二、产业内专利竞争者

1. 主要专利竞争者产业内分布

2006~2015 年，节能环保产业领域的专利竞争者包括国家电网公司、中国石油化工股份有限公司、中兴通讯股份有限公司、浙江大学、清华大学、珠海格力电器股份有限公司等，在节能技术、资源循环利用、环境保护产业领域均有分布（见表 7-18）。

表 7-18 2006~2015 年节能环保产业主要专利竞争者产业内分布状况

单位：件

技术领域	主要竞争者（专利申请量）	
节能技术	国家电网公司（36860）	珠海格力电器股份有限公司（9212）
	中国石油化工股份有限公司（10955）	清华大学（7261）
	浙江大学（10660）	东南大学（7005）
	中兴通讯股份有限公司（10140）	哈尔滨工业大学（6922）
	华为技术有限公司（9605）	华南理工大学（6282）

续表

技术领域	主要竞争者（专利申请量）	
资源循环利用	浙江大学（647）	北京工业大学（422）
	中国石油化工股份有限公司（531）	华南理工大学（422）
	昆明理工大学（489）	北京科技大学（323）
	同济大学（467）	中南大学（286）
	清华大学（423）	哈尔滨工业大学（282）
环境保护	国家电网公司（22197）	浙江吉利控股集团有限公司（4736）
	浙江大学（8307）	鸿富锦精密工业（深圳）有限公司（4534）
	中国石油化工股份有限公司（8284）	华南理工大学（4192）
	鸿海精密工业股份有限公司（6616）	珠海格力电器股份有限公司（3993）
	中国石油天然气股份有限公司（5230）	东南大学（3949）

2. 节能技术领域主要竞争者与 IPC 分布

2006～2015 年，节能技术领域的专利竞争者集中于企业和高等院校，主要专利竞争者有国家电网公司、中国石油化工股份有限公司、浙江大学、清华大学、中国科学院微电子研究所等，相关专利申请集中于 H05B37/02、F21S2/00、H02J7/00、F21S8/00、G06F17/50 等分类领域（见表 7 – 19）。

表 7 – 19　节能技术领域中国专利申请 IPC 分布与主要竞争者状况（2006～2015 年）

单位：件

类别	类型（数量）	专利申请人/专利权人（申请量）	IPC 分布（申请量）
高校	发明申请（262108） 实用新型申请（116850） 发明授权（117813）	浙江大学（10626）	G06F17/50（2148）
		清华大学（7091）	H05B37/02（1660）
		东南大学（6946）	C02F9/14（1645）
		哈尔滨工业大学（6925）	G05B19/418（1640）
		华南理工大学（6145）	G06F17/30（1480）
		上海交通大学（5754）	G06F19/00（1363）
		天津大学（4972）	H04L29/08（1190）
		北京工业大学（4808）	H02J7/00（1140）
		电子科技大学（4766）	F24F5/00（1101）
		北京航空航天大学（4334）	G05B19/042（1016）
研究院所	发明申请（62750） 实用新型申请（24681） 发明授权（28286）	中国科学院微电子研究所（1901）	A01G1/00（833）
		中国科学院大连化学物理研究所（1150）	A01K61/00（587）
		中国科学院长春光学精密机械与物理研究所（1133）	C02F9/14（484）
		中国科学院上海微系统与信息技术研究所（983）	G06F17/50（464）
		中国电力科学研究院（925）	C12Q1/68（387）
		中国科学院过程工程研究所（903）	G01R31/00（358）
		株式会社半导体能源研究所（886）	C12N1/20（355）
		中国运载火箭技术研究院（880）	C05G3/00（312）
		中国科学院半导体研究所（819）	A01H4/00（298）
		电信科学技术研究院（805）	G05B19/418（295）

续表

类别	类型（数量）	专利申请人/专利权人（申请量）	IPC分布（申请量）
企业	发明申请（1018506）实用新型申请（1166374）发明授权（334653）	国家电网公司（37025）	H05B37/02（11238）
		中国石油化工股份有限公司（11030）	F21S2/00（9731）
		中兴通讯股份有限公司（10193）	H02J7/00（8216）
		华为技术有限公司（9645）	F21S8/00（7069）
		珠海格力电器股份有限公司（9247）	G06F17/30（6579）
		鸿海精密工业股份有限公司（6208）	G05B19/418（5829）
		美的集团股份有限公司（5394）	G01R31/00（5298）
		中国石油天然气股份有限公司（5331）	H04L29/08（5174）
		京东方科技集团股份有限公司（5244）	C02F9/14（5025）
		三星电子株式会社（4917）	B21D37/10（4108）

3. 资源循环利用领域主要竞争者与IPC分布

2006~2015年，资源循环利用领域的专利竞争者集中于企业和高等院校，主要竞争者有浙江大学、昆明理工大学、中国石油化工股份有限公司、中国科学院过程工程研究所等，相关专利申请集中于C02F9/14、C02F9/04、B09B3/00、C02F9/10等分类领域（见表7-20）。

表7-20 资源循环利用领域中国专利申请IPC分布与主要专利竞争者状况（2006~2015年）

单位：件

类别	类型（数量）	专利申请人/专利权人（申请量）	IPC分布（申请量）
高校	发明申请（16320）实用新型申请（3321）发明授权（7973）	浙江大学（643）	C02F9/14（813）
		昆明理工大学（489）	C02F9/04（396）
		同济大学（466）	C02F3/30（300）
		清华大学（423）	B09B3/00（265）
		北京工业大学（422）	C02F1/28（251）
		华南理工大学（415）	C02F3/32（230）
		北京科技大学（319）	B01J20/24（199）
		中南大学（284）	C02F3/28（199）
		哈尔滨工业大学（282）	C02F11/00（193）
		江南大学（279）	C02F3/34（175）
研究院所	发明申请（3515）实用新型申请（700）发明授权（1637）	中国科学院过程工程研究所（242）	C02F9/14（253）
		中国科学院生态环境研究中心（143）	C02F9/04（131）
		中国环境科学研究院（136）	C05G3/00（114）
		中国科学院广州能源研究所（122）	C12N1/20（81）
		长春黄金研究院（97）	B09B3/00（74）
		中国科学院工程热物理研究所（78）	C02F3/30（53）
		中国科学院城市环境研究所（64）	C02F3/32（51）
		中国科学院沈阳应用生态研究所（41）	C05F17/00（50）
		中国科学院南京土壤研究所（40）	C02F1/28（47）
		中国科学院大连化学物理研究所（40）	C05G1/00（44）

续表

类别	类型（数量）	专利申请人/专利权人（申请量）	IPC 分布（申请量）
企业	发明申请（30801） 实用新型申请（21923） 发明授权（10957）	中国石油化工股份有限公司（531）	C02F9/14（2183）
		国家电网公司（173）	C02F9/04（1727）
		武汉钢铁（集团）公司（154）	B09B3/00（1157）
		中国石油天然气股份有限公司（153）	C02F9/10（804）
		鞍钢股份有限公司（150）	C05G3/00（722）
		中国石油化工股份有限公司（531）	C02F9/02（701）
		国家电网公司（173）	C02F11/12（517）
		武汉钢铁（集团）公司（154）	C02F11/00（409）
		中国石油天然气股份有限公司（153）	C04B28/00（375）
		鞍钢股份有限公司（150）	C02F1/04（323）

4. 环境保护领域主要竞争者与 IPC 分布

2006～2015 年，环境保护领域的专利竞争者集中于企业和高等院校，主要竞争者有国家电网公司、中国石油化工股份有限公司、浙江大学、华南理工大学、中国科学院大连化学物理研究所等，相关专利申请集中于 F21S2/00、C02F9/14、F21S8/00、B23K37/04、C12N1/20 等分类领域（见表 7-21）。

表 7-21　环境保护领域中国专利申请 IPC 分布与主要专利竞争者状况（2006～2015 年）

单位：件

类别	类型（数量）	专利申请人/专利权人（申请量）	IPC 分布（申请量）
高校	发明申请（179536） 实用新型申请（115590） 发明授权专利（81190）	浙江大学（8273）	C02F9/14（2340）
		华南理工大学（4122）	C12N1/20（1441）
		东南大学（3921）	C02F9/04（1034）
		上海交通大学（3801）	C02F3/32（1001）
		清华大学（3659）	A01G1/00（916）
		哈尔滨工业大学（3640）	A01K61/00（915）
		天津大学（3442）	G01M99/00（905）
		昆明理工大学（3289）	G05B19/418（878）
		浙江工业大学（3202）	C02F3/30（792）
		江南大学（2999）	C12Q1/68（776）
研究院所	发明申请（45074） 实用新型申请（23384） 发明授权专利（20271）	中国科学院大连化学物理研究所（1088）	A01G1/00（1082）
		中国科学院过程工程研究所（881）	A01K61/00（907）
		中国科学院长春光学精密机械与物理研究所（699）	C02F9/14（733）
		中国运载火箭技术研究院（670）	C12N1/20（616）
		中国科学院生态环境研究中心（648）	C02F3/32（422）
		江苏省农业科学院（590）	C12Q1/68（417）
		中国环境科学研究院（585）	C05G3/00（390）
		中国科学院广州能源研究所（507）	G01N1/28（336）
		贵阳铝镁设计研究院（492）	C02F9/04（309）
		中国科学院合肥物质科学研究院（479）	G01N33/24（290）

续表

类别	类型（数量）	专利申请人/专利权人（申请量）	IPC 分布（申请量）
企业	发明申请（696642） 实用新型申请（1087617） 发明授权专利（216194）	国家电网公司（22197）	F21S2/00（8821）
		中国石油化工股份有限公司（8284）	C02F9/14（7356）
		鸿海精密工业股份有限公司（6616）	F21S8/00（7140）
		中国石油天然气股份有限公司（5230）	B23K37/04（6098）
		浙江吉利控股集团有限公司（4736）	B21D37/10（5940）
		鸿富锦精密工业（深圳）有限公司（4534）	C02F9/04（5301）
		珠海格力电器股份有限公司（3993）	B23Q3/00（4864）
		安徽江淮汽车股份有限公司（3253）	B23Q3/06（4831）
		美的集团股份有限公司（2972）	B25B11/00（3943）
		宝山钢铁股份有限公司（2844）	C05G3/00（3767）

三、区域专利竞争者

1. 东部地区主要专利竞争者

2006～2015 年，东部地区节能环保产业领域的专利竞争者主要集中在江苏、浙江、广东、山东、北京、上海，主要专利竞争者有国家电网公司、中国石油化工股份有限公司、中国石油天然气股份有限公司、浙江大学、上海交通大学、鸿海精密工业股份有限公司等。各省区市主要专利竞争者见表 7－22。

表 7－22　东部地区节能环保产业领域主要专利竞争者状况（2006～2015 年）

单位：件

省区市	北京	天津	河北
主要专利竞争者（申请量）	国家电网公司（15585）	天津大学（3414）	长城汽车股份有限公司（1325）
	中国石油化工股份有限公司（7470）	天津工业大学（1010）	燕山大学（1024）
	中国石油天然气股份有限公司（5179）	乐金电子（天津）电器有限公司（974）	河北科技大学（624）
	清华大学（3575）	南开大学（797）	新兴铸管股份有限公司（567）
	北京工业大学（2882）	河北工业大学（751）	华北电力大学（保定）（552）
	中国海洋石油总公司（2385）	天津力神电池股份有限公司（614）	河北工业大学（437）
	中国石油天然气集团公司（1748）	天津科技大学（539）	河北联合大学（422）
	北京航空航天大学（1735）	天津理工大学（474）	保定天威集团有限公司（407）
	北汽福田汽车股份有限公司（1717）	中国建筑第六工程局有限公司（386）	河北农业大学（370）
	北京化工大学（1551）	天津商业大学（384）	新奥科技发展有限公司（319）

省区市	上海	江苏	浙江
主要专利竞争者（申请量）	上海交通大学（3741）	东南大学（3955）	浙江大学（8300）
	同济大学（2897）	江南大学（2923）	浙江吉利控股集团有限公司（4249）
	宝山钢铁股份有限公司（2843）	中国矿业大学（2856）	浙江工业大学（3160）
	东华大学（2427）	江苏大学（2855）	浙江吉利汽车研究院有限公司（2776）
	上海大学（2219）	河海大学（2412）	浙江海洋学院（2544）
	上海理工大学（1640）	常州大学（1809）	浙江理工大学（2333）

续表

省区市	上海	江苏	浙江
主要专利竞争者（申请量）	华东理工大学（1358）	南京大学（1493）	宁波大学（1449）
	复旦大学（1129）	南京工业大学（1449）	中国计量学院（1207）
	上海应用技术学院（810）	苏州大学（1327）	杭州电子科技大学（1182）
	上海工程技术大学（775）	富士康（昆山）电脑接插件有限公司（1235）	嘉兴职业技术学院（1111）

省区市	广东	海南	福建
主要专利竞争者（申请量）	鸿海精密工业股份有限公司（4863）	海南大学（380）	厦门大学（1167）
	鸿富锦精密工业（深圳）有限公司（4455）	福田雷沃国际重工股份有限公司（159）	福州大学（908）
	华南理工大学（4209）	中国热带农业科学院橡胶研究所（138）	福建农林大学（747）
	珠海格力电器股份有限公司（3779）	海南正业中农高科股份有限公司（64）	厦门理工学院（465）
	中兴通讯股份有限公司（2791）	中国热带农科院环境与植物保护研究所（55）	厦门建霖工业有限公司（452）
	美的集团股份有限公司（2590）	海南英利新能源有限公司（43）	福建师范大学（423）
	华为技术有限公司（2450）	中国热带农业科学院热带生物技术所（41）	华侨大学（385）
	海洋王照明科技股份有限公司（2191）	海南丰兴精密产业股份有限公司（37）	厦门松霖科技有限公司（335）
	比亚迪股份有限公司（2119）	海南金海浆纸业有限公司（30）	福建工程学院（258）
	深圳市海川实业股份有限公司（1552）	海南必凯水性涂料有限公司（29）	福建金源泉科技发展有限公司（241）

省区市	山东		
主要专利竞争者（申请量）	山东科技大学（2526）	海尔集团公司（1656）	中国重汽集团济南动力有限公司（1112）
	山东大学（2477）	中国石油大学（华东）（1464）	青岛科技大学（970）
	国家电网公司（1735）	山东理工大学（1173）	
	济南大学（1714）	歌尔声学股份有限公司（1118）	

2. 东北部地区主要专利竞争者

2006～2015 年，东北部地区节能环保产业领域的专利竞争者主要集中在辽宁，主要专利竞争者有大连理工大学、哈尔滨工业大学、吉林大学、鞍钢股份有限公司、中国科学院大连化学物理研究所、中国科学院长春光学精密机械与物理研究所等。各省区市主要专利竞争者见表7－23。

表7－23 东北部地区节能环保产业领域主要专利竞争者状况（2006～2015 年）

单位：件

省区市	辽宁	黑龙江	吉林
主要专利竞争者（申请量）	大连理工大学（2040）	哈尔滨工业大学（3655）	吉林大学（2652）
	鞍钢股份有限公司（1944）	哈尔滨工程大学（1869）	中科院长春光学精密机械与物理研究所（697）
	东北大学（1199）	东北石油大学（1251）	中国第一汽车股份有限公司（678）
	中国科学院大连化学物理研究所（1094）	哈尔滨理工大学（901）	中国第一汽车集团公司（555）
	鞍钢集团矿业公司（843）	东北林业大学（837）	中国科学院长春应用化学研究所（473）
	大连民族学院（739）	东北农业大学（784）	长春轨道客车股份有限公司（423）
	大连海事大学（680）	佳木斯大学（579）	长春黄金研究院（387）
	沈阳建筑大学（555）	齐齐哈尔大学（578）	长春工业大学（341）
	沈阳工业大学（500）	哈尔滨师范大学（564）	长春理工大学（336）
	中国科学院金属研究所（479）	黑龙江大学（424）	北华大学（301）

3. 中部地区主要专利竞争者

2006～2015 年，中部地区节能环保产业领域的专利竞争者主要集中在安徽、河南、湖北，主要专利竞争者有安徽江淮汽车股份有限公司、奇瑞汽车股份有限公司、武汉钢铁（集团）公司、中南大学、中国石油大学（华东）等。各省区市主要专利竞争者见表 7 - 24。

表 7 - 24　中部地区节能环保产业领域主要专利竞争者状况（2006～2015 年）

单位：件

省区市	安徽	湖北	湖南
主要专利竞争者（申请量）	安徽江淮汽车股份有限公司（2989）	武汉钢铁（集团）公司（2773）	中南大学（1933）
	奇瑞汽车股份有限公司（2243）	武汉理工大学（1664）	中联重科股份有限公司（1123）
	安徽理工大学（1454）	华中科技大学（1616）	湖南大学（1032）
	合肥工业大学（1025）	武汉大学（1549）	长沙理工大学（758）
	中国十七冶集团有限公司（876）	中冶南方工程技术有限公司（1222）	三一重工股份有限公司（659）
	中国科学技术大学（648）	三峡大学（1008）	湖南农业大学（604）
	淮南矿业（集团）有限责任公司（607）	湖北中烟工业有限责任公司（969）	湖南科技大学（575）
	合肥华凌股份有限公司（558）	武汉科技大学（900）	吉首大学（504）
	安徽工程大学（536）	东风汽车公司（812）	中国人民解放军国防科学技术大学（482）
	马鞍山钢铁股份有限公司（526）	华中农业大学（718）	南车株洲电力机车有限公司（469）
省区市	河南	山西	江西
主要专利竞争者（申请量）	河南科技大学（1258）	山西太钢不锈钢股份有限公司（1068）	中国石油大学（华东）（1248）
	郑州大学（900）	太原理工大学（861）	南昌大学（1013）
	河南理工大学（864）	中北大学（699）	南昌航空大学（680）
	河南中烟工业有限责任公司（858）	太原重工股份有限公司（507）	江西洪都航空工业集团有限公司（378）
	中国烟草总公司郑州烟草研究院（583）	永济新时速电机电器有限责任公司（343）	江西科技学院（296）
	河南科技大学第一附属医院（583）	山西大学（341）	江西理工大学（258）
	中航光电科技股份有限公司（575）	山西晋城无烟煤矿业集团有限公司（315）	中国瑞林工程技术有限公司（229）
	洛阳理工学院（531）	中国北车集团大同电力机车有限公司（234）	江西师范大学（217）
	中国建筑第七工程局有限公司（437）	中国科学院山西煤炭化学研究所（224）	江铃汽车股份有限公司（199）
	河南师范大学（418）	山西大运汽车制造有限公司（224）	南昌欧菲光科技有限公司（181）

4. 西部地区主要专利竞争者

2006～2015 年，西部地区节能环保产业领域的专利竞争者主要集中在四川、重庆、陕西，主要专利竞争者有重庆大学、陕西科技大学、长安大学、昆明理工大学、重庆长安汽车股份有限公司、广西玉柴机器股份有限公司等。各省区市主要专利竞争者见表 7 - 25。

表 7-25 西部地区节能环保产业领域主要专利竞争者状况（2006~2015 年）

单位：件

省区市	四川	重庆	陕西
主要专利竞争者（申请量）	四川大学（1972）	重庆大学（2264）	陕西科技大学（2075）
	西南交通大学（1125）	重庆长安汽车股份有限公司（1498）	长安大学（2028）
	四川农业大学（1038）	力帆实业（集团）股份有限公司（1206）	西安交通大学（1709）
	西南石油大学（946）	重庆润泽医药有限公司（657）	西北工业大学（1361）
	电子科技大学（781）	中冶赛迪工程技术股份有限公司（629）	中国人民解放军第四军医大学（1028）

省区市	四川	重庆	陕西
主要专利竞争者（申请量）	攀钢集团攀枝花钢铁研究院（562）	西南大学（611）	西北农林科技大学（976）
	四川长虹电器股份有限公司（545）	解放军第三军医大学第一附属医院（513）	西安科技大学（864）
	西南科技大学（464）	重庆钢铁（集团）有限责任公司（403）	西安建筑科技大学（814）
	西华大学（443）	重庆交通大学（400）	西安理工大学（714）
	攀钢集团攀枝花钢钒有限公司（434）	重庆宗申技术开发研究有限公司（339）	陕西理工学院（671）

省区市	广西	云南	贵州
主要专利竞争者（申请量）	广西大学（1949）	昆明理工大学（3316）	贵州大学（1089）
	广西玉柴机器股份有限公司（1155）	云南农业大学（397）	贵阳铝镁设计研究院（511）
	上汽通用五菱汽车股份有限公司（667）	云南中烟工业有限责任公司（323）	瓮福（集团）有限责任公司（436）
	桂林理工大学（636）	红云红河烟草（集团）有限公司（297）	贵阳铝镁设计研究院有限公司（345）
	桂林电子科技大学（503）	武钢集团昆明钢铁股份有限公司（247）	中电建集团贵阳勘测院有限公司（270）
	广西科技大学（274）	红塔烟草（集团）有限责任公司（245）	贵州航天电器股份有限公司（239）
	广西田园生化股份有限公司（186）	云南大学（243）	贵州中烟工业有限责任公司（238）
	柳州京阳节能科技研发有限公司（174）	云南昆船设计研究院（217）	贵州开磷集团股份有限公司（171）
	广西柳工机械股份有限公司（170）	云南烟草科学研究院（180）	贵州师范大学（146）
	广西师范大学（151）	云南大红山管道有限公司（174）	中国建筑第四工程局有限公司（123）

省区市	新疆	甘肃	内蒙古
主要专利竞争者（申请量）	中石油集团西部钻探工程公司（898）	金川集团股份有限公司（602）	内蒙古包钢钢联股份有限公司（463）
	石河子大学（316）	兰州大学（456）	内蒙古科技大学（378）
	宝钢集团新疆八一钢铁有限公司（286）	西北师范大学（352）	内蒙古伊利实业集团股份有限公司（234）
	新疆大学（189）	兰州理工大学（348）	内蒙古工业大学（168）
	中科院新疆生态与地理研究所（187）	金川集团有限公司（322）	中冶东方工程技术有限公司（160）
	塔里木大学（158）	中国农业科学院兰州畜牧与兽药所（301）	内蒙古大学（136）
	新疆农垦科学院（158）	甘肃农业大学（288）	内蒙古民族大学（130）
	新疆农业大学（143）	兰州交通大学（234）	中国二冶集团有限公司（124）
	新疆天业（集团）有限公司（142）	中科院寒区旱区环境与工程研究所（220）	内蒙蒙牛乳业（集团）股份有限公司（111）
	中国科学院新疆理化技术研究所（132）	甘肃酒钢集团宏兴钢铁有限公司（217）	内蒙古农业大学（100）

续表

省区市	宁夏	青海	西藏
主要专利竞争者（申请量）	宁夏大学（226）	中国科学院青海盐湖研究所（165）	中船工业集团公司第七〇八研究所（19）
	宁夏嘉翔自控技术有限公司（116）	国网青海省电力公司（85）	西藏大学农牧学院（14）
	宁夏共享集团有限责任公司（102）	中国科学院西北高原生物研究所（59）	伊奈（中国）投资有限公司（13）
	北方民族大学（97）	青海林丰农牧机械制造有限公司（55）	西藏自治区农牧科学院（11）
	宁夏巨能机器人系统有限公司（79）	西部矿业股份有限公司（42）	西藏金睿资产管理有限公司（7）
	宁夏农林科学院（73）	中国水利水电第四工程局有限公司（31）	拉萨集通电子发展有限公司（6）
	宁夏宝塔石化科技实业有限公司（63）	青海盘古新能源科技有限公司（28）	西藏牦牛王生态食品开发有限公司（6）
	宁夏天地奔牛实业集团有限公司（60）	青海祥田生态科技有限公司（28）	西藏天虹科技股份有限责任公司（5）
	宁夏日晶新能源装备股份有限公司（59）	青海盐湖工业股份有限公司（27）	西藏金稞集团有限责任公司（5）
	宁夏银晨太阳能科技有限公司（55）	青海大学（22）	

第六节　云南节能环保产业专利竞争状况

一、专利申请、授权与有效状况

2006～2015年，在节能环保产业，云南共申请中国专利22342件（占全国的0.81%），其中发明专利9486件（占发明与实用新型申请总量的42.46%）；共获得专利授权16410件（占全部中国专利的0.8%），其中发明专利3554件（占发明与实用新型授权总量的21.66%），发明专利授权率37.47%，高于全国整体水平（见表7-26）。

表7-26　云南节能环保产业领域中国专利申请、授权与有效状况（2006～2015年）

类型	数量/件	结构（%）	授权率（%）	占比（%）	有效专利/件	有效率（%）	占比（%）
专利申请总量	22342			0.81			
发明申请	9486	42.46		0.92			
实用新型申请	12856	57.54		0.74			
专利授权总量	16410		73.45	0.80	12050	73.43	0.29
发明授权	3554	21.66	37.47	1.14	2907	81.80	0.22
实用新型授权	12856	78.34		0.74	9143	71.12	0.32

截至2016年6月，云南2006～2015年申请并获得授权的专利中，有12050件处于有效状态，其中发明专利2907件（占有效专利的24.12%），整体专利有效率73.43%，发明专利有效率达到81.80%，两项指标均低于全国整体水平（见表7-27）。

表 7 - 27　云南节能环保产业领域中国专利年度状况（2006 ~ 2015 年）

单位：件

年度	申请量			授权量			有效专利		
	发明	实用新型	小计	发明	实用新型	小计	发明	实用新型	小计
2006 年	322	317	639	183	317	500	72	28	100
2007 年	318	353	671	163	353	516	84	89	173
2008 年	563	509	1072	295	509	804	146	115	261
2009 年	587	666	1253	324	666	990	202	192	394
2010 年	771	857	1628	450	857	1307	340	347	687
2011 年	937	1124	2061	491	1124	1615	431	553	984
2012 年	1148	1524	2672	551	1524	2075	534	1005	1539
2013 年	1289	1875	3164	689	1875	2564	684	1341	2025
2014 年	1562	2370	3932	412	2370	2782	412	2170	2582
2015 年	1996	3301	5297	13	3301	3314	13	3298	3311
合计	9493	12896	22389	3571	12896	16467	2918	9138	12056

2006 ~ 2015 年，云南节能环保产业领域的中国专利申请和授权量稳步增长，专利申请和授权年均增长率分别为 27. 25% 和 24. 16%，增长幅度高于全国整体水平。但云南在该领域的发明申请和获权量占全国的比例均较低，居全国第 22 ~ 23 位，产业专利技术创新和竞争能力在全国的地位不高。

二、主要竞争者与 IPC 分布

2006 ~ 2015 年，云南节能环保产业领域的主要竞争者中，企业占据主导地位，其发明专利申请量达到 4567 件（占全省的 48. 14%）；高等院校也有较强的竞争实力，其发明专利申请量占到 25. 55% 的较高比例；研究院所竞争力相对较弱，但发明专利申请量也占到 10. 39%（见表 7 - 28）。

表 7 - 28　云南节能环保产业领域中国专利分类竞争者结构状况（2006 ~ 2015 年）

类别	高校/件	高校占比（%）	研究院所/件	研究院所占比（%）	企业/件	企业占比（%）
申请量小计	5701	25. 52	1873	8. 38	13399	59. 97
发明申请	2424	25. 55	986	10. 39	4567	48. 14
实用新型申请	2245	17. 46	450	3. 50	7134	55. 49
发明授权	1032	29. 04	437	12. 30	1698	47. 78

云南节能环保产业领域的专利竞争者主要有昆明理工大学、云南农业大学、云南中烟工业有限责任公司、云南昆船设计研究院、武钢集团昆明钢铁股份有限公司、昆明冶金研究院等（见表 7 - 29）。

表 7-29　云南节能环保产业领域中国专利申请 IPC 分布与主要专利竞争者状况（2006~2015 年）

单位：件

类别	类型（数量）	专利申请人/专利权人（申请量）	IPC 分布（申请量）
高校	发明申请（2424）实用新型申请（2245）发明授权专利（1032）	昆明理工大学（3166）	A01G1/00（54）
		云南农业大学（356）	C02F9/14（27）
		云南大学（229）	C12N1/20（27）
		云南师范大学（171）	A01G9/02（26）
		昆明学院（106）	B01D53/86（26）
		大理学院（64）	C22B7/00（20）
		西南林业大学（51）	C02F3/32（19）
		红河学院（47）	C02F9/04（18）
		云南民族大学（39）	C11C3/10（18）
		昆明医科大学（18）	B03D1/00（17）
研究院所	发明申请（986）实用新型申请（450）发明授权专利（437）	云南昆船设计研究院（207）	A01G1/00（100）
		云南烟草科学研究院（172）	A24B3/10（30）
		云南省烟草农业科学研究院（124）	G01N33/00（23）
		昆明冶金研究院（80）	A24B3/04（22）
		云南省农业科学院农业环境资源研究所（72）	A01G31/00（17）
		中国科学院昆明植物研究所（56）	A01K67/033（17）
		中国林业科学研究院资源昆虫研究所（43）	G01N1/28（17）
		云南省农业科学院花卉研究所（36）	A01H4/00（16）
		中国科学院西双版纳热带植物园（35）	A01C1/00（15）
		云南省化工研究院（35）	A01H1/02（14）
企业	发明申请（4567）实用新型申请（7134）发明授权专利（1698）	云南中烟工业有限责任公司（323）	A01G1/00（172）
		红云红河烟草（集团）有限责任公司（297）	B66F11/04（87）
		红塔烟草（集团）有限责任公司（253）	A01G13/00（86）
		武钢集团昆明钢铁股份有限公司（248）	A23F3/06（84）
		云南大红山管道有限公司（174）	C02F9/14（78）
		昆明理工大学（152）	C02F9/04（69）
		浙江鼎力机械股份有限公司（114）	C05G3/00（62）
		云南电力试验研究院（集团）有限公司电力研究院（110）	G01N30/02（59）
		云南瑞升烟草技术（集团）有限公司（99）	A24B3/10（58）
		中国水利水电第十四工程局有限公司（95）	A24B3/12（56）

第八章　冶金矿山产业专利竞争分析

第一节　冶金矿山产业技术领域

一、矿山（金属矿采选）技术

矿山（金属矿采选）技术主要包括采矿技术、选矿技术（矿物破碎、磨矿、浮选技术）、矿山资源综合利用技术、采矿选矿装备技术、联合选冶技术。

采矿技术包括空场采矿技术、充填采矿技术、崩落采矿技术、化学浸出采矿技术、巷道支护技术、数字矿山技术、围岩控制技术、采矿装备等。

选矿技术包括矿石破碎技术、磨矿分级技术、化学选矿技术、拣选矿技术、电选矿技术、磁选矿技术、浮选矿技术、重选矿技术、选矿过程自动控制技术和选矿装备技术等。

二、冶金技术

冶金是从矿石中提取金属和金属化合物并将其制成金属材料的过程。冶金包括火法冶金、湿法冶金、电冶金（电热冶金和电化冶金）、非常规冶金等。

冶金技术主要包括钢铁和有色金属冶金工艺与装备、冶金资源综合利用技术、冶金金属产品制造和特殊材料制备技术、冶金检测与监测技术、冶金环境控制技术、燃料清洁燃烧与能源极限利用技术、冶金工艺节能与余能回收技术、冶金固体废弃物处理技术、冶金大气污染控制技术等。

钢铁冶炼技术主要包括高炉—转炉工艺、直接还原炉—电炉工艺、熔融还原炉—转炉工艺；钢、铁浇注工艺；钢加工成形技术、材料测试技术等。

非常规冶金技术主要包括粉末冶金、真空冶金、微波冶金、生物冶金等现代冶金技术。

第二节　冶金矿山产业专利技术分类与检索式

一、冶金矿山产业专利技术分类

冶金矿山产业包括太阳能、风能、水能、生物质能、核能、地热能等领域，产业专利技术 IPC 分布于 B、C、E、F、G 部，主要涉及 B01D、B02C、B03B、B03C、B03D、B04B、B04C、B06、B07、B22、B24C1、B26D、B60F、B60P、B61D11、B65G、B66B、B66F、C02F、C02F103/16、C04B、C21、C22、C23、C25、C30、E21C、E21D、E21F、F16、G01、G06F、G06Q 分类领域（见表 8 - 1）。

表 8-1 冶金矿山产业领域 IPC 分类

国际专利分类		小类号	国际专利分类		小类号
探矿	E21 土层或岩石的钻进；采矿	E21B 土层或岩石的钻进 E21C 采矿或采石	冶金	B22 铸造、粉末冶金	B22C 铸造造型 B22D 金属铸造或其他物质铸造 B22F 金属粉末加工与制造
	G01 测量；测试	G01V 地球物理；重力测量；物质或物体的探测；示踪物 G01V3/08 通过被测目标或地质结构或通过探测装置产生或改变磁场或电场进行操作的 G01N 借助于测定材料的化学或物理性质来测试或分析材料		C21 铁的冶金	C21B 铁或钢的冶炼 C21C 生铁的加工处理，熔融态铁类合金的处理 C21D 改变黑色金属的物理结构，金属热处理
	G06 计算；推算；计数	G06F 电数字数据处理 G06T 一般的图像数据处理或产生		C22 冶金、黑色或有色金属合金、合金或有色金属处理	C22C 合金 C22F 改变有的金属或有的金属的物理结构 C22B 金属产生或精炼，原材料预处理
采矿	B60 一般车辆	B60F 轨道和道路两用车辆；两栖车辆或类似车辆； B60P 用于货运或运输、装载或包容特殊货物或物体的车辆		C23 金属材料镀覆、表面化学处理、金属材料扩散处理	C23C 对金属材料的镀覆，用金属材料的镀覆，表面扩散法、化学转化或置换法的金属材料表面处理，真空蒸发法 C23F 非机械方法去除表面金属材料，金属材料的缓腐，一般防积垢，金属材料表面处理
	B61 铁路	B61D0 矿车			
	B65 输送；包装；贮存	B65G 运输或贮存装置，例如装载或倾斜用输送机；气动管道输送机			
	B66 卷扬；提升；牵引	B66B 升降机 B66F 不包含在其他类目中的卷扬、提升、牵引或推动		C25 电解或电泳工艺以及其设备	C25B 生产化合物或非金属的电解工艺或电泳工艺及设备 C25C 电解法生产、回收或精炼金属的工艺及设备 C25D 覆层的电解或电泳生产工艺方法、电铸、工件的电解法结合及所用装置 C25F 电解法除物体上材料的方法及设备
	E21 土层或岩石的钻进；采矿	E21C 采矿或采石； E21D 竖井；隧道；平硐；地下室； E21F 矿井或隧道中及其自身的安全装置，运输、充填、救护、通风或排水			
	G06 计算；推算；计数	G06Q 专门用于管理、监督或预测目的的数据处理系统或方法		C30 晶体生长	C30B 单晶生长，共晶材料的定向凝固或共析材料的定向分层，材料的区熔精炼，具有一定结构的均匀多晶材料的制备，单晶或具有一定结构的均匀多晶材料处理
选矿	B02 破碎、磨粉或粉碎；谷物碾磨的预处理	B02C 一般破碎、研磨或粉碎			
	B03 用液体或用风力摇床或风力跳汰机分离固体物料；从固体物料或流体中分离固体物料的磁或静电分离；高压电场分离	B03B 用液体或用风力摇床或风力跳汰机分离固体物料 B03C 从固体物料或液体中分离固体物料的磁力或静电分离，高压电场分离 B03D 浮选，选择性沉积		其他相关类别	B09 固体废物的处理 B24C1/10 用于使表面致密的喷射磨料的方法及所适用的辅助装置 C02F103/16 来自冶金过程，即来自金属生产、精炼或处理的废水、污水或污泥的处理 C04B 矿渣、水泥、人造石、陶瓷、耐火材料 C04B7/147 冶金渣制建材、陶瓷 C04B18/14 冶金废料建材，陶瓷 C04B33/138 冶金工艺废料制建材陶瓷
	B04 用于实现物理或化学工艺过程的离心装置或离心机	B04B 离心机 B04C 应用自由旋流的装置			
	C02 水灰水、污水或污泥的处理	C02F 水、废水、污水或污泥的处理			
	C04 水泥；混凝土	C04B 石灰；氧化镁；矿渣；水泥；其组合物			
	G06 计算；推算；计数	G06F 电数字数据处理			

二、冶金矿山产业专利检索关键词

根据冶金矿山产业技术背景,产业技术专利检索主题词主要包括:矿床、勘查、探测、矿山、探矿、开采、采矿、巷道;选矿、磨矿,金属矿破碎、重选、拣选、电选、磁选、浮选、重选;金属、铁、铝、锰、锂、镁、铜、铅、锌、锡、金、银、铟、锗的浇注、成形;冶金、选冶,冶炼、金属、有色、铸造、电冶等。

第三节　冶金矿山产业领域中国专利整体状况

一、冶金矿山产业领域中国专利申请、授权与有效状况

1. 申请与授权状况

2006~2015年,冶金矿山产业领域的中国发明与实用新型专利申请总量为1281947件。其中,发明725788件(占比56.62%),实用新型556159件(占比43.38%)。数据显示,矿山冶金产业领域有较高数量的中国专利申请和授权量,而且发明专利申请数量占有较高比例,产业领域技术的创新较为活跃(见表8-2)。

表8-2　冶金矿山产业领域中国专利申请与授权状况(2006~2015年)

类型	专利类型	数量/件	占比(%)	授权率(%)
申请量	发明与实用新型合计	1281947		
	发明	725788	56.62	
	实用新型	556159	43.38	
授权量	发明与实用新型合计	798547		62.29%
	发明	242388	30.35	33.40
	实用新型	556159	69.65	

2006~2015年,冶金矿山产业领域已授权中国发明与实用新型专利数量为798547件,其中发明242388件(占比30.35%),实用新型556159件(占比69.65%),专利申请整体授权率62.29%,发明专利申请授权率33.40%(外国申请人发明专利授权率45.49%)。国内发明专利申请的授权率一般,技术创新水平需要进一步提高(见图8-1)。

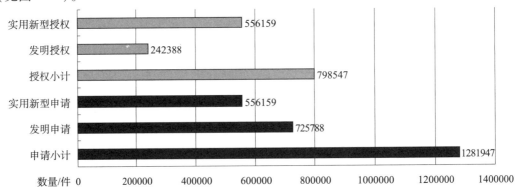

图8-1　2006~2015年冶金矿山产业领域中国专利申请与授权状况(截至2016年5月已公开数据)

上述中国专利申请中，国内申请人1207431件（占比94.19%），外国申请人74516件（占比5.81%），外国申请人发明专利申请量占比10.08%；授权的专利中，国内申请人763928件（占比95.66%），外国申请人34619件（占比4.34%），外国申请人获发明专利授权量占比13.74%。数据显示，外国申请人在该产业领域有一定量的发明专利申请和授权量，对国内冶金矿山产业的发展有一定的影响（见表8-3）。

表8-3　冶金矿山产业领域中国专利国内外申请人申请与授权状况（2006～2015年）

	项目	国内/件	国外/件	国外结构（%）	国外授权率（%）	国外申请人占比（%）
申请量	申请小计	1207431	74516			5.81
	发明申请	652599	73189	98.22		10.08
	实用新型申请	554832	1327	1.78		0.24
授权量	授权小计	763928	34619		46.46	4.34
	发明授权	209096	33292	96.17	45.49	13.74
	实用新型授权	554832	1327	3.83		0.24

2. 专利申请与授权年度变化状况

2006～2015年，冶金矿山产业领域的中国发明与实用新型专利申请数量总体呈现增长态势，年均增幅20.29%；2008～2012年是该领域中国专利申请量增长的高峰时期（因专利公开滞后和审查周期因素，2013年后公开数据暂不能说明问题）。数据显示，近十年来，冶金矿山产业领域的专利技术创新活动日趋活跃，技术创新能力不断提高（见图8-2）。

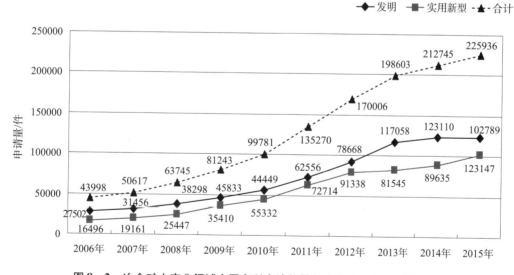

图8-2　冶金矿山产业领域中国专利申请数量年度变化（2006～2015年）

在专利申请授权方面，2006～2015年，冶金矿山产业领域的实用新型授权量快速增长，但发明专利获权量增幅不大（因专利公开滞后和审查周期因素，暂不考虑2013年后的情况）。发明申请的获权量增加并不明显，表明国内该产业领域的整体技术创新水平一般，专利申请的质量有待进一步提高（见图8-3）。

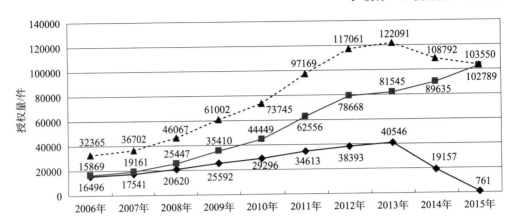

图8-3 冶金矿山产业领域中国专利授权数量年度变化（2006~2015年）

3. 专利有效状况

2006~2015年，冶金矿山产业领域共有586174件有效中国发明与实用新型专利，整体有效率73.41%。其中，发明专利210712件，占全部有效专利的35.95%；发明专利有效率86.93%，实用新型专利有效率67.51%，发明专利的有效率较高（见表8-4）。

表8-4 冶金矿山产业领域中国专利有效状况（2006~2015年）

专利类型	数量/件	占比（%）	有效率（%）
发明与实用新型合计	586174		73.41
发明	210712	35.95	86.93
实用新型	375462	64.05	67.51

上述有效专利中，5年以上的发明专利维持率约为91.51%，10年以上的发明专利维持率超过62%。表明冶金矿山领域的发明专利整体维持率较高，发明专利中有较高比例的基础和核心专利，发明专利在产业发展中具有较高地位（见表8-5）。

表8-5 冶金矿山产业领域年度授权中国专利有效状况（截至2016年6月）

年度	有效发明与实用新型专利/件	有效发明专利/件	有效实用新型专利/件	发明专利有效率（%）
2006年	9886	2454	12340	62.30
2007年	11853	5389	17242	67.57
2008年	15020	8482	23502	72.84
2009年	20152	13829	33981	78.74
2010年	24897	19900	44797	84.98
2011年	31675	32211	63886	91.51
2012年	37002	49001	86003	96.38
2013年	40312	58623	98935	99.42
2014年	19154	84568	103722	99.98
2015年	761	101005	101766	100.00%
合计	210712	375462	586174	86.93

二、冶金矿山产业领域中国专利区域分布

1. 专利申请省份分布

2006～2015 年，冶金矿山产业领域国内申请人已公开的中国专利申请主要分布在江苏、广东、浙江、山东、北京、安徽、上海 7 个省区市，这些省区市的中国专利申请量均在 5 万件以上；辽宁、四川、河南、湖北、天津、湖南 6 个省区市的申请量也在 3 万件以上。从专利授权和有效维持情况来看，江苏、广东、浙江、山东、北京、安徽、上海也是主要的集中地区，江苏、广东、浙江的专利有效量在 5 万件以上。数据表明，上述区域是国内冶金矿山产业技术创新最为活跃的地区，产业专利技术竞争最为激烈（见表 8－6）。

表 8－6 冶金矿山产业领域已公开中国专利申请省份分布（2006～2015 年）

单位：件

排位	省区市	申请			授权			有效专利		
		合计	发明	实用新型	合计	发明	实用新型	合计	发明	实用新型
1	江苏	192016	112668	79348	105539	26191	79348	77981	23560	54421
2	广东	120881	54312	66569	85177	18608	66569	65317	16734	48583
3	浙江	113264	43315	69949	86448	16499	69949	58519	13938	44581
4	山东	94797	53588	41209	55306	14097	41209	35029	11409	23620
5	北京	88989	60294	28695	54585	25890	28695	45039	22617	22422
6	安徽	71142	42713	28429	37272	8843	28429	26194	8128	18066
7	上海	69622	42824	26798	42536	15738	26798	33084	13561	19523
8	辽宁	43167	24975	18192	26801	8609	18192	18347	7093	11254
9	四川	42552	22804	19748	27543	7795	19748	20337	6923	13414
10	河南	38860	17259	21601	27483	5882	21601	18700	4871	13829
11	湖北	36410	18466	17944	25369	7425	17944	18863	6185	12678
12	天津	32913	17935	14978	19617	4639	14978	13942	3788	10154
13	湖南	32356	17812	14544	21724	7180	14544	16147	6132	10015
14	陕西	27466	17084	10382	17312	6930	10382	12774	5673	7101
15	河北	27050	11104	15946	20124	4178	15946	14862	3582	11280
16	福建	26805	11806	14999	19282	4283	14999	14757	3811	10946
17	重庆	23924	11247	12677	15952	3275	12677	11198	2681	8517
18	广西	18967	14761	4206	7092	2886	4206	5421	2638	2783
19	黑龙江	17821	10342	7479	11082	3603	7479	7038	2678	4360
20	江西	16940	7661	9279	11858	2579	9279	9103	2241	6862
20	江西	16940	7661	9279	11858	2579	9279	9103	2241	6862
21	山西	15172	8023	7149	10261	3112	7149	7443	2553	4890
22	云南	11574	6404	5170	7645	2475	5170	5787	2004	3783
23	贵州	11135	6180	4955	6704	1749	4955	4954	1549	3405
24	吉林	9730	5666	4064	6271	2207	4064	4249	1681	2568
25	甘肃	7603	4418	3185	4655	1470	3185	3203	1195	2008
26	内蒙古	5107	2695	2412	3314	902	2412	2427	769	1658

续表

排位	省区市	申请			授权			有效专利		
		合计	发明	实用新型	合计	发明	实用新型	合计	发明	实用新型
27	新疆	4750	2117	2633	3388	755	2633	2247	691	1556
28	宁夏	2929	1910	1019	1517	498	1019	1160	447	713
29	海南	1953	1230	723	1227	504	723	921	441	480
30	青海	1292	841	451	695	244	451	562	215	347
31	西藏	244	145	99	149	50	99	116	45	71
合计		1207431	652599	554832	763928	209096	554832	555721	179833	375888

2. 专利申请地区分布

2006～2015 年，冶金矿山产业领域国内申请人已公开的 1207431 件中国专利申请主要集中在东部地区，这一区域共分布有 768290 件，占到全国总量的 63.63%，反映出东部地区在金属矿采选与冶金产业领域技术创新的主导地位。中部也有较大数量的专利申请分布，共汇集有 210880 件专利申请，占到全国总量的 17.47%，表现出其在金属矿采选与冶金产业领域的较好技术创新实力和基础。而西部地区和东北部地区金属矿采选与冶金产业领域的专利申请和授权量较低，除四川、陕西和重庆的申请量在 2 万件以上外，其他省区市金属矿采选与冶金产业领域的技术创新能力都不高（见表 8-7）。

表 8-7　冶金矿山产业领域已公开中国专利申请地区分布（2006～2015 年）

单位：件

大区	排位	省区市	申请			授权			有效专利		
			合计	发明	实用新型	合计	发明	实用新型	合计	发明	实用新型
东部地区	1	江苏	192016	112668	79348	105539	26191	79348	77981	23560	54421
	2	广东	120881	54312	66569	85177	18608	66569	65317	16734	48583
	3	浙江	113264	43315	69949	86448	16499	69949	58519	13938	44581
	4	山东	94797	53588	41209	55306	14097	41209	35029	11409	23620
	5	北京	88989	60294	28695	54585	25890	28695	45039	22617	22422
	6	上海	69622	42824	26798	42536	15738	26798	33084	13561	19523
	7	天津	32913	17935	14978	19617	4639	14978	13942	3788	10154
	8	河北	27050	11104	15946	20124	4178	15946	14862	3582	11280
	9	福建	26805	11806	14999	19282	4283	14999	14757	3811	10946
	10	海南	1953	1230	723	1227	504	723	921	441	480
	合计		768290	409076	359214	489841	130627	359214	359451	113441	246010
东北部地区	1	辽宁	43167	24975	18192	26801	8609	18192	18347	7093	11254
	2	黑龙江	17821	10342	7479	11082	3603	7479	7038	2678	4360
	3	吉林	9730	5666	4064	6271	2207	4064	4249	1681	2568
	合计		70718	40983	29735	44154	14419	29735	29634	11452	18182

续表

大区	排位	省区市	申请			授权			有效专利		
			合计	发明	实用新型	合计	发明	实用新型	合计	发明	实用新型
中部地区	1	安徽	71142	42713	28429	37272	8843	28429	26194	8128	18066
	2	河南	38860	17259	21601	27483	5882	21601	18700	4871	13829
	3	湖北	36410	18466	17944	25369	7425	17944	18863	6185	12678
	4	湖南	32356	17812	14544	21724	7180	14544	16147	6132	10015
	5	江西	16940	7661	9279	11858	2579	9279	9103	2241	6862
	6	山西	15172	8023	7149	10261	3112	7149	7443	2553	4890
	合计		210880	111934	98946	133967	35021	98946	96450	30110	66340
西部地区	1	四川	42552	22804	19748	27543	7795	19748	20337	6923	13414
	2	陕西	27466	17084	10382	17312	6930	10382	12774	5673	7101
	3	重庆	23924	11247	12677	15952	3275	12677	11198	2681	8517
	4	广西	18967	14761	4206	7092	2886	4206	5421	2638	2783
	5	云南	11574	6404	5170	7645	2475	5170	5787	2004	3783
	6	贵州	11135	6180	4955	6704	1749	4955	4954	1549	3405
	7	甘肃	7603	4418	3185	4655	1470	3185	3203	1195	2008
	8	内蒙古	5107	2695	2412	3314	902	2412	2427	769	1658
	9	新疆	4750	2117	2633	3388	755	2633	2247	691	1556
	10	宁夏	2929	1910	1019	1517	498	1019	1160	447	713
	11	青海	1292	841	451	695	244	451	562	215	347
	12	西藏	244	145	99	149	50	99	116	45	71
	合计		157543	90606	66937	95966	29029	66937	70186	24830	45356

三、专利申请技术路径演进

2006～2015 年，冶金矿山产业领域的中国专利申请的技术发展路径以 A61K36/9066、C04B35/66 分类领域为主线，2008 年后 A23K1/18 和 H02J7/00 分类领域、2009 年后 F21S2/00 分类领域、2011 年后 F27D17/00 分类领域、2012 年后 B22D17/22 分类领域发展成为新的热点领域，而 C23C14/24、C22C38/00 等分类领域的专利申请量则逐步萎缩。数据显示，A61K36/9066、C04B35/66、A23K1/18、H02J7/00、F21S2/00、F27D17/00、B22D17/22 分类领域是目前国内冶金矿山产业领域的创新热点领域，A61K36/899、C02F9/04 分类领域则是新的发展方向（见表 8-8）。

表8-8　2006~2015年冶金矿山技术领域中国专利申请技术路径演进

单位：件

年份	2006	2007	2008	2009	2010
分类（申请量）	C23C14/34（246）	C23C14/34（229）	C23C14/34（242）	F21S2/00（258）	F21S2/00（389）
	H01L33/00（169）	H01L33/00（136）	A23L1/29（222）	C04B35/66（211）	A23K1/18（233）
	C23C14/24（143）	C22C38/00（126）	C04B35/66（168）	C23C14/34（191）	C04B35/66（230）
	C23C14/35（128）	H01L21/00（120）	A23K1/18（150）	A23K1/18（174）	C23C14/34（224）
	A61K36/9066（126）	A61K36/9066（99）	A61K36/9066（148）	A61K36/9066（173）	C23C14/35（203）
	A61K9/10（123）	C09K3/14（99）	C22C38/00（134）	C22C21/00（164）	C22B7/00（196）
	H01L21/00（118）	C04B35/66（90）	C23C14/24（121）	H01L31/18（157）	H01L31/18（196）
	C22C38/00（111）	C23C14/35（85）	C23C14/35（121）	C23C14/35（149）	F21S8/00（195）
	H01M10/40（95）	C01F7/02（83）	C05G3/00（119）	C22C38/00（132）	H02J7/00（191）
	A61K9/00（91）	C23C14/24（83）	B23P15/00（111）	C22B7/00（131）	C21D9/00（190）
年份	2011	2012	2013	2014	2015
分类（申请量）	A47J27/08（478）	F21S2/00（568）	C05G3/00（735）	A23K1/18（1041）	C05G3/00（1208）
	F21S2/00（444）	C04B35/66（456）	A23K1/18（723）	C05G3/00（945）	A61K36/9066（876）
	F21S8/00（349）	A23K1/18（415）	A61K36/9066（509）	A61K36/9066（676）	A23K1/18（713）
	E21F11/00（333）	A61K36/9066（414）	C22B7/00（496）	C04B35/66（605）	A61K36/899（569）
	C04B35/66（315）	F21S8/00（405）	F21S2/00（488）	B23P15/00（480）	H02J7/00（487）
	B23P15/00（293）	F27D17/00（374）	H02J7/00（449）	F21S2/00（448）	C04B35/66（464）
	C22B7/00（292）	B23P15/00（342）	F27D17/00（422）	F27D17/00（437）	B22D17/22（460）
	F27D17/00（280）	B21D37/10（323）	C04B35/66（410）	C02F9/04（436）	B29C67/00（439）
	A23K1/18（278）	H02J7/00（320）	B23P15/00（369）	B22D17/22（434）	C02F9/04（436）
	C23C14/34（253）	B22D17/22（289）	B21D37/10（348）	A61K36/899（416）	F27D17/00（432）

第四节　冶金矿山产业领域中国专利技术分布

一、专利申请整体 IPC 分布

2006~2015年，冶金矿山产业技术领域已公开的中国专利申请分布于A、B、C、F、G、H部，主要涉及A23K1/18、A61K36/9066、B23P15/00、C05G3/00、C04B35/66、C22B7/00、C23C14/34、F21S2/00、F27D17/00、H02J7/00等分类领域（见表8-9）。

表 8-9　冶金矿山产业领域已公开中国专利申请 IPC 分布总体情况（2006～2015 年）

单位：件

部类	A	B	C	E	F	G	H
发明申请	79786	111064	225204	16023	33866	35704	65169
实用新型申请	27232	116670	46530	30766	70792	29411	53260
发明授权	20844	40293	87092	5320	10227	11926	23264
IPC分类（申请量）	A23K1/18（3856）	B23P15/00（2233）	C05G3/00（3757）	E21F11/00（1014）	F21S2/00（3001）	G01N1/28（836）	H02J7/00（2358）
	A61K36/9066（3438）	B22D17/22（2074）	C04B35/66（3033）	E04F13/075（877）	F27D17/00（2394）	G01R31/00（672）	H01L31/18（1582）
	A61K36/899（1877）	B21D37/10（1812）	C23C14/34（2322）	E21F17/18（821）	F21S8/00（2048）	G05B19/418（638）	H01F27/26（1226）
	A23L1/29（1813）	B22F9/24（1514）	C22B7/00（2213）	E21F7/00（689）	F24B1/183（958）	G01R31/36（565）	H01M10/058（992）
	A01G1/00（1665）	B22F1/00（1510）	C23C14/35（2050）	E04B2/88（622）	F24J2/46（925）	G06F17/50（549）	H01F41/02（964）
	A61K8/97（1307）	B22F3/03（1342）	C02F9/04（1969）	E21D21/00（539）	F21V29/00（804）	G01N33/00（519）	H01L33/00（902）
	A23F3/34（1265）	B22C9/08（1233）	C04B28/00（1654）	E21D11/10（492）	F16K31/06（718）	G01N21/78（477）	H01F27/30（848）
	A61K36/9068（1146）	B09B3/00（1225）	C22C38/00（1489）	E21B10/46（487）	F24H1/44（578）	G01N30/02（468）	H01L21/768（770）
	A23L2/02（1022）	B01D53/78（1107）	C21D9/00（1482）	E04F15/02（434）	F21L4/00（574）	G01N21/31（466）	H01F27/24（767）
	A61K36/898（868）	B22D41/00（1076）	C22C21/00（1423）	E04B1/80（426）	F22B1/18（573）	G01R19/00（455）	H02K1/27（737）

上述分类领域中，A23L1/00（食品或食料处理）、C02F9/04（水、废水、污水或污泥的化学处理）、C02F9/14（水、废水、污水或污泥的物理处理）、C05G3/00（一种或多种肥料与无特殊肥效组分的混合物）、F21S2/00（照明装置的系统）、F21S8/00（照明固定安装装置）分类领域最为集中（见表 8-10）。

表 8-10　冶金矿山产业领域已公开中国专利申请 IPC 分布具体情况（2005～2016 年）

单位：件

大组分类	类型（申请量）	分类（申请量）	大组分类	类型（申请量）	分类（申请量）
A23K1/00	发明专利（5327）实用新型（6）发明授权（1477）	A23K1/18（3856）	C02F9/00	发明专利（3370）实用新型（2252）发明授权（1285）	C02F9/06（540）
		A23K1/16（585）			C02F9/08（540）
		A23K1/14（477）			C02F9/10（538）
		A23K1/00（130）			C02F9/12（377）
		A23K1/10（115）			C02F9/00（35）
		A23K1/175（78）	C04B35/00	发明专利（9662）实用新型（99）发明授权（4354）	C04B35/66（3033）
		A23K1/165（30）			C04B35/10（598）
		A23K1/06（17）			C04B35/26（527）
		A23K1/17（15）			C04B35/48（384）
		A23K1/20（10）			C04B35/495（367）
A61K36/00	发明专利（21525）实用新型（36）发明授权（5883）	A61K36/9066（3438）			C04B35/622（351）
		A61K36/899（1877）			C04B35/468（321）
		A61K36/9068（1146）			C04B35/453（220）

大组分类	类型（申请量）	分类（申请量）	大组分类	类型（申请量）	分类（申请量）
A61K36/00	发明专利（21525） 实用新型（36） 发明授权（5883）	A61K36/898（868）	C04B35/00	发明专利（9662） 实用新型（99） 发明授权（4354）	C04B35/58（204）
		A61K36/9064（615）			C04B35/14（187）
		A61K36/8945（580）	C05G3/00	发明专利（4641） 实用新型（38） 发明授权（952）	C05G3/00（3757）
		A61K36/896（570）			C05G3/04（604）
		A61K36/8994（570）			C05G3/02（228）
		A61K36/8968（415）			C05G3/08（77）
		A61K36/8969（412）			C05G3/06（13）
B22D17/00	发明专利（1421） 实用新型（2688） 发明授权（439）	B22D17/22（2074）	C23C24/00	发明专利（7451） 实用新型（2602） 发明授权（2871）	C23C14/34（2322）
		B22D17/20（760）			C23C14/35（2050）
		B22D17/00（315）			C23C14/24（1388）
		B22D17/30（294）			C23C14/06（813）
		B22D17/32（155）			C23C14/56（696）
		B22D17/26（129）			C23C14/04（634）
		B22D17/14（82）			C23C14/50（571）
		B22D17/08（81）			C23C14/08（433）
		B22D17/24（66）			C23C14/22（402）
		B22D17/10（54）			C23C14/32（369）
B23P15/00	发明专利（2780） 实用新型（41） 发明授权（879）	B23P15/00（2233）	F21S2/00	发明专利（664） 实用新型（2337） 发明授权（150）	F21S2/00（3001）
		B23P15/14（174）	F27D17/00	发明专利（931） 实用新型（1461） 发明授权（298）	F27D17/00（2394）
		B23P15/26（103）	H02J7/00	发明专利（1059） 实用新型（1864） 发明授权（286）	H02J7/00（2358）
		B23P15/28（81）			H02J7/02（188）
		B23P15/24（77）			H02J7/10（84）
		B23P15/02（41）			H02J7/32（81）
		B23P15/34（20）			H02J7/35（72）
		B23P15/10（16）			H02J7/34（61）
		B23P15/04（13）			H02J7/04（46）
		B23P15/30（13）			H02J7/14（34）
C02F9/00	发明专利（3370） 实用新型（2252） 发明授权（1285）	C02F9/04（1969）			H02J7/06（10）
		C02F9/14（950）			H02J7/36（4）
		C02F9/02（678）			

二、区域专利申请 IPC 分布

2006～2015 年，在冶金矿山产业领域，依其技术创新基础、资源条件和产业地位不同，各地区专利申请的技术方向各有侧重，IPC 分布的集中度有所不同。

1. 东部地区

江苏的专利申请主要集中于 F21S2/00、H01B7/17、H01B7/00、H01B9/00 分类领域，山东集中于 A61K36/9066、A61K36/899、A61K36/9068、A61K36/898 分类领域，北京集中于 G06F17/30 分类领域，广东集中于 F21S2/00、F21S8/00、H02J7/00 分类领域，上海集中于 H01L21/768 分类领域，浙江集中于 H02J7/00、B22D17/22 分类领域，福建集中于 A47J27/08 分类领域（见表 8-11）。

表 8-11　东部地区冶金矿山产业领域中国专利申请 IPC 核心分布（2006~2015 年）

单位：件

省区市	北京	天津	河北	上海	江苏
分类（申请量）	G06F17/30（758）	B21D37/10（111）	C21C5/46（124）	H01L21/768（696）	F21S2/00（695）
	C01F7/02（290）	H01M10/058（111）	B22D18/04（123）	H01L21/336（327）	H01B7/17（601）
	C02F9/04（279）	A23K1/18（108）	F24B1/183（121）	F21S2/00（244）	H01B7/00（567）
	G06F17/50（256）	H02J7/00（101）	H01L31/18（88）	H01L31/18（243）	H01B9/00（557）
	H02G1/02（252）	C02F9/04（100）	B22D17/22（83）	H01L21/28（234）	B21D37/10（507）
	B01J32/00（247）	C25D17/08（73）	B22D13/10（81）	H01L21/02（194）	A23K1/18（491）
	A61K36/9066（219）	B23K37/04（71）	H01F27/26（78）	C02F9/04（181）	C02F9/04（474）
	G06F19/00（192）	A01G1/00（70）	F21S2/00（75）	H02J7/00（177）	B23P15/00（468）
	C04B35/66（191）	F27D17/00（68）	B22D41/00（72）	G06F17/30（160）	F27D17/00（461）
	C23C14/35（189）	C07F1/08（67）	A61K36/9066（64）	B22F9/24（152）	H01L31/18（460）

省区市	浙江	广东	海南	福建	山东
分类（申请量）	H02J7/00（849）	F21S2/00（2050）	A61K9/19（32）	A47J27/08（450）	A61K36/9066（1844）
	B22D17/22（599）	F21S8/00（1056）	A61K31/546（22）	F21S2/00（336）	A61K36/899（1113）
	F21S8/00（443）	H02J7/00（760）	A61K8/98（21）	F21S8/00（184）	A61K36/9068（608）
	F16K31/06（402）	H05K1/02（678）	C07D501/36（20）	C02F9/04（92）	A61K36/898（595）
	C04B35/66（401）	H01L33/48（638）	G09F3/02（18）	A23F3/06（91）	A23K1/18（449）
	A47J27/00（302）	F21V29/00（496）	A61K36/9066（17）	H02J7/00（89）	A61K8/97（427）
	H02J7/00（286）	H01M10/058（494）	A61K36/899（14）	F21V29/00（77）	C08L67/02（370）
	F21L4/00（271）	H05K3/00（475）	A61K8/97（14）	H01L33/48（70）	C08L27/06（325）
	B22F3/03（256）	H04M1/02（466）	A61K9/08（13）	A23F3/14（68）	C05G3/00（313）
	H01Q1/38（249）	H01M10/0525（388）	A61K9/14（13）	G06F3/041（65）	A61K36/896（285）

2. 东北部地区

辽宁的技术创新热点主要集中于 C04B35/66、C21C5/46、C23C24/10 分类领域，黑龙江的技术创新热点主要集中于 C09B61/00、A61K36/9066 分类领域（见表 8-12）。

表 8 – 12   东北部地区冶金矿山产业领域中国专利申请 IPC 核心分布（2006～2015 年）

单位：件

省区市	辽宁		黑龙江			吉林
分类 （申请量）	C04B35/66（200）	C01F7/02（130）	C09B61/00（243）	C12G3/04（60）	C02F9/04（71）	D01F9/08（37）
	C21C5/46（183）	C25C3/08（122）	A61K36/9066（86）	H01Q1/38（58）	F04B43/04（65）	F01N3/28（31）
	C23C24/10（160）	C21C7/064（112）	H01P1/203（79）	A23L2/02（51）	A61K36/9066（59）	C23C14/35（27）
	B03B7/00（155）	C21C7/10（109）	A23L1/29（75）	F24B1/183（48）	C02F9/14（40）	B22F9/24（26）
	B23P15/00（130）	B22D41/00（104）	A63B69/00（70）	A23L1/40（46）	A23L1/29（37）	C02F9/08（25）

3. 中部地区

安徽的技术创新热点主要集中于 H01B7/17、A23K1/18、C05G3/00、C08L27/06 分类领域，湖北主要集中在 C04B35/66、C21C5/46 分类领域，河南主要集中于 C04B35/66、A61K36/9066 分类领域（见表 8 – 13）。

表 8 – 13   中部地区冶金矿山产业领域中国专利申请 IPC 核心分布（2006～2015 年）

单位：件

省区市	安徽	湖北	湖南	河南	山西	江西
分类 （申请量）	H01B7/17（798）	C04B35/66（273）	C22B7/00（198）	C04B35/66（398）	A61K36/9066（114）	B21C37/04（118）
	A23K1/18（699）	C21C5/46（163）	C02F9/04（124）	A61K36/9066（255）	C04B35/66（59）	C22B7/00（108）
	C05G3/00（538）	C22C38/14（131）	F27D17/00（108）	B01J3/06（237）	B22F3/03（57）	F21S2/00（89）
	C08L27/06（477）	F21S2/00（100）	C22B7/04（98）	C25C3/12（128）	E21D11/10（53）	C22B59/00（59）
	H01B9/02（447）	C21C7/10（87）	B22F9/08（82）	F27D17/00（125）	E21F11/00（52）	B03B7/00（58）
	H01B7/00（434）	C02F9/04（83）	C07F7/22（78）	C25C3/08（117）	B22D17/22（42）	G06F3/041（57）
	H01B9/00（428）	C21D9/56（83）	B03B7/00（77）	H02J7/00（97）	A23L2/02（34）	F27D17/00（56）
	A61K36/9066（403）	C21B7/00（78）	C25C7/06（75）	B22C9/08（96）	C25C3/12（34）	F21S8/00（54）
	H01B7/04（401）	B22D41/00（77）	C22C29/08（73）	C25C3/14（93）	E21D21/00（34）	G06F3/044（54）
	A23L1/10（395）	B22D11/12（75）	E21B10/46（71）	H01B9/00（93）	C22B26/22（33）	H04R1/10（51）

4. 西部地区

四川的技术创新热点主要集中于 C22B7/00、F21S2/00、F27D17/00 分类领域，广西主要集中于 A23K1/18、C10M169/04、A23F3/34 分类领域，重庆主要集中于 A61C8/00、B22D17/22、G06F1/20 分类领域（见表 8 – 14）。

表 8 – 14   西部地区冶金矿山产业领域中国专利申请 IPC 核心分布（2006～2015 年）

单位：件

省区市	四川	重庆	陕西	广西	云南	贵州
分类 （申请量）	C22B7/00（240）	A61C8/00（281）	B23P15/00（128）	A23K1/18（283）	C22B7/00（127）	C22C21/00（151）
	F21S2/00（148）	B22D17/22（188）	C22F1/18（98）	C10M169/04（276）	A01G1/00（109）	C25C3/08（132）
	F27D17/00（123）	G06F1/20（187）	H02J7/00（84）	A23F3/34（223）	C25C7/02（92）	C25C3/16（125）
	C21C7/00（120）	E05B45/08（175）	A61K36/9066（81）	A61K36/9066（155）	C22B7/04（79）	C25C3/12（120）
	C02F9/04（117）	C01F7/56（93）	H01B13/00（78）	C05G3/00（154）	B03B7/00（75）	C01F7/02（85）
	H02J7/00（110）	B23P15/00（79）	C02F9/04（74）	A61K36/899（144）	A01G13/00（58）	C22B34/12（82）

续表

省区市	四川	重庆	陕西	广西	云南	贵州
分类（申请量）	B29C67/00（101）	F21S2/00（75）	C22C14/00（74）	A61K8/97（141）	B03D1/00（53）	B23K3/08（81）
	G02B6/44（100）	B60K5/12（72）	F21S2/00（73）	A01G1/00（121）	C22B3/08（44）	F27B17/02（77）
	E05B45/08（98）	A61K36/9066（71）	F21S8/00（70）	A23L2/02（114）	C22C1/08（42）	C25C3/14（74）
	A61K36/9066（90）	B21C25/02（64）	G06F17/50（70）	A23L1/29（91）	F27D17/00（42）	B21H1/06（62）

省区市	甘肃	新疆	内蒙古	宁夏	青海	西藏
分类（申请量）	C22B7/00（59）	C21C5/46（41）	C22C38/14（39）	C22B26/22（103）	C01D3/08（23）	C01D15/08（13）
	C23C14/35（46）	C30B29/22（34）	C01F17/00（34）	C04B35/66（41）	H01M10/46（19）	A01G1/00（3）
	A61K36/9066（35）	A47J37/06（28）	C08F251/00（27）	F27D17/00（32）	A23L1/29（14）	A23L1/10（3）
	C05G3/00（35）	B22D41/00（26）	A23C9/152（26）	C01B31/36（31）	C01D15/08（14）	A23L2/38（3）
	C25C7/00（35）	E04F13/075（25）	C22C38/12（26）	B22C9/08（30）	C25C3/04（14）	A61K8/96（3）
	C22B34/12（32）	F24B1/183（24）	C22C38/28（25）	B22C9/10（25）	C25C3/14（11）	B03B7/00（3）
	C22B3/08（31）	C02F9/04（19）	C22C38/38（23）	C25C3/14（20）	H02N11/00（11）	C01B35/12（3）
	C25C1/08（31）	C22C21/10（17）	A23L1/30（21）	B22C9/02（19）	C01B35/10（10）	C08B37/00（3）
	A23K1/18（29）	F24H1/44（17）	C21B7/00（20）	C08L27/06（18）	C01D3/06（10）	F24C15/20（3）
	C22B23/00（29）	B03B7/00（16）	C25C3/08（19）	C30B15/00（16）	C04B28/32（10）	A23F3/14（2）

三、产业内专利分布

冶金矿山产业可细分为探矿、采矿、选矿、冶金、冶金矿山排放物处理产业等。2006～2015年，冶金矿山产业领域的中国专利申请主要分布在冶金领域，这一领域共集中了613369件发明与实用新型专利申请，占整个产业技术领域专利申请量的47.85%；探矿、采矿、选矿技术领域有相近数量的专利申请分布（见表8-15）。

表8-15　2006～2015年冶金矿山产业中国专利申请产业内分布状况

单位：件

技术领域	类型（申请量）	分类（申请量）	技术领域	类型（申请量）	分类（申请量）
探矿	发明专利（54874） 实用新型（29846） 发明授权专利（16576）	A61K36/9066（2424）	采矿	发明专利（37555） 实用新型（27488） 发明授权专利（12976）	A23L1/29（377）
		A61K36/899（1289）			C02F9/04（348）
		A61K36/9068（807）			B03B7/00（336）
		A23K1/18（683）			C04B28/04（312）
		A23L1/29（671）			C05G3/00（290）
		A61K36/898（658）	冶金	发明专利（359214） 实用新型（254155） 发明授权专利（132018）	C23C14/34（2359）
		A61K36/8945（536）			C22B7/00（2209）
		A61K8/97（506）			G06F17/30（2152）
		A61K36/9064（502）			B22D17/22（2128）
		A23F3/34（457）			C23C14/35（2118）

技术领域	类型（申请量）	分类（申请量）	技术领域	类型（申请量）	分类（申请量）
选矿	发明专利（39929） 实用新型（32477） 发明授权专利（14206）	B03B7/00（797）	冶金	发明专利（359214） 实用新型（254155） 发明授权专利（132018）	B23P15/00（1936）
		E21F11/00（718）			H02J7/00（1808）
		F21S8/00（576）			C04B35/66（1779）
		E21F17/18（571）			B22F9/24（1657）
		A23K1/18（545）			B21D37/10（1640）
		B03D1/00（389）	冶金矿山 排放物处理	发明专利（27058） 实用新型（13226） 发明授权专利（9853）	C05G3/00（1299）
		C02F9/04（363）			C04B28/00（655）
		C04B28/00（343）			C05G1/00（461）
		B03D1/14（328）			C04B28/04（423）
		C05G3/00（321）			F24B1/183（412）
采矿	发明专利（37555） 实用新型（27488） 发明授权专利（12976）	A23K1/18（738）			C04B35/66（326）
		E21F11/00（706）			A23K1/18（323）
		E21F17/18（559）			F27D17/00（323）
		F21S8/00（489）			C02F9/04（318）
		C04B28/00（429）			C04B28/14（302）

第五节　冶金矿山产业领域专利竞争者

一、专利竞争者整体状况

2006～2015 年，冶金矿山产业领域的主要竞争者中，企业占据主导地位，其发明专利申请量达到 445780 件（占该领域全部申请的 61.42%）；高等院校也有一定的竞争实力，其发明专利申请量 135405 件（占该领域全部申请的 18.66%）；而研究院所竞争力相对较弱，但其发明专利申请量也有 52245 件（占该领域全部申请的 7.20%）（见表 8 - 16）。

表 8 - 16　冶金矿山产业领域中国专利分类竞争者结构状况（2006～2015 年）

类别	高校		研究院所		企业	
	申请量/件	占比（%）	申请量/件	占比（%）	申请量/件	占比（%）
发明与实用小计	166690	13.00	67988	5.30	835599	65.18
发明申请	135405	18.66	52245	7.20	445780	61.42
实用新型申请	31285	5.63	15743	2.83	389819	70.09
发明授权	62500	25.79	23498	9.69	143991	59.41

冶金矿山产业领域的专利竞争者主要有国家电网公司、中国石油天然气股份有限公司、宝山钢铁股份有限公司、武汉钢铁（集团）公司、鞍钢股份有限公司、浙江大学、哈尔滨工业大学、中国科学院金属研究所、中国科学院大连化学物理研究所、中国科学院上海硅酸盐研究所等（见表 8 - 17）。

表 8-17 冶金矿山产业领域主要专利竞争者情况（2006~2015 年）

单位：件

类别	高校（申请量）	研究院所（申请量）	企业（申请量）
主要竞争者	浙江大学（5056）	中国科学院金属研究所（1194）	中国石油化工股份有限公司（6270）
	哈尔滨工业大学（3101）	中国科学院大连化学物理研究所（1005）	国家电网公司（5541）
	华南理工大学（3094）	中国科学院微电子研究所（916）	宝山钢铁股份有限公司（2867）
	中南大学（2888）	中国科学院上海硅酸盐研究所（872）	武汉钢铁（集团）公司（2856）
	上海交通大学（2750）	中国科学院半导体研究所（699）	鞍钢股份有限公司（2089）
	东南大学（2661）	贵阳铝镁设计研究院（671）	中国石油天然气股份有限公司（1944）
	天津大学（2508）	中国科学院宁波材料技术与工程研究所（644）	中芯国际集成电路制造（上海）有限公司（1739）
	北京科技大学（2435）	中国科学院过程工程研究所（642）	比亚迪股份有限公司（1674）
	昆明理工大学（2400）	中国科学院福建物质结构研究所（589）	海洋王照明科技股份（技术）有限公司（1364）
	清华大学（2372）	中国科学院合肥物质科学研究院（566）	鸿海精密工业股份有限公司（1187）
IPC 分布	B22F9/24（978）	C02F9/04（284）	F21S2/00（3963）
	H01Q1/38（693）	H01L31/18（263）	F21S8/00（2466）
	C22B7/00（570）	C01F7/02（245）	H02J7/00（2125）
	C23C24/10（559）	B01J32/00（226）	H01B7/17（2080）
	C23C14/35（510）	A01G1/00（214）	C04B35/66（1953）
	G06F17/30（501）	C23C14/35（210）	C02F9/04（1935）
	G06F17/50（492）	C25C3/08（207）	B22D17/22（1894）
	C04B35/66（462）	G01N1/28（207）	F27D17/00（1877）
	C01B31/02（434）	G06F17/50（189）	C23C14/34（1778）
	C02F9/04（429）	G01R31/00（187）	B21D37/10（1772）

二、产业内专利竞争者

1. 主要专利竞争者产业内分布

2006~2015 年，冶金矿山产业领域的专利竞争者包括国家电网公司、宝山钢铁股份有限公司、武汉钢铁（集团）公司、鞍钢股份有限公司、北京科技大学、哈尔滨工业大学、中国矿业大学、中南大学等，在探矿、采矿、选矿、冶金、冶金矿山排放物处理产业领域均有分布（见表 8-18）。

表 8-18 2006~2015 年冶金矿山产业主要专利竞争者产业内分布状况

单位：件

技术领域	主要竞争者（专利申请量）	
探矿	中国石油化工股份有限公司（605）	中石油化工股份有限公司上海石油化工研究院（207）
	国家电网公司（374）	吉林大学（183）
	浙江大学（366）	中国矿业大学（178）
	鞍钢集团矿业公司（236）	浙江浙矿重工股份有限公司（174）
	东南大学（213）	上海交通大学（171）

技术领域	主要竞争者（专利申请量）	
采矿	中国矿业大学（600）	山东科技大学（300）
	中南大学（583）	浙江大学（260）
	鞍钢集团矿业公司（522）	安徽理工大学（250）
	中国石油化工股份有限公司（341）	北京科技大学（241）
	昆明理工大学（339）	哈尔滨市工艺美术有限责任公司（239）
选矿	鞍钢集团矿业公司（868）	山东科技大学（301）
	中国矿业大学（659）	安徽理工大学（281）
	中南大学（574）	云南大红山管道有限公司（266）
	昆明理工大学（468）	北京科技大学（266）
	中国石油化工股份有限公司（308）	浙江大学（263）
冶金	国家电网公司（4045）	北京科技大学（2026）
	宝山钢铁股份有限公司（2515）	哈尔滨工业大学（2019）
	武汉钢铁（集团）公司（2294）	中南大学（1963）
	浙江大学（2252）	鞍钢股份有限公司（1839）
	中国石油化工股份有限公司（2040）	上海交通大学（1705）
冶金矿山排放物处理	中国矿业大学（342）	中冶南方工程技术有限公司（153）
	昆明理工大学（234）	北京科技大学（148）
	浙江大学（175）	哈尔滨工业大学（139）
	中南大学（174）	太原理工大学（136）
	武汉钢铁（集团）公司（155）	同济大学（129）

2. 探矿领域主要竞争者与 IPC 分布

2006～2015 年，探矿领域的专利竞争者集中于企业和高等院校，主要专利竞争者有中国石油化工股份有限公司、苏州艾杰生物科技有限公司、巴斯夫欧洲公司、浙江大学、江南大学、上海交通大学、复旦大学、中国农业大学等，相关专利申请集中于 C12Q1/68、C12N1/20、A23K1/18、C05G3/00、A61K8/97 等 IPC 分类（见表 8 - 19）。

表 8 - 19 探矿领域中国专利申请 IPC 分布与主要竞争者状况（2006～2015 年）

单位：件

类别	类型（数量）	专利申请人/专利权人（申请量）	IPC 分布（申请量）
高校	发明申请（8771）实用新型申请（2822）发明授权（3875）	浙江大学（362）	G01N21/64（121）
		东南大学（206）	C12Q1/68（116）
		吉林大学（183）	C09K11/06（110）
		中国矿业大学（178）	A61K36/9066（95）
		上海交通大学（169）	G01N21/65（65）
		哈尔滨工业大学（167）	F04B43/04（60）
		昆明理工大学（161）	H01L31/18（51）
		清华大学（161）	C02F9/14（47）
		天津大学（153）	H01Q1/38（47）
		华中科技大学（152）	G01N27/26（41）

类别	类型（数量）	专利申请人/专利权人（申请量）	IPC 分布（申请量）
研究院所	发明申请（2780） 实用新型申请（778） 发明授权（1213）	中国科学院上海技术物理研究所（165）	A61K36/9066（44）
		中国科学院大连化学物理研究所（89）	H01L31/18（43）
		中国科学院半导体研究所（83）	C12Q1/68（41）
		长春黄金研究院（75）	A01G1/00（32）
		中国原子能科学研究院（58）	A23K1/18（27）
		核工业北京地质研究院（50）	A61K36/8945（27）
		中国科学院上海微系统与信息技术研究所（49）	C02F9/14（27）
		中国科学院合肥物质科学研究院（47）	C02F9/04（24）
		中国科学院长春光学精密机械与物理研究所（43）	G01N21/64（24）
		中国科学院上海硅酸盐研究所（39）	G01N21/65（22）
企业	发明申请（24316） 实用新型申请（17717） 发明授权专利（6978）	中国石油化工股份有限公司（605）	A61K36/9066（395）
		国家电网公司（374）	A23K1/18（313）
		鞍钢集团矿业公司（236）	A23L1/29（253）
		中国石油化工股份有限公司上海石油化工研究院（207）	B23Q11/00（249）
		浙江浙矿重工股份有限公司（174）	A61K8/97（239）
		中国石油天然气股份有限公司（161）	B23P15/00（226）
		泰一和浦（北京）中医药研究院有限公司（122）	A61K36/899（224）
		中国石油化工股份有限公司石油化工科学研究院（107）	A23F3/34（212）
		中国石油化工股份有限公司抚顺石油化工研究院（106）	A23L2/02（200）
		武汉钢铁（集团）公司（98）	B23Q3/00（169）

3. 采矿领域主要竞争者与 IPC 分布

2006～2015 年，采矿领域的专利竞争者集中于企业和高等院校，主要竞争者有中国矿业大学、中南大学、鞍钢集团矿业公司、昆明理工大学、长春黄金研究院、中国科学院过程工程研究所、金川集团股份有限公司等，相关专利申请集中于 E21F11/00、F21S8/00、A23K1/18、E21F17/18、C04B28/00、C01G23/053 等分类领域（见表 8-20）。

表 8-20　采矿领域中国专利申请 IPC 分布与主要专利竞争者状况（2006～2015 年）

单位：件

类别	类型（数量）	专利申请人/专利权人（申请量）	IPC 分布（申请量）
高校	发明申请（8107） 实用新型申请（2410） 发明授权（3795）	中国矿业大学（600）	C01G23/053（114）
		中南大学（581）	E21F17/18（108）
		昆明理工大学（339）	C04B28/00（88）
		山东科技大学（300）	C04B28/04（88）
		浙江大学（255）	H01L51/42（70）
		安徽理工大学（250）	E21D21/00（67）
		北京科技大学（240）	E21F11/00（66）
		东北大学（211）	B01J21/06（65）
		中国矿业大学（北京）（196）	E21C41/16（63）
		西安科技大学（162）	A23K1/18（62）

续表

类别	类型（数量）	专利申请人/专利权人（申请量）	IPC 分布（申请量）
研究院所	发明申请（1824） 实用新型申请（619） 发明授权（829）	长春黄金研究院（163）	C02F9/04（48）
		中国科学院过程工程研究所（125）	E21F11/00（35）
		中国运载火箭技术研究院（60）	A23K1/18（34）
		长治清华机械厂（60）	B03B7/00（29）
		中煤科工集团重庆研究院（54）	E21F3/00（27）
		核工业北京地质研究院（53）	C02F9/14（26）
		化工部长沙设计研究院（50）	C01G23/053（25）
		中国科学院青海盐湖研究所（47）	B03D1/00（22）
		长沙有色冶金设计研究院（45）	C05G3/00（20）
		煤炭科学研究总院重庆研究院（44）	C22B3/08（20）
企业	发明申请（20610） 实用新型申请（18309） 发明授权（6613）	鞍钢集团矿业公司（522）	E21F11/00（408）
		中国石油化工股份有限公司（341）	F21S8/00（394）
		哈尔滨市工艺美术有限责任公司（239）	A23K1/18（347）
		云南大红山管道有限公司（233）	E21F17/18（342）
		金川集团股份有限公司（183）	C04B28/00（258）
		劲膳美生物科技股份有限公司（167）	C09B61/00（239）
		武汉钢铁（集团）公司（166）	A23L1/29（230）
		淮南矿业（集团）有限责任公司（164）	B03B7/00（219）
		山东华联矿业股份有限公司（150）	C04B28/04（184）
		中国铝业股份有限公司（147）	C02F9/04（182）

4. 选矿领域主要竞争者与 IPC 分布

2006～2015 年，选矿领域的专利竞争者集中于企业和高等院校，主要竞争者有鞍钢集团矿业公司、云南大红山管道有限公司、山东华联矿业股份有限公司、中国矿业大学、中南大学、长春黄金研究院、中国地质科学院郑州矿产综合利用研究所等，相关专利申请集中于 B03B7/00、F21S8/00、E21F11/00、E21F17/18、A23K1/18、C01G23/053 等分类领域（见表 8 - 21）。

表 8 - 21　选矿领域中国专利申请 IPC 分布与主要专利竞争者状况（2006～2015 年）

单位：件

类别	类型（数量）	专利申请人/专利权人（申请量）	IPC 分布（申请量）
高校	发明申请（8590） 实用新型申请（2681） 发明授权（4058）	中国矿业大学（659）	C01G23/053（120）
		中南大学（572）	E21F17/18（108）
		昆明理工大学（468）	B03D1/00（106）
		山东科技大学（301）	B03B7/00（92）
		安徽理工大学（281）	H01L51/42（90）
		北京科技大学（265）	C04B26/26（86）
		浙江大学（258）	C22B1/02（80）
		东北大学（256）	C04B28/04（78）
		中国矿业大学（北京）（202）	C04B28/00（76）
		武汉理工大学（176）	B01J21/06（72）

续表

类别	类型（数量）	专利申请人/专利权人（申请量）	IPC分布（申请量）
研究院所	发明申请（1974） 实用新型申请（680） 发明授权（884）	长春黄金研究院（168）	B03B7/00（89）
		中国科学院过程工程研究所（119）	B03D1/00（56）
		中国地质科学院郑州矿产综合利用研究所（69）	C02F9/04（47）
		西北矿冶研究院（64）	E21F11/00（34）
		中国运载火箭技术研究院（59）	C01G23/053（29）
		长治清华机械厂（59）	A23K1/18（28）
		核工业北京地质研究院（58）	E21F3/00（27）
		长沙有色冶金设计研究院（57）	C02F9/14（25）
		中煤科工集团重庆研究院（54）	B03C1/30（21）
		煤炭科学研究总院重庆研究院（53）	C05G3/00（19）
企业	发明申请（22154） 实用新型申请（21948） 发明授权（7319）	鞍钢集团矿业公司（868）	B03B7/00（496）
		中国石油化工股份有限公司（308）	F21S8/00（468）
		云南大红山管道有限公司（266）	E21F11/00（424）
		山东华联矿业股份有限公司（249）	E21F17/18（357）
		哈尔滨市工艺美术有限责任公司（239）	A23K1/18（245）
		金川集团股份有限公司（208）	C09B61/00（239）
		中国铝业股份有限公司（198）	B03D1/00（206）
		浙江浙矿重工股份有限公司（178）	C04B28/00（200）
		武汉钢铁（集团）公司（164）	C02F9/04（199）
		淮南矿业（集团）有限责任公司（162）	B02C21/00（198）

5. 冶金领域主要竞争者与IPC分布

2006～2015年，冶金领域的专利竞争者集中于企业和高等院校，主要竞争者有宝山钢铁股份有限公司、武汉钢铁（集团）公司、鞍钢股份有限公司、浙江大学、哈尔滨工业大学、中国科学院金属研究所、贵阳铝镁设计研究院等，相关专利申请集中于B22D17/22、C23C14/34、G06F17/30、B23P15/00、C22C38/00、B22F9/24等分类领域（见表8-22）。

表8-22 冶金领域中国专利申请IPC分布与主要专利竞争者状况（2006～2015年）

单位：件

类别	类型（数量）	专利申请人/专利权人（申请量）	IPC分布（申请量）
高校	发明申请（69307） 实用新型申请（12896） 发明授权（33226）	浙江大学（2247）	B22F9/24（978）
		哈尔滨工业大学（2018）	C22B7/00（570）
		北京科技大学（2014）	C23C24/10（559）
		中南大学（1961）	C23C14/35（510）
		上海交通大学（1698）	G06F17/30（456）
		昆明理工大学（1645）	C04B35/66（375）
		清华大学（1435）	G06F17/50（327）
		华南理工大学（1385）	B22F3/105（292）
		北京工业大学（1334）	C22C1/08（291）
		东北大学（1301）	C22C1/05（288）

续表

类别	类型（数量）	专利申请人/专利权人（申请量）	IPC 分布（申请量）
研究院所	发明申请（15378） 实用新型申请（3621） 发明授权（7257）	中国科学院金属研究所（969）	C23C14/35（151）
		中国科学院上海硅酸盐研究所（549）	B22F9/24（131）
		中国科学院微电子研究所（490）	C25C3/08（108）
		贵阳铝镁设计研究院（476）	C22B7/00（105）
		西北有色金属研究院（426）	G06F17/30（96）
		中国科学院大连化学物理研究所（421）	H01L31/18（94）
		中国科学院宁波材料技术与工程研究所（399）	C25C3/16（75）
		中国科学院过程工程研究所（374）	C23C14/06（70）
		中国科学院半导体研究所（349）	B22F1/00（66）
		中国科学院合肥物质科学研究院（288）	G01N1/28（66）
企业	发明申请（232755） 实用新型申请（191639） 发明授权（81760）	国家电网公司（4045）	B22D17/22（1894）
		宝山钢铁股份有限公司（2515）	C23C14/34（1778）
		武汉钢铁（集团）公司（2294）	G06F17/30（1460）
		中国石油化工股份有限公司（2040）	B23P15/00（1449）
		鞍钢股份有限公司（1839）	C22C38/00（1434）
		鸿海精密工业股份有限公司（1182）	B21D37/10（1421）
		山西太钢不锈钢股份有限公司（1121）	C21D9/00（1337）
		攀钢集团攀枝花钢铁研究院有限公司（1099）	C23C14/35（1312）
		比亚迪股份有限公司（1024）	C22B7/00（1233）
		中冶南方工程技术有限公司（990）	C04B35/66（1224）

6. 冶金矿山排放物处理领域主要竞争者与 IPC 分布

2006 ~ 2015 年，冶金矿山排放物处理领域的专利竞争者集中于企业和高等院校，主要竞争者有中国石油化工股份有限公司、中国石油天然气股份有限公司、浙江大学、清华大学、神华集团有限责任公司、中国农业科学院作物科学研究所等，相关专利申请集中于 A01H4/00、A01H1/02、C10L3/10、C12M1/107 等 IPC 分类（见表 8 - 23）。

表 8 - 23 冶金矿山排放物处理领域中国专利申请 IPC 分布与主要专利竞争者状况（2006 ~ 2015 年）

单位：件

类别	类型（数量）	专利申请人/专利权人（申请量）	IPC 分布（申请量）
高校	发明申请（5665） 实用新型申请（883） 发明授权（2800）	中国矿业大学（342）	C04B28/00（97）
		昆明理工大学（234）	C04B28/04（79）
		中南大学（174）	C23C18/36（71）
		浙江大学（173）	C02F9/04（69）
		北京科技大学（148）	C05G3/00（69）
		太原理工大学（136）	C02F9/14（65）
		哈尔滨工业大学（135）	C04B28/14（65）
		同济大学（129）	C05G1/00（63）
		中国矿业大学（北京）（121）	C02F1/52（56）
		河南理工大学（121）	C04B38/02（49）

续表

类别	类型（数量）	专利申请人/专利权人（申请量）	IPC 分布（申请量）
研究院所	发明申请（966）实用新型申请（177）发明授权（454）	中国科学院过程工程研究所（56）	C05G3/00（59）
		华电电力科学研究院（25）	A23K1/18（28）
		贵州省化工研究院（25）	C05G1/00（26）
		中国科学院生态环境研究中心（24）	C02F9/04（22）
		中蓝连海设计研究院（20）	C05G3/04（17）
		中煤科工集团重庆研究院（19）	C02F9/14（16）
		煤炭科学研究总院西安研究院（19）	C02F1/52（13）
		中国科学院大连化学物理研究所（16）	C09K17/40（13）
		中国环境科学研究院（15）	E21B7/02（11）
		中国科学院城市环境研究所（15）	B03D1/00（10）
企业	发明申请（15346）实用新型申请（8060）发明授权（5211）	武汉钢铁（集团）公司（155）	C05G3/00（756）
		中冶南方工程技术有限公司（153）	C04B28/00（424）
		鞍钢股份有限公司（121）	C04B28/04（273）
		山西鑫立能源科技有限公司（116）	F27D17/00（255）
		瓮福（集团）有限责任公司（111）	C05G1/00（220）
		首钢总公司（103）	C04B35/66（205）
		三一重型装备有限公司（90）	A23K1/18（199）
		宝山钢铁股份有限公司（90）	F22B1/18（196）
		中国石油化工股份有限公司（87）	C02F9/04（192）
		山西天地煤机装备有限公司（86）	C04B28/14（191）

三、区域专利竞争者

1. 东部地区主要专利竞争者

2006～2015 年，东部地区冶金矿山产业领域的专利竞争者主要集中在北京、浙江、江苏、广东、上海，主要专利竞争者有国家电网公司、宝山钢铁股份有限公司、北京科技大学、天津大学、上海交通大学、华南理工大学、东南大学等。各省区市主要专利竞争者见表 8－24。

表 8－24 东部地区冶金矿山产业领域主要专利竞争者状况（2006～2015 年）

单位：件

省区市	北京	天津	河北
主要专利竞争者（申请量）	中国石油化工股份有限公司（6270）	天津大学（2508）	燕山大学（685）
	国家电网公司（5546）	天津力神电池股份有限公司（817）	新兴铸管股份有限公司（477）
	北京科技大学（2435）	南开大学（697）	河北工业大学（398）
	清华大学（2372）	天津工业大学（624）	保定天威集团有限公司（381）
	北京工业大学（1993）	天津理工大学（415）	河北科技大学（258）
	中国石油天然气股份有限公司（1944）	天津师范大学（379）	河北钢铁股份有限公司承德分公司（257）
	中石油化工股份公司上海石油化工研究院（1314）	中国电子科技集团公司第十八研究所（313）	河北联合大学（251）

续表

省区市	北京	天津	河北
主要专利竞争者（申请量）	北京航空航天大学（1305）	乐金电子（天津）电器有限公司（248）	长城汽车股份有限公司（228）
	中石化股份有限公司石油化工科学研究院（1304）	天津科技大学（213）	中信戴卡股份有限公司（197）
	中石化股份有限公司抚顺石油化工研究院（1266）	天津市化学试剂研究所（165）	中煤张家口煤矿机械有限责任公司（154）

省区市	上海	江苏	浙江
主要专利竞争者（申请量）	宝山钢铁股份有限公司（2867）	东南大学（2661）	浙江大学（5056）
	上海交通大学（2750）	江苏大学（1924）	浙江工业大学（1200）
	上海大学（1965）	江南大学（1231）	中国计量学院（978）
	中芯国际集成电路制造（上海）有限公司（1739）	中国矿业大学（1211）	浙江理工大学（784）
	同济大学（1394）	南京大学（1168）	宁波大学（764）
	东华大学（1187）	常州大学（1155）	中科学院宁波材料技术与工程研究所（644）
	复旦大学（1097）	苏州大学（1122）	杭州电子科技大学（636）
	华东理工大学（1031）	南京理工大学（959）	浙江海洋学院（593）
	中国科学院上海硅酸盐研究所（872）	南京工业大学（949）	浙江吉利控股集团有限公司（551）
	上海华力微电子有限公司（668）	南京航空航天大学（944）	浙江师范大学（547）

省区市	广东	海南	福建
主要专利竞争者（申请量）	华南理工大学（3094）	海南大学（70）	厦门大学（1049）
	比亚迪股份有限公司（1674）	海南科技职业学院（11）	福州大学（722）
	海洋王照明科技股份（技术）有限公司（1364）	海南中航特玻材料有限公司（9）	中国科学院福建物质结构研究所（589）
	鸿海精密工业股份有限公司（1187）	海南师范大学（9）	福建师范大学（296）
	鸿富锦精密工业（深圳）有限公司（1148）	海南必凯水性涂料有限公司（9）	华侨大学（208）
	中山大学（849）	海南金海浆纸业有限公司（6）	厦门理工学院（142）
	广东工业大学（645）	三亚市南繁科学技术研究院（5）	厦门建霖工业有限公司（137）
	珠海格力电器股份有限公司（609）	海南红杉科创实业有限公司（5）	紫金矿业集团股份有限公司（137）
	华南师范大学（312）	海南金亿新材料股份有限公司（5）	厦门钨业股份有限公司（97）
	东莞新能源科技有限公司（290）	海南万合矿业投资有限公司（3）	福建省闽发铝业股份有限公司（62）

省区市	山东		
主要专利竞争者（申请量）	山东大学（1595）	中国石油大学（华东）（693）	山东钢铁股份有限公司（383）
	山东科技大学（1114）	山东理工大学（528）	山东华联矿业股份有限公司（262）
	济南大学（940）	歌尔声学股份有限公司（477）	
	莱芜钢铁集团有限公司（711）	青岛科技大学（472）	

2. 东北部地区主要专利竞争者

2006～2015 年，东北部地区冶金矿山产业领域的专利竞争者主要集中在辽宁，主要专利竞争者有鞍钢股份有限公司、东北大学、大连理工大学、哈尔滨工业大学、吉林大学、中国科学院金属研究所、中国科学院大连化学物理研究所等。各省区市主要专利竞争者见表 8-25。

表8-25　东北部地区冶金矿山产业领域主要专利竞争者状况（2006~2015年）

单位：件

省区市	辽宁	黑龙江	吉林
主要专利竞争者（申请量）	鞍钢股份有限公司（2089）	哈尔滨工业大学（3101）	吉林大学（1517）
	东北大学（1521）	哈尔滨工程大学（726）	中国科学院长春应用化学研究所（493）
	大连理工大学（1486）	哈尔滨理工大学（565）	长春理工大学（318）
	中国科学院金属研究所（1226）	齐齐哈尔轨道交通装备有限责任公司（315）	长春黄金研究院（314）
	鞍钢集团矿业公司（1059）	东北石油大学（298）	中科院长春光学精密机械与物理研究所（302）
	中国科学院大连化学物理研究所（1005）	黑龙江大学（266）	长春轨道客车股份有限公司（271）
	沈阳工业大学（492）	哈尔滨市工艺美术有限责任公司（249）	中国第一汽车股份有限公司（243）
	沈阳黎明航空发动机（集团）有限公司（487）	东北林业大学（188）	长春工业大学（238）
	沈阳铝镁设计研究院（419）	哈尔滨师范大学（164）	中国第一汽车集团公司（218）
	沈阳化工大学（367）	齐齐哈尔大学（163）	东北师范大学（137）

3. 中部地区主要专利竞争者

2006~2015年，中部地区冶金矿山产业领域的专利竞争者主要集中在湖北、湖南，主要专利竞争者有武汉钢铁（集团）公司、中南大学、华中科技大学、山西太钢不锈钢股份有限公司、中冶南方工程技术有限公司、武汉理工大学等。各省区市主要专利竞争者见表8-26。

表8-26　中部地区冶金矿山产业领域主要专利竞争者状况（2006~2015年）

单位：件

省区市	安徽	湖北	湖南
主要专利竞争者（申请量）	合肥工业大学（744）	武汉钢铁（集团）公司（2856）	中南大学（2888）
	奇瑞汽车股份有限公司（704）	华中科技大学（1457）	湖南大学（762）
	马鞍山钢铁股份有限公司（681）	武汉理工大学（1257）	湘潭大学（401）
	安徽理工大学（652）	中冶南方工程技术有限公司（1078）	湖南科技大学（392）
	中国科学院合肥物质科学研究院（566）	武汉大学（897）	中国人民解放军国防科学技术大学（380）
	中国科学技术大学（557）	武汉科技大学（796）	长沙理工大学（321）
	安徽江淮汽车股份有限公司（537）	南车长江车辆有限公司（466）	吉首大学（274）
	马钢（集团）控股有限公司（506）	中国地质大学（武汉）（362）	株洲冶炼集团股份有限公司（249）
	安徽工业大学（455）	武汉工程大学（326）	马鞍山钢铁股份有限公司（241）
	安徽徽铝铝业有限公司（281）	中铁第四勘察设计院集团有限公司（297）	湖南晟通科技集团有限公司（223）
省区市	河南	山西	江西
主要专利竞争者（申请量）	河南科技大学（741）	山西太钢不锈钢股份有限公司（1311）	南昌大学（687）
	河南理工大学（516）	太原理工大学（776）	中国石油大学（华东）（562）
	郑州大学（498）	中北大学（407）	南昌航空大学（489）
	河南师范大学（312）	太原科技大学（243）	江西理工大学（294）
	中色科技股份有限公司（240）	山西大学（224）	中国瑞林工程技术有限公司（276）

续表

省区市	河南	山西	江西
主要专利 竞争者 （申请量）	南阳汉冶特钢有限公司（224）	太原重工股份有限公司（222）	江西稀有稀土金属钨业集团有限公司（217）
	中信重工机械股份有限公司（214）	永济新时速电机电器有限责任公司（207）	南昌欧菲光科技有限公司（177）
	舞阳钢铁有限责任公司（204）	中国科学院山西煤炭化学研究所（199）	江西稀有金属钨业控股集团有限公司（172）
	中原工学院（194）	大同煤矿集团有限责任公司（147）	景德镇陶瓷学院（169）
	中钢集团洛阳耐火材料研究有限公司（143）	太原钢铁（集团）有限公司（143）	江西铜业股份有限公司（167）

4. 西部地区主要专利竞争者

2006～2015 年，西部地区冶金矿山产业领域的专利竞争者主要集中在四川、陕西、广西、云南，主要专利竞争者有西安交通大学、攀钢集团攀枝花钢铁研究院有限公司、昆明理工大学、广西大学、金川集团股份有限公司、攀钢集团研究院有限公司、电子科技大学、重庆大学、陕西科技大学等。各省区市主要专利竞争者见表 8 – 27。

表 8 – 27　西部地区冶金矿山产业领域主要专利竞争者状况（2006～2015 年）

单位：件

省区市	四川	重庆	陕西
主要专利 竞争者 （申请量）	电子科技大学（1359）	重庆大学（1369）	西安交通大学（1575）
	攀钢集团攀枝花钢铁研究院有限公司（1288）	中冶赛迪工程技术股份有限公司（523）	陕西科技大学（1405）
	四川大学（1102）	重庆长安汽车股份有限公司（519）	西北工业大学（1018）
	西南交通大学（849）	西南铝业（集团）有限责任公司（515）	西安理工大学（593）
	攀钢集团攀枝花钢钒有限公司（641）	重庆润泽医药有限公司（502）	西安电子科技大学（551）
	西南石油大学（575）	西南大学（336）	长安大学（508）
	攀钢集团研究院有限公司（460）	重庆钢铁（集团）有限责任公司（312）	西北有色金属研究院（492）
	西南科技大学（334）	重庆侨成科技发展有限公司（195）	西安建筑科技大学（440）
	四川师范大学（303）	重庆理工大学（193）	西安科技大学（402）
	攀钢集团钢铁钒钛股份有限公司（298）	力帆实业（集团）股份有限公司（158）	中国西电电气股份有限公司（356）
省区市	广西	云南	贵州
主要专利 竞争者 （申请量）	广西大学（1102）	昆明理工大学（2400）	贵阳铝镁设计研究院（671）
	桂林理工大学（808）	武钢集团昆明钢铁股份有限公司（339）	贵州大学（538）
	广西玉柴机器股份有限公司（545）	云南大红山管道有限公司（260）	贵阳铝镁设计研究院有限公司（506）
	桂林电子科技大学（400）	云南驰宏锌锗股份有限公司（154）	贵州华科铝材料工程技术研究有限公司（197）
	广西科技大学（275）	云南钛业股份有限公司（127）	贵州安大航空锻造有限责任公司（151）
	广西师范大学（213）	云南大学（124）	中国振华（集团）新云电子元器件有限公司（128）
	广西师范学院（112）	玉溪大红山矿业有限公司（117）	瓮福（集团）有限责任公司（117）
	上汽通用五菱汽车股份有限公司（95）	昆明冶金研究院（115）	遵义钛业股份有限公司（101）
	梧州恒声电子科技有限公司（93）	昆明贵金属研究所（115）	贵阳高新金达电子科技有限公司（98）
	柳州市天姿园艺有限公司（92）	云南新立有色金属有限公司（102）	贵州安吉航空精密铸造有限责任公司（92）

续表

省区市	新疆	甘肃	内蒙古
主要专利竞争者（申请量）	新疆八一钢铁股份有限公司（373）	金川集团股份有限公司（807）	内蒙古包钢钢联股份有限公司（626）
	中国科学院新疆理化技术研究所（217）	中国科学院兰州化学物理研究所（347）	内蒙古科技大学（359）
	新疆大学（197）	兰州理工大学（326）	中冶东方工程技术有限公司（211）
	石河子大学（77）	白银有色集团股份有限公司（312）	内蒙古大学（126）
	新疆众和股份有限公司（59）	兰州大学（298）	内蒙古工业大学（89）
	特变电工股份有限公司（57）	西北师范大学（268）	内蒙古北方重型汽车股份有限公司（83）
	新疆天业（集团）有限公司（45）	甘肃酒钢集团宏兴钢铁股份有限公司（186）	内蒙古北方重工业集团有限公司（83）
	塔里木大学（24）	西北矿冶研究院（138）	包头稀土研究院（55）
	新疆中泰化学股份有限公司（21）	兰州交通大学（118）	瑞科稀土冶金及功能材料国家工程研究中心有限公司（31）
	新疆星塔矿业有限公司（20）	兰州空间技术物理研究所（74）	内蒙古第一机械集团有限公司（30）

省份	宁夏	青海	西藏
主要专利竞争者（申请量）	宁夏东方钽业股份有限公司（141）	中国科学院青海盐湖研究所（283）	西藏金浩投资有限公司（6）
	宁夏共享集团有限责任公司（119）	西部矿业股份有限公司（53）	西藏金稞集团有限责任公司（4）
	宁夏天纵泓光余热发电技术有限公司（109）	青海盐湖工业股份有限公司（30）	西藏华泰龙矿业开发有限公司（3）
	宁夏天地奔牛实业集团有限公司（87）	青海大学（25）	西藏天虹科技股份有限责任公司（2）
	宁夏嘉翔自控技术有限公司（81）	西宁特殊钢股份有限公司（20）	西藏阿里华峰矿业公司（2）
	宁夏大学（48）	青海西部矿产科技有限公司（16）	拉萨伟卓岩矿分析试验有限公司（1）
	宁夏日晶新能源装备股份有限公司（39）	青海瑞合铝箔有限公司（15）	林芝雪域资源科技有限公司（1）
	青铜峡铝业集团有限公司（35）	青海宜化化工有限责任公司（13）	
	宁夏鹏程致远自动化技术有限公司（34）	青海百河铝业有限责任公司（13）	
	青铜峡铝业股份有限公司（33）	青海聚能钛业有限公司（12）	

第六节 云南冶金矿山产业专利竞争状况

一、专利申请、授权与有效状况

2006~2015年，在冶金矿山产业，云南共申请中国专利11574件（占全国的0.96%），其中发明专利6404件（占发明与实用新型申请总量的55.33%）；共获得专利授权7645件（占全部中国专利的1.00%），其中发明专利2475件（占发明与实用新型授权总量的32.37%），发明专利授权率38.65%，高于全国整体水平（见表8-28）。

表8-28 云南冶金矿山产业领域中国专利申请、授权与有效状况（2006~2015年）

类型	数量/件	结构（%）	授权率（%）	占比（%）	有效专利/件	有效率（%）	占比（%）
专利申请总量	11574			0.96			
发明申请	6404	55.33		0.98			
实用新型申请	5170	44.67		0.93			

续表

类型	数量/件	结构（%）	授权率（%）	占比（%）	有效专利/件	有效率（%）	占比（%）
专利授权总量	7645		66.05	1.00	5787	75.70	0.99
发明授权	2475	32.37	38.65	1.18	2004	80.97	0.95
实用新型授权	5170	67.63		0.93	3783	73.17	1.01

截至 2016 年 6 月，在冶金矿山产业，云南 2006～2015 年申请并获得授权的专利中，有 5787 件处于有效状态，其中发明专利 2004 件（占有效专利的 34.63%），整体专利有效率 75.70%，发明专利有效率达到 80.97%，两项指标均低于全国整体水平（见表 8－29）。

表 8－29 云南冶金矿山产业领域中国专利年度状况（2006～2015 年）

单位：件

年度	申请量			授权量			有效专利		
	发明	实用新型	小计	发明	实用新型	小计	发明	实用新型	小计
2006 年	188	116	304	113	116	229	56	9	65
2007 年	229	131	360	133	131	264	62	33	95
2008 年	356	195	551	187	195	382	71	55	126
2009 年	442	298	740	254	298	552	146	90	236
2010 年	580	361	941	341	361	702	262	178	440
2011 年	669	519	1188	320	519	839	290	311	601
2012 年	705	641	1346	361	641	1002	349	488	837
2013 年	914	820	1734	499	820	1319	498	623	1121
2014 年	1054	951	2005	259	951	1210	259	859	1118
2015 年	1267	1138	2405	8	1138	1146	8	1137	1145
合计	6404	5170	11574	2475	5170	7645	2001	3783	5784

2006～2015 年，云南冶金矿山产业领域的中国专利申请和授权量稳步增长，专利申请和授权年均增长率分别为 26.32% 和 20.96%，增长幅度高于全国整体水平。但云南在该领域的发明申请和获权量占全国比例均较低，居全国第 21～22 位，产业专利技术创新和竞争能力需要进一步提高。

二、主要竞争者与 IPC 分布

2006～2015 年，云南冶金矿山产业领域的主要竞争者中，企业和高等院校占据主导地位，企业的发明专利申请量达到 3043 件（占全省的 47.52%），高等院校的发明专利申请量达到 2172 件（占全省的 33.92%），而研究院所竞争力相对较弱（占全省的 7.54%）（见表 8－30）。

表8-30 云南冶金矿山产业领域中国专利分类竞争者结构状况（2006~2015年）

类别	高校/件	高校占比（%）	研究院所/件	研究院所占比（%）	企业/件	企业占比（%）
申请量小计	3180	27.48	591	5.11	6252	54.02
发明申请	2172	33.92	483	7.54	3043	47.52
实用新型申请	1008	19.50	108	2.09	3209	62.07
发明授权	912	36.85	221	8.93	1166	47.11

云南冶金矿山领域的专利竞争者主要有昆明理工大学、武钢集团昆明钢铁股份有限公司、云南大红山管道有限公司、云南驰宏锌锗股份有限公司、云南新立有色金属有限公司、昆明贵金属研究所、昆明冶金研究院等（见表8-31）。

表8-31 云南冶金矿山产业领域中国专利申请IPC分布与主要专利竞争者状况（2006~2015年）

单位：件

类别	类型（数量）	专利申请人/专利权人（申请量）	IPC分布（申请量）
高校	发明申请（2172）实用新型申请（1008）发明授权专利（912）	昆明理工大学（2550）	C22C1/08（41）
		云南大学（157）	C22B7/00（36）
		云南师范大学（100）	C25C7/02（36）
		云南农业大学（88）	B03D1/00（30）
		昆明学院（85）	C23C24/10（28）
		云南民族大学（35）	B22F9/24（27）
		西南林业大学（24）	C01B33/037（20）
		云南电力试验研究院（集团）有限公司电力研究院（23）	C22B7/04（19）
		昆明理工大学科技产业经营管理有限公司（18）	B03B7/00（15）
		红河学院（17）	C22B1/02（15）
研究院所	发明申请（483）实用新型申请（108）发明授权专利（221）	昆明贵金属研究所（105）	A01G1/00（15）
		昆明冶金研究院（100）	C22B7/00（14）
		云南烟草科学研究院（44）	B03B7/00（9）
		昆明物理研究所（34）	C22B11/00（9）
		中国科学院昆明动物研究所（28）	C22C9/00（7）
		中国科学院昆明植物研究所（27）	A01H4/00（6）
		云南省烟草农业科学研究院（26）	B03D1/00（5）
		云南昆船设计研究院（19）	H01L31/18（5）
		昆明铁路局科学技术研究所（17）	A01G1/04（4）
		云南省化工研究院（16）	A01G7/06（4）
企业	发明申请（3043）实用新型申请（3209）发明授权专利（1166）	武钢集团昆明钢铁股份有限公司（343）	C22B7/00（71）
		云南大红山管道有限公司（274）	C25C7/02（58）
		云南驰宏锌锗股份有限公司（152）	A01G1/00（46）
		云南钛业股份有限公司（133）	B03B7/00（44）
		玉溪大红山矿业有限公司（121）	C22B7/04（40）
		云南新立有色金属有限公司（119）	A01G13/00（38）
		云南铝业股份有限公司（111）	F17D1/14（38）
		云南电力试验研究院（集团）有限公司电力研究院（96）	C25C3/08（35）
		贵研铂业股份有限公司（84）	C25C3/12（31）
		云南锡业集团（控股）有限责任公司（68）	C22B3/08（30）

第九章 化工产业专利竞争分析

第一节 化工产业技术领域

化工产业技术领域主要涉及化工资源及其利用技术、有机化工技术、无机化工技术、精细化工技术、橡胶生产技术、化工装备等领域。

一、化工资源及其利用技术

化工资源及其利用技术包括磷化工、钾化工、硼化工、盐化工等化学矿生产技术，煤化工、石油和天然气化工等矿物化工生产技术，生物化工、海洋化工等资源化工技术。

磷化工包括磷矿生产技术，磷肥（磷酸一铵、磷酸二铵和重钙等）和精细磷化工产品（五钠、六偏磷酸钠、磷酸、二甲基亚砜等）生产技术。

盐化工包括盐矿生产技术，氯酸钠、纯碱、氯化铵、烧碱、盐酸、氯气、氢气、金属纳等生产技术。

煤化工包括煤焦化技术、煤气化技术、煤液化技术、煤干馏技术、褐煤综合利用技术、煤化工热电一体化多联产技术等。

石油和天然气化工包括合成氨、氮肥、甲醇、甲醛、乙烯、乙炔、丙烯、丁烯、丁二烯、苯、甲苯、二甲苯、二氯甲烷、四氯化碳、二硫化碳、硝基甲烷、氢氰酸、炭黑、氦气、维尼纶和醋酸乙烯酯等石油天然气产品生产技术，石油燃料、石油溶剂与化工原料、润滑剂、石蜡、石油沥青、石油焦等生产技术。

海洋化工包括海水淡化技术、海盐综合利用技术、海洋生物化工技术等。

生物化工包括生物催化、生物材料、生物能源、生物塑料技术，生物基化工材料生产技术，柠檬酸、乳酸、苹果酸等有机酸生产工艺，赖氨酸和谷氨酸等氨基酸生产工艺，微生物法生产丙烯酰胺技术，赤霉素、井冈霉素、金核霉素、杀虫素等农用抗生素生产技术，甘油发酵和后提取工艺，黄原胶生产技术，酶制剂、果葡糖浆、单细胞蛋白、纤维素酶、胡萝卜素生产技术等。

二、化工生产工艺

化工生产工艺包括以下几种。

烃类热裂解制乙烯工艺包括裂解气净化与分离技术、过程能量利用技术，乙烯氧化法制环氧乙烷工艺，电石法乙炔生产工艺，烯烃后加工产品。

乙烯氧氯化法生产氯乙烯技术，乙炔法制氯乙烯工艺，聚氯乙烯生产工艺；功能塑料及改性塑料，新型可降解塑料。

合成气制甲醇技术、合成气制取技术；蒽醌法生产过氧化氢技术，氯化氢生产工艺；乙醛氧化法制醋酸生产工艺；炼焦及炼焦化学产品回收与加工工艺；磷酸、磷酸铵、硫酸、树脂、纯碱、催化剂及其化工应用技术；化肥及其生产工艺包括尿素、磷肥、钾肥、氮肥，复合肥等。

三、精细化工技术

精细化工技术领域包括：医药，农药，动物用药；染料、颜料、涂料；香料与香精、化妆品、洗浴品、肥皂、洗涤剂、精细化工；表面活性剂、印刷油墨及助剂、感光材料、磁性材料；催化剂、试剂、水处理剂、高分子絮凝剂、造纸助剂、皮革助剂、合成助剂、印染剂、整理剂、黏结剂；食品添加剂、饲料添加剂；油田化学品、石油添加剂、石油炼制助剂、水泥添加剂、矿物浮选剂、铸造用化学品、金属表面处理剂；合成润滑油与润滑油添加剂、汽车用化学品、芳香除臭剂、工业防菌防霉剂；电子化学材料、高分子材料、生物化工制品、电子与信息化学品、纳米聚合物、纳米日用化工、黏合剂和密封胶、高效助燃剂、贮氢材料、磷系阻燃剂等。

四、橡胶生产技术

橡胶生产技术领域包括：天然橡胶、合成橡胶、橡胶混炼技术；安全橡胶产品，包括安全气囊、安全轮胎、阻燃输送带、阻燃胶管和导风筒、电工绝缘用品；节能橡胶产品，包括节油轮胎、节能带、农田灌溉节水胶管、保水地膜胶片等；高性能橡胶产品，包括高性能轮胎、智能轮胎、无声高速带、无级变速带、高脉冲胶管、超高压胶管等；多功能橡胶产品，包括胶鞋、避孕套、旅游休闲品、时装艺术品、医疗保健品、运动竞技品等；高附加值橡胶产品，包括感光橡胶、导电橡胶、磁性橡胶、亲水橡胶、形状记忆橡胶、生体橡胶等；子午线轮胎；环保橡胶产品。

五、化工节能环保与资源化利用技术

化工节能环保与资源化利用技术领域包括：化工生产"三废"治理技术（废水、废气、废渣处理技术）；化工产品包装与储存技术；化工节能技术；污染物降解与净化技术；化工资源综合利用与环境保护技术；化工质检与控制技术；化工安全防护技术等。

六、化工装备技术

化工装备技术领域包括：化工生产系统（精馏系统、蒸发系统、吸收系统、反应器、冷却水系统）；化工机器（过滤机、破碎机、离心分离机、旋转窑、搅拌机、旋转干燥机以及流体输送机械等）；化工设备（容器、普通窑、塔器、反应器、换热器、普通干燥器、蒸发器，反应炉、电解槽、结晶设备、传质设备、吸附设备、流态化设备、普通分离设备以及离子交换设备等）。

第二节　化工产业专利技术分类与检索式

一、化工产业专利技术分类

化工产业包括石油煤化、精细化工、生物化工、磷化工、盐化工、海洋化工、皮革橡胶、化工材料、化肥、化工装备等领域，产业专利技术 IPC 分布于 A、B、C、F 部，主要涉及 A61K8、A23K1、B01J19、C01、C05、C07、C08、C09、C10、C12、C13、C14 所包含的领域（见表 9 - 1）。

表 9 – 1　化工产业领域 IPC 分类

国际专利分类号	小类号	国际专利分类号	小类号
C01 无机化学	C01F 金属镁、铝、钙、锶、钡、镭的化合物，或稀土金属的化合物	C10 石油煤气及炼焦工业，含一氧化碳的工业气体、燃料、润滑剂、泥煤	C10B 含碳物料干馏生产煤气、焦炭、焦油或类似物
	C01D 碱金属		C10C 焦油、焦油沥青、天然沥青的加工
	C01C 非金属元素以及化合物		C10G 烃油裂化，液态烃混合物的制备，从油页岩、油矿或油气中回收烃油，含烃类混合物的精制，石油的重整，地蜡
	C01B 非金属元素及其化合物		
	C01G 含有不包括在 C01D 和 C01F 的化合物		C10J 固态含碳物料生产发生炉煤气、水煤气、合成气，空气或者其他气体的增碳
	C05B 磷肥		C10F 泥煤的干燥或加工
C05 肥料	C05C 氮肥		C10H 湿法生产乙炔
	C05D 其他无机生产二氧化碳的肥料		C10K 含一氧化碳可燃气体化学化合物的净化和改性
	C05F 其他有机肥料		
	C05G 混合肥料、造型肥料		C10L 其他燃料，天然气，液化石油气，引火物
	C07B 有机化学及设备		
C07F 有机化学	C07C 无环或碳环化合物		C10M 润滑组合物
	C07D 杂环化合物	C12 生物化学、微生物学、酶学	C12C 啤酒的酿造
	C07G 未知结构化合物		C12F 发酵溶液副产品，酒精的变性或变性酒精
	C07J 甾族化合物		C12G 果汁酒和其他含酒精饮料及其设备
	C07K 肽		C12J 醋及其制备
C09 染料、涂料、抛光剂、天然树脂、黏合剂	C09B 有机染料或制造染料的有关化合物，媒染剂，色淀		C12M 酶学或微生物装置
			C12Q 酶或微生物的测定或检测
	C09C 增强着色或填充性能的无机材料处理炭黑的制备	C13 糖工业	C13C 切割粉碎机，切丝刀，甜菜废丝压榨机
	C09D 涂料组合物，填充浆料、化学涂料或油墨去除剂，用于着色或印刷的浆料或固体		C13D 糖汁的生产或净化
			C13F 粗糖，糖和糖浆的制备或加工
			C13G 蒸发装置，煮糖罐
	C09F 天然树脂，虫胶清漆，干性油，催化剂，松节油		C13H 切糖机，糖的切割、分选和包装联合机
	C09G 抛光组合物，滑雪履蜡		C13J 废糖蜜中糖的提取
	C09H 动物胶或明胶制备		C13K 葡萄糖，转化糖乳糖，麦芽糖，用双糖或多糖水解法合成糖
	C09J 黏结剂，黏合方法，黏合剂材料的应用	C14 小原皮、大原皮、毛皮、皮革	C14B 小原皮、大原皮或皮革的一般机械处理
	C09K 各种应用材料及其各种应用		C14C 大原皮、小原皮或皮革的化学处理（如浸渍、整饰）所用的设备

二、化工产业专利检索关键词

根据化工产业技术背景，产业技术专利检索主题词主要包括：磷酸、磷肥、五钠；盐化工、氯酸钠、纯碱、氯化铵、烧碱、盐酸、氯气、氢气；煤化工、煤气化、煤液化、煤干馏、焦炉气、煤焦油、焦化、褐煤、焦炭、化工热电；石油、天然气；合成氨、氮肥、甲醇、甲醛、乙烯、乙炔、丙烯、丁烯、丁二烯、苯、二氯甲烷、四氯化碳、二硫化碳、硝基甲烷、氢氰酸、炭黑、氢气、维尼纶、醋酸乙烯；燃油、汽油、柴油、石油溶剂、润滑剂、石蜡、沥青、石油焦；海洋化工、海水淡化、海盐、海洋生物化工；生物化工、生物催化、生物材料、生物能源、生物塑料、柠檬酸、乳酸、苹果酸、有机酸、赖氨酸、谷氨酸、氨基酸、丙烯酰胺、赤霉素、井冈霉素、金核霉素；农药、杀虫素、农用抗生素、甘油、黄原胶、酶制剂、果葡糖浆、单细胞蛋白、纤维素酶、胡萝卜素；化肥、肥料、尿素、钾肥、氮肥、复合肥；橡胶、轮胎、胶管、胶乳、乳胶；精细化工、染料、印染剂、颜料、涂料、香料、香精、香水、护肤、化妆品、洗涤剂、清洁剂、洗发、洗面、肥皂、香皂；表面活性剂、油墨、黏结剂、黏合剂、胶、感光材料、磁性材料、催化剂、试剂；水处理剂、絮凝剂、造纸助剂、皮革助剂、整理剂、添加剂；医药、动物药、兽药；炼油助剂、浮选剂、表面处理剂、润滑油、除臭剂、防菌剂、防霉剂；高分子材料、生物化工；电子化学品、信息化学品；纳米聚合物、纳米化工、助燃剂、阻燃剂、贮氢材料、催化剂；离子膜、阻燃剂、添加剂、降解剂、净化剂、塑料、化工、纤维、弹力丝、异性丝；催化剂、催化反应；结晶、传质、吸附、化学分离、离子交换；化工装备、精馏系统、蒸发系统、化工吸收、化学反应器、化工冷却、化工机器、化学过滤、化学破碎、离心分离、旋转窑、搅拌机、干燥机、流体输送、化工设备、化工容器、反应槽、反应罐、反应釜、化工窑、反应塔、换热器、干燥器、蒸发器、反应炉、电解槽等。

第三节 化工产业领域中国专利整体状况

一、化工产业领域中国专利申请、授权与有效状况

1. 申请与授权状况

2006~2015 年，化工产业领域的中国发明与实用新型专利申请总量为2044979 件，其中发明 1323444 件（占比64.72%），实用新型721535 件（占35.28%）。从专利申请数据来看，化工产业领域有高数量的中国专利申请和授权量，而且发明专利申请数量占有高比例，该产业领域技术创新活跃，发明专利申请数量大，专利申请结构与产业特点相符合（见表9-2）。

表9-2 化工产业领域中国专利申请与授权状况（2006~2015 年）

类型	专利类型	数量/件	占比（%）	授权率（%）
申请量	发明与实用新型合计	2044979		
	发明	1323444	64.72	
	实用新型	721535	35.28	
授权量	发明与实用新型合计	1174897		57.45
	发明	453362	38.59	34.26
	实用新型	721535	61.41	

2006~2015 年，化工产业领域已授权中国发明与实用新型专利数量为 1174897 件，其中发明 453362 件（占比 38.59%），实用新型 721535 件（占比 61.41%），专利申请整体授权率 57.45%，发明专利申请授权率 34.26%（外国申请人发明专利授权率 42.49%）。发明专利授权量与申请量不协调，专利申请质量有待进一步提高（见图 9-1）。

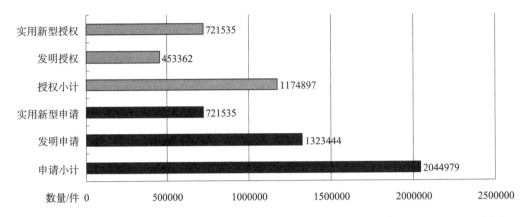

图 9-1 2006~2015 年化工产业领域中国专利申请与授权状况（截至 2016 年 5 月已公开数据）

上述中国专利申请中，国内申请人 1831315 件（占比 89.55%），外国申请人 213664 件（占比 10.45%）；授权的专利中，国内申请人 1078211 件（占比 91.77%），外国申请人 96686 件（占比 8.23%），外国申请人获发明专利授权量占比 19.06%。数据显示，外国申请人在化工产业领域有较高数量的中国发明专利申请和授权，对国内化工产业的发展有较大影响（见表 9-3）。

表 9-3 化工产业领域中国专利国内外申请人申请与授权状况（2006~2015 年）

项目		国内/件	国外/件	国外结构（%）	国外授权率（%）	国外申请人占比（%）
申请量	申请小计	1831315	213664			10.45
	发明申请	1120040	203404	95.20		15.37
	实用新型申请	711275	10260	4.80		1.42
授权量	授权小计	1078211	96686		45.25	8.23
	发明授权	366936	86426	89.39	42.49	19.06
	实用新型授权	711275	10260	10.61		1.43

2. 专利申请与授权年度变化状况

2006~2015 年，化工产业领域的中国发明与实用新型专利申请数量总体呈现增长态势，年均增幅 22.17%；2008~2012 年是该领域中国专利申请量增长的高峰时期。数据显示，2008 年以来，国内化工产业领域专利数量增长迅速（因专利公开滞后和审查周期因素，2013 年后公开数据暂不能说明问题），尤其是发明专利申请增长较快，产业技术创新水平不断提高（见图 9-2）。

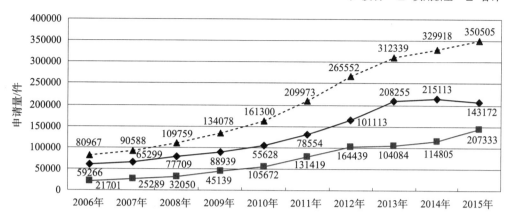

图 9 - 2 化工产业领域中国专利申请数量年度变化 (2006 ~ 2015 年)

从专利申请授权的情况来看，2006 ~ 2015 年，化工产业领域实用新型授权量快速增长，发明专利获权量有一定的增长幅度（因审查滞后因素，2013 年后数据暂不能说明问题），表明化工产业领域中国专利申请的质量在稳步提升，产业专利创新水平持续提高（见图 9 - 3）。

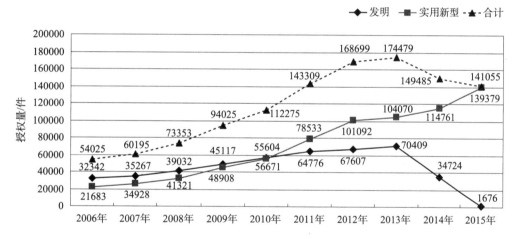

图 9 - 3 化工产业领域中国专利授权数量年度变化 (2006 ~ 2015 年)

3. 专利有效状况

2006 ~ 2015 年，化工产业领域共有 869857 件有效中国发明与实用新型专利，整体有效率 74.04%。其中，发明专利 397564 件，占全部有效专利的 45.70%；发明专利有效率 87.69%，实用新型专利有效率 65.82%，发明专利的有效率较高（见表 9 - 4）。

表 9 - 4 化工产业领域中国专利有效状况 (2006 ~ 2015 年)

专利类型	数量/件	占比（%）	有效率（%）
发明与实用新型合计	869857		74.04
发明	397564	45.70	87.69
实用新型	472293	54.30	65.82%

上述有效专利中，5年以上的发明专利维持率约为92.19%，10年以上的发明专利维持率超过65.87%，表明化工产业领域的发明专利整体维持率较高，有较高数量的基础和核心专利，发明专利在产业发展中具有重要地位（见表9-5）。

表9-5 化工产业领域年度授权中国专利有效状况（截至2016年6月）

年度	有效发明与实用新型专利/件	有效发明专利/件	有效实用新型专利/件	发明专利有效率（%）
2006年	24100	21303	2797	65.87
2007年	31064	24753	6311	70.87
2008年	40881	31170	9711	75.43
2009年	55926	39700	16226	81.17
2010年	72371	49127	23244	86.69
2011年	96672	59716	36956	92.19
2012年	124068	65404	58664	96.74
2013年	142145	69993	72152	99.41
2014年	141711	34722	106989	99.99
2015年	140919	1676	139243	100.00
合计	869857	397564	472293	77.67%

二、化工产业领域中国专利区域分布

1. 专利申请省份分布

2006~2015年，化工产业领域国内申请人已公开的中国专利申请主要分布在江苏、山东、广东、浙江、北京、上海、安徽7个省区市，这些省区市的中国专利申请量均在10万件以上；四川、天津、辽宁、河南、湖北、福建、湖南、陕西、黑龙江、重庆、河北、广西12个省区市的申请量也在3万件以上。在专利获权和有效维持方面，江苏、山东、广东、浙江、北京、上海也是主要的集中地区，其专利授权量均在5万件以上。数据表明，上述区域是国内化工产业技术创新最为活跃的地区，专利技术和产业技术竞争也最为激烈（见表9-6）。

表9-6 化工产业领域已公开中国专利申请省份分布（2006~2015年）

单位：件

排位	省区市	申请			授权			有效专利		
		合计	发明	实用新型	合计	发明	实用新型	合计	发明	实用新型
1	江苏	292060	196723	95337	141893	46556	95337	109779	41438	68341
2	山东	175020	103931	71089	98699	27610	71089	61312	23405	37907
3	广东	172552	92168	80384	113644	33260	80384	89563	29792	59771
4	浙江	166049	73864	92185	122364	30179	92185	84001	25667	58334
5	北京	140409	104466	35943	85115	49172	35943	72770	44091	28679
6	上海	108527	75812	32715	61429	28714	32715	47913	24343	23570
7	安徽	100507	67785	32722	46444	13722	32722	33979	12670	21309
8	四川	60297	35344	24953	37513	12560	24953	27026	11016	16010

续表

排位	省区市	申请			授权			有效专利		
		合计	发明	实用新型	合计	发明	实用新型	合计	发明	实用新型
9	天津	60345	38081	22264	32098	9834	22264	23581	8173	15408
10	辽宁	59107	38150	20957	32669	11712	20957	21194	9596	11598
11	河南	53221	28480	24741	33945	9204	24741	23297	7515	15782
12	湖北	51611	30613	20998	33113	12115	20998	23904	9904	14000
13	福建	44563	21514	23049	31310	8261	23049	24082	7317	16765
14	湖南	40177	24293	15884	25812	9928	15884	19044	8416	10628
15	陕西	37418	25741	11677	21866	10189	11677	15689	8166	7523
16	黑龙江	36662	18331	18331	24681	6350	18331	11138	4919	6219
17	重庆	34098	18039	16059	21322	5263	16059	14687	4266	10421
18	河北	34093	16523	17570	23974	6404	17570	17769	5576	12193
19	广西	32143	26356	5787	11000	5213	5787	8656	4819	3837
20	江西	22804	12305	10499	14598	4099	10499	11281	3477	7804
21	山西	20532	13289	7243	12476	5233	7243	9042	4228	4814
22	吉林	17811	12035	5776	10700	4924	5776	7305	3931	3374
23	云南	17331	11651	5680	10356	4676	5680	7788	3776	4012
24	贵州	13981	9017	4964	7493	2529	4964	5774	2309	3465
25	甘肃	11984	8217	3767	6502	2735	3767	4575	2194	2381
26	新疆	9794	5169	4625	6541	1916	4625	4708	1713	2995
27	内蒙古	7188	4163	3025	4642	1617	3025	3351	1389	1962
28	海南	4949	3624	1325	2998	1673	1325	2369	1505	864
29	宁夏	3667	2554	1113	1827	714	1113	1355	628	727
30	青海	1980	1456	524	962	438	524	756	383	373
31	西藏	435	346	89	225	136	89	163	121	42
合计		1831315	1120040	711275	1078211	366936	711275	787851	316743	471108

2. 专利申请地区分布

2006~2015 年，化工产业技术领域国内申请人已公开的 1831315 件中国专利申请主要集中在东部地区，这一区域共分布有 1198567 件，占到全国总量的 65.45%，反映出东部地区在国内化工产业领域的技术创新主导地位。

中部也有较大数量的专利申请数量分布，共汇集有 289008 件专利申请，占到全国总量的 15.78%，反映了其在化工产业领域较强的技术创新实力。而西部地区和东北部地区化工产业领域的专利申请和授权量相对较低，除四川、辽宁外，这一区域的其他省份在化工产业领域的整体区域技术创新能力都较弱，区域整体技术创新能力不高（见表 9-7）。

表 9 - 7　化工产业领域已公开中国专利申请地区分布（2006～2015 年）

单位：件

大区	排位	省区市	申请			授权			有效专利		
			合计	发明	实用新型	合计	发明	实用新型	合计	发明	实用新型
东部地区	1	江苏	292060	196723	95337	141893	46556	95337	109779	41438	68341
	2	山东	175020	103931	71089	98699	27610	71089	61312	23405	37907
	3	广东	172552	92168	80384	113644	33260	80384	89563	29792	59771
	4	浙江	166049	73864	92185	122364	30179	92185	84001	25667	58334
	5	北京	140409	104466	35943	85115	49172	35943	72770	44091	28679
	6	上海	108527	75812	32715	61429	28714	32715	47913	24343	23570
	7	天津	60345	38081	22264	32098	9834	22264	23581	8173	15408
	8	福建	44563	21514	23049	31310	8261	23049	24082	7317	16765
	9	河北	34093	16523	17570	23974	6404	17570	17769	5576	12193
	10	海南	4949	3624	1325	2998	1673	1325	2369	1505	864
	合计		1198567	726706	471861	713524	241663	471861	533139	211307	321832
东北部地区	1	辽宁	59107	38150	20957	32669	11712	20957	21194	9596	11598
	2	黑龙江	36662	18331	18331	24681	6350	18331	11138	4919	6219
	3	吉林	17811	12035	5776	10700	4924	5776	7305	3931	3374
	合计		113580	68516	45064	68050	22986	45064	39637	18446	21191
中部地区	1	安徽	100507	67785	32722	46444	13722	32722	33979	12670	21309
	2	河南	53221	28480	24741	33945	9204	24741	23297	7515	15782
	3	湖北	51611	30613	20998	33113	12115	20998	23904	9904	14000
	4	湖南	40177	24293	15884	25812	9928	15884	19044	8416	10628
	5	江西	22960	12305	10655	14754	4099	10655	11281	3477	7804
	6	山西	20532	13289	7243	12476	5233	7243	9042	4228	4814
	合计		289008	176765	112243	166544	54301	112243	120547	46210	74337
西部地区	1	四川	60297	35344	24953	37513	12560	24953	27026	11016	16010
	2	陕西	37418	25741	11677	21866	10189	11677	15689	8166	7523
	3	重庆	34098	18039	16059	21322	5263	16059	14687	4266	10421
	4	广西	32143	26356	5787	11000	5213	5787	8656	4819	3837
	5	云南	17331	11651	5680	10356	4676	5680	7788	3776	4012
	6	贵州	13981	9017	4964	7493	2529	4964	5774	2309	3465
	7	甘肃	11984	8217	3767	6502	2735	3767	4575	2194	2381
	8	新疆	9794	5169	4625	6541	1916	4625	4708	1713	2995
	9	内蒙古	7188	4163	3025	4642	1617	3025	3351	1389	1962
	10	宁夏	3667	2554	1113	1827	714	1113	1355	628	727
	11	青海	1980	1456	524	962	438	524	756	383	373
	12	西藏	435	346	89	225	136	89	163	121	42
	合计		230366	148053	82313	130299	47986	82313	94528	40780	53748

三、专利申请技术路径演进

在 2006～2015 年的 10 年间，化工技术产业领域的中国专利申请的技术发展路径以 C12Q1/68、C12N1/20 分类领域为主线，2008 年后 C12N1/00、A23K1/18 和 C05G3/00 分类领域、2010 年后 B01J19/18 分类领域逐步发展成为新的方向，近年来 A61K8/97、C02F9/14、A01G1/00 分类领域的技术创新也表现活跃，而 C08J5/18、H01L33/00 等分类领域的专利申请量则逐步萎缩。数据显示，C12Q1/68、C12N1/20、C12N1/00、A23K1/18 等分类领域是国内化工产业专利技术创新的热点领域（见表 9－8）。

表 9－8　2006～2015 年化工领域中国专利申请技术路径演进

单位：件

年份	2006	2007	2008	2009	2010
分类（申请量）	C12Q1/68 (592)	C12Q1/68 (170)	C12Q1/68 (1029)	C12Q1/68 (1227)	C12Q1/68 (1345)
	C09D133/02 (439)	C12N1/20 (123)	A23L1/29 (431)	A23K1/18 (493)	C05G3/00 (600)
	C08J5/18 (267)	C08J5/18 (82)	A23K1/18 (415)	C12N1/20 (487)	C12N1/20 (573)
	H01L33/00 (257)	C08L69/00 (65)	G01N21/31 (386)	C05G3/00 (355)	A23K1/18 (484)
	C07D471/04 (256)	C09J7/02 (64)	C05G3/00 (327)	C12M1/107 (329)	F21S2/00 (433)
	C07D487/04 (238)	H01L33/00 (64)	C12N1/20 (324)	F21S2/00 (309)	C05G1/00 (350)
	C12N1/20 (229)	C12N15/82 (62)	C12M1/107 (283)	C05G1/00 (288)	C12N15/113 (325)
	C05G1/00 (219)	C09D11/00 (61)	C01B31/02 (272)	C12G3/02 (266)	C02F9/14 (319)
	A61K9/00 (213)	A23L1/29 (58)	C09K11/06 (242)	C02F9/14 (262)	C09J7/02 (311)
	C09K11/06 (212)	C01F7/02 (55)	A61K8/97 (241)	C01B31/02 (250)	B01J19/18 (274)
年份	2011	2012	2013	2014	2015
分类（申请量）	C12Q1/68 (1477)	C12Q1/68 (732)	C05G3/00 (903)	C05G3/00 (3148)	C05G3/00 (4071)
	C05G3/00 (806)	C12N1/20 (614)	C12Q1/68 (868)	A23K1/18 (2209)	C12Q1/68 (2372)
	C12N1/20 (715)	C05G3/00 (510)	C12N1/20 (721)	C12Q1/68 (2184)	A23K1/18 (1622)
	A23K1/18 (685)	A23K1/18 (397)	A23K1/18 (589)	A61K8/97 (1401)	A61K8/97 (1570)
	C09J7/02 (552)	F21S2/00 (373)	B01J19/18 (460)	C12N1/20 (1266)	B01J19/18 (1403)
	F21S2/00 (529)	B01J19/18 (322)	F21S2/00 (428)	C12G3/02 (1072)	C12N1/20 (1317)
	A47J27/08 (521)	C09J7/02 (316)	C12G3/02 (370)	B01J19/18 (1068)	C12G3/02 (1268)
	C12M1/00 (482)	H01B7/17 (301)	A61K8/97 (359)	C08L27/06 (1036)	A01G1/00 (1193)
	B01J19/18 (449)	C12M1/00 (279)	C02F9/04 (355)	A01G1/00 (1006)	C08L27/06 (1135)
	C12G3/02 (424)	C01B31/04 (268)	C02F9/14 (352)	C05G1/00 (891)	C02F9/14 (943)

第四节　化工产业领域中国专利技术分布

一、专利申请整体 IPC 分布

2006～2015 年，化工产业技术领域已公开的中国专利申请分布于 A、B、C、D、E、F、G、H 部，主要涉及 A23、A61、B01、B29、C01、C05、C07、C08、C09、C10、C11、C12、C14、D03、F21、F24、E04、G01、

H01、H02 大类（见表 9 - 9）。

表 9 - 9　化工产业领域已公开中国专利申请 IPC 分布总体情况（2006～2015 年）

单位：件

部类	A	B	C	D
发明申请	235755	183726	633736	44557
实用新型申请	111648	223031	71424	17691
发明授权	63513	62782	241586	15642
IPC 分类（申请量）	A23K1/18（8664）	B01J19/18（4907）	C12Q1/68（14609）	D03D15/00（3102）
	A61K8/97（6351）	B01J19/00（2620）	C05G3/00（13076）	D02G3/04（1542）
	A01G1/00（4544）	B01D53/78（2395）	C12N1/20（7433）	D01F6/92（745）
	A23L1/29（3915）	B29C45/26（2213）	C12G3/02（5300）	D01D5/00（704）
	A23L2/02（2543）	B01D50/00（2076）	C05G1/00（4834）	D06F39/02（635）
	A23K1/16（2384）	B32B27/08（1969）	C08L27/06（4643）	D01D5/253（567）
	A61K8/98（2315）	B09B3/00（1895）	C09J7/02（4610）	D06N3/00（565）
	A01G1/04（2087）	B01F7/18（1860）	C08L23/06（4063）	D06N3/14（493）
	A47G19/22（2048）	B32B27/06（1760）	C02F9/14（3988）	D04B1/14（478）
	A23L2/38（1971）	B05C5/00（1744）	C12G3/04（3979）	D21H27/20（464）

部类	E	F	G	H
发明申请	25270	71698	70607	65420
实用新型申请	52983	134684	50518	59556
发明授权	7677	21442	24851	21760
IPC 分类（申请量）	E04F13/075（2660）	F21S2/00（4091）	G01N30/02（2927）	H01B7/17（1974）
	E04F15/02（1770）	F24F5/00（3066）	G01N33/68（2012）	H01L33/48（1937）
	E04B1/80（1312）	F24F1/00（2925）	G01N21/78（1786）	H01B9/00（1522）
	E04B2/88（1123）	F21S8/00（2468）	G01N1/28（1655）	H01L33/00（1442）
	E21B43/00（793）	F25B39/02（1867）	G01N21/31（1624）	H04M1/02（1370）
	E04F13/077（788）	F24F1/02（1528）	G01N33/577（1583）	H01B7/00（1361）
	E21B33/03（685）	F25B29/00（1453）	G02B6/44（1553）	H01L31/048（1325）
	E04B2/00（645）	F16H57/04（1278）	G01N33/00（1468）	H01L31/18（1289）
	E04F15/04（600）	F25B1/00（1127）	G06F3/041（1302）	H01B7/04（1283）
	E01D19/04（588）	F24H4/02（1124）	G09F3/02（1283）	H01B7/02（1206）

从 IPC 组分布来看，化工产业技术领域已公开的中国专利申请集中于 A23K1/00（动物饲料）、A61K8/00（化妆品或类似的梳妆用配制品）、B01J19/00（化学的、物理的或物理 - 化学的一般方法及其有关设备）、C01B31/00（碳及其化合物）、C02F9/00（水、废水或污水的多级处理）、C05G1/00（肥料的混合物）、C05G3/00（一种或多种肥料与无特殊肥效组分的混合物）、C08L27/00（具有 1 个或更多的不饱和脂族基化合物的均聚物或共聚物的组合物，每个不饱和脂族基只有 1 个碳—碳双键，并且至少有 1 个是以卤素为终端；此种聚合物衍生物的组合物）、C09J7/02（薄膜或薄片状的黏合剂）、C12G3/00（酒精饮料的制备）、C12N1/00（微生物）、C12Q1/00（包含酶或微生物的测定或检验方法）等分类领域（见表 9 - 10）。

表9－10 化工产业领域已公开中国专利申请IPC分布具体情况（2006~2015年）

单位：件

大组分类	类型（申请量）	分类（申请量）	大组分类	类型（申请量）	分类（申请量）
A23K1/00	发明专利（14073）实用新型（71）发明授权专利（3970）	A23K1/18 (8636)	C05G3/00	发明专利（15903）实用新型（487）发明授权专利（3701）	C05G3/08 (493)
		A23K1/16 (2370)			C05G3/06 (39)
		A23K1/14 (1603)			C05G3/10 (2)
		A23K1/00 (633)	C08L27/00	发明专利（6075）实用新型（16）发明授权专利（1389）	C08L27/06 (4643)
		A23K1/10 (268)			C08L27/12 (527)
		A23K1/165 (174)			C08L27/18 (517)
		A23K1/175 (165)			C08L27/16 (298)
		A23K1/06 (86)			C08L27/24 (109)
		A23K1/17 (81)			C08L27/22 (38)
		A23K1/04 (31)			C08L27/08 (37)
A61K8/00	发明专利（15636）实用新型（232）发明授权专利（3495）	A61K8/97 (6351)			C08L27/04 (16)
		A61K8/98 (2315)			C08L27/00 (9)
		A61K8/92 (996)			C08L27/14 (9)
		A61K8/99 (850)	C09J7/00	发明专利（3160）实用新型（1891）发明授权专利（1038）	C09J7/02 (4610)
		A61K8/73 (520)			C09J7/00 (1015)
		A61K8/02 (484)			C09J7/04 (528)
		A61K8/81 (337)	C12G3/00	发明专利（9454）实用新型（1331）发明授权专利（2513）	C12G3/02 (5300)
		A61K8/49 (309)			C12G3/04 (3979)
		A61K8/86 (273)			C12G3/12 (875)
		A61K8/34 (264)			C12G3/00 (355)
B01J19/00	发明专利（2546）实用新型（7360）发明授权专利（726）	B01J19/18 (4907)			C12G3/06 (270)
		B01J19/00 (2620)			C12G3/08 (29)
		B01J19/24 (367)			C12G3/07 (9)
		B01J19/12 (357)			C12G3/14 (6)
		B01J19/02 (300)			C12G3/10 (4)
		B01J19/26 (297)	C12M1/00	发明专利（5037）实用新型（8829）发明授权专利（1845）	C12M1/00 (3805)
		B01J19/32 (270)			C12M1/107 (3341)
		B01J19/30 (180)			C12M1/34 (1344)
		B01J19/08 (176)			C12M1/38 (1153)
		B01J19/28 (175)			C12M1/26 (646)
C01B31/00	发明专利（7874）实用新型（1378）发明授权专利（3387）	C01B31/04 (3371)			C12M1/36 (611)
		C01B31/02 (2949)			C12M1/24 (475)
		C01B31/08 (806)			C12M1/02 (468)
		C01B31/36 (534)			C12M1/12 (456)
		C01B31/12 (437)			C12M1/42 (434)
		C01B31/10 (374)	C12N1/00	发明专利（13816）实用新型（12）发明授权专利（6309）	C12N1/20 (7433)
		C01B31/20 (271)			C12N1/14 (2221)
		C01B31/00 (232)			C12N1/21 (1245)

大组分类	类型（申请量）	分类（申请量）	大组分类	类型（申请量）	分类（申请量）
C01B31/00	发明专利（7874） 实用新型（1378） 发明授权专利（3387）	C01B31/32（207） C01B31/30（170）	C12N1/00	发明专利（13816） 实用新型（12） 发明授权专利（6309）	C12N1/12（644） C12N1/00（604） C12N1/16（558） C12N1/19（443） C12N1/18（218） C12N1/04（162） C12N1/15（112）
C02F9/00	发明专利（8236） 实用新型（5567） 发明授权专利（3237）	C02F9/14（3988） C02F9/04（3868） C02F9/10（1771） C02F9/02（1669） C02F9/08（1054） C02F9/06（947） C02F9/12（444） C02F9/00（74）	C12Q1/00	发明专利（19308） 实用新型（182） 发明授权专利（7313）	C12Q1/68（14609） C12Q1/70（2387） C12Q1/04（710） C12Q1/02（512） C12Q1/06（220） C12Q1/18（174） C12Q1/00（149） C12Q1/48（133） C12Q1/34（115） C12Q1/37（92）
C05G1/00	发明专利（4876） 实用新型（396） 发明授权专利（1198）	C05G1/00（4834） C05G1/06（427） C05G1/10（10） C05G1/02（1） C05G1/04（1）	F21S2/00	发明专利（975） 实用新型（3113） 发明授权专利（191）	F21S2/00（4091）
C05G3/00	发明专利（15903） 实用新型（487） 发明授权专利（3701）	C05G3/00（13076） C05G3/04（1902） C05G3/02（891）			

二、区域专利申请 IPC 分布

2006～2015 年，依其技术创新基础、资源条件和产业地位不同，各地区化工产业领域专利申请的技术热点领域各有侧重，IPC 分布的集中度有所不同。

1. 东部地区

江苏的专利申请主要集中于 C05G3/00、D03D15/00、A23K1/18、C12Q1/68 分类领域，山东集中于 C05G3/00、A23K1/18、A61K8/97 分类领域，北京集中于 C12Q1/68、C12N1/20 分类领域，广东集中于 C09D133/02、C12Q1/68、F21S2/00 分类领域，上海集中于 C12Q1/68 分类领域（见表 9 - 11）。

表 9 - 11　东部地区化工产业领域中国专利申请 IPC 核心分布（2006～2015 年）

单位：件

省区市	北京	天津	河北	上海	江苏
分类 （申请量）	C12Q1/68（1927） C12N1/20（1012） C02F9/14（610） C07K14/415（565）	C12Q1/68（344） A23K1/18（324） C05G3/00（280） C12N1/20（259）	C05G3/00（208） C12N1/20（149） E01D19/04（134） E01D19/06（113）	C12Q1/68（1850） C08L23/12（433） A61K8/97（368） C12N1/20（357）	C05G3/00（2053） D03D15/00（1764） A23K1/18（1637） C12Q1/68（1403）

续表

省区市	北京	天津	河北	上海	江苏
分类 （申请量）	C05G3/00（477）	C05G1/00（230）	C12M1/107（98）	H01L21/768（308）	B01J19/18（1304）
	C12N15/11（457）	B01J19/18（222）	C12Q1/68（94）	C08L23/06（298）	C08L27/06（1090）
	C02F9/04（455）	C02F9/14（189）	C12M1/00（93）	C01B31/02（295）	C12N1/20（1031）
	C01F7/02（444）	A23L1/231（159）	H01L31/18（92）	C08L69/00（288）	A61K8/97（951）
	G01N33/577（393）	C02F9/04（153）	B01D53/78（91）	C01B31/04（274）	C09J7/02（878）
	C08F10/00（390）	A61K8/97（148）	C05G1/00（90）	C02F9/14（259）	C08L23/06（835）

省区市	浙江	广东	海南	福建	山东
分类 （申请量）	B01J19/18（521）	C09D133/02（1436）	C12N1/20（70）	A47J27/08（516）	C05G3/00（2149）
	F21S2/00（382）	C12Q1/68（1415）	A61K9/127（51）	C12Q1/68（356）	A23K1/18（1274）
	A61J3/07（347）	F21S2/00（1411）	C05G3/00（50）	C12N1/20（241）	A61K8/97（1131）
	C12Q1/68（298）	F24F1/00（1223）	A01N43/16（48）	F21S2/00（236）	C05G1/00（796）
	D03D15/00（241）	A61K8/97（969）	A61K9/19（44）	C05G3/00（152）	C08L27/06（748）
	C12N1/20（219）	H01L33/48（861）	A61K9/20（43）	A23K1/18（148）	C12Q1/68（720）
	B29C45/26（215）	F21S8/00（810）	G09F3/02（41）	C02F9/14（140）	C08L67/02（694）
	C12M1/00（213）	H04M1/02（626）	C12Q1/68（40）	A01G1/04（131）	C12N1/20（657）
	B01J19/00（202）	F24F5/00（617）	C07D501/36（35）	E04F13/075（129）	A61K36/899（643）
	C02F9/14（198）	C09J7/02（561）	C12G3/02（34）	B01J19/18（127）	C10M169/04（606）

2. 东北部地区

辽宁的技术创新热点主要集中于 C05G3/00、A61K8/97、A23K1/18 分类领域，黑龙江的技术创新热点主要集中于 C12N1/20、C09B61/00、C12G3/04 分类领域（见表 9－12）。

表 9－12　东北部地区化工产业领域中国专利申请 IPC 核心分布（2006～2015 年）

单位：件

省区市	辽宁		黑龙江			吉林
分类 （申请量）	C05G3/00（356）	C01F7/02（193）	C12N1/20（305）	A23K1/18（177）	A23L1/29（138）	A23K1/18（67）
	A61K8/97（347）	A61K8/98（188）	C09B61/00（256）	C12G3/02（163）	C12Q1/68（122）	A61K36/258（67）
	A23K1/18（321）	C05G1/00（181）	C12G3/04（235）	C01B31/04（118）	C09K11/06（92）	F04B43/04（65）
	C12Q1/68（223）	C12G3/04（179）	C05G3/00（208）	C12M1/107（116）	C12M1/107（84）	C12N1/20（64）
	C12N1/20（218）	C12G3/02（177）	C12Q1/68（188）	A23L1/29（110）	C05G3/00（79）	C02F9/04（61）

3. 中部地区

安徽的技术创新热点主要集中于 C05G3/00、A23K1/18、C08L27/06、H01B7/17 分类领域，湖北主要集中在 C12Q1/68、C05G3/00、C12N1/20 分类领域，河南主要集中于 C05G3/00、A23K1/18 分类领域，湖南主要集中于 C12Q1/68 分类领域（见表 9－13）。

表 9－13　中部地区化工产业领域中国专利申请 IPC 核心分布（2006~2015 年）

单位：件

省区市	安徽	湖北	湖南	河南	山西	江西
分类 （申请量）	C05G3/00 （2465）	C12Q1/68 （492）	C12Q1/68 （309）	C05G3/00 （366）	C05G3/00 （152）	B01J19/18 （127）
	A23K1/18 （1301）	C05G3/00 （333）	A61J1/14 （308）	A23K1/18 （314）	A23K1/18 （119）	A23K1/18 （115）
	C08L27/06 （943）	C12N1/20 （329）	C05G3/00 （242）	C05G1/00 （296）	A23L2/02 （107）	G06F3/041 （113）
	H01B7/17 （769）	C12G3/02 （200）	C12N1/20 （199）	C04B35/66 （259）	H05B3/80 （102）	C12G3/02 （71）
	A01G1/00 （708）	C04B35/66 （196）	A23K1/18 （178）	A61K8/97 （233）	C12G3/02 （93）	C12N1/20 （66）
	C12G3/02 （683）	C11B9/00 （166）	A61J1/05 （160）	C12Q1/68 （227）	C05G1/00 （87）	F21S2/00 （66）
	C08L23/06 （646）	C12N15/29 （150）	A01G1/00 （152）	A23L2/02 （204）	A23L1/29 （82）	C05G3/00 （64）
	A23L1/10 （577）	C05G1/00 （144）	B28B21/32 （152）	C12G3/04 （195）	A61K36/9068 （79）	B01F13/10 （62）
	C08L23/12 （545）	B01J19/18 （142）	C12G3/02 （148）	C12M1/107 （186）	C10J3/20 （76）	G06F3/044 （59）
	C12M1/107 （506）	C02F9/14 （142）	C12M1/107 （121）	A61K36/9068 （169）	C01B31/04 （72）	A61J3/07 （58）

4. 西部地区

四川主要集中于 C12G3/02、C05G3/00、A23K1/18 分类领域，广西主要集中于 C05G3/00、A23K1/18、C12G3/02 分类领域，重庆主要集中于 A01G1/00、C05G3/00 分类领域，云南主要集中于 A01G1/00 分类领域（见表 9－14）。

表 9－14　西部地区化工产业领域中国专利申请 IPC 核心分布（2006~2015 年）

单位：件

省区市	四川	重庆	陕西	广西	云南	贵州
分类 （申请量）	C12G3/02 （431）	A01G1/00 （188）	C12Q1/68 （200）	C05G3/00 （1020）	A01G1/00 （241）	C12G3/02 （175）
	C05G3/00 （404）	C05G3/00 （184）	F24F5/00 （170）	A23K1/18 （537）	C12Q1/68 （166）	A01G1/00 （169）
	A23K1/18 （307）	C12Q1/68 （163）	C05G3/00 （149）	C12G3/02 （524）	C05G3/00 （151）	C05G3/00 （157）
	C12M1/107 （253）	C12M1/107 （148）	C12G3/02 （132）	A01G1/00 （432）	C12N1/20 （114）	C05G1/00 （136）
	C12Q1/68 （228）	B01J19/18 （134）	C12N1/20 （120）	C12G3/04 （370）	C12G3/02 （107）	C01F7/02 （132）
	C02F9/04 （211）	C12G3/02 （134）	A01N43/653 （117）	A61K8/97 （361）	A61K8/97 （103）	C25C3/08 （121）
	C12N1/20 （198）	F02F7/00 （130）	C08L95/00 （117）	C05G1/00 （360）	C12N1/14 （99）	C01B25/234 （108）
	C02F9/02 （181）	C12G3/04 （109）	C02F9/04 （106）	C10M169/04 （345）	C12M1/107 （97）	C01B25/28 （105）
	A01G1/00 （162）	C12M3/00 （103）	C10B53/04 （98）	A01G1/04 （227）	A01G13/00 （93）	A23K1/18 （104）
	B01J19/18 （162）	B60K5/12 （100）	A01N43/90 （80）	A23L2/02 （213）	C11B9/00 （93）	C01B25/30 （72）

续表

省区市	甘肃	新疆	内蒙古	宁夏	青海	西藏
分类 （申请量）	C05G3/00（192）	C05G3/00（125）	A23C9/13（90）	C08L27/06（71）	A23F3/34（56）	C01D15/08（15）
	C12Q1/68（147）	C12Q1/68（106）	C12N1/20（73）	C05G3/00（48）	A23L1/29（37）	A23L1/29（11）
	A01G1/00（139）	C12N1/20（82）	C01F17/00（70）	C12G3/02（43）	A61K36/815（26）	C12G3/02（11）
	C05G1/00（81）	C05G1/00（63）	A23C9/152（66）	C01B31/36（39）	C01D3/08（24）	A01G1/00（7）
	A23K1/18（67）	E21B33/13（60）	C12Q1/68（56）	C04B35/66（37）	C09K5/06（18）	A61K36/708（6）
	C12N1/20（66）	A01G1/00（50）	C05G3/00（54）	C05G1/00（32）	C01B35/10（17）	A61K8/97（6）
	C08B37/00（56）	C12G3/02（42）	A23K1/18（41）	C07H17/08（27）	C01D15/08（17）	A23L1/10（5）
	C12G3/02（55）	A23L1/29（38）	C08F251/00（40）	A23K1/18（23）	A23L2/38（14）	A23L2/38（5）
	C12Q1/70（53）	C01B33/107（38）	C12M1/107（38）	C05G3/04（23）	A61K8/97（14）	A61K36/88（5）
	A23L1/29（47）	C05F17/02（37）	C01B33/107（35）	A61K8/97（21）	C12G3/02（14）	A61B17/03（4）

上述情况表明，各地在化工产业领域的技术创新方向上各具特点。C05G3/00 类一种或多种肥料与无特殊肥效组分的混合物（生物肥、营养液）技术和 A23K1/18 类去除饲料中种籽毒性或苦味技术主要集中在东、中部地区的江苏、山东和安徽，C12Q1/6 类包含酶或微生物的测定或检验技术主要集中在东部地区的北京、上海和广东，A23K1/18、C12Q1/68、C05G3/00、A01G1/00、C12N1/20 分类领域的专利技术创新活动在多数省区都较活跃。

三、产业内专利分布

化工产业可细分为石油煤化、精细化工、生物化工、磷化工、盐化工、海洋化工、皮革橡胶、化工材料、化肥、化工装备等，2006～2015 年，化工产业领域的中国专利申请主要分布在生物化工、石油煤化、精细化工、化工材料领域，生物化工领域的专利申请最为集中，海洋化工领域的专利申请最少（见表 9–15）。

表 9–15　2006～2015 年化工产业中国专利申请产业内分布状况

单位：件

技术领域	类型（申请量）	分类（申请量）	技术领域	类型（申请量）	分类（申请量）
生物化工	发明专利（4630954） 实用新型（4421414） 发明授权专利（1516638）	G06F17/30（44162）	磷化工	发明专利（89410） 实用新型（4637） 发明授权专利（29785）	A23K1/18（3513）
		F21S2/00（31642）			C05G3/00（1552）
		H02J7/00（26635）			C02F9/14（1266）
		H04L29/06（25742）			H01M4/58（1106）
		H05B37/02（25533）			C10M169/04（833）
		H04L29/08（25094）			C08L27/06（710）
		F21S8/00（21022）			C04B35/66（607）
		G05B19/418（19353）			A01G1/00（601）
		G06F1/16（16180）			C01B25/45（536）
		A23K1/18（15094）			C05G1/00（523）

续表

技术领域	类型（申请量）	分类（申请量）	技术领域	类型（申请量）	分类（申请量）
精细化工	发明专利（875694） 实用新型（413494） 发明授权专利（286810）	A61K36/9066（8817）	皮革橡胶	发明专利（83111） 实用新型（115915） 发明授权专利（24881）	C08L7/00（1772）
		A61K36/899（8460）			C08L23/16（1191）
		A61K36/9068（8071）			C08L9/02（995）
		C12Q1/68（7527）			B60C23/04（873）
		A23K1/18（7008）			B29C35/02（743）
		A61K8/97（6272）			C08L83/07（718）
		A23L1/29（4762）			C08L9/06（687）
		C05G3/00（3429）			C08L83/04（660）
		C09J7/02（3406）			H01B7/17（644）
		A61K36/898（3358）			B60C11/03（621）
石油煤化	发明专利（457604） 实用新型（156893） 发明授权专利（166087）	C08L27/06（3970）	化工装备	发明专利（75121） 实用新型（38495） 发明授权专利（29424）	C02F9/14（1142）
		C08L23/06（3548）			B01J19/18（1006）
		C08L23/12（3323）			C02F9/04（793）
		C05G3/00（3025）			B01J19/00（667）
		C10M169/04（2909）			B01D53/78（526）
		G01N30/02（2440）			C08L27/06（404）
		C09D133/00（2060）			C02F9/06（365）
		E21B43/00（1942）			C02F9/10（355）
		C08L69/00（1856）			G01N27/26（332）
		C08L67/02（1790）			F27D17/00（330）
化工材料	发明专利（196095） 实用新型（34836） 发明授权专利（70501）	C05G3/00（3729）	化肥	发明专利（56177） 实用新型（9321） 发明授权专利（16074）	C05G3/00（13035）
		C08L27/06（3488）			C05G1/00（4818）
		C02F9/14（3361）			A01G1/00（3765）
		C08L23/06（3360）			C05G3/04（1899）
		C02F9/02（2486）			A01G1/04（1351）
		C09J7/02（2236）			C05F17/02（1331）
		C02F9/04（1862）			C05F17/00（1208）
		C04B28/00（1682）			C05G3/02（890）
		C08J5/18（1621）			A23K1/18（879）
		C08L23/12（1571）			C12N1/20（760）
盐化工	发明专利（146669） 实用新型（5792） 发明授权专利（51092）	A23K1/18（4491）	海洋化工	发明专利（24353） 实用新型（4125） 发明授权专利（8179）	C05G3/00（973）
		A23L1/24（1200）			A01K61/00（557）
		C04B28/04（1182）			A23K1/18（534）
		A21D13/08（1108）			C02F1/04（523）
		A23L1/218（1104）			C02F1/14（456）
		A23L1/315（859）			C12N1/20（421）
		C02F9/04（832）			C02F1/44（298）
		A23L1/16（775）			C02F9/02（268）
		A23L1/311（687）			C12G3/04（261）
		A23L1/317（632）			C12Q1/68（252）

第五节　化工产业领域专利竞争者

一、专利竞争者整体状况

2006~2015 年，化工产业领域的主要竞争者中，企业占据主导地位，其发明专利申请量达到 808008 件（占该领域全部申请的 61.05%）；高等院校也有一定的竞争实力，其发明专利申请量 252244 件（占该领域全部申请的 19.06%）；研究院所竞争力相对最弱，但仍然拥有 103934 件发明专利申请量（占该领域全部申请的 7.85%）（见表 9－16）。

表 9－16　化工产业领域中国专利分类竞争者结构状况（2006~2015 年）

单位：件

类别	高校		研究院所		企业	
	申请量/件	占比（%）	申请量/件	占比（%）	申请量/件	占比（%）
发明与实用小计	295787	14.46	122462	5.99	1275370	62.37
发明申请	252244	19.06	103934	7.85	808008	61.05
实用新型申请	43543	6.03	18528	2.57	467362	64.77
发明授权	116286	25.65	49112	10.83	268981	59.33%

化工产业领域的专利竞争者主要有中国石油化工股份有限公司、中国石油天然气股份有限公司、巴斯夫欧洲公司、中国科学院大连化学物理研究所、中国科学院长春应用化学研究所、浙江大学、江南大学、华南理工大学、东华大学、中国科学院化学研究所等（见表 9－17）。

表 9－17　化工产业领域主要专利竞争者情况（2006~2015 年）

单位：件

类别	高校（申请量）	研究院所（申请量）	企业（申请量）
主要竞争者	江南大学（5581）	中国科学院大连化学物理研究所（2510）	中国石油化工股份有限公司（17004）
	华南理工大学（5189）	中国科学院过程工程研究所（1644）	中国石油天然气股份有限公司（5542）
	东华大学（4448）	中国科学院长春应用化学研究所（1601）	国家电网公司（4507）
	上海交通大学（4347）	中国科学院化学研究所（1594）	巴斯夫欧洲公司（4152）
	天津大学（4001）	江苏省农业科学院（930）	中石化股份有限公司石油化工科学研究院（3659）
	清华大学（3980）	中国科学院理化技术研究所（831）	中石化股份有限公司上海石油化工研究院（3213）
	北京化工大学（3498）	中国科学院宁波材料技术与工程研究所（825）	中石化股份有限公司抚顺石油化工研究院（3072）
	浙江大学（3448）	中国科学院上海硅酸盐研究所（786）	中石化工股份有限公司北京化工研究院（3025）
	华东理工大学（3300）	财团法人工业技术研究院（739）	海洋王照明科技股份有限公司（2805）
	哈尔滨工业大学（3319）	上海医药工业研究院（690）	深圳市海洋王照明技术有限公司（2489）

续表

类别	高校（申请量）	研究院所（申请量）	企业（申请量）
IPC 分布	C12Q1/68（4782）	C12Q1/68（2748）	C05G3/00（7060）
	C12N1/20（3391）	C12N1/20（1504）	C12Q1/68（5265）
	C01B31/02（1307）	C05G3/00（896）	A23K1/18（4495）
	C01B31/04（1170）	C12N15/11（712）	B01J19/18（3979）
	C12N1/14（1016）	C12Q1/70（661）	C08L27/06（3882）
	C05G3/00（979）	A01G1/00（649）	A61K8/97（3452）
	C12N15/11（907）	C07K14/415（569）	C09J7/02（3430）
	C09K11/06（879）	C12N15/113（520）	C08L23/06（3115）
	C12N15/113（853）	C12N1/14（505）	C08L23/12（2995）
	C12N15/29（836）	A23K1/18（485）	F21S2/00（2874）

二、产业内专利竞争者

1. 主要专利竞争者产业内分布

2006～2015 年，化工产业领域的专利竞争者包括国家电网公司、宝山钢铁股份有限公司、武汉钢铁（集团）公司、鞍钢股份有限公司、北京科技大学、哈尔滨工业大学、中国矿业大学、中南大学等，在石油煤化、精细化工、生物化工、磷化工、盐化工、海洋化工、皮革橡胶、化工材料、化肥、化工装备产业领域均有分布（见表 9 - 18）。

表 9 - 18　2006～2015 年冶金矿山产业主要专利竞争者产业内分布状况

单位：件

技术领域	主要竞争者（专利申请量）	
石油煤化	中国石油化工股份有限公司（25121）	中国石油化工股份有限公司石油化工科学研究院（3879）
	中国石油天然气股份有限公司（13447）	中国石油化工股份有限公司抚顺石油化工研究院（3266）
	中国海洋石油总公司（6253）	中国石油化工股份有限公司上海石油化工研究院（3229）
	中国石油天然气集团公司（4668）	中国石油化工股份有限公司北京化工研究院（3227）
	中国石油大学（华东）（4378）	浙江大学（2924）
精细化工	中国石油化工股份有限公司（11842）	中国石油化工股份有限公司石油化工科学研究院（2667）
	浙江大学（5126）	国家电网公司（2623）
	中国石油天然气股份有限公司（3147）	中国石油化工股份有限公司上海石油化工研究院（2491）
	江南大学（2783）	东华大学（2346）
	华南理工大学（2782）	上海交通大学（2270）
生物化工	国家电网公司（69287）	中国石油化工股份有限公司（25071）
	中兴通讯股份有限公司（37946）	三星电子株式会社（21837）
	华为技术有限公司（37586）	鸿富锦精密工业（深圳）有限公司（18923）
	鸿海精密工业股份有限公司（26318）	清华大学（17492）
	浙江大学（25313）	松下电器产业株式会社（14927）

技术领域	主要竞争者（专利申请量）	
磷化工	中国石油化工股份有限公司（977）	苏州艾杰生物科技有限公司（426）
	浙江大学（527）	华南理工大学（415）
	瓮福（集团）有限责任公司（510）	深圳市海洋王照明工程有限公司（407）
	海洋王照明科技股份有限公司（487）	江南大学（337）
	深圳市海洋王照明技术有限公司（480）	昆明理工大学（313）
盐化工	中国石油化工股份有限公司（2046）	东华大学（567）
	浙江大学（977）	中南大学（525）
	华南理工大学（650）	陕西科技大学（471）
	江南大学（644）	昆明理工大学（466）
	中国石油天然气股份有限公司（619）	中国石油化工股份有限公司北京化工研究院（461）
海洋化工	中国海洋大学（326）	中国水产科学研究院黄海水产研究所（129）
	中国科学院海洋研究所（238）	天津大学（118）
	浙江大学（224）	中国科学院南海海洋研究所（110）
	中国海洋石油总公司（190）	江南大学（110）
	浙江海洋学院（180）	中国船舶重工集团公司第七二五研究所（106）
皮革橡胶	住友橡胶工业株式会社（1231）	中国石油化工股份有限公司（625）
	国家电网公司（1186）	米其林集团总公司（475）
	株式会社普利司通（1117）	固特异轮胎和橡胶公司（432）
	米其林研究和技术股份有限公司（772）	北京化工大学（429）
	横滨橡胶株式会社（632）	中国石油天然气股份有限公司（413）
化工材料	浙江大学（1437）	江南大学（799）
	中国石油化工股份有限公司（1336）	上海交通大学（755）
	华南理工大学（1084）	天津大学（735）
	东华大学（1064）	清华大学（709）
	哈尔滨工业大学（941）	海洋王照明科技股份有限公司（695）
化肥	浙江大学（262）	中国农业大学（179）
	深圳市芭田生态工程股份有限公司（187）	马鞍山科邦生态肥有限公司（173）
	广西大学（184）	南京农业大学（163）
	青岛嘉禾丰肥业有限公司（183）	贵州大学（162）
	山东金正大生态工程股份有限公司（180）	青岛海益诚管理技术有限公司（155）
化工装备	中国石油化工股份有限公司（1041）	华南理工大学（399）
	浙江大学（680）	昆明理工大学（353）
	清华大学（524）	复旦大学（350）
	大连理工大学（437）	中国石油天然气股份有限公司（332）
	上海交通大学（399）	哈尔滨工业大学（326）

2. 石油煤化领域主要竞争者与 IPC 分布

2006～2015 年，石油煤化产业领域的专利竞争者集中于企业和高等院校，主要专利竞争者有中国石油化工股份有限公司、中国石油天然气股份有限公司、中国海洋石油总公司、中国石油大学、浙江大学、西南石油大学、东北石油大学等，相关专利申请集中于 C08L27/06、C08L23/06、C08L23/12、C10M169/04、C05G3/00 等分类领域（见表 9 – 19）。

表 9 – 19　石油煤化领域中国专利申请 IPC 分布与主要竞争者状况（2006 ~ 2015 年）

单位：件

类别	类型（数量）	专利申请人/专利权人（申请量）	IPC 分布（申请量）
高校	发明申请（91269）实用新型申请（12661）发明授权（42963）	中国石油大学（华东）（4377）	C09K11/06（477）
		浙江大学（2908）	G01N30/02（477）
		西南石油大学（2801）	B01J20/26（436）
		中国石油大学（北京）（2566）	C01B31/02（415）
		东北石油大学（2456）	C10M169/04（411）
		天津大学（1884）	C12N1/20（385）
		华南理工大学（1793）	C08L23/12（354）
		华东理工大学（1724）	C08L23/06（351）
		北京化工大学（1651）	E21B49/00（320）
		东华大学（1620）	C12Q1/68（312）
研究院所	发明申请（18651）实用新型申请（2152）发明授权（9217）	中国科学院大连化学物理研究所（948）	G01N30/02（239）
		中国科学院长春应用化学研究所（819）	A01G1/00（174）
		中国科学院化学研究所（705）	C05G3/00（162）
		中国科学院过程工程研究所（398）	G01N30/88（133）
		中国科学院兰州化学物理研究所（335）	A01K61/00（132）
		中国科学院上海有机化学研究所（332）	C12Q1/68（125）
		中国科学院山西煤炭化学研究所（319）	C12N1/20（105）
		中国科学院宁波材料技术与工程研究所（299）	G01N1/28（80）
		西安近代化学研究所（275）	C09K11/06（75）
		中国科学院上海药物研究所（265）	C01B31/02（74）
企业	发明申请（299361）实用新型申请（113802）发明授权（103955）	中国石油化工股份有限公司（25268）	C08L27/06（3377）
		中国石油天然气股份有限公司（13694）	C08L23/06（2771）
		中国海洋石油总公司（6269）	C08L23/12（2723）
		中国石油天然气集团公司（4702）	C10M169/04（2223）
		中国石油化工股份有限公司石油化工科学研究院（3880）	C05G3/00（1693）
		中国石油化工股份有限公司抚顺石油化工研究院（3325）	C09D133/00（1683）
		中国石油化工股份有限公司上海石油化工研究院（3261）	C08L69/00（1661）
		中国石油化工股份有限公司北京化工研究院（3234）	C09D133/02（1558）
		中国石油化工集团公司（1951）	C08L67/02（1524）
		巴斯夫欧洲公司（1759）	C08L23/08（1471）

3. 精细化工领域主要竞争者与 IPC 分布

2006 ~ 2015 年，精细化工产业领域的专利竞争者集中于企业和高等院校，主要竞争者有中国石油化工股份有限公司、浙江大学、江南大学、华南理工大学、中国科学院大连化学物理研究所、中国科学院化学研究所等，相关专利申请集中于 A23K1/18、A61K8/97、C12Q1/68、C09J7/02、A23L1/29 等分类领域（见表 9 – 20）。

表9-20 精细化工领域中国专利申请IPC分布与主要专利竞争者状况（2006～2015年）

单位：件

类别	类型（数量）	专利申请人/专利权人（申请量）	IPC分布（申请量）
高校	发明申请（147568） 实用新型申请（23684） 发明授权（67993）	浙江大学（5102）	C12Q1/68（2313）
		江南大学（2782）	C12N1/20（850）
		华南理工大学（2765）	C01B31/02（602）
		东华大学（2344）	A23K1/18（539）
		上海交通大学（2266）	B22F9/24（538）
		北京化工大学（2138）	C08B37/00（487）
		天津大学（1957）	A61K47/48（486）
		复旦大学（1929）	A61K48/00（435）
		华东理工大学（1896）	G01N30/02（416）
		清华大学（1849）	C01B31/04（408）
研究院所	发明申请（63396） 实用新型申请（9048） 发明授权（29360）	中国科学院大连化学物理研究所（1797）	C12Q1/68（1255）
		中国科学院化学研究所（897）	C12Q1/70（452）
		中国科学院长春应用化学研究所（880）	A61K36/9066（426）
		中国科学院过程工程研究所（769）	C12N1/20（387）
		北京艺信堂医药研究所（763）	A23K1/18（341）
		北京冠五洲生物科学研究院（581）	C08F10/00（311）
		中国科学院上海药物研究所（554）	G01N30/02（311）
		天津药物研究院（461）	B01J32/00（298）
		西安近代化学研究所（455）	A01G1/00（264）
		中国科学院山西煤炭化学研究所（435）	C02F9/04（254）
企业	发明申请（488969） 实用新型申请（250287） 发明授权（157367）	中国石油化工股份有限公司（11909）	A23K1/18（3571）
		中国石油天然气股份有限公司（3172）	A61K8/97（3313）
		中国石油化工股份有限公司石油化工科学研究院（2668）	C12Q1/68（2930）
		国家电网公司（2634）	C09J7/02（2866）
		中国石油化工股份有限公司上海石油化工研究院（2504）	A23L1/29（2117）
		中国石油化工股份有限公司抚顺石油化工研究院（2180）	F21S2/00（2080）
		巴斯夫欧洲公司（1969）	C05G3/00（1926）
		中国石油化工股份有限公司北京化工研究院（1967）	A61K36/9066（1852）
		深圳市海川实业股份有限公司（1540）	C02F9/04（1773）
		日东电工株式会社（1397）	A61K36/899（1765）

4. 生物化工领域主要竞争者与IPC分布

2006～2015年，生物化工领域的专利竞争者集中于企业和高等院校，主要竞争者有江南大学、浙江大学、上海交通大学、中国科学院大连化学物理研究所、巴斯夫欧洲公司、巴斯夫欧洲公司、江苏省农业科学院等，相关专利申请集中于C02F9/14、C05G3/00、C12N1/20、C12Q1/68、C02F3/30等分类领域（见表9-21）。

表 9－21　生物化工领域中国专利申请 IPC 分布与主要专利竞争者状况（2006～2015 年）

单位：件

类别	类型（数量）	专利申请人/专利权人（申请量）	IPC 分布（申请量）
高校	发明申请（36891） 实用新型申请（2228） 发明授权（17121）	江南大学（1455）	C12N1/20（2051）
		浙江大学（1332）	C02F9/14（1431）
		上海交通大学（897）	C12Q1/68（1186）
		华南理工大学（685）	C12N1/14（577）
		复旦大学（664）	C02F3/30（543）
		南京大学（588）	C02F3/34（414）
		山东大学（579）	C02F3/32（369）
		清华大学（563）	C12M1/00（368）
		华东理工大学（530）	C02F3/28（347）
		哈尔滨工业大学（529）	C05G3/00（288）
研究院所	发明申请（13275） 实用新型申请（943） 发明授权（6604）	中国科学院大连化学物理研究所（379）	C12N1/20（969）
		江苏省农业科学院（274）	C02F9/14（704）
		中国科学院过程工程研究所（260）	C12Q1/68（602）
		中国科学院海洋研究所（257）	C12N1/14（273）
		中国科学院化学研究所（238）	C05G3/00（225）
		中国科学院长春应用化学研究所（232）	C02F3/32（187）
		中国科学院生态环境研究中心（208）	C12N15/11（160）
		中国科学院广州能源研究所（177）	C02F3/30（145）
		中国农业科学院植物保护研究所（168）	C02F3/34（137）
		中国科学院上海药物研究所（158）	C12N15/10（133）
企业	发明申请（45051） 实用新型申请（7816） 发明授权（16192）	中国石油化工股份有限公司（831）	C02F9/14（3857）
		巴斯夫欧洲公司（286）	C05G3/00（2104）
		中国石油化工股份有限公司抚顺石油化工研究院（234）	C12N1/20（1349）
		中国石油化工股份有限公司石油化工科学研究院（181）	C12Q1/68（1055）
		帝斯曼知识产权资产管理有限公司（170）	C02F3/30（656）
		霍夫曼－拉罗奇有限公司（168）	C12M1/00（647）
		中国石油化工股份有限公司北京化工研究院（160）	C02F3/34（629）
		中国石油天然气股份有限公司（160）	C02F3/12（526）
		出光兴产株式会社（151）	C05G3/04（506）
		詹森药业有限公司（140）	C02F3/02（481）

5. 磷化工领域主要竞争者与 IPC 分布

2006～2015 年，磷化工领域的专利竞争者集中于企业和高等院校，主要竞争者有中国石油化工股份有限公司、浙江大学、华南理工大学、江南大学、中国科学院大连化学物理研究所等，相关专利申请集中于 A23K1/18、C10M169/04、C05G3/00、C08L27/06 等分类领域（见表 9－22）。

表9-22　磷化工领域中国专利申请IPC分布与主要专利竞争者状况（2006~2015年）

单位：件

类别	类型（数量）	专利申请人/专利权人（申请量）	IPC分布（申请量）
高校	发明申请（17991） 实用新型申请（464） 发明授权（8379）	浙江大学（523）	C02F9/14（399）
		华南理工大学（408）	H01M4/58（346）
		江南大学（334）	A23K1/18（298）
		昆明理工大学（313）	C12N1/20（236）
		四川大学（308）	C02F3/30（187）
		上海交通大学（276）	A61K9/127（170）
		清华大学（273）	C01B25/45（169）
		中南大学（264）	C01B25/32（167）
		天津大学（246）	C02F3/32（136）
		东华大学（244）	C05G3/00（119）
研究院所	发明申请（6911） 实用新型申请（212） 发明授权（3331）	中国科学院大连化学物理研究所（215）	A23K1/18（211）
		中国科学院长春应用化学研究所（121）	C02F9/14（154）
		中国科学院上海硅酸盐研究所（95）	C05G3/00（153）
		中国科学院过程工程研究所（77）	H01M4/58（90）
		中国科学院宁波材料技术与工程研究所（75）	A01G1/00（87）
		中国科学院化学研究所（69）	C12N1/20（81）
		中国科学院生态环境研究中心（65）	C01B39/54（79）
		中国科学院金属研究所（65）	C02F3/32（58）
		江苏省农业科学院（61）	G01N30/02（58）
		中国科学院福建物质结构研究所（57）	C02F9/04（53）
企业	发明申请（54871） 实用新型申请（3374） 发明授权（16765）	中国石油化工股份有限公司（982）	A23K1/18（2257）
		瓮福（集团）有限责任公司（511）	C10M169/04（729）
		海洋王照明科技股份有限公司（487）	C05G3/00（705）
		深圳市海洋王照明技术有限公司（480）	C08L27/06（643）
		苏州艾杰生物科技有限公司（426）	C02F9/14（628）
		中国石油化工股份有限公司（982）	H01M4/58（585）
		瓮福（集团）有限责任公司（511）	C08L69/00（489）
		海洋王照明科技股份有限公司（487）	C04B35/66（462）
		深圳市海洋王照明技术有限公司（480）	C08L23/06（403）
		苏州艾杰生物科技有限公司（426）	C08L23/12（346）

6. 盐化工领域主要竞争者与IPC分布

2006~2015年，盐化工领域的专利竞争者集中于企业和高等院校，主要竞争者有中国石油化工股份有限公司、浙江大学、华南理工大学、巴斯夫欧洲公司、中国科学院大连化学物理研究所等，相关专利申请集中于A23K1/18、C05G3/00、C04B28/04等分类领域（见表9-23）。

表9-23 盐化工产业领域中国专利申请 IPC 分布与主要专利竞争者状况（2006~2015 年）

单位：件

类别	类型（数量）	专利申请人/专利权人（申请量）	IPC 分布（申请量）
高校	发明申请（31866）实用新型申请（411）发明授权（15113）	浙江大学（969）	C12N1/20（262）
		华南理工大学（648）	B22F9/24（258）
		江南大学（645）	C04B28/04（225）
		东华大学（567）	A23K1/18（218）
		中南大学（526）	C02F1/52（186）
		陕西科技大学（470）	C02F9/04（170）
		昆明理工大学（466）	C01B31/02（150）
		上海交通大学（454）	C01B31/04（137）
		北京化工大学（450）	A23L1/326（121）
		天津大学（440）	B01J20/20（121）
研究院所	发明申请（11687）实用新型申请（249）发明授权（5533）	中国科学院大连化学物理研究所（328）	A23K1/18（186）
		中国科学院过程工程研究所（325）	C12N1/20（119）
		中国科学院长春应用化学研究所（204）	C02F9/04（97）
		中国科学院上海硅酸盐研究所（168）	C08F220/56（87）
		上海医药工业研究院（149）	C09K8/584（86）
		中国科学院化学研究所（147）	C02F9/14（77）
		中国科学院青海盐湖研究所（147）	B01J32/00（57）
		天津市化学试剂研究所（129）	C01F7/02（55）
		中国科学院宁波材料技术与工程研究所（115）	C09D167/00（53）
		中国科学院上海药物研究所（110）	B22F9/24（52）
企业	发明申请（86872）实用新型申请（4114）发明授权（28840）	中国石油化工股份有限公司（2066）	A23K1/18（2578）
		中国石油天然气股份有限公司（625）	C05G3/00（742）
		中国石油化工股份有限公司北京化工研究院（462）	C04B28/04（740）
		巴斯夫欧洲公司（425）	A23L1/24（686）
		中国石油化工股份有限公司上海石油化工研究院（404）	C02F9/04（558）
		中国石油化工股份有限公司抚顺石油化工研究院（328）	A23L1/315（538）
		中国石油化工股份有限公司石油化工科学研究院（313）	A21D13/08（523）
		霍夫曼－拉罗奇有限公司（286）	C07D471/04（523）
		中国海洋石油总公司（273）	A23L1/218（465）
		诺瓦提斯公司（259）	C07D487/04（459）

7. 海洋化工领域主要竞争者与 IPC 分布

2006~2015 年，海洋化工产业领域的专利竞争者集中于企业和高等院校，主要竞争者有中国海洋大学、浙江大学、浙江海洋学院、中国科学院海洋研究所、中国水产科学研究院黄海水产研究所、中国海洋石油总公司等，相关专利申请集中于 C05G3/00、A23K1/18、C02F1/04、C22B34/12、C02F1/14 等分类领域（见表9-24）。

表9-24 海洋化工领域中国专利申请IPC分布与主要专利竞争者状况（2006~2015年）

单位：件

类别	类型（数量）	专利申请人/专利权人（申请量）	IPC分布（申请量）
高校	发明申请（5511）实用新型申请（624）发明授权（2604）	中国海洋大学（324）	C12N1/20（214）
		浙江大学（224）	A01K61/00（162）
		浙江海洋学院（180）	C02F1/14（134）
		天津大学（118）	C12Q1/68（104）
		江南大学（110）	C02F1/04（100）
		华南理工大学（105）	C02F9/10（51）
		中山大学（98）	C08B37/00（51）
		宁波大学（97）	C05G3/00（49）
		上海交通大学（96）	C02F1/44（48）
		大连理工大学（92）	C12N1/14（45）
研究院所	发明申请（2754）实用新型申请（372）发明授权（1370）	中国科学院海洋研究所（232）	A01K61/00（158）
		中国水产科学研究院黄海水产研究所（127）	C12N1/20（129）
		中国科学院南海海洋研究所（108）	C02F1/04（75）
		国家海洋局天津海水淡化与综合利用研究所（93）	C12Q1/68（54）
		中国科学院大连化学物理研究所（64）	C05G3/00（52）
		国家海洋局第三海洋研究所（58）	A01G1/00（47）
		中国水产科学研究院南海水产研究所（46）	C02F1/44（43）
		中国水产科学研究院东海水产研究所（45）	C08B37/08（36）
		中国科学院烟台海岸带研究所（45）	A23K1/18（34）
		山东省科学院海洋仪器仪表研究所（42）	C02F3/32（28）
企业	发明申请（12019）实用新型申请（2281）发明授权（3429）	中国海洋石油总公司（190）	C05G3/00（577）
		中国船舶重工集团公司第七二五研究所（106）	A23K1/18（306）
		北京国华电力有限责任公司（84）	C02F1/04（253）
		中国神华能源股份有限公司（83）	C22B34/12（214）
		神华国华（北京）电力研究院有限公司（71）	C02F1/14（146）
		青岛优维奥信息技术有限公司（69）	C02F1/44（139）
		中海油能源发展股份有限公司（66）	C02F9/02（138）
		青岛海芬海洋生物科技有限公司（60）	A01K61/00（126）
		大连朔北英博生物科技有限公司（58）	C04B28/00（125）
		中国石油化工股份有限公司（57）	C09D163/00（123）

8. 皮革橡胶领域主要竞争者与IPC分布

2006~2015年，皮革橡胶产业领域的专利竞争者集中于企业和高等院校，主要竞争者有株式会社普利司通、住友橡胶工业株式会社、米其林研究和技术股份有限公司、固特异轮胎和橡胶公司、北京化工大学、陕西科技大学、华南理工大学、中国热带农业科学院橡胶研究所等，相关专利申请集中于C08L7/00、C08L23/16、C08L9/02、C09J7/02、H01B7/17等分类领域（见表9-25）。

表 9 – 25 皮革橡胶领域中国专利申请 IPC 分布与主要专利竞争者状况（2006～2015 年）

单位：件

类别	类型（数量）	专利申请人/专利权人（申请量）	IPC 分布（申请量）
高校	发明申请（8557） 实用新型申请（7687） 发明授权（3962）	北京化工大学（423）	C08L7/00（141）
		陕西科技大学（365）	E04B1/98（139）
		华南理工大学（309）	G01M17/02（120）
		青岛科技大学（306）	E01D19/04（104）
		山东科技大学（304）	C08L95/00（87）
		四川大学（285）	C08L83/07（79）
		长安大学（254）	C04B28/04（78）
		浙江大学（250）	B60C23/04（71）
		同济大学（231）	C08L83/04（70）
		吉林大学（227）	C08L23/16（69）
研究院所	发明申请（3314） 实用新型申请（2732） 发明授权（1494）	中国热带农业科学院橡胶研究所（209）	C08L7/00（65）
		中国热带农业科学院农产品加工研究所（110）	E01D19/04（53）
		中国运载火箭技术研究院（62）	C08L95/00（45）
		中国科学院化学研究所（58）	G01N1/28（36）
		航天材料及工艺研究所（46）	C08L23/12（34）
		中国科学院长春应用化学研究所（45）	C08L83/04（33）
		中国飞机强度研究所（31）	C08L83/07（33）
		山西省交通科学研究院（31）	C08L23/16（32）
		湖北航天化学技术研究所（31）	C08L9/02（32）
		中国皮革和制鞋工业研究院（28）	F16F15/08（32）
企业	发明申请（57899） 实用新型申请（69065） 发明授权（17457）	株式会社普利司通（1732）	C08L7/00（1437）
		住友橡胶工业株式会社（1526）	C08L23/16（1039）
		国家电网公司（1190）	C08L9/02（843）
		米其林研究和技术股份有限公司（895）	H01B7/17（618）
		固特异轮胎和橡胶公司（839）	B60C23/04（603）
		横滨橡胶株式会社（776）	B60C11/03（594）
		中国石油化工股份有限公司（627）	B29C35/02（588）
		米其林技术公司（591）	C08L83/07（574）
		厦门正新橡胶工业有限公司（535）	C08L9/06（566）
		米其林集团总公司（531）	C08L83/04（523）

9. 化工材料领域主要竞争者与 IPC 分布

2006～2015 年，化工材料领域的专利竞争者集中于企业和高等院校，主要竞争者有中国石油化工股份有限公司、浙江大学、华南理工大学、东华大学、哈尔滨工业大学、中国科学院化学研究所、中国科学院长春应用化学研究所等，相关专利申请集中于 C08L27/06、C08L23/06、C02F9/14、C05G3/00、C09J7/02 等 IPC 分类（见表 9 – 26）。

表 9 - 26 化工材料领域中国专利申请 IPC 分布与主要专利竞争者状况 （2006~2015 年）

单位：件

类别	类型（数量）	专利申请人/专利权人（申请量）	IPC 分布（申请量）
高校	发明申请（41556） 实用新型申请（2696） 发明授权（20242）	浙江大学（1432）	C02F9/14（604）
		华南理工大学（1076）	C08J5/18（529）
		东华大学（1066）	C23C14/35（430）
		哈尔滨工业大学（947）	C12N1/20（385）
		江南大学（800）	C08L23/06（334）
		上海交通大学（753）	C12N1/14（283）
		天津大学（736）	C05G3/00（263）
		清华大学（704）	C04B28/00（256）
		北京化工大学（640）	C02F3/30（251）
		陕西科技大学（629）	C01B31/02（249）
研究院所	发明申请（13804） 实用新型申请（1445） 发明授权（6707）	中国科学院化学研究所（321）	C02F9/14（328）
		中国科学院大连化学物理研究所（316）	C05G3/00（217）
		中国科学院长春应用化学研究所（308）	C12Q1/68（197）
		中国科学院宁波材料技术与工程研究所（302）	C23C14/35（183）
		中国科学院过程工程研究所（259）	C12N1/20（177）
		中国科学院金属研究所（259）	C12N1/14（163）
		中国科学院上海硅酸盐研究所（221）	C02F9/04（138）
		中国科学院合肥物质科学研究院（147）	C08L23/06（112）
		财团法人工业技术研究院（147）	C02F9/02（108）
		中国科学院兰州化学物理研究所（144）	C08J5/18（102）
企业	发明申请（123509） 实用新型申请（24675） 发明授权（40467）	中国石油化工股份有限公司（1345）	C08L27/06（2965）
		海洋王照明科技股份有限公司（695）	C08L23/06（2614）
		日东电工株式会社（675）	C02F9/14（2206）
		深圳市海洋王照明技术有限公司（671）	C05G3/00（2176）
		鸿富锦精密工业（深圳）有限公司（583）	C09J7/02（1968）
		富士胶片株式会社（491）	C02F9/02（1540）
		鸿海精密工业股份有限公司（483）	C02F9/04（1356）
		深圳市海洋王照明工程有限公司（468）	C08L23/12（1321）
		东京毅力科创株式会社（431）	C09D133/00（1148）
		东丽株式会社（419）	C08L67/02（1091）

10. 化肥领域主要竞争者与 IPC 分布

2006~2015 年，化肥领域的专利竞争者集中于企业和高等院校，主要竞争者有浙江大学、广西大学、深圳市芭田生态工程股份有限公司、中国农业科学院农业资源与农业区划研究所、马鞍山科邦生态肥有限公司、中国农业大学等，相关专利申请集中于 C05G3/00、C05G1/00、A01G1/00、C05G3/04、C05F17/02 等 IPC 分类（见表 9 - 27）。

表9-27 化肥领域中国专利申请IPC分布与主要专利竞争者状况（2006～2015年）

单位：件

类别	类型（数量）	专利申请人/专利权人（申请量）	IPC分布（申请量）
高校	发明申请（8172）实用新型申请（714）发明授权（3684）	浙江大学（260）	C05G3/00（977）
		广西大学（180）	C05G1/00（438）
		中国农业大学（174）	A01G1/00（427）
		南京农业大学（143）	C12N1/20（267）
		天津师范大学（133）	C05F17/00（195）
		上海交通大学（115）	C05F17/02（177）
		西北农林科技大学（112）	A01G1/04（150）
		昆明理工大学（109）	A01G31/00（134）
		江南大学（109）	C05G3/04（134）
		华南农业大学（105）	A01C21/00（103）
研究院所	发明申请（5098）实用新型申请（508）发明授权（2274）	中国农业科学院农业资源与农业区划研究所（136）	C05G3/00（896）
		中国科学院沈阳应用生态研究所（119）	A01G1/00（591）
		江苏省农业科学院（93）	C05G1/00（356）
		中国科学院南京土壤研究所（92）	A01G1/04（163）
		山东省农业科学院农业资源与环境研究所（85）	A01C21/00（140）
		北京市农林科学院（78）	C12N1/20（136）
		广西壮族自治区林业科学研究院（64）	C05G3/04（132）
		中国科学院东北地理与农业生态研究所（57）	C05F17/00（123）
		中国科学院过程工程研究所（53）	C05F17/02（105）
		中国科学院生态环境研究中心（50）	A01G17/00（101）
企业	发明申请（26950）实用新型申请（5803）发明授权（7250）	深圳市芭田生态工程股份有限公司（190）	C05G3/00（7060）
		山东金正大生态工程股份有限公司（184）	C05G1/00（2297）
		青岛嘉禾丰肥业有限公司（183）	A01G1/00（1411）
		马鞍山科邦生态肥有限公司（173）	C05G3/04（1076）
		瓮福（集团）有限责任公司（160）	C05F17/02（775）
		青岛海益诚管理技术有限公司（156）	C05F17/00（565）
		贵阳中化开磷化肥有限公司（126）	A01G1/04（470）
		贵州大学（125）	A23K1/18（456）
		贵州科鑫化冶有限公司（121）	C05G3/02（449）
		江苏鸿升食用菌有限公司（119）	F01N3/28（367）

11. 化工装备领域主要竞争者与IPC分布

2006～2015年，化工装备领域的专利竞争者集中于企业和高等院校，主要竞争者有中国石油化工股份有限公司、中国石油天然气股份有限公司、浙江大学、清华大学、大连理工大学等，相关专利申请分布于B01J19/18、C02F9/14、C02F9/04、B01J19/00等IPC分类（见表9-28）。

表9-28 化工装备领域中国专利申请IPC分布与主要专利竞争者状况（2006~2015年）

单位：件

类别	类型（数量）	专利申请人/专利权人（申请量）	IPC分布（申请量）
高校	发明申请（18352） 实用新型申请（2972） 发明授权（8908）	浙江大学（675）	C02F9/14（249）
		清华大学（524）	G01N27/26（146）
		大连理工大学（435）	C02F9/04（134）
		上海交通大学（400）	C01B31/02（124）
		华南理工大学（395）	C01B31/04（122）
		昆明理工大学（353）	C02F1/461（113）
		复旦大学（348）	B01J19/18（107）
		哈尔滨工业大学（330）	G01N21/76（103）
		北京化工大学（311）	G01N27/30（88）
		同济大学（310）	H01M4/58（83）
研究院所	发明申请（5771） 实用新型申请（1434） 发明授权（2840）	中国科学院大连化学物理研究所（189）	C02F9/14（131）
		中国科学院过程工程研究所（148）	C02F9/04（62）
		中国科学院金属研究所（135）	C01B31/04（52）
		中国科学院上海硅酸盐研究所（98）	C02F9/06（50）
		中国科学院理化技术研究所（93）	G01N27/26（37）
		中国科学院广州能源研究所（90）	C01B31/02（36）
		中国科学院工程热物理研究所（81）	H01L31/18（32）
		中国科学院长春应用化学研究所（81）	C02F1/461（31）
		中国科学院化学研究所（74）	C30B29/22（31）
		中国科学院生态环境研究中心（72）	G01N21/76（29）
企业	发明申请（43446） 实用新型申请（26285） 发明授权（16193）	中国石油化工股份有限公司（1047）	B01J19/18（713）
		中国石油天然气股份有限公司（338）	C02F9/14（694）
		中芯国际集成电路制造（上海）有限公司（231）	C02F9/04（556）
		通用电气公司（227）	B01J19/00（478）
		中国石油化工股份有限公司抚顺石油化工研究院（204）	C08L27/06（355）
		宝山钢铁股份有限公司（199）	B01D53/78（325）
		河南新天地药业股份有限公司（192）	F27D17/00（268）
		中国石油化工集团公司（187）	C08L23/06（251）
		中石化炼化工程（集团）股份有限公司（179）	C02F9/10（236）
		武汉钢铁（集团）公司（174）	C02F9/06（227）

三、区域专利竞争者

1. 东部地区主要专利竞争者

2006~2015年，东部地区化工产业领域的专利竞争者分布在江苏、山东、广东、浙江、北京、上海地区，主要专利竞争者有中国石油化工股份有限公司、中国石油天然气股份有限公司、天津大学、清华大学、江南大学、东华大学、浙江大学、华南理工大学、北京化工大学、中国海洋石油总公司等（见表9-29）。

表9-29 东部地区化工产业领域主要专利竞争者状况（2006～2015 年）

单位：件

省区市	北京	天津	河北
主要专利 竞争者 （申请量）	中国石油化工股份有限公司（17004）	天津大学（4001）	河北科技大学（690）
	中国石油天然气股份有限公司（5542）	南开大学（1722）	长城汽车股份有限公司（564）
	清华大学（3980）	天津工业大学（1379）	燕山大学（560）
	北京化工大学（3498）	天津科技大学（1089）	河北工业大学（550）
	中国海洋石油总公司（2042）	河北工业大学（870）	新奥科技发展有限公司（500）
	中国农业大学（2009）	天津师范大学（586）	河北农业大学（372）
	北京科技大学（1679）	天津理工大学（548）	华北电力大学（保定）（254）
	中国科学院过程工程研究所（1644）	天津商业大学（479）	河北联合大学（249）
	中国科学院化学研究所（1594）	天津药物研究院（430）	河北大学（242）
	北京大学（1331）	乐金电子（天津）电器有限公司（403）	石家庄诚志永华显示材料有限公司（232）

省区市	上海	江苏	浙江
主要专利 竞争者 （申请量）	东华大学（4448）	江南大学（5581）	浙江大学（3448）
	上海交通大学（4347）	东南大学（2897）	浙江工业大学（1378）
	华东理工大学（3300）	南京工业大学（2643）	宁波大学（660）
	复旦大学（2651）	江苏大学（2480）	浙江理工大学（500）
	同济大学（2631）	常州大学（2270）	中科院宁波材料技术与工程研究所（485）
	上海大学（2507）	南京大学（2155）	浙江吉利控股集团有限公司（484）
	上海应用技术学院（1310）	苏州大学（2107）	浙江海洋学院（464）
	华东师范大学（1136）	南京农业大学（1380）	浙江吉利汽车研究院有限公司（353）
	中国人民解放军第二军医大学（1109）	扬州大学（1268）	中国计量学院（322）
	中芯国际集成电路制造（上海）有限公司（1074）	苏州艾杰生物科技有限公司（1209）	绍兴文理学院（278）

省区市	广东	海南	福建
主要专利 竞争者 （申请量）	华南理工大学（5189）	海南大学（382）	厦门大学（2015）
	海洋王照明科技股份有限公司（2805）	中国热带农业科学院橡胶研究所（261）	福州大学（1333）
	珠海格力电器股份有限公司（2254）	中国热带农业科学院热带生物技术所（173）	福建农林大学（1062）
	比亚迪股份有限公司（1898）	海南正业中农高科股份有限公司（116）	福建师范大学（621）
	中山大学（1871）	中国热带农业科学院热带作物品种资源所（100）	中国科学院福建物质结构研究所（538）
	深圳市海川实业股份有限公司（1593）	中国热带农业科学院环境与植物保护所（88）	厦门正新橡胶工业有限公司（418）
	美的集团股份有限公司（1240）	海南灵康制药有限公司（74）	华侨大学（370）
	华南农业大学（1165）	海南赛诺实业有限公司（70）	三棵树涂料股份有限公司（352）
	广东工业大学（924）	海南亚元防伪技术研究所（65）	集美大学（302）
	暨南大学（766）	福田雷沃国际重工股份有限公司（62）	国家海洋局第三海洋研究所（197）

续表

省区市	山东		
主要专利竞争者（申请量）	山东大学（2822）	山东科技大学（1240）	青岛农业大学（748）
	中国石油大学（华东）（1518）	中国海洋大学（1024）	青岛大学（718）
	济南大学（1443）	山东理工大学（973）	
	青岛科技大学（1374）	海尔集团公司（841）	

2. 东北部地区主要专利竞争者

2006~2015年，东北部地区化工产业领域的专利竞争者集中在辽宁地区，主要专利竞争者有哈尔滨工业大学、大连理工大学、吉林大学、中科院大连化学物理研究所、中国科学院长春应用化学研究所、东北农业大学等（见表9-30）。

表9-30 东北部地区化工产业领域主要专利竞争者状况（2006~2015年）

单位：件

省区市	辽宁	黑龙江	吉林
主要专利竞争者（申请量）	大连理工大学（2536）	哈尔滨工业大学（3319）	吉林大学（2730）
	中科院大连化学物理研究所（2510）	东北农业大学（1105）	中国科学院长春应用化学研究所（1601）
	东北大学（820）	东北林业大学（991）	吉林农业大学（482）
	鞍钢股份有限公司（819）	哈尔滨工程大学（977）	中国第一汽车股份有限公司（418）
	沈阳药科大学（789）	黑龙江大学（807）	长春工业大学（369）
	沈阳化工大学（667）	东北石油大学（591）	中国第一汽车集团公司（333）
	中国科学院金属研究所（583）	哈尔滨理工大学（541）	长春理工大学（305）
	大连创达技术交易市场有限公司（546）	齐齐哈尔大学（370）	中科院长春光学精密机械与物理研究所（303）
	中冶焦耐工程技术有限公司（521）	黑龙江八一农垦大学（302）	东北师范大学（299）
	大连工业大学（441）	中国农业科学院哈尔滨兽医研究所（285）	长春黄金研究院（211）

3. 中部地区主要专利竞争者

2006~2015年，中部地区化工产业领域的专利竞争者集中在安徽、河南和湖北地区，主要专利竞争者有中南大学、武汉理工大学、武汉大学、华中农业大学、中国科学院山西煤炭化学研究所等（见表9-31）。

表9-31 中部地区化工产业领域主要专利竞争者状况（2006~2015年）

单位：件

省区市	安徽	湖北	湖南
主要专利竞争者（申请量）	安徽江淮汽车股份有限公司（1208）	武汉理工大学（1784）	中南大学（2329）
	合肥工业大学（1158）	武汉大学（1612）	湖南大学（1095）
	奇瑞汽车股份有限公司（1121）	华中农业大学（1391）	湖南农业大学（663）
	中国科学技术大学（931）	华中科技大学（1281）	中南林业科技大学（602）
	合肥杰事杰新材料股份有限公司（595）	武汉钢铁（集团）公司（1157）	吉首大学（550）
	安徽理工大学（592）	湖北中烟工业有限责任公司（840）	长沙理工大学（527）

续表

省区市	安徽	湖北	湖南
主要专利竞争者（申请量）	安徽农业大学（587）	武汉工程大学（759）	湘潭大学（506）
	中国科学院合肥物质科学研究院（535）	武汉科技大学（667）	湖南科技大学（436）
	安徽工业大学（483）	中国地质大学（武汉）（491）	株洲时代新材料科技股份有限公司（428）
	合肥华凌股份有限公司（472）	湖北工业大学（487）	中国人民解放军国防科学技术大学（389）

省区市	河南	山西	江西
主要专利竞争者（申请量）	河南科技大学（1148）	太原理工大学（1196）	南昌大学（1172）
	郑州大学（1123）	中国科学院山西煤炭化学研究所（698）	南昌航空大学（573）
	河南农业大学（529）	中北大学（681）	江西师范大学（257）
	河南师范大学（496）	山西大学（656）	江西理工大学（197）
	中原工学院（492）	赛鼎工程有限公司（194）	泰豪科技股份有限公司（195）
	中国烟草总公司郑州烟草研究院（481）	山西鑫立能源科技有限公司（182）	景德镇陶瓷学院（166）
	河南工业大学（418）	山西省交通科学研究院（144）	江西科技学院（160）
	河南理工大学（418）	中国日用化学工业研究院（124）	江西农业大学（150）
	河南大学（335）	山西农业大学（115）	淮阴师范学院（142）
	河南中烟工业有限责任公司（320）	山西阳煤丰喜肥业（集团）有限公司（110）	江铃汽车股份有限公司（141）

4. 西部地区主要专利竞争者

2006～2015年，西部地区化工产业领域的专利竞争者集中在四川、陕西、重庆和广西地区，主要专利竞争者有四川大学、昆明理工大学、陕西科技大学、广西大学、西南石油大学、西安交通大学、西安近代化学研究所、瓮福（集团）有限责任公司等（见表9-32）。

表9-32 西部地区化工产业领域主要专利竞争者状况（2006～2015年）

单位：件

省区市	四川	重庆	陕西
主要专利竞争者（申请量）	四川大学（2882）	重庆大学（1693）	陕西科技大学（2854）
	西南石油大学（1246）	西南大学（939）	西安交通大学（1617）
	四川农业大学（975）	重庆长安汽车股份有限公司（748）	西北农林科技大学（1339）
	电子科技大学（719）	力帆实业（集团）股份有限公司（442）	西北工业大学（990）
	攀钢集团攀枝花钢铁研究院有限公司（586）	解放军第三军医大学第一附属医院（387）	长安大学（976）
	西南交通大学（531）	中国人民解放军第三军医大学（341）	中国人民解放军第四军医大学（878）
	西南科技大学（524）	重庆工商大学（216）	陕西师范大学（746）
	宜宾丝丽雅集团有限公司（431）	中冶赛迪工程技术股份有限公司（215）	西北大学（527）
	四川科伦药业股份有限公司（416）	重庆紫光化工股份有限公司（209）	西安近代化学研究所（513）
	成都理工大学（351）	重庆文理学院（202）	西安建筑科技大学（507）

续表

省区市	广西	云南	贵州
主要专利竞争者（申请量）	广西大学（2101）	昆明理工大学（2707）	贵州大学（1099）
	桂林理工大学（1395）	云南大学（419）	瓮福（集团）有限责任公司（754）
	广西玉柴机器股份有限公司（885）	云南农业大学（391）	贵阳铝镁设计研究院（476）
	广西科技大学（392）	云南中烟工业有限责任公司（315）	贵阳铝镁设计研究院有限公司（403）
	广西师范大学（303）	中国科学院昆明植物研究所（272）	贵州开磷集团股份有限公司（200）
	广西田园生化股份有限公司（261）	红云红河烟草（集团）有限责任公司（249）	贵阳中化开磷化肥有限公司（154）
	桂林电子科技大学（252）	云南师范大学（223）	贵州中烟工业有限责任公司（137）
	上汽通用五菱汽车股份有限公司（243）	云南烟草科学研究院（188）	贵州开磷（集团）有限责任公司（130）
	柳州市天姿园艺有限公司（209）	武钢集团昆明钢铁股份有限公司（139）	贵州科鑫化冶有限公司（123）
	广西师范学院（150）	云南瑞升烟草技术（集团）有限公司（128）	遵义医学院（123）

省区市	新疆	甘肃	内蒙古
主要专利竞争者（申请量）	新疆大学（418）	西北师范大学（653）	内蒙古伊利实业集团股份有限公司（329）
	中国石油集团西部钻探工程有限公司（330）	兰州大学（646）	内蒙古科技大学（305）
	中国科学院新疆理化技术研究所（330）	中国科学院兰州化学物理研究所（575）	内蒙古大学（256）
	石河子大学（299）	金川集团股份有限公司（491）	内蒙古蒙牛乳业（集团）股份有限公司（255）
	宝钢集团新疆八一钢铁有限公司（177）	兰州理工大学（415）	内蒙古包钢钢联股份有限公司（215）
	新疆天业（集团）有限公司（166）	中国农业科学院兰州兽医研究所（315）	内蒙古农业大学（154）
	新疆农业大学（162）	金川集团有限公司（307）	内蒙古工业大学（122）
	塔里木大学（146）	中国农业科学院兰州畜牧与兽药所（286）	内蒙古民族大学（71）
	新疆农垦科学院（107）	甘肃农业大学（259）	大唐国际发电股份公司高铝煤炭资源开发中心（57）
	新特能源股份有限公司（95）	兰州交通大学（143）	包头稀土研究院（49）

省区市	宁夏	青海	西藏
主要专利竞争者（申请量）	宁夏大学（189）	中国科学院青海盐湖研究所（329）	西藏月王生物技术有限公司（31）
	宁夏宝塔石化科技实业发展有限公司（94）	中国科学院西北高原生物研究所（221）	西藏金稞集团有限责任公司（14）
	宁夏泰瑞制药股份有限公司（79）	青海大学（38）	西藏海思科药业集团股份有限公司（13）
	宁夏农林科学院（73）	青海盐湖工业股份有限公司（35）	西藏奇正藏药股份有限公司（12）
	宁夏金黄河塑业有限责任公司（60）	西宁意格知识产权咨询服务有限公司（32）	西藏金哈达药业有限公司（11）
	宁夏启元药业有限公司（55）	青海林丰农牧机械制造有限公司（30）	西藏天虹科技股份有限责任公司（10）
	北方民族大学（53）	西部矿业股份有限公司（28）	西藏自治区农牧科学院（10）
	宁夏医科大学（53）	西宁志培知识产权咨询有限公司（26）	西藏天麦力健康品有限公司（9）
	宁夏天纵泓光余热发电技术有限公司（53）	青海省通天河藏药制药有限责任公司（26）	联美集团有限公司（8）
	宁夏共享化工有限公司（46）	青海省农林科学院（22）	梅花生物科技集团股份有限公司（7）

第六节　云南化工产业专利竞争状况

一、专利申请、授权与有效状况

2006~2015 年，在化工产业领域，云南共申请中国专利 17331 件（占全国的 0.95%），其中发明专利 11651 件（占发明与实用新型申请总量的 67.23%）；共获得专利授权 10356 件（占全部中国专利的 0.96%），其中发明专利 4676 件（占发明与实用新型授权总量的 45.15%），发明专利授权率 40.13%，高于全国整体水平（见表 9-33）。

表 9-33　云南化工产业领域中国专利申请、授权与有效状况（2006~2015 年）

类型	数量/件	结构（%）	授权率（%）	占比（%）	有效专利/件	有效率（%）	占比（%）
专利申请总量	17331			0.95			
发明申请	11651	67.23		1.04			
实用新型申请	5680	32.77		0.80			
专利授权总量	10356		59.75	0.96	7788	75.20	0.90
发明授权	4676	45.15	40.13	1.27	3776	80.75	0.95
实用新型授权	5680	54.85		0.80	4012	70.63	0.85%

截至 2016 年 6 月，在化工产业领域，云南 2006~2015 年申请并获得授权的专利中，有 7788 件处于有效状态，其中发明专利 3776 件（占有效专利的 48.48%），发明专利有效率达到 80.75%，低于全国整体水平（见表 9-34）。

表 9-34　云南化工产业领域中国专利年度状况（2006~2015 年）

单位：件

年度	申请			授权			有效专利		
	发明	实用新型	小计	发明	实用新型	小计	发明	实用新型	小计
2006 年	454	173	627	266	173	439	121	11	132
2007 年	456	176	632	246	176	422	137	36	173
2008 年	769	254	1023	380	254	634	190	60	250
2009 年	809	333	1142	446	333	779	261	107	368
2010 年	1095	387	1482	615	387	1002	477	175	652
2011 年	1112	511	1623	611	511	1122	531	264	795
2012 年	1452	671	2123	740	671	1411	698	461	1159
2013 年	1622	792	2414	898	792	1690	887	582	1469
2014 年	1738	1019	2757	459	1019	1478	459	955	1414
2015 年	2144	1364	3508	15	1364	1379	15	1361	1376
合计	11651	5680	17331	4676	5680	10356	3776	4012	7788

2006~2015 年，云南化工产业领域的中国专利申请和授权量稳步增长，2012 年后申请量增幅较大，年均增长率 22.17%，高于全国整体水平；但云南化工产业领域的专利申请和获权量占全国比例均较低，申请量仅

居全国第23位，产业专利技术创新和竞争能力不强。

二、主要竞争者与 IPC 聚焦

2006～2015 年，云南化工产业领域的主要竞争者中，企业占据主导地位，其专利申请数量占全省的60.03%，发明专利申请量达到5102 件；高等院校和研究机构也有较高数量的专利申请和授权数量，高等院校的专利申请量和发明授权量分别占到30.41%的较高比例，反映了其在区域专利创新中占有的重要地位（见表 9 - 35）。

表 9 - 35 云南化工产业领域中国专利分类竞争者结构状况（2006～2015 年）

类别	高校/件	高校占比（%）	研究院所/件	研究院所占比（%）	企业/件	企业占比（%）
申请量小计	5755	33.21	2745	15.84	10403	60.03
发明申请	3363	28.86	1716	14.73	5102	43.79
实用新型申请	970	17.08	210	3.70	3291	57.94
发明授权	1422	30.41	819	17.51	2010	42.99%

云南化工产业领域的专利竞争者主要有昆明理工大学、云南大学、中国科学院昆明植物研究所、云南中烟工业有限责任公司、云南云天化股份有限公司、曲靖众一精细化工股份有限公司、云南磷化集团有限公司等，产业专利技术主要集中于 A01G1/00、C05G3/00、C11B9/00、A61K8/97、C12Q1/68 等分类领域（见表 9 - 36）。

表 9 - 36 云南化工产业领域中国专利申请 IPC 分布与主要专利竞争者状况（2006～2015 年）

单位：件

类别	类型（数量）	专利申请人/专利权人（申请量）	IPC 分布（申请量）
高校	发明申请（3363） 实用新型申请（970） 发明授权专利（1422）	昆明理工大学（2704）	C12Q1/68（69）
		云南大学（405）	C12N1/20（63）
		云南农业大学（386）	C12N1/14（42）
		云南师范大学（223）	A01G1/00（34）
		云南民族大学（117）	C12M1/107（28）
		大理学院（98）	B01D53/86（27）
		昆明学院（86）	C01B33/037（26）
		西南林业大学（84）	A61K35/64（24）
		昆明医科大学（35）	C12N15/82（24）
		云南中医学院（34）	C12N15/29（21）
研究院所	发明申请（1716） 实用新型申请（210） 发明授权专利（819）	中国科学院昆明植物研究所（257）	A01G1/00（69）
		云南烟草科学研究院（181）	C12Q1/68（49）
		中国科学院昆明动物研究所（115）	C12N1/14（36）
		云南省烟草农业科学研究院（92）	A01H4/00（27）
		昆明贵金属研究所（77）	C12N1/20（24）
		昆明冶金研究院（73）	C05G3/00（22）
		中国林业科学研究院资源昆虫研究所（71）	C07F15/00（21）
		云南省化工研究院（68）	C05G1/00（18）
		中国医学科学院医学生物学研究所（62）	A01C1/00（15）
		云南省农业科学院农业环境资源研究所（52）	C12N15/11（15）

续表

类别	类型（数量）	专利申请人/专利权人（申请量）	IPC 分布（申请量）
企业	发明申请（5102） 实用新型申请（3291） 发明授权专利（2010）	云南中烟工业有限责任公司（315）	A01G1/00（115）
		红云红河烟草（集团）有限责任公司（249）	C05G3/00（97）
		武钢集团昆明钢铁股份有限公司（139）	C11B9/00（82）
		昆明制药集团股份有限公司（136）	A61K8/97（66）
		红塔烟草（集团）有限责任公司（129）	A01G13/00（59）
		云南瑞升烟草技术（集团）有限公司（128）	G01N30/02（59）
		云南云天化股份有限公司（78）	C12G3/02（55）
		云南铝业股份有限公司（68）	C12G3/04（51）
		曲靖众一精细化工股份有限公司（68）	C05G1/00（47）
		云南磷化集团有限公司（61）	C11B9/02（46）

第十章　产业间专利竞争态势

一、产业间专利申请状况

2006～2015 年，在生物、光电子、高端装备制造、新材料、新能源、节能环保、冶金矿山和化工 8 个战略性新兴产业技术领域，已公开中国发明与实用新型专利申请 24725804 件，其中发明 13311257 件（占比51.43%）。生物和化工产业领域发明专利申请占比分别高达 75.60% 和 64.72%，专利技术创新层次最高，而高端装备制造产业领域发明专利申请占比仅为 46.31%（见表 10-1）。

表 10-1　2006～2015 年战略性新兴产业中国专利申请状况

序号	产业类型	全国			云南				
		发明与实用新型/件	发明/件	发明占比（%）	发明与实用新型/件	发明/件	发明占比（%）	全国占比（%）	全国排位
1	生物	1077220	814375	75.60	13824	10324	74.68	1.28	20
2	光电子	653425	358225	54.82	2587	1048	40.51	0.40	24
3	高端装备制造	4788548	2217441	46.31	28329	7558	26.68	0.59	24
4	新材料	3861405	2247817	58.21	29064	19130	65.82	0.75	22
5	新能源	2008873	1013338	50.44	14010	5670	40.47	0.70	22
6	节能环保	9009407	4610829	51.18	22342	9486	42.46	0.25	20
8	冶金矿山	1281947	725788	56.62	11574	6404	55.33	0.90	14
9	化工	2044979	1323444	64.72	17331	11651	67.23	0.85	23
	合计	24725804	13311257	53.84	139061	71271	51.25		

2006～2015 年，在上述 8 个战略性新兴产业技术领域，云南已公开中国发明与实用新型专利申请 139061件，其中发明 71271 件（占比 51.25%）。生物、化工和新材料产业领域发明专利申请占比分别达到 74.68%、67.23% 和 65.82%，专利技术创新层次最高，而高端装备制造产业领域发明专利申请占比仅为 26.68%，专利技术创新层次较低。此外，云南上述产业领域的专利申请量占全国的比例和排位都较低，各产业专利申请占比均低于 1.3%，在全国排位均在 22 位以后，表明云南战略性新兴产业的专利创造在全国处于较落后水平，区域产业技术创新能力较弱。

二、产业间专利授权状况

2006～2015 年，在生物、光电子、高端装备制造、新材料、新能源、节能环保、冶金矿山和化工 8 个战略性新兴产业技术领域，已授权中国发明与实用新型专利 15767665 件，其中发明 4353118 件（占比27.61%）。生物产业领域发明专利占比高达 49.80%，专利申请质量最高；而高端装备制造产业领域发明专利占比仅为 22.37%，专利申请质量最低（见表 10-2）。

表 10 - 2   2006 ~ 2015 年战略性新兴产业中国专利授权状况

序号	产业类型	全国			云南				
		授权专利/件	授权发明/件	发明占比（%）	授权专利/件	授权发明/件	发明占比（%）	全国占比（%）	全国排位
1	生物	523624	260779	49.80	7450	3950	53.02	1.42	19
2	光电子	406920	111720	27.46	1834	295	16.09	0.45	23
3	高端装备制造	3312036	740929	22.37	23357	2586	11.07	0.71	22
4	新材料	2323150	709562	30.54	17006	7072	41.59	0.73	23
5	新能源	1330762	335227	25.19	10291	1951	18.96	0.77	22
6	节能环保	5897729	1499151	25.42	16410	3554	21.66	0.28	23
8	冶金矿山	798547	242388	30.35	7645	2475	32.37	0.96	21
9	化工	1174897	453362	38.59	10356	4676	45.15	0.88	23
合计		15767665	4353118	27.61	94349	26559	28.15%		

2006 ~ 2015 年，在上述 8 个战略性新兴产业技术领域，云南已授权发明与实用新型专利 94349 件，其中发明 26559 件（占比 28.15%）。生物产业领域发明专利占比高达 53.02%，专利质量最高；高端装备制造和光电子产业领域发明专利占比仅有 11.07% 和 16.09%，专利质量最低。此外，云南上述产业领域的专利授权量占全国的比例和排位都较低，各产业专利授权占比均低于 1.5%，在全国排位均在 21 位以后，表明云南战略性新兴产业拥有的专利数量与全国整体水平差距较大，区域产业技术创新水平较低，不利于产业发展。

三、战略性新兴产业内部专利分布

2006 ~ 2015 年，在上述 8 个战略性新兴产业技术领域，已授权专利在各产业领域的分布数量差异较大。其中，节能环保产业领域专利申请量最多，在申请总量中占比最高（达 36.44%）；而光电子产业申请量最少，在申请总量中占比最低（仅 2.64%）（见表 10 - 3）。

表 10 - 3   2006 ~ 2015 年战略性新兴产业中国专利申请与授权产业内分布状况

序号	产业类型	全国				云南			
		申请/件	产业内占比（%）	授权/件	产业内占比（%）	申请/件	产业内占比（%）	授权/件	产业内占比（%）
1	生物	1077220	4.36	523624	3.32	13824	9.94	7450	7.90
2	光电子	653425	2.64	406920	2.58	2587	1.86	1834	1.94
3	高端装备制造	4788548	19.37	3312036	21.01	28329	20.37	23357	24.76
4	新材料	3861405	15.62	2323150	14.73	29064	20.90	17006	18.02
5	新能源	2008873	8.12	1330762	8.44	14010	10.07	10291	10.91
6	节能环保	9009407	36.44	5897729	37.40	22342	16.07	16410	17.39
8	冶金矿山	1281947	5.18	798547	5.06	11574	8.32	7645	8.10
9	化工	2044979	8.27	1174897	7.45	17331	12.46	10356	10.98%
合计		24725804		15767665		139061		94349	

在上述 8 个战略性新兴产业技术领域，云南已申请和授权专利在各产业领域的分布数量也有较大差异。其中，新材料和高端装备制造产业领域专利申请量最多，在申请总量中占比最高（分别达到 20.37% 和 20.90%）；而光电子产业申请量最少，在申请总量中占比最低（仅 1.86%）。各产业专利申请和拥有量与产业发展水平和地位不协调。